utb 4101

Eine Arbeitsgemeinschaft der Verlage

Brill | Schöningh – Fink · Paderborn
Brill | Vandenhoeck & Ruprecht · Göttingen – Böhlau Verlag · Wien · Köln
Verlag Barbara Budrich · Opladen · Toronto
facultas · Wien
Haupt Verlag · Bern
Verlag Julius Klinkhardt · Bad Heilbrunn
Mohr Siebeck · Tübingen
Narr Francke Attempto Verlag – expert verlag · Tübingen
Ernst Reinhardt Verlag · München
transcript Verlag · Bielefeld
Verlag Eugen Ulmer · Stuttgart
UVK Verlag · München
Waxmann · Münster · New York
wbv Publikation · Bielefeld
Wochenschau Verlag · Frankfurt am Main

StandardWissen Lehramt

Die Bände zur Didaktik des Deutschen werden herausgegeben von Jakob Ossner

Bislang sind erschienen in der Reihe:

Jakob Ossner: Sprachdidaktik Deutsch
Martin Fix: Texte schreiben
Achim Barsch: Mediendidaktik Deutsch
Roland W. Wagner: Mündliche Kommunikation in der Schule
Ursula Bredel: Sprachbetrachtung und Grammatikunterricht
Gabriele Kniffka/Gesa Siebert-Ott: Deutsch als Zweitsprache
Peter Marx: Lese- und Rechtschreiberwerb
Christine Garbe/Karl Holle/Tatjana Jensch: Texte lesen
Gina Weinkauf/Gabriele von Glasenapp: Kinder- und Jugendliteratur
Jakob Ossner: Orthographie
Jakob Ossner/Heike Zinsmeister (Hg.): Sprachwissenschaft für das Lehramt

Ergänzend:

Christine Garbe/Maik Philipp/Nele Ohlsen: Lesesozialisation. Arbeitsbuch

Ursula Bredel/Irene Pieper

Integrative Deutschdidaktik

2., aktualisierte Auflage 2021

BRILL | SCHÖNINGH

Die Autorinnen:

Ursula Bredel ist Professorin für Sprachwissenschaft und Sprachdidaktik am Institut für deutsche Sprache und Literatur der Universität Hildesheim. Ihre Forschungsschwerpunkte sind Orthographie/Orthographiedidaktik, Grammatik/Grammatikdidaktik, Erzählen/Erzähldidaktik. Publikationen in Auswahl: Ursula Bredel/Tilo Reißig (Hrsg.): *Weiterführender Orthographieerwerb* (Baltmannsweiler 2015, 2. korrigierte Auflage); Ursula Bredel/Nanna Fuhrhop/Christina Noack: *Wie Kinder lesen und schreiben lernen* (Tübingen, 2. Auflage 2017); *Sprachbetrachtung und Grammatikunterricht* (Paderborn, 2. Auflage 2013)

Irene Pieper ist Professorin für Didaktik der deutschen Literatur an der Freien Universität Berlin. Ihre Forschungsschwerpunkte sind Lese- und literarische Sozialisation, Literarische Kompetenz und ihr Erwerb, Gegenstandskonstitution im Literaturunterricht sowie Profession und Deutschunterricht. Publikationen in Auswahl: Irene Pieper/Cornelia Rosebrock/Steffen Volz/Heike Wirthwein: *Lesesozialisation in schriftfernen Lebenswelten* (Weinheim 2004); Irene Pieper/Dorothee Wieser (Hrsg.): *Fachliches Wissen und literarisches Verstehen* (2012); Irene Pieper/Peter Frei/Katrin Hauenschild/Barbara Schmidt-Thieme (Hrsg.): *Was der Fall ist* (2014).

Online-Angebote oder elektronische Ausgaben sind erhältlich unter **www.utb-shop.de**

Bibliografische Information der Deutschen Nationalbibliothek
Die Deutsche Nationalbibliothek verzeichnet diese Publikation in der Deutschen Nationalbibliografie; detaillierte bibliografische Daten sind im Internet über http://dnb.d-nb.de abrufbar.

2., aktualisierte Auflage 2021

Printed in Germany
Herstellung: Brill Deutschland GmbH, Paderborn
Einbandgestaltung: Atelier Reichert, Stuttgart
Layout: Alexandra Brand und Judith Karwelies

UTB-Band-Nr: 4101
ISBN 978-3-8252-5660-9

Vorwort zur Reihe

StandardWissen Lehramt – Studienbücher für die Praxis

Wie das gesamte Bildungswesen wird sich auch die künftige Lehramtsausbildung an Kompetenzen und Standards orientieren. Damit rückt die Frage in den Vordergrund, was Lehrkräfte wissen und können müssen, um ihre berufliche Praxis erfolgreich zu bewältigen. Das Spektrum reicht von fachlichen Fähigkeiten über Diagnosekompetenzen bis hin zu pädagogisch-psychologischem Wissen, um Lehren als Unterstützung zur Selbsthilfe und Lernen als eigenaktiven Prozess fassen zu können.

Kompetenzen werden nicht in einem Zug erworben; Lehrerbildung umfasst nicht nur das Studium an einer Hochschule, sondern ebenso das Referendariat und die Berufsphase. Die Reihe StandardWissen Lehramt bei UTB bietet daher Lehramtsstudierenden, Referendaren, Lehrern in der Berufseinstiegsphase und Fortbildungsteilnehmern jenes wissenschaftlich abgesicherte Know-How, das sie im Rahmen einer neu orientierten Ausbildung wie auch später in der Schule benötigen. Fachdidaktische und pädagogisch-psychologische Themen werden gleichermaßen in dieser Buchreihe vertreten sein – einer Basisbibliothek für alle Lehramtsstudierenden, Referendare, Lehrerinnen und Lehrer.

Inhalt

Vorwort

Die Idee zum vorliegenden Band geht auf eine Vorlesung zurück, die unter dem gängigen Titel „Einführung in die Deutschdidaktik" stand und für die zunächst sprach- und literaturdidaktische Schwerpunkte vorgesehen waren. Schnell wurde uns deutlich, dass eine integrative Perspektive ebenso reizvoll wie erhellend sein könnte: Sowohl die Literatur- als auch die Sprachdidaktik wenden sich dem Lernen im Deutschunterricht und seinen Voraussetzungen zu. Zentrale Gegenstandsfelder des Faches Deutsch werden von beiden Disziplinen bearbeitet. Entfaltet man diese Perspektiven nun nicht additiv, sondern integrativ, dann, so war unsere Annahme, ermöglicht dies eine differenziertere und angemessenere Modellierung des Lernens in den Kompetenzbereichen des Faches Deutsch und zugleich eine im besten Sinne ganzheitliche Sicht auf das Handlungsfeld der Deutschlehrerinnen und Deutschlehrer.

Die Entfaltung dieser Ausgangsidee geriet zu einem spannenden Erkenntnisprozess: Die Erarbeitung der vorliegenden integrativen Deutschdidaktik forderte durchgängig zur interdisziplinären Verständigung heraus. Dabei bewegten sich unsere Perspektiven einerseits stärker aufeinander zu, andererseits traten sie in ihrer Spezifik deutlicher hervor.

Eine besondere Schwierigkeit bestand in der Begrenzung: Eine umfassende Darstellung der integrativen Struktur hätte von einer historischen Spurensicherung profitieren können. Ein Kapitel, das diesen Spuren nachgeht, musste schließlich aus Umfangsgründen wieder ausgegliedert werden. Es bleibt einer späteren Publikation vorbehalten. Auch konnten nicht alle Schwerpunkte der Sprach- und Literaturdidaktik thematisiert werden. Die integrative Annäherung an die zentralen Dimensionen sprachlichen und literarischen Lernens erforderte vielmehr eine Konzentration. Wenn die Ausführungen dazu anregen, die verhandelten Gegenstände der Sprach- und Literaturdidaktik, aber auch solche, die wir zurückstellen mussten, unter integrativer Perspektive anzuschauen, wäre viel erreicht.

Noch ein Hinweis zur Arbeit mit dem Band: Die Aufgaben innerhalb der verschiedenen Kapitel bieten Möglichkeiten zur Vertiefung des Dargestellten bzw. jeweils Entwickelten und sollten möglichst an der Stelle bearbeitet werden, an der sie sich

im Text befinden. Die Lösungsvorschläge finden sich im Internet unter: **www.utb-shop.de/9783825256609**
Den Studierenden unserer Lehrveranstaltungen an der Universität Hildesheim danken wir für vielfältige Anregungen.

Für ihre Unterstützung bei der Fertigstellung des Manuskripts gilt unser Dank Katharina Glaubitz, für die kritische Durchsicht einzelner Kapitel Dana Krätzsch, für die Korrektur des Literaturverzeichnisses Helen Lehndorf und für die Unterstützung bei der Anlage von Abbildungen Tilo Reißig. Danken möchten wir außerdem allen, die uns Abdruckrechte eingeräumt haben. Nicht zuletzt geht unser Dank an Nadine Albert, Schöningh Verlag, für ihre Geduld und Unterstützung und an Jakob Ossner für die Aufnahme des Bandes in die Reihe StandardWissen Lehramt.

Hildesheim im April 2015, Ursula Bredel und Irene Pieper

Vorwort zur 2. Auflage

Die zweite Auflage haben wir zum Anlass genommen, nicht nur kleinere Korrekturen vorzunehmen, sondern auch einige aus unserer Sicht besonders wichtige Entwicklungen und Diskussionen in der Deutschdidaktik und im Deutschunterricht aufzugreifen. Dies erfolgt in knapper Form, denn die Gesamtstruktur der von uns vertretenen Konzeption sollte erhalten bleiben.

Wir danken für die Hinweise der Leser und Leserinnen, die uns erreicht haben. Kritische Kommentare haben wir, wo sie integrierbar waren, zu berücksichtigen versucht.

Ein Dank geht an Lea Winkler für die Überarbeitung des Literaturverzeichnisses.

Hildesheim und Berlin im April 2021,
Ursula Bredel und Irene Pieper

Sprach- und Literaturdidaktik – Integrative Deutschdidaktik | 0

Die Didaktik ist eine Wissenschaftsdisziplin, die Lehr-/Lernprozesse modelliert und untersucht. Ziel ist die Bereitstellung von Handlungswissen, das den Orientierungsrahmen für die professionelle Gestaltung des Lehrens und Lernens abgibt. Dafür ermittelt die Didaktik die Gelingensbedingungen des Lernens auch und besonders in institutionellen Kontexten. Die Schule, in der das Lernen nicht naturwüchsig geschieht, sondern angeleitet wird, ist deshalb ein zentrales Forschungsfeld der Didaktik.

Eine Bestimmung von Lehren und Lernen einschließlich der Ermittlung ihrer Gelingensbedingungen bleibt jedoch so lange abstrakt, wie nicht der Gegenstand benannt ist, der gelehrt und der gelernt wird. Die zuständigen Kerndisziplinen für den Deutschunterricht sind die Sprach- und die Literaturdidaktik.

Die Sprachdidaktik modelliert und untersucht Lehr-/Lernprozesse, die dem Auf- und Ausbau sprachlicher Handlungsfähigkeit, die Literaturdidaktik solche, die dem Auf- und Ausbau literarisch-ästhetischer Handlungsfähigkeit dienen.

In den vergangenen ca. 20 bis 30 Jahren haben sich beide Disziplinen relativ autonom entwickelt und je verschiedene Forschungsanforderungen identifiziert sowie verschiedene Forschungsmethoden ausgebildet. Teilweise geht die Verselbständigung so weit, dass kaum noch wissenschaftliche Kooperationen angestrengt werden.

Auch im Deutschunterricht gehen der Sprach- und der Literaturunterricht häufig eigene Wege. Auf dem Stundenplan steht der Leseunterricht neben der Gesprächserziehung, die Gedichtinterpretation neben dem Grammatikunterricht, kreatives Schreiben bisweilen sogar in Opposition zum Rechtschreibunterricht. Jedoch werden immer wieder Forderungen nach einem integrativen Deutschunterricht erhoben (dazu Abraham 2001, Klotz 2011) und kaum ein Lehrwerk für den Deutschunterricht verzichtet mehr darauf, Sprach- und Literaturthemen zu verknüpfen, auch wenn nicht überall deutlich wird, welcher Begriff von Integration jeweils tragend ist.

Integrativer Deutschunterricht

In einem *integrativen Deutschunterricht* geht es um die Aufhebung der Trennung von sprach- und literaturbezogenen Perspektiven auf die Gegenstände des Deutschunterrichts zugunsten einer nicht disziplinär gerichteten, erfahrungsnahen Zugangsweise der Schüler/innen zu Sprache und Literatur. Besonders prominent sind Konzepte, bei denen grammatisches Wissen bzw.

ganz allgemein Beobachtungen in Bezug auf sprachliche Strukturen für das Verstehen oder die vertiefende Interpretation literarischer Texte genutzt werden sollen; und umgekehrt soll die Sprachaufmerksamkeit an literarischen Texten geschärft werden. Am Ende dieses Prozesses soll nicht nur ein vertieftes Literaturverständnis, sondern zugleich ein vertieftes Sprachverständnis der Schüler/innen stehen (Abraham 2001).

Integrative Deutschdidaktik

Wenn, wie im hier vorliegenden Band, von einer *integrativen Deutschdidaktik* die Rede ist, geht es nicht, wie im integrativen Deutschunterricht, um die Zusammenführung von sprach- und literaturbezogenen Perspektiven im Klassenzimmer, sondern um die Zusammenführung von sprach- und literaturdidaktischen Perspektivierungen in der Theoriebildung.

Dabei wird keine Überwindung der disziplinären Grenzen angestrebt. Das Ziel des vorliegenden Bandes ist es vielmehr, sprach- und literaturdidaktische Modellbildungen auf der Basis der disziplinären Begegnung neu zusammenzufügen.

Die Argumentation wird entlang der in den nationalen Bildungsstandards für das Fach Deutsch (KMK 2005) angegebenen Kompetenzbereiche geführt, die den Kernfeldern der Sprach- und der Literaturdidaktik nahekommen:

- Sprechen und Zuhören
- Sprache und Sprachgebrauch untersuchen
- Schreiben
- Lesen – mit Texten und Medien umgehen

Normalerweise werden diese Kompetenzbereiche auf die Teildisziplinen Sprach- und Literaturdidaktik aufgeteilt. Nur beim Schreiben teilen sich Sprach- und Literaturdidaktik das Feld. Die Kompetenzbereiche „Sprechen und Zuhören" und „Sprache und Sprachgebrauch untersuchen" gelten üblicherweise als Domänen der Sprachdidaktik, „Lesen – mit Texten und Medien umgehen" wird überwiegend mit literaturdidaktischen Fragestellungen assoziiert.

Dieser Aufteilung folgen wir im vorliegenden Band nicht. Vielmehr werden alle vier Teilbereiche sprach- und literaturdidaktisch perspektiviert:

Aus dem Kompetenzbereich „Sprechen und Zuhören" wählen wir exemplarisch das Erzählen, das sowohl sprach- als auch literaturdidaktische Bearbeitungen erfahren hat. Dabei steht in der

Sprachdidaktik traditionell die produktive Perspektive im Fokus (Wie werden Kinder und Jugendliche zu (guten) Erzähler/innen?), in der Literaturdidaktik die rezeptive Perspektive (Wie gelingt der Auf- und Ausbau des Verstehens literarischer Erzählungen?).

Neuere Ansätze zeigen jedoch, dass sowohl der Produktions- als auch der Rezeptionserwerb interaktiv verlaufen und von einer konstitutiven Zusammenarbeit zwischen Erzähler und Zuhörer bzw. Vorleser und Zuhörer geprägt sind. Dies lässt sich insbesondere dann zeigen, wenn man zunächst das mündliche Erzählen und den mündlichen Umgang mit literarischen Erzählungen untersucht. Letzteres ist in der Literaturdidaktik nicht selbstverständlich. Üblicherweise wird die Frage des Erwerbs literarischer Rezeptionsfähigkeiten im Zusammenhang mit dem Kompetenzbereich Lesen betrachtet. Gerade für den frühen Literaturerwerb spielt aber die Begegnung mit Erzählungen im Raum der Mündlichkeit eine gewichtige Rolle.

Die Sprach- und die Literaturdidaktik können sich hier also auf einen gemeinsamen Beschreibungsrahmen in Bezug auf die Rolle von Sprechen und Zuhören in Erwerbs- und Lernprozessen zubewegen. Wie ein solcher Beschreibungsrahmen aussehen könnte, wird in Kapitel 3 skizziert.

Beim Bereich „Lesen" werden wir zeigen, dass und wie sich sprach- und literaturdidaktische Modelle des Lernens zu einer umfassenderen Leseerwerbstheorie zusammenfügen. Zur Diskussion steht das Verhältnis zwischen kognitiv-strukturellen Anforderungen an das Lesen, wie sie in der Sprachdidaktik erschlossen werden, und der Lese- und literarischen Sozialisation, wie sie die Literaturdidaktik beschreibt (Kap. 4).

Beim Kompetenzbereich „Schreiben", genauer „Texte schreiben", der seit jeher von der Sprach- und der Literaturdidaktik gleichermaßen untersucht wurde, vergleichen wir die Modellbildungen beider Disziplinen. Dabei werden jeweils blinde Flecken aufgedeckt, die sich in der Tradition durch einseitige Fokussierungen ergeben haben (Kap. 5).

Den Bereich „Sprache und Sprachgebrauch untersuchen" weiten wir in Anlehnung an Modelle des integrativen Deutschunterrichts (s.o.) auf den Bereich „Literatur untersuchen" aus: Im Kapitel „Sprach- und Literaturbetrachtung" (Kap. 6) wird in besonderer Weise sichtbar, wie die Gegenstandsbereiche Sprache und Literatur selbst miteinander verzahnt sind, aber auch, wie sehr sich Verfahren und Methoden der Sprach- und Literaturbetrachtung ähneln können.

Ein eigenes Kapitel widmen wir, die Bearbeitung der Kompetenzbereiche vorbereitend, der Schrift. Auf der Basis des Begriffs der konzeptionellen Schriftlichkeit werden in Kapitel 2 die Herausforderungen an den Erwerb sprachlicher und literarisch-ästhetischer Handlungsfähigkeit profiliert, der immer auch eine Anpassung an die Standardsprache bedeutet, die die Schrift konserviert. Eng verbunden mit der Entwicklung und Stabilisierung der in der Schrift abgelegten Standardsprache sind seit je her literarische Überlieferungen, die sprachliche, aber auch kulturelle Orientierungen anbieten. Das Kapitel zur Schrift befasst sich deshalb auch mit der literarischen Kanonbildung und ihrer Konsequenz für den schulischen Sprach- und Literaturunterricht.

Jede Darstellung muss eine Auswahl treffen. So werden auch im vorliegenden Band nicht alle Perspektiven, die möglich sind, ausgeleuchtet: Wegen der Fokussierung auf die Lerngegenstände müssen verschiedene Lernbedingungen, wie sie sich beispielsweise durch verschiedene Sprachausgangslagen von Schüler/innen ergeben (z. B. Deutsch als Erst- oder Zweitsprache), zurücktreten (hierzu Ahrenholz & Oomen-Welke 2017, Kniffka & Siebert-Ott 2012). Ebenso gibt es nur schwache Bezugnahmen auf die interne Struktur der Bildungsstandards, die eine stärkere disziplinäre Trennung vornehmen, als es hier intendiert ist. Auch der Bereich der Medien wird jenseits der Schrift kaum angesprochen (hierzu: Frederking, Krommer & Möbius 2016).

Was das Lernalter betrifft, liegt der Fokus auf der Primarstufe und der Sekundarstufe I. Nur einzelne Ausflüge beleuchten den Elementarbereich und die Sekundarstufe II.

Zur Weiterarbeit regen wir zu folgenden Lektüren an; genannt sind jeweils Überblickswerke, die die Kompetenzbereiche disziplinenspezifisch entfalten: Zur weiterführenden Auseinandersetzung mit dem Bereich „Sprechen und Zuhören“ empfehlen wir Becker-Mrotzek (2015) sowie Bernius & Imhof (2010). Den Bereich „Lesen – mit Texten und Medien umgehen“ vertiefend empfehlen wir Kämper-van den Boogaart & Spinner (2019) und Garbe, Holle & Jesch (2010). Als ergänzende Lektüre zum Bereich Schreiben empfehlen wir Fix (2008) und Feilke & Pohl (2020); für den Bereich Orthographie Röber & Olfert (2015) und

Bredel & Reißig (2015) oder, mit einer anderen theoretischen Ausrichtung, Augst & Dehn (2013). Weiterführend zum Bereich „Sprache und Sprachgebrauch untersuchen" empfehlen wir Gornik (2015).

1 Lernen im Prozess – Der Deutschunterricht

Als Wissenschaftsdisziplin, die Lehr-/Lernprozesse in den Blick nimmt, ist die Didaktik eine „praktische Wissenschaft" (Ossner 1993). „Eine praktische Wissenschaft erfüllt sich nicht in der EPISTEME, der Erklärung des Seienden, ihre Gegenstände der Erkenntnis sind im Werden." (Ossner 1993: 190, Hervorhebung im Original)

Didaktik als praktische Wissenschaft

Am Anfang des Buches steht deshalb eine Inspektion. Wir gehen an den Ort, an dem sprachliche und literarisch-ästhetische Handlungsfähigkeit entstehen und gefördert werden soll: in den Deutschunterricht. Dort werden wir zwei Sprach- und zwei Literaturstunden mit je identischen bzw. vergleichbaren Themenschwerpunkten auf der Basis gesprächsanalytischer Methoden untersuchen. Noch unabhängig davon, ob Sprache oder Literatur im Zentrum des Lernens steht, können wir lernförderliche und lernhinderliche Unterrichtsverläufe unterscheiden. Auf der Basis der wissenschaftlichen Aufgabe der Didaktik, nicht das Seiende, sondern das Werden zu untersuchen, können aus diesen Erkenntnissen wesentliche Einsichten auch für die weiteren Untersuchungsfelder gewonnen werden, die zugleich eine erste Klammer für die Modellierung einer integrativen Deutschdidaktik bilden.

1.1 Gegenstands- und lernerferne Unterrichtsverläufe

Beginnen wollen wir die Inspektion mit der Analyse von Unterrichtsverläufen, in denen die Akteure scheinbar bewährten Durchführungsroutinen folgen und dabei der Schule bzw. den institutionellen Anforderungen, die die Schule stellt, gewissermaßen auf den Leim gehen. Diese Verläufe eignen sich u.E. besonders gut zur Freilegung von Problemstellen, die die Institution Schule jenseits von individuellen Handlungspräferenzen einzelner Lehrkräfte prägen. Wenn wir also eine kritische Perspektive auf die im folgenden zu analysierenden Unterrichtsverläufe einnehmen, ist dies nicht als Abwertung oder Geringschätzung der Lehrkräfte zu verstehen, sondern als exemplarische Erfassung systematisch bedingter Schieflagen, wie sie in Institutionen mit einer langen und an Normauffassungen orientierten Tradition beobachtbar sind.

1.1.1 Das Vogel-V

[...]

14	L	So, und jetzt haben wir einfach mal wieder Deutsch. (20) [Lehrerin klappt die Tafel um und gibt stummen Impuls – 7 Wörter mit v: *Kurve*, *Vase*, *Verlust*, *davon*, *vielleicht*, *Vergangenheit*, *verlieren*]
15	SuS	{grübeln, einige Kinder melden sich}. Ahh.
16	L	Tom
17	Tom	Die fangen alle mit Vogel-V an.
18	L	Alle?
19	SuS	Nee. Nee {lachen}
20	L	Schsch.
21	Tom	Ähm – außer der *Kurve* ( )
22	L	Das war schon ganz gut. ( ) Franziska.
23	Franziska	Ähm – ent entweder sie fangen mit Vogel-V an oder in der Mitte des Wortes – ähm ist ein Vogel-V
24	L	Prima. Lena.
25	Lena	( )
26	L	Das wisst ihr noch von der ersten Klasse. Wisst'er noch. Das war nicht so einfach mit diesem Buchstaben ... und für viele Kinder is das heute noch nicht so einfach mit diesem Buchstaben ... An //
27	Lena	// ( )
28	L	Aha. Jonas.
29	Jonas	Mhm (ja), das (find) ich auch sagen mit dem das ( ) bei allen Wörtern is irgendwie 'n Vogel-V drin.
30	L	Gut. Mustafa.
31	Mustafa	Bei *Kurve*, da klingt das ( ) so wie 'n *W*, aber is echt ein *V*
32	L	Richtig, das hat Lena, glaub ich, eben auch schon gesagt. // Marie. ... Saskia, noch was anderes
33	SuS	// ( ).
34	Saskia	Ähm – *Verlust* und *verlieren*, das ist irgendwie miteinander verwandt oder so.
35	L	Aha. Gut. Prima. ... So, dann würd ich ... doch einfach mal bitten, dass wir die Wörter ... vorlesen, vorlesen.
36	SuS	( ) {melden sich}
37	L	Robert
38	Robert	*Kurve*, *Vase*, *Venus*?
39	L	{lacht und schiebt den Magneten weg} // Kannst du's jetzt lesen?
40	SuS	// {lachen}
41	Robert	*Verlust*. Ach ( ) ... Und *(davor)* //
42	L	So, und die nächsten drei, Marie.
43	Marie	*Vielleicht*, *Vergangenheit* und // *verlieben*

44	Franziska	// {hustet}
45	L	So und ein ganz großes Problem is für viele von euch, wenn man die Wörter in Silben zerlegen soll, weil man sie ja da an der Stelle trennen kann. Wer könnte denn mal bei dem ersten Wort die Silbenbögen drunterzeichnen? ... Mustafa..., machs'te das ma mit Gelb?
46	Mustafa	Jo. {geht zur Tafel}
47	L	Äh – einfach da drunter, weil du das ...
48	Mustafa	Ähm – ...
49	L	So, und da ka- kannst du's jetzt noch ma – äh – sprechen, oder? So ( ) //
50	Mustafa	*Kurve*
51	L	Und mach doch mal.
52	Mustafa	*Kur – ve* {Armbewegung – Silbenbögen}
53	L	Gut. Und noch besser is, man bewegt sich dabei noch ... Jan. (8)
54	Jan	{geht zur Tafel; zeichnet Silbenbögen unter das Wort *Vase* und spricht leise mit}
55	L	Und, kannst du das auch noch mal?
56	Jan	*Va* – // *se* {klatscht dabei}

Alle Wörter werden der Reihe nach von einzelnen Schüler/innen in dieser Weise markiert und silbifiziert vorgelesen.

57	L	So, dann machen wir das jetzt noch mal gemeinsam {deutet auf die Tafel und beginnt, die Silbenstruktur des ersten Wortes (*Kurve*) zu klatschen, ohne dabei zu sprechen}
58	SuS	{Die Schüler/innen übernehmen das Klatschmuster und lesen im Klassenverband die Wörter in silbifizierter Form vor und klatschen dazu.} [bis hier 5 Min, 43 Sek]
59	L	Na, das ging ja schon mal super. Jetzt bin ich gespannt, ob ihr genau so super das jetzt auf diesem Blatt bearbeiten könnt {es folgen Anweisungen zur Bearbeitung der Arbeitsbögen}

Die Schüler/innen arbeiten ca. 30 Min. an den Arbeitsbögen; 5 Min. vor Ende bricht die Lehrerin ab, um Administratives zu klären.

Quelle: HILDE (Hildesheimer Videos zur Fachdidaktik)

Makrostruktur und Mikrostruktur

Bei der Untersuchung von Unterrichtskommunikation hat es sich bewährt, verschiedene Analyseebenen voneinander zu unterscheiden. Zum einen wird unterschieden zwischen einer Makrostruktur und einer Mikrostruktur.

Die Analyse der Makrostruktur beantwortet die Frage, wie der Unterricht insgesamt aufgebaut ist. Es werden kommunikativ abgrenzbare Phasen, die mit Themen-, Sozialform- oder Aktionsformenwechsel verbunden sein können, identifiziert.

Bei der Analyse der Mikrostruktur unterscheiden wir zwischen einer Sequenzanalyse und einer Analyse der Gegenstandskonstitution (vgl. auch Vogt 2013). In der Sequenzanalyse steht die Gesprächsorganisation im Vordergrund. Es geht u.a. darum, wie Sprecherwechsel strukturiert sind, wie die Eröffnung und die Schließung von Phasen geleistet wird und wie ggf. Störungen im Gesprächsablauf bearbeitet werden. Bei der Analyse der Gegenstandskonstitution steht die Frage im Mittelpunkt, wie der Unterrichtsgegenstand ins Spiel kommt und wie er im Unterrichtsverlauf weiterverarbeitet wird.

Die vorliegende Passage soll auch als Beispiel dienen, in diese Form der Analyse einzuführen. Dabei werden zuerst alle Analyseschritte einzeln und im Detail durchgeführt. Eine Medienanalyse, also die Analyse der eingesetzten Unterrichtsmaterialien, schließt sich an. Sie wird hier gebraucht, um das lehrerseitige Handeln vollständig aufzuklären. In einer Zusammenfassung werden die Fäden zusammengeführt und diejenigen Schaltstellen identifiziert, die auf grundlegende Schwierigkeiten nicht nur des vorliegenden Unterrichtsbeispiels, sondern des unterrichtlichen Handelns insgesamt verweisen. Die Analyse eines Abschnitts aus einer Literaturstunde stützt und ergänzt die hier ausgearbeiteten Perspektiven (Kap. 1.1.2).

In einer Gesamtreflexion werden die z. T. noch vereinzelten Beobachtungen durch eine umfassendere Theorie zur Unterrichtskommunikation eingeholt (Kap. 1.2).

Das Kapitel abschließend werden eine alternative Stunde zur v-Schreibung (Kap. 1.3.1) und eine alternative Literaturstunde (Kap. 1.3.2) dokumentiert, die zeigen, wie es gelingen kann, zum Teil institutionell bedingte Probleme bei der Durchführung von Unterricht zu überwinden.

Hinweis: Verfahren der Gesprächs- und Kommunikationsanalyse

Das hier skizzierte Vorgehen basiert auf sprachwissenschaftlichen Verfahren der Gesprächs- bzw. Kommunikationsanalyse. Mit der Auswahl von Sequenzen, die einer detaillierten Untersuchung unterzogen werden, nähern wir uns damit zugleich der fallrekonstruktiven Unterrichtsforschung an, wie sie auch in der Erziehungswissenschaft betrieben wird (vgl. hierzu Helsper 2003, Wernet 2006).

Makrostruktur

Die Makrostruktur der vorliegenden Passage hat modellhaften Charakter.

Phase 1:	Stummer Impuls (14)
Phase 2:	Thematisch ungelenktes Unterrichtsgespräch, in dem die Schüler/innen sich zum Gegenstand äußern (15-35)
Phase 3:	Thematisch gelenktes Unterrichtsgespräch, in dem der Gegenstand der lehrerseitig intendierten Bearbeitung unterzogen wird (35-56)
Phase 4:	Schließen des Unterrichtsgesprächs durch gemeinsame Aktivität (57-58)
Phase 5:	Bearbeiten von Arbeitsmaterialien (s. Klammerzusatz)

Die Lehrkraft folgt einem allgemein anerkannten Muster der Themengenerierung und -bearbeitung: Dem Vierschritt (stummer Impuls, thematisch ungelenktes Unterrichtsgespräch, gelenkte Thematisierung, gemeinsame Abschlussaktivität) liegt eine pädagogisch breit akzeptierte Idee kognitiver Aktivierung zugrunde: Mit dem stummen Impuls soll schülerseitiges Interesse, ggf. Neugierde am Gegenstand geweckt werden, die schülerseitigen Ideen zum Gegenstand sollen den thematischen Raum assoziativ öffnen (Glöckel 2003, Reber & Schönauer-Schneider 2013). Der Übergang zur gelenkten Thematisierung dient der lehrerseitigen Relevanzsetzung des Gegenstandes. Im Optimalfall sind die schülerseitigen Ideen aus dem ungelenkten Unterrichtsgespräch derart, dass die lehrerseitige Relevanzsetzung daran anschlussfähig ist. Diese Anschlussfähigkeit ist im vorliegenden Gespräch nicht gegeben, weshalb der Übergang zu Phase 3 hier mit einem längeren Redebeitrag der Lehrkraft initiiert werden muss, bevor die Schüler/innen erneut ins Unterrichtsgeschehen einbezogen werden. Mit der gemeinsamen Abschlussaktivität soll sichergestellt werden, dass alle Schüler/innen das bis zu diesem Zeitpunkt Bearbeitete (re-)aktualisieren. Das Bearbeiten von Arbeitsblättern dient der Rekonstruktion des Gegenstandes durch jede/n einzelne/n Schüler/in.

Mikrostruktur

Sequenzanalyse

Phase 1: Stummer Impuls
In pädagogischer Fachliteratur wird für den Einsatz des stummen Impulses der Hinweis gegeben, dass weder vor noch nach diesem Impuls weitere lehrerseitige Aktivitäten intervenieren sollen (Reber & Schönauer-Schneider 2013, weiterführend zum Impuls Bittner 2006: 117–156). Der Impuls soll „für sich" sprechen. Die Lehrkraft folgt dieser Anweisung, weshalb die vorliegende Sequenz einzügig ist (14).

Phase 2: Thematisch ungelenktes Unterrichtsgespräch
Der Übergang vom stummen Impuls zum thematisch ungelenkten Unterrichtsgespräch wird schülerseitig mit einer Exothese initiiert. Darunter versteht man das unmittelbare Nachaußensetzen eines mentalen Prozesses oder seines Ergebnisses; häufig geht mit einer Exothese das Umschlagen, z.B. vom Nichtwissen zum Wissen, vom Nichterkennen zum Erkennen etc. einher. Mit *ahh* (15) gibt ein Schüler zu erkennen, dass er in Bezug auf die an der Tafel angebrachten Wörter eine Entdeckung gemacht hat. Die Lehrkraft nutzt diese Exothese zur Beendigung der stummen Deliberationszeit und ruft Tom auf, damit er seine Idee zu den Wörtern an der Tafel vortragen kann. Es folgen weitere Schüleräußerungen, die jeweils lehrerseitig kommentiert werden.

Dadurch entstehen sog. Paarsequenzen, also Kommunikationsereignisse, die aus in der Regel zwei eng aufeinander bezogenen Redezügen bestehen; im konkreten Fall liegen schülerseitig initiierte Viererstrukturen aus Melden – Aufrufen – Aussage – Kommentar vor (z.B. 30/32). Nur an einer Stelle entscheidet sich die Lehrkraft in dieser Phase für einen längeren, selbstinitiierten Redebeitrag (26), mit dem sie die von einzelnen Schüler/innen bis dahin geleistete Gegenstandkonstitution absichert und die Aufmerksamkeit aller Beteiligten auf Schwierigkeiten mit der v-Schreibung ausrichtet.

Phase 3: Thematisch gelenktes Unterrichtsgespräch
Den Übergang zu Phase 3, beginnend mit „So, dann würd ich ... doch einfach mal bitten, dass wir die Wörter ... vorlesen" (35), leitet die Lehrkraft ein, als keine Meldung mehr vorliegt. Dabei ist die Verwendung von *so* sehr typisch für die Einleitung von Phasenwechseln im Unterricht; als Ausdruck, mit dem zugleich auf zwei Objekte verwiesen wird (*so ... wie, so ... dass*) (vgl. Ehlich 1987, Kokemohr 1989), bildet *so* ein Scharnier zwischen einer abzuschließenden und einer neu zu initiierenden Handlung. Mit *so* werden also Übergänge von Handlungssequenzen strukturiert.

„so"

Grob können zwei verschiedene so-Varianten unterschieden werden, die die Endpunkte eines Kontinuums darstellen: Das kurze *so* mit ungespannten Vokal [ɔ] wird verwendet, wenn der Schwerpunkt auf dem Abschluss einer laufenden Handlung liegt. Ein langgezogenes *so* mit gespanntem Vokal [oː] fokussiert die Hörer auf das künftige Geschehen. Das von der Lehrerin verwendete *so* in (35) weist ein gespanntes, mäßig langgezogenes *o* auf; es fokussiert tendenziell auf das Folgegeschehen, das Vorlesen der Wörter. Innerhalb der Vorlesesequenz kommt es neben einem Reparaturerfordernis (39) zu einer kommunikativen Umorientierung (Aufrufen einer weiteren Schülerin, 42). Auch hier tritt der Ausdruck *so* auf, dieses Mal aber mit ungespanntem Kurzvokal; ein deutlicher Indikator dafür, dass hier die Schließung der vorangegangenen Handlung (Beendigung der Vorleseaktivität des Schülers) im Vordergrund steht. Der nächste Handlungswechsel in (45) wird mit dem langen *so* eingeleitet und richtet die Aufmerksamkeit der Schüler/innen damit auf die kommende Handlungssequenz aus. Die Frage „Wer könnte denn mal bei dem ersten Wort die Silbenbögen drunterzeichnen?", die von Schüler/innen unterrichtskonform als Handlungsanweisung interpretiert wird, führt zur Initiierung der letzten Teilsequenz von Phase 3, das wortweise Abarbeiten der Silbifizierung der Wörter durch verschiedene Schüler/innen.

Hinweis: Interjektionen
Ausdrücke wie so *und* ja *werden in der Linguistik als Interjektionen bezeichnet. In diese sehr heterogene Klasse fallen Einheiten, die keine Satzgliedfunktion haben, sondern häufig gesprächsstrukturierende Funktion übernehmen. Sie sind deshalb in Schulbüchern praktisch nicht zu finden, spielen aber gerade bei der Analyse von mündlicher Kommunikation eine ganz erhebliche Rolle.*

Phase 4: Schließen des Unterrichtsgesprächs
Auch der Wechsel zwischen Phase 3 und Phase 4 wird mit einem langen *so* initiiert. Die Lehrkraft orientiert die Schüler/innen damit auf die Folgeaktivität, die mit einer non-verbalen Aktivität (dem Klatschen ohne Sprechen) eingeleitet wird. Dass diese Handlungsanweisung praktisch ohne Worte erfolgt, zeigt den Schüler/innen, dass das, was nun gemacht werden soll, lediglich wiederholenden, sichernden Charakter hat.

Phase 5: Bearbeitung von Arbeitsmaterialien

„na“

Im Gegensatz zu den Überleitungen zu den vorangegangenen Phasen wird Phase 5 mit *na* eingeleitet. Auch *na* ist ein Scharnier zwischen zwei Handlungssequenzen. Wie *so* ist *na* in der Lage, den Hörer umzusteuern bzw. auf eine neue Handlung einzustellen. Und auch hier können wir mehrere Ausprägungen unterscheiden: Ein *na* mit steigender Intonation gilt als Begrüßung; es initiiert einen Handlungsumschlag der sozialen Konstellation. Ein *na* mit fallender Intonation signalisiert das Nichteinverstandensein des Sprechers mit einer hörerseitigen Aktivität; es initiiert z. B. Aufforderungen, eine Handlung erneut auszuführen („na, das kannst Du aber besser“); ein *na* mit schwebender Intonation signalisiert einen Handlungswechsel, bei dem die Art der Handlungsausführung beibehalten werden soll („na, das war ja schon ganz gut, und jetzt ...“). In diesem dritten Sinn verwendet die Lehrkraft die Interjektion *na* und signalisiert den Schüler/innen damit, dass sie die aktuell durchgeführte Handlung (das Silbifizieren) für die Bearbeitung der Arbeitsmaterialien weiterhin aktiv halten sollen.

Muster der Handlungssteuerung

Fazit: Die Sequenzanalyse zeigt zwei dominante Muster der Handlungssteuerung:

1. Die Paarsequenzierung, bestehend aus Melden – Aufrufen – Aussage – Kommentar. Muster 1 ist, nachdem der stumme Impuls gesetzt ist, schülerseitig initiiert (das Melden bildet den Mustereinstieg).

2. Lehrerseitige Handlungsumsteuerungen, die mit *so* und *na* eingeleitet werden. Muster 2 ist lehrerseitig initiiert (*so* und *na* bilden den Mustereinstieg).

Sieht man sich nun die Verteilung der Muster an, finden wir in Phase 2, also der Phase des thematisch ungesteuerten Unterrichtsgesprächs, Muster 2 nicht, in Phase 3 dominiert es.

Damit folgt die Lehrkraft auch kommunikationsstrukturell dem pädagogisch geforderten Wechsel von der ungelenkten schülerseitigen zur gelenkten lehrerseitigen Relevanzsetzung des Gegenstandes (Reber & Schönauer-Schneider 2013).

Aufgabe 1

a. Überlegen Sie, wie und mit welcher Zielsetzung ein stummer Impuls lernförderlich eingesetzt werden kann. Bedenken Sie dabei auch, welche Antwortmöglichkeiten die Schüler/innen haben und wie die Antworten im Unterricht weiterverarbeitet werden können.
b. Verfolgen Sie im Rahmen einer Unterrichtsbeobachtung den Gebrauch von *so* und *na* und vollziehen Sie nach, wie diese zur Handlungssteuerung beitragen. Beobachten Sie sich wenn möglich auch selbst.

Analyse der Gegenstandskonstitution

Der Gegenstand der Unterrichtsstunde ist die v-Schreibung. Als stummen Impuls wählt die Lehrkraft deshalb eine kleine Menge von Wörtern mit <v>, die den Schüler/innen sachlich ungeordnet präsentiert werden. Diese Präsentationsform entspricht der Idee des stummen Impulses. Denn es sollen möglichst wenig Vorgaben gemacht werden, damit die Schüler/innen ihre Vorstellungen in Bezug auf den Gegenstand ungerichtet entfalten können.

Schülerbeobachtungen

Die erste Beobachtung von Tom ist dann auch direkt auf den von der Lehrkraft intendierten Sachverhalt bezogen: „Die fangen alle mit Vogel-V an“ (17); die Fehleinschätzung von Tom (die Festlegung des Auftretens von <v> auf die Erstposition) erfordert eine Korrektur, die die Lehrkraft mit einer Frage initiiert („Alle?" (18)). Die Korrekturarbeit von Franziska ist unvollständig: Sie nennt *Kurve* (21), nicht aber *davon*. An das lehrerseitige Teillob „das war schon ganz gut" (22) schließt sich die gegenüber Franziskas Beobachtung unspezifischere Feststellung von Lena an, dass einige der Wörter ein initiales, einige ein mediales <v> aufweisen. Sie wird mit „prima" (24) honoriert; die Diskussion über die Position von <v> gilt damit als abgeschlossen.

Es folgt eine lehrerseitige Identifikation des Unterrichtsgegenstandes (26). Das Erfordernis der Bearbeitung der v-Schreibung begründet die Lehrperson lernerbezogen: Sie orientiert die Schüler/innen darauf, dass die Schwierigkeiten „mit diesem Buchstaben" bereits seit der ersten Klasse bestehen und bis heute anhalten. Abgesichert wird diese Legitimation mit einem Verweis darauf, dass diese Schwierigkeiten nicht nur ihr, sondern auch den Schüler/innen bekannt sind („das wisst ihr noch ...").

Im folgenden Verlauf bieten die Schüler/innen weitere Ansatzpunkte zur Erschließung des infragestehenden Phänomens an. Mustafa verweist auf die Varianz bei der phonographischen Zuordnung („Bei *Kurve*, da klingt das ( ) so wie 'n *W*, aber ist echt ein *V*", 31), Cora bringt die morphologischen Verwandtschaftsbeziehungen zwischen *verlieren* und *Verlust* (34) ins Spiel.

Die Lehrkraft enthält sich einer inhaltlichen Weiterbearbeitung der Schüleräußerungen. Insgesamt schließen alle Paarsequenzen regelmäßig mit einem Lob ohne Bezugnahme auf die Beobachtungen der Schüler/innen (22, 24, 28, 30, 32, 35).

Umdefinition des Lerngegenstandes

Mit der Bitte, die Wörter vorzulesen, mit der die Lehrkraft Phase 3 einleitet (35), werden die Differenzierungen, die von den Schüler/innen in Phase 2 geleistet wurden, eingeebnet. Diese Einebnung ist für die lehrerseitige Weiterbearbeitung des Gegenstandes erforderlich; denn mit der Durchführung der Phase 3 ist eine Umdefinition der Problemhaltigkeit des Gegenstandes verbunden, die in Redezug 45 erfolgt: Die Lehrkraft orientiert die Schüler/innen auf die Silbenstruktur der v-Wörter. Dabei argumentiert sie auch hier nicht nur gegenstandsbezogen, sondern identifiziert die Silbifizierung zugleich als ein schülerseitiges Lernproblem („ein ganz großes Problem ist für viele von euch, wenn man die Wörter in Silben zerlegen soll" (45)). Damit wird der nächste Unterrichtsschritt, die Zerlegung der Wörter an der

Tafel in Silben, legitimiert. Die Schüler/innen folgen dieser Umorientierung, zeichnen dann einzeln Silbenbögen unter die Wörter und silbifizieren die Wörter anschließend verbal, i.d.R. von Klatschen begleitet.

Fazit: Die Analyse der Gegenstandskonstitution hat gezeigt, dass die Phasen, die in der Makroanalyse herausgearbeitet wurden, nicht nur mit einem Wechsel der kommunikativen Muster (von Paarsequenzen zur lehrerseitigen Handlungssteuerung), sondern zugleich mit einem Wechsel der inhaltlichen Orientierung einhergeht (von der v-Schreibung (Phase 2) zur Silbifizierung (Phase 3)). Eben dieser Wechsel markiert das Kernproblem der vorliegenden Unterrichtspassage: Während die Schüler/innen im thematisch ungelenkten Unterrichtsgespräch ganz auf den Gegenstand der v-Schreibung orientiert sind und hier differenzierte Entdeckungen machen, verlangt die Lehrkraft von den Schüler/innen eine Bearbeitung der Wörter, die keinen Bezug zum rechtschriftlichen Problem hat.

Um zu zeigen, dass mit der Silbifizierung die v-Schreibung nicht erschlossen werden kann, und um zu zeigen, dass die Schüler/innen ihrerseits orthographietheoretisch äußerst relevante Aspekte zur Erschließung des Gegenstandes einbringen, muss hier ein Exkurs zur v-Schreibung im Deutschen erfolgen:

Exkurs: Die v-Schreibung im Deutschen

Schreibern des Althochdeutschen ist der Buchstabe <v> unbekannt. [f] wird mit <f> verschriftet (aus dem Vaterunser: *endi **farlaz** uns sculdhi unsero, sama so uuir **farlazzem** scolom unserem*). Das ändert sich im Mittelhochdeutschen, wo [f] in der Regel mit <v> wiedergegeben wird (aus dem Vaterunser: ***vor** sünden [...] mache uns **vri***). Das Neuhochdeutsche verwendet wie das Althochdeutsche das <f> für die Wiedergabe von [f], bewahrt aber einige Schreibungen aus dem Mittelhochdeutschen (siehe A). Für [v] (wie in *zi**v**il*) steht das <v> nur in Fremdwörtern (siehe B).

Leicht vergröbert ergibt sich für die moderne Rechtschreibung das folgende Bild:

A. Die Regel für die Verschriftung von [f] (wie in *Fenster*) in Kernwörtern ist <f>. Der Buchstabe <v> für [f] wird in zwei Fällen verwendet:

Morphologische Schreibungen

1. Bei der Verschriftung der Morpheme <ver->, <vor-> und <von>. Wir sprechen von **morphologischen Schreibungen**.

Lexikalische Schreibungen

2. Bei einigen Wörtern mit [f]-Anlaut, wobei der Konsonant [f] allein im Anfangsrand des Wortes steht (Beispiele: *Vater, Vogel, Veilchen, Vetter*). Wir sprechen von **lexikalischen Schreibungen**.

Der Unterschied zwischen 1 und 2 ist gerade für die Modellierung von Lerngelegenheiten von außerordentlichem Interesse: Die morphologischen Schreibungen sind vorhersagbar: Alle Vorkommen von <ver->, <vor-> und <von> erhalten das <v>. Für die lexikalischen Schreibungen gilt das nicht: Das Auftreten von <v> kann nicht vorhergesagt, sondern muss gelernt werden. Dabei hilft den Lernenden der Umstand, dass nicht überall dort, wo ein [f] zu hören ist, auch ein <v> stehen kann; denn nur dann, wenn das [f] wortinitial steht und wenn auf das [f] ein Vokal folgt, ist das <v> möglich; ausschließen können sie also Schreibungen wie *<vrei>, *<Haver>, *<Senv>, *<Avve>, *<kauven> (dem steht eine Handvoll Ausnahmen gegenüber, etwa <Frevel>, <Larve> und <Vlies>). Für Kinder kann diese Erkenntnis eine erhebliche Lernhilfe bedeuten. Denn damit kann der Hypothesenraum über das Auftreten des ohnehin seltenen Buchstaben <v> in lexikalischen Schreibungen erheblich eingeschränkt werden.

Fremdwortschreibung

B. Die Regel für die Verschriftung von [v] (wie in *Wasser*) in Kernwörtern ist <w>. Der Buchstabe <v> für [v] kommt ausschließlich in Fremdwörtern vor (*zivil, Konklave, oval* ...), wobei beachtet werden muss, dass nicht alle Vorkommen von [v] in Fremdwörtern mit <v> geschrieben werden (<Krawall>, <Lawine> ...). Für Lerner/innen kann dieser Befund für die Sprachreflexion fruchtbar gemacht werden: Wörter, bei denen <v> mit [v] wiedergegeben wird, sind Fremdwörter (Fremdwortschreibung).

Die orthographietheoretischen Beobachtungen können nun auf die Beobachtungen der Schüler/innen aus Phase 2 abgebildet werden:

Dass die Wörter an der Tafel Repräsentanten für die v-Schreibung sind, wurde von vielen Schüler/innen rasch registriert. Die Anfangshypothese von Tom, dass die Wörter mit <v> beginnen, zeigt, dass er auf die Position von <v> orientiert ist, die für *lexikalische Schreibungen* zentral ist. Mustafas Beobachtung, dass das <v> in <Kurve> „wie 'n *W* klingt", macht deutlich, dass er ein Sensorium für die Unterscheidung unterschiedlicher v-Verschriftungen aufgebaut hat. Er orientiert hier auf die *Fremdwortschreibung*. Die Bemerkung von Cora, dass *verlieren* und *Verlust* „irgendwie miteinander verwandt" sind, verweist auf eine Sensibilität in Bezug auf *morphologische Schreibungen*.

Die Lehrkraft läuft bei der Bearbeitung der schülerseitigen Beobachtungen nun gewissermaßen in eine Falle, die sie selbst aufgestellt hat: Wegen der von ihr internalisierten Handlungsroutine, die Reaktionen, die auf stumme Impulse folgen, inhaltlich nicht zu kommentieren, sondern sie vielmehr „zuzulassen" und aus Motivationsgründen zu loben, übersieht sie die Differenzierungen des Gegenstandes, die von den Schüler/innen eingebracht werden.

Aber auch bei der Weiterbearbeitung in Phase 3 werden keine lernauslösenden Anregungen für die Entdeckung der Gesetzmäßigkeiten der v-Schreibung gegeben; die Arbeit an der v-Schreibung wird im Gegenteil mit der Initiierung von Silbifizierungsaktivitäten sogar verhindert (zur Klärung des Begriffs der Silbe und zur Rolle der Silbe im Schriftspracherwerb vgl. Kap. 4.2.1).

Die Frage, warum sich die Lehrkraft dafür entscheidet, die Wörter an der Tafel silbifizieren zu lassen, obwohl dies nicht zu Erkenntnissen in Bezug auf die v-Schreibung führt, kann erst dann beantwortet werden, wenn man sich die Arbeitsmaterialien ansieht, mit denen die Schüler/innen im Anschluss an die Erarbeitungsphase arbeiten.

Medienanalyse

Die Medienanalyse soll nicht mit den Arbeitsbögen beginnen, sondern mit der Wahl von Wortkarten für die Phase des stummen Impulses. Denn auch hier zeigt sich, wie bereits bei der Analyse der Phasen 2 und 3, dass die Lehrkraft eher pädagogischen als sachlichen Impulsen folgt.

Wortkarten

Warum Wortkarten statt eines Tafelanschriebs gewählt werden, wird aus dem Unterrichtsverlauf nicht deutlich. Denn zu einer Sortierung, Umstrukturierung oder (Neu-)Ordnung der Wörter, für die das Medium der Wortkarte sinnvoll wäre, kommt es nicht. Gegenüber einem Tafelanschrieb haben die Wortkarten nun den Nachteil, dass die Magnetknöpfe die Schreibungen teilweise verdecken, was im Unterrichtsablauf zu einer manifesten (38/39) und zu mehreren kleineren Störungen führt (die Lehrkraft muss einige der Karten umhängen, damit die Silbenbögen darunter notiert werden können). Die Arbeit mit Wortkarten, so scheint es, hat sich von ihrer Funktion gelöst; sie markiert lediglich pädagogisches Brauchtum.

Arbeitsmaterial

Als Arbeitsmaterial verwendet die Lehrkraft zwei Seiten des Schulbuchs *Bausteine*, in dem die v-Schreibung thematisch ist (vgl. Abb. 1 und 2, hier: Nachbildungen).
Es zeigt sich nun, warum die Lehrkraft in Phase 3 die Silbifizierung relevant gesetzt hat: In Aufgabe 1 zur „Wörter-Burg" werden die Schüler/innen aufgefordert, Silbenbögen unter den Wörtern (in der Fahne) anzubringen. Auch die Aufgaben 2 und 3 setzen Silbeneigenschaften der gegebenen Wörter relevant, die mit der v-Schreibung in keinem Zusammenhang stehen (vgl. Exkurs). Eine Systematisierung der v-Schreibung im Sinne einer orthographierelevanten Struktur ist auf dem Arbeitsblatt nicht erkennbar. Die Wörter in der Fahne enthalten neben einer gemischten v-Schreibungsgruppe (*Vergangenheit*, *Verlies*, *vertraut*, *verteidigen* = morphologische Schreibungen; *vielleicht* = lexikalische Schreibung), Wörter mit <f> (*Pferd*, *befreien*, *kämpfen*), Wörter mit <w> (*schwören*, *Schwert*) und Wörter ohne f/w-Bezug (*Burg*, *Ritter*, *Rüstung*, *links*, *trotz*, *Knappe*).

Versucht man, die Wortauswahl zu begründen, liegt eine semantische Klammer nah, auf die auch die Abbildungen und die Überschrift des Arbeitsblatts verweisen: Abgearbeitet wird das Themenfeld Ritter. In einer (falsch verstandenen) Modellierung von integrativem Deutschunterricht wird ein orthographischer Gegenstand mit einem Themenfeld verknüpft; dabei gelingt es weder, die v-Schreibung zu systematisieren, noch, das Themenfeld selbst in substanzieller Weise zugänglich zu machen – denn auch über Ritter lernen die Kinder nichts.

Auch die Form der Arbeitsanweisungen an die Schüler/innen verweist darauf, dass es nicht um die Erarbeitung eines rechtschriftlichen Problems geht, wenn man darunter nicht das Abschreiben von Wörtern, sondern eine orthographierelevante analytische Arbeit versteht. So sollen die Wörter in den Schafen so,

Wörter-Burg

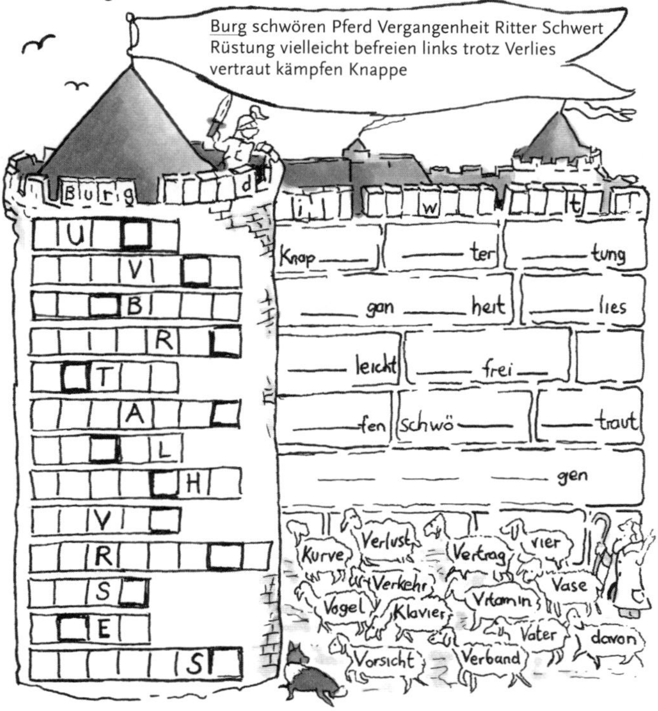

1. *Zeichne Silbenbögen unter die Wörter in der Fahne!*
2. *Trage alle einsilbigen Wörter in die Zinnen ein!*
3 *Ergänze in der Mauer die fehlenden Silben! Die Wörter von der Fahne helfen dir.*
4. *Schreibe die Wörter von den Schafen an die richtige Stelle im Turm.*
   Das Lösungswort lautet ....
5. *Schreibe alle Wörter mit V v , die du auf diesem Blatt findest, einmal in dein blaues Heft!*

Abb. 1 | Wörter-Burg

wie sie sind, an eine andere Stelle (in den Turm) übertragen werden. Die v-Schreibung spielt auch hier keine Rolle. Zwar stehen dort (in den Schafen), anders als in der Fahne, nur Wörter mit <v>; eine systematische Auswahl ist jedoch nicht erkennbar (*Kurve*, *Klavier*, *Vitamin*, *Vase* = Fremdwortschreibungen; *vier*, *Vater*, *Vogel* = lexikalische Schreibungen; *Verlust*, *Vertrag*, *Verkehr*, *Vorsicht*, *Verband*, *davon* = morphologische Schreibungen).

Um den Kindern die durchgängig kognitiv anspruchslosen Aufgaben (Abschreiben) schmackhaft zu machen, gibt es ein

Lösungswort zu finden. Außerdem werden die Schüler/innen mit einer medial äußerst komplexen Struktur befasst. Wörter bzw. Teile von Wörtern von Fahnen/Schafen müssen in Türme/Zinnen/Mauern übertragen werden. Die kognitive Herausforderung wird vom Gegenstand (der v-Schreibung) abgezogen und auf das Durchdringen einer gegenstandsfremden, medialen Komplexität gelenkt. In dieser Form der medialen Überfrachtung verrät sich das Fehlen eines Konzepts der v-Schreibung und seines Erwerbs auf dieser Schulbuchseite.

Nebenbei sei bemerkt, dass die Arbeitsanweisungen selbst orthographische Fehler enthalten: In Aufgabe 5 fehlt ein Komma; *einmal* muss getrennt, *Mal* großgeschrieben werden; darüber hinaus wird das Ausrufezeichen inkonsistent gebraucht.

Das zweite Arbeitsblatt enthält zwei Abschreibaufgaben; auch hier wird also keine analytische Arbeit an der v-Schreibung ange-

Der Weg eines Ritters

1. *Auf dem Weg zur Burg findest du Wörter mit v. Schreibe sie in dein* ***blaues Heft****! Achte auf die* ***Groß- und Kleinschreibung*** *(18 Wörter werden groß, 6 werden klein geschrieben)! Vergiss die Überschrift und das Datum nicht!*
2. *Schreibe den Text in dein blaues Heft und unterstreiche alle Wörter mit v violett. Hast du die Farbe nicht, wähle eine ähnliche!*

Knappe und Ritter

Bei einem Kampf hatte Veit seinen Ritter verteidigt. Trotz aller Vorsicht wurde er dabei gefangen genommen. Man sperrte ihn in das Verlies der feindlichen Burg. Nach vier Tagen vernahm der Knappe eine vertraute Stimme. Vielleicht würde er befreit? Die schwere Eisentür öffnete sich, und sein Ritter stand vor ihm. Schnell bestiegen beide ihre Pferde und ritten davon.

Abb. 2 | Der Weg eines Ritters

strengt. Und auch das Wortmaterial lässt keine systematische Aufbereitung des Gegenstandes erkennen. Weil bei den Wörtern „auf dem Weg zur Burg" standardmäßig der Buchstabe <v> fehlt, kann er automatisch eingesetzt werden; eine kognitive Aktivierung findet nicht statt. Das muss auch den Lehrbuchmachern aufgefallen sein, die die Schüler/innen statt auf die v-Schreibung auf die Groß- und Kleinschreibung orientieren.

Der Text („Knappe und Ritter") ist so konstruiert, dass möglichst viele v-Schreibungswörter darin vorkommen. Schon deshalb ist er literarisch äußerst dürftig. Es gibt weder etwas über die v-Schreibung noch irgendetwas Substanzielles über Knappen und Ritter zu lernen.

Die Schüler/innen haben bei der Bearbeitung der Arbeitsmaterialien dennoch alle Hände voll zu tun – aber eben nicht mit dem Gegenstand: Auf die mediale Komplexität des Arbeitsblatts „Wörter-Burg" wurde bereits verwiesen. Eine andere Sorte von medialem Ablenkungsmanöver enthält das Arbeitsblatt „Der Weg eines Ritters". Hier ist der überwiegende Teil der Anweisungen technischer Art (hier kursiv): Schreibe sie in dein *blaues Heft*! Vergiss *die Überschrift und das Datum* nicht! Unterstreiche alle Wörter *mit violett. Hast du die Farbe nicht, wähle eine ähnliche!* Die Unterrichtsorganisation dominiert über den Gegenstand.

Zusammenfassung: Die Ergebnisse des dreifachen analytischen Durchgangs durch das Unterrichtsgeschehen (Analyse der Makrostruktur, Analyse der Mikrostruktur [einschließlich Sequenzanalyse und Analyse der Gegenstandskonstitution], Medienanalyse) hat ein recht klares Bild ergeben. Überall waren Dichotomien erkennbar, die auf Widersprüche zwischen unterrichtsorganisatorischen und sachlichen Anforderungen zurückgeführt werden können.
Makrostruktur und Sequenzierung zeigen eine Dichotomie zwischen Schülerorientierung (stummer Impuls, schülerseitige Kommunikationsinitiierung und Paarsequenzierung) und Lehrerorientierung (lehrerseitige Kommunikationssteuerung und thematische Relevanzsetzungen).

Die Analyse der Gegenstandskonstitution hat gezeigt, dass in der Phase der Schülerorientierung der Gegenstand ausgeblendet bleibt; im Vordergrund steht die rein formale Ermutigung der Kinder durch Lob. Die orthographietheoretisch relevanten Erkenntnisse der Schüler/innen laufen ins Leere. In der Phase der Lehrerorientierung wird der Gegenstand aufgerufen und bearbeitet, jedoch – wie gezeigt wurde – nicht gegenstandsangemessen. Die Fokussierung auf die Silbenstruktur der Wörter zeigt eine Orientierung der Lehrkraft an den Arbeitsmaterialien, die sich retrospektiv als Motor für die inhaltliche Ausrichtung des Unterrichts erwiesen hat. In den Arbeitsmaterialien selbst macht sich die angesprochene Dichotomie zwischen unterrichtsorganisatorischen und sachlichen Anforderungen als Widerspruch zwischen fehlender kognitiver Anforderung in Bezug auf den Gegenstand und einer Überinvestition technischer und medialer Anforderungen der Arbeitsaufträge geltend, die – zusammen mit der thematischen Einbettung in das Themenfeld Ritter – zu sachfremden Aktivitäten führt.

Es scheint, dass sich – hinter dem Rücken der Akteure – die pädagogischen und organisatorischen Anforderungen, die an Unterricht gestellt werden, gegen die sachlichen Anforderungen des Gegenstands verselbständigt haben.

Aufgabe 2

Analysieren und beurteilen Sie das folgende Übungsblatt, das bis vor einiger Zeit im Netz bereitgehalten wurde. Skizzieren Sie gegebenenfalls eine zielführende Alternative.

F oder V?

Merke:

Erich **fiel** nieder (von **fallen**)	**ABER:**	**viel** Geld
es fiel ihm auf		vielleicht
es gefiel ihm		vielfach

Setze den F-Laut (F oder V) ein!

____ertig	____erwenden
Geld____ordern	der____ordermann
die____orderung	da____onlaufen
ein____etter Braten	mein lieber____etter (= Cousin)
die____eile	das ____eilchen
die____erien	____erreisen

ÜBUNG 1: ***Setze vor die folgenden Verben die Vorsilbe „VER-"!***

irren	→	rechnen	→
schreiben	→	zeichnen	→
hören	→	greifen	→
stopfen	→	bieten	→
arbeiten	→	messen	→
fahren	→	laufen	→
sehen	→	kitten	→
speisen	→	streichen	→

Abb. 3 | Übungsblatt zur v-Schreibung

1.1.2 Schullektüren

Wie weit sich die Verselbständigung von pädagogischen und organisatorischen Routinen, aber auch die Verselbständigung ganz technischer Probleme, mit denen Schulen zu kämpfen haben, gegen den Gegenstand richten kann, zeigt das folgende Beispiel.

Das kann man auch ganz flott lesen
Zu Beginn einer Stunde: Nachdem die Lehrerin die Absicht formuliert hat, „dass wir jetzt mit unserem Leseprojekt anfangen", stellt sie zunächst eine Arbeitsordnung her. Sie fordert auf, die Erdkundesachen beiseite zu legen. Nur ein Bleistift solle auf dem Tisch liegen. Zwei Schüler erhalten noch eine spezifische Ermahnung.

1	L	[...] So. Ich hatte euch ja gesagt, dass wir anfangen wollen, mal ein ganzes Buch zu lesen. Das ist natürlich viel zu groß gesagt, das ist nämlich eigentlich ein Kinderbuch, ein Jugendbuch. Das ist gar nicht dick, das kann man auch ganz flott lesen, liest sich auch sehr interessant, und weil die Bücher in der Schule leider so kaputt sind, habe ich euch noch mal die ersten Seiten für den heutigen Tag kopiert. Jeder bekommt eine Kopie erst mal. [Während L. die Kopien austeilt:] Nensie, bitte lass doch mal deine Kommentare einfach, die sind jetzt überflüssig. [An die Forscherinnen gerichtet:] Ich hab jetzt erst mal eine gemacht, wir sind etwas im Papiernotstand. [An die Schüler/innen gerichtet und indem L. zum Pult geht:] Pschscht, alle sind erst mal leise. So fängts jetzt mal an. Alle sind erst mal leise, ja? So, damit ihr [L. hält das Buch hoch:] seht ihr das Bild? Seht ihr, wie das Buch aussieht? Das ist jetzt eins, ja, das ist jetzt das beste, bei den anderen fallen überall die Seiten raus, deshalb ham wir, habe ich mich entschieden, euch das Buch zu kopieren, ja. So. [Zu Nensie, indem sie ihr das Buch hin hält:] Lies doch mal bitte vor, wie das Buch heißt.
2	Nensie	Das Papageienviertel. [Der Schüler Tom beugt sich zu der Lehrerin und dem Buch hin.]
3	L	Das Papageienviertel. Wer kann mir mal den Begriff erklären? Setzt du dich auch wieder hin?
4	Tom	Ich seh doch nix.
5	L	Du brauchst jetzt auch gar nicht weiter sehen, denn du hast es ja gleich sowieso zum Lesen. Nils.
6	Nils	Ein Viertel von einem Papagei. [Lachen]
7	L	Ein Viertel vom Papagei, ein Flügel und ein Bein, wär ne Idee. Was könnte ein Viertel noch sein? Vielleicht müsst ihr mal in ne ganz andere Richtung denken. [Leise zu Tom:] Bleib mal sitzen, ja?
8	Jörg	Ein Viertel kann doch auch ein ähm Wohnort sein.
9	L	Richtig. Und genau da hast du den Nagel auf den Kopf getroffen. Das Papageienviertel ist ein Wohngebiet. Lisa, ich möchte – eigentlich ist es mir zu unruhig. So. Könnt ihr euch vielleicht mal Gedanken machen, warum das Papageienviertel ausgerechnet Papageienviertel heißt? Dimitrij.
10	Dimitrij	Vielleicht wohnen da nur Papageien.
11	L	Das wär ne Möglichkeit, ja, Dimi.
12	Seb.	Vielleicht wo die wohnen, da plappern die auch viel oder sprechen viel.
13	L	Mhm. Carsten, was meinst Du?

14	Carsten	Mh, das wollt ich auch grad sagen.
15	L	Mhm. Wolltest du auch grad sagen, mhm, Nensie.
16	Nensie	Das Viertel ist bunt und die Häuser und so.
17	L	Richtig. Und Nensie hat natürlich den Vorteil, dass ich direkt neben ihr stehe. In diesem Wohngebiet, in diesem Viertel, sind die Häuser ganz bunt und deshalb nennt man es auch Papageienviertel. So.
18	Carsten	Und woher sollten wir das wissen?
19	L	Äh, Carsten, ich hab ja nicht gesagt, dass du es wissen sollst, ich hatte dich nur um eine Idee gebeten. So. Lisa, du darfst jetzt mal bitte anfangen zu lesen.
20	Lisa	Merle Merle zieht in das Papageienviertel.
21	L	Merle, wer kann das Wort mal erklären? Merle, was ist das vielleicht? (...) Merle, Merle, Sebastian, was meinst du?
22	Seb.	Ein Name
23	L	Ein Name, ganz genau.
24	Lisa	Merle hat früher mit ihren Eltern in der Altstadt gewohnt, in der Spitalstraße. Jetzt sind sie umgezogen. Sie wohnen in einer Neubausiedlung. Das Haus in der Spitalstraße, in der sie früher gewohnt haben, wird modernisiert.
25	L	Dankeschön. Spitalstraße? Was ist ein Spital? [...]

Beginn eines „Leseprojektes“ zu dem Buch *Das Papageienviertel* von Detlef Meißner (1985), Klasse 5, großstädtische Hauptschule (Goelitzer 2008: 233/234; 246-248; 250-251; vereinfachte Darstellung).

Aufgabe 3

a. Das abgebildete Cover (vgl. Abb. 4) zeigt im Original bunte Häuser. Welche Bedeutung schreibt die Lehrerin der Sichtbarkeit des Covers im Lauf der Sequenz zu?
b. Das Buch wurde als Schullektüre produziert. Woran erkennen Sie das und welche Vorstellung vom Lesen kommt hier zum Ausdruck?
c. Die Lehrperson kündigt ein „Leseprojekt“ an. Mit diesem Begriff knüpft sie an das Konzept des Projektunterrichts an. Ermitteln Sie, was mit Projektunterricht gemeint ist, und vergleichen Sie Ihr Ergebnis mit der Verwendung des Projektbegriffs durch die Lehrperson.

Abb. 4 | *Das Papageienviertel* – Cover

Makrostruktur

Der dokumentierte Ausschnitt der Stunde lässt sich in drei Phasen gliedern:

Phase 1: Einführung des Leseprojekts durch die Lehrerin (Beitrag 1)
Phase 2: gelenktes Unterrichtsgespräch (1-19)
Phase 3: Lautlesen in Verbindung mit gelenktem Unterrichtsgespräch (19-25)

Mikrostruktur

Sequenzanalyse

Phase 1
Nach der Herstellung der Arbeitsordnung leitet die Lehrerin mit *so* eine neue Handlungssequenz ein. Die Scharnierstellung von *so* (s.o.) wird mit dem folgenden Satz besonders deutlich, denn er knüpft an einen vergangenen Zeitpunkt an: „Ich hatte euch ja gesagt, dass wir anfangen wollen, mal ein ganzes Buch zu lesen.“ Wir gliedern diesen Satz zunächst syntaktisch in einen Trägersatz

(„Ich hatte euch ja gesagt“) und einen eingebetteten Satz („dass wir…“) und vernachlässigen dabei, dass der eingebettete Satz wiederum eine Einbettung enthält („mal ein ganzes Buch…“).

„ja“

Im Trägersatz nutzt die Lehrerin die erste Person Singular und erinnert an eine vergangene Äußerung. Diese wird als gemeinsames Wissen gesetzt. Dazu trägt zum einen das Plusquamperfekt bei, das den Äußerungszeitpunkt als nicht mehr erreichbar markiert. Mit *ja* wird der Äußerungsinhalt als unstrittige Basis für die anschließende Aussage gesichert (zu *ja* vgl. Hoffmann 2008). Anders als mit der Formulierung „ich hatte euch doch gesagt“, die an etwas erinnern würde, was strittig ist und was deshalb ins Gedächtnis gerufen werden muss, wird hier das Gemeinsame und Unstrittige quasi bestätigend („Wisst ihr das noch? Ja.“) hervorgehoben. Im eingebetteten Satz „dass wir anfangen wollen“ liegt ein Wechsel zur ersten Person Plural vor. Das Wollen wird als gemeinsam gesetzt wie zuvor die Erinnerung als gemeinsam gesetzt worden ist. Dabei ist die Verbindung zwischen „ich hatte ja gesagt“ und „wir wollen anfangen“ spannungsvoll: Die Gemeinsamkeit wird nicht als kooperativ hervorgebracht dargestellt, wie es etwa der Fall wäre bei „wir hatten uns ja geeinigt, dass wir anfangen wollen.“ Vielmehr wird die Gemeinsamkeit direktiv gesetzt und zu einer in der Vergangenheit errichteten Vorgabe. Der Gebrauch des Verbs *wollen* erinnert an englisch *will* und changiert so zwischen *wollen* und *werden*. Anzeichen von Kooperativität, die gemeinsame Orientierung durch *ja* und *wir*, erscheinen daher direktiv eingeklammert (zu einem gegenläufigen Gebrauch von *ja* siehe Kap. 1.3.1, V-Stunde B). Zugleich wird die Direktivität zugunsten des Arbeitsbündnisses und der Sicherung von Kooperativität abgemildert.

„mal“

Der eingebettete Satz „mal ein ganzes Buch zu lesen“ komplettiert die Information, die mit dem Trägersatz „Ich hatte…“ eingeleitet worden ist. Durch *mal* wird das angekündigte Vorhaben als neu und einzigartig (wie in einmalig) markiert und aus dem Fluss der Ereignisse abgehoben, zugleich markiert die Lehrerin mit *mal*, dass in ihrem Deutschunterricht eben nur ein einziges Mal ein Buch gelesen wird bzw. werden muss. Wie der Gegenstand Buch bzw. Lektüre vorgestellt wird, untersuchen wir im Abschnitt Gegenstandskonstitution.

Auch im weiteren Verlauf der Phase 1 liegt das Rederecht durchgängig bei der Lehrerin. Dennoch ist die Sequenz nicht rein monologisch, denn die Lehrerin adressiert, während sie Kopien ausgibt, die anwesenden Forscherinnen und die Schülerin Nensie sowie das Plenum. Dabei reagiert sie auf Unruhe und spezifische Verbaläußerungen, die im Transkript nicht dokumentiert sind („Nensie, bitte lass doch mal deine Kommentare einfach, die sind jetzt überflüssig." – „Pschscht, alle sind erst mal leise." – „Alle sind erst mal leise, ja?").

Die weitere Einführung des Leseprojekts wird also parallel mit der erneuten Sicherung der Arbeitsordnung vollzogen. Nach der dezidierten Ansprache der Schülerin Nensie werden alle Schüler/innen ermahnt. Dass es sich um die Voraussetzung für das weitere Arbeiten handelt, zeigt sich in der Verwendung von *erst mal*: Zuerst muss dies eintreten, damit das folgen kann. Erneut fällt *ja* zur Markierung der gemeinsamen Orientierung, diesmal mit steigender Intonation als Frage, die insofern rhetorisch ist, als sie keine Antwort fordert. Mit *so* wird anschließend eine neue Handlungssequenz markiert, die allerdings wieder in den Bereich der Unterrichtsorganisation verweist: „Seht ihr das Bild? Seht ihr, wie das Buch aussieht?" Die zweifache Frage betont die Bedeutung dieses Sehens. Die Ausrichtung der Aufmerksamkeit der Schüler/innen auf den Gegenstand wird aber durch einen Kommentar zur materialen Qualität des Buches („das ist jetzt das beste") und eine Erklärung zur Verwendung von Kopien unterbrochen. Mit einem weiteren *so* werden Kommentar und Erklärung beendet, so dass eine neue Handlungssequenz folgen kann.

Phase 2

Aufforderungen der Lehrkraft

Das gelenkte Unterrichtsgespräch beginnt mit der Aufforderung an Nensie: „Lies doch mal bitte vor, wie das Buch heißt." Mit Nensies Antwort „Das Papageienviertel" und der Wiederholung durch die Lehrerin ist die Lektüre erstmals benannt und eine weitere Annäherung an den Unterrichtsgegenstand vollzogen. Die Phase ist aber erneut von der Parallelführung Sicherung der Arbeitsordnung – Bearbeitung des Gegenstands geprägt. Die Lehrperson adressiert unmittelbar anschließend zunächst gegenstandsorientiert das Plenum und anschließend ordnungsorientiert den Schüler Tom: „Wer kann mir mal den Begriff erklären? Setzt du dich auch wieder hin?" (3) Das Muster Aufforderung – Antwort – Evaluation (Mehan 1979) wird mit der Disziplinierung Toms parallelgeführt (3-9).

Als in (8) ein Verständnis von Viertel als Wohngebiet angeboten wird und damit die Frage der Lehrerin vorläufig beantwortet ist („Richtig"), setzt diese neu an: „Lisa, ich möchte" und unterbricht sich: „eigentlich ist es mir zu unruhig." Wieder kann die weitere Erarbeitung nicht unmittelbar angeschlossen werden. Wieder beschließt ein *so* die erneute Herstellung der Arbeitsordnung und eröffnet den nächsten Schritt. Das Muster Frage bzw. Aufforderung – Antwort – Evaluation wiederholt sich viermal, die Klärung (das Papageienviertel ist ein Viertel mit bunten Häusern) wird mit *so* beschlossen.

Indem der Schüler Carsten anschließend ohne Aufforderung die Frage „Und woher sollten wir das wissen?" einwirft, weicht er vom herkömmlichen Muster der lehrerseitigen Initiierung ab und veranlasst einen Richtungswechsel: Nun gerät die Lehrerin in Zugzwang. Sie muss antworten, und zwar mit Bezug auf den Unterrichtsgegenstand. Carsten unterbricht so die Arbeitsordnung auf einem neuen Niveau, denn mit seinem Einwurf nimmt er der bearbeiteten Problemstellung ihre Legitimation: Mit seiner Frage bringt er zum Ausdruck, dass den Schüler/innen die Grundlage für die Beantwortung der Frage fehlt. Sachlich ist sein Einwurf darin begründet, dass nur Nensie das Cover des Buches hat sehen können. Die Lehrerin pariert den Einwurf, indem sie sich Carsten dezidiert zuwendet. Die allgemeine Frage danach, wie das Plenum der Klasse dies hätte wissen können, beantwortet sie nur in Bezug auf den fragenden Schüler: „Äh, Carsten, ich hab ja nicht gesagt, dass du es wissen sollst, ich hatte dich nur um eine Idee gebeten." Sie stellt dabei einen Kontrast zwischen Wissen sollen und Ideengenerierung her und kleidet letztere in die Form der Bitte. Dem Schüler wird auf diese Weise implizit die Position desjenigen zugewiesen, der einer Bitte nicht entsprochen hat, eine legitimationsbedürftige Handlung. Damit hat die Lehrerin zugleich den objektiven Grund dafür, dass Carsten bzw. die Schüler/innen die Frage der Lehrerin nicht haben beantworten können (nicht sehen können), außer Kraft gesetzt, den mitschwingenden Vorwurf zurückgegeben und die Regie wieder übernommen. Sprachliches Kennzeichen ist die Interjektion *so*.

Phase 3

Die Lehrkraft initiiert nun den Vorleseprozess mit einer in sich widersprüchlichen Aufforderung an Lisa (19). Mit dem Gebrauch des Modalverbs *dürfen* legt sie nahe, dass Lisa vorlesen will. Sie gibt Kooperativität vor, indem sie Lisa eine Erlaubnis erteilt. Der Ausdruck *bitte* orientiert demgegenüber darauf, dass die Vorlesehandlung nicht von Lisa, sondern von der Lehrkraft gewünscht ist. Was als Erlaubnis begann, gewinnt nun den Charakter einer Aufforderung (*Lies bitte vor*). Die Konstruktion schülerseitiger Interessen (*du darfst*) und ihre Zurücknahme (*bitte*) fallen in einem Sprechakt zusammen.

Nach dem ersten vorgelesenen Satz unterbricht die Lehrkraft Lisa mit der Frage nach dem Wort *Merle*, die sie mehrfach reformuliert (21); am Ende dieser Reformulierungskette steht die zweifache Wiederholung von *Merle*. Die Lehrkraft fingiert damit einen Nachdenkprozess, der so auch auf der Seite der Schüler/innen ablaufen könnte. Die lehrerseitige Relevanzsetzung (die Klärung des Ausdrucks *Merle*) wird damit als schülerseitige Relevanzsetzung inszeniert. Eine Reaktion der Schüler/innen erfolgt jedoch nicht. Die Lehrkraft muss einen Schüler direkt adressieren („Sebastian, was meinst du?") und schließt die Frage-/Antwortsequenz mit einem Lehrerecho ab. Dass Lisa ohne weitere Aufforderung weiterliest, legt die Annahme nahe, dass sie die Frage-/Antwortsequenz als bloße Unterbrechung ihrer Leseaktivität identifiziert, nicht als inhaltliche Klärung.

Lisas Leseaktivität wird in (25) mit „Dankeschön" abgebrochen; die in (19) noch schwebende Zuordnung des Lesens als schülerseitig oder lehrerseitig gewünschte Handlung wird damit in Richtung der institutionellen Erwünschtheit vereindeutigt.

Die Lehrkraft nutzt den Leseabbruch, um eine weitere Frage an die Klasse zu richten. Mit der Fragekette „Spitalstraße? Was ist ein Spital?" (25) simuliert sie das allmähliche Entstehen einer Frage, fingiert also auch hier wie in (21) einen schülerseitigen Nachdenkprozess.

Zusammenfassung: In dieser Passage werden die Annäherung an den Gegenstand und die mehrfache Sicherung der Arbeitsordnung in sehr enger Taktung parallel geführt. Übergänge werden mit *so* markiert. Gegenstandsbezogene Äußerungen der Schüler/innen werden in einem stark gelenkten Unterrichtsgespräch (Phase 2) bzw. in einer Verbindung von Unterrichtsgespräch und Vorlesen (Phase 3) evoziert. Schülerseitige Handlungen werden mehrfach als Störungen adressiert und die Herstellung eines Arbeitsbündnisses ist nur mit hohem kommunikativen Aufwand möglich (besonders deutlich in der Antwort auf Carsten in 19). Die Form der Lehreräußerungen zeigt, dass eine mentale Beteiligung der Schüler/innen angezielt ist (Begriffsklärung (3), warum ausgerechnet Papageienviertel (9), Fusionierung von schülerseitigem Interesse und institutionellen Anforderungen (19), Fingierung schülerseitiger Denkprozesse (21), (25)). Die Lehrkraft konstruiert dabei die Schülerperspektive selbst und demonstriert so, was die Schüler/innen tun könnten. Der implizite Anspruch an die Schüler/innen wird aber nicht zur lernerorientierten Anforderung, sondern bleibt Teil der lehrerseitigen Fingierung.

Analyse der Gegenstandskonstitution

Bei der Analyse der Gegenstandskonstitution konzentrieren wir uns auf die beiden Aspekte *Ein Buch lesen* („Leseprojekt“) und *Texterschließung*.

„Leseprojekt“

Dass das Vorhaben des Leseprojektes eine besondere Stellung hat, wird durch die Charakterisierung des Buches betont: Wenn die Lehrerin explizit darauf hinweist, dass mal ein ganzes Buch gelesen werden soll, so wird deutlich, dass dies nicht den Üblichkeiten entspricht, sondern ein einmaliger Vorgang ist (s.o.). Den mit dem Vorhaben verbundenen Anspruch nimmt die Lehrerin nun mehrfach zurück (s. Goelitzer 2008: 236), zunächst indem sie sich quasi korrigiert, das sei viel zu groß gesagt, anschließend indem sie das Buch spezifiziert. Pieper (2011: 96) zufolge „ist gerade die Klassifikation des Buches als Kinder-, dann Jugendbuch aufschlussreich: Zwar situiert sie das Buch näher bei seiner Leserschaft, zugleich aber entfernt sie es stärker von der bedeutenden Sache, auch einmal ein ganzes Buch zu lesen: Das Jugendbuch steht als Gegenpol zu demjenigen, was zuvor bereits als ‚viel zu groß gesagt‘ zurückgenommen war. Der Abstand zwischen Schülerschaft und Leseprojekt wird also – nicht intentional, aber auch nicht zufällig – quasi inszeniert.“ Weitere Attribute sind nun „nicht dick“, „sehr interessant“ und „flott zu lesen“. Statt des ganzen Buches erhalten die Schüler/innen eine Kopie. Die Begründung verweist auf den schlechten Zustand der Schullektüren, die Beschränkung auf eine Seite wird durch Papiernotstand begründet (ob die Schüler/innen diesen an die Forscherinnen gerichteten Satz hören können, ist nicht klar). Die Schüler/innen kommen in diesem Eröffnungsbeitrag als Adressaten eines als Leseprojekt bezeichneten Vorhabens in den Blick, dessen Anspruch die Lehrperson mehrfach reduziert und den die Institution auch materiell nicht erfüllen kann, denn an lesbaren Büchern fehlt es. So wird das Vorhaben, die Lektüre eines Buches als etwas Besonderes auszuzeichnen, karikiert.

Auch die Betrachtung von Titel und Cover ist von den materiellen Defiziten mitbestimmt. Erneut verweist die Lehrperson darauf, dass die Bücher nicht mehr nutzbar sind, von dem Exemplar, das sie hält, abgesehen. Betrachtet man die an die Schüler/innen gerichteten gegenstandsbezogenen Aufforderungen, so beziehen diese sich zunächst auf die Sichtbarkeit des Mediums („Seht ihr, wie das Buch aussieht?"). Nachdem Nensie den Titel vorgelesen hat, gibt die Lehrperson dem Titel besonderes Gewicht, indem sie ihn wiederholt. Mit der Frage „Wer kann mir mal den Begriff erklären?" formuliert die Lehrperson einen Klärungsbedarf, der allerdings nicht primär am Erkenntnisstand der Gruppe orientiert ist. Dann müsste sie eher formulieren: „Wer kann den Begriff mal erklären?" Statt dessen erwartet sie eine Erklärung, die sich an sie selbst richtet („mir"). Damit ist diese Frage als künstlich motivierte ausgewiesen, denn dass die Lehrperson weiß, was der Begriff bedeutet, können die Schüler/innen im Zusammenhang des Unterrichtsgesprächs annehmen. Die Frage wird so zur Testfrage, die sich auf Wissensbestände der Schüler/innen bezieht. Damit verschiebt sich auch der Horizont des Eröffnungsimpulses: Vom Titel und vom Cover auszugehen stellt eine bewährte Strategie der Literaturbegegnung dar, um Antizipationen zu wecken und eine Vorstellung des zu Erwartenden zu entwickeln. Die Frage nach dem Begriff „Papageienviertel" ist aber nicht auf Vorstellungsbildung etwa mit Blick auf eine Geschichte, sondern auf eine Erklärung gerichtet. Von einer Erklärung spricht man dann, wenn der zu erklärende Gegenstand bereits verfügbar ist; demgegenüber ist die Vorstellungsbildung auf gerade noch nicht Verfügbares bezogen. Zudem bleibt die geforderte Begriffserklärung dekontexualisiert: Die Verbindung zum Cover, auf dessen Sichtbarkeit die Lehrperson zunächst wert gelegt hatte (1) und die eine Vorstellungsbildung ermöglicht hätte, wird nicht mehr hergestellt. Dies zeigt sich auch daran, dass sie unmittelbar anschließend das Anliegen Toms, das Cover anzuschauen, als nicht notwendig abweist: „du brauchst jetzt auch gar nicht weiter sehen, ..." (5). Auch der Anspruch, gemeinsam die Buchgestaltung zur Kenntnis zu nehmen, wird also korrigiert. Eine Andeutung in Richtung Vorstellungsbildung, die allerdings disziplinarisch überformt ist, macht die Lehrperson, wenn sie Carsten gegenüber formuliert, sie habe ihn um eine Idee gebeten (19).

Texterschließung

Die von der Lehrkraft in der folgenden Phase der Texterschließung eingebrachten Fragen nehmen zweifach Einfluss auf die Strukturierung des Gegenstands: Zum einen brechen sie in den Leseprozess ein; eine kontinuitätssichernde Lektüre kann sich so nur schwer einstellen. Zum anderen konzentriert sich die Lehrkraft auf Worterklärungen (*Merle*, *Spital*) und stellt keine Fragen zum Text. Dass die von ihr gewählten Wörter erklärungsbedürftig sind, wird erneut unterstellt; die Verstehensprobleme werden mit dem Mittel der Fingierung schülerseitiger Denkprozesse (s.o.) als schülerseitige Verstehensprobleme konstruiert. Das Wort *Merle* wird dann einer dekontextualisierten Bearbeitung unterzogen. Die Lehrkraft modelliert das Textlesen/Textverstehen damit als recht einfach strukturierte Wortschatzarbeit und nicht als kohärenzbildende Verstehensleistung; sie variiert so das ohnehin problematische Verfahren des Reihum-Vorlesens (s.u., vgl. auch Rosebrock & Nix 2020: 45f.), das die sinnhafte Darbietung und Erfahrung zumal eines ästhetischen Textes erheblich behindert. Auch hier also macht sich das Dilemma zwischen Anspruch (ein Buch lesen) und unterstellter Wirklichkeit (die Schüler/innen kommen über einfache Wortklärungen nicht hinaus) geltend. Da durch dieses als Routine eingespielte Vorgehen die Kohärenzherstellung erheblich erschwert ist, werden die Schüler/innen im weiteren Verlauf Mühe haben, den Inhalt wiederzugeben. Damit wird die Erwartung von Verständnisproblemen bestätigt; zugleich können sich die Schüler/innen nicht als zunehmend kompetente Leser/innen erfahren: Da der Abstand zwischen ihnen und dem Leseprojekt deutlich markiert wird und sie zugleich keine angemessenen Möglichkeiten erhalten, den Text zu erlesen, werden sie darin bestätigt, dass Lektüren „ganzer" Bücher sie vor nicht zu bewältigende Probleme stellen. Dieser Mechanismus kann zum Aufbau oder zur Verstärkung eines negativen lesebezogenen Selbstkonzepts beitragen (Kap. 4.1).

Im Handeln der Lehrperson, die auch im Interview eine desillusionierte Haltung deutlich macht (Goelitzer 2008: 236), zeigt sich, so Pieper (2011: 97), ein dilemmatischer Habitus: „Vor dem

Hintergrund ihrer mehr oder weniger bewussten Überzeugung, dass die Schüler und Schülerinnen aktuell mit der Anforderung, ein Jugendbuch mit Genuss zu rezipieren, allgemein mit den schriftsprachlichen Anforderungen der Schule überfordert sind und sie als Lehrerin dieser Überforderung nicht wirksam begegnen kann, nimmt sie ihre wie die Ansprüche der Institution zurück. Ihr vermutlich spontanes praktisches Handeln, das in gewisser Weise kongruent zu ihren Erfahrungen ist und ihrem praktischen Sinn entspringt (Bourdieu & Seib 1993), überlagert ihre professionelle Handlungsfähigkeit."

1.2 Dilemmata unterrichtlichen Handelns

Direktiver Lehrmodus

In den beiden bis hierhin untersuchten Stunden wird ein direktiver Lehrmodus sichtbar: Die Problemdefinition und Problemhaltigkeit von Gegenständen gehen weitgehend von der Lehrkraft aus. Die Perspektiven auf den Gegenstand werden lehrerseitig gesetzt und von den Lernenden reproduziert und/oder weiterverarbeitet. Die Perspektiven der Schüler/innen auf den Gegenstand werden hingegen kaum aufgegriffen. In besonderer Schärfe zeigt sich hier ein grundsätzliches Problem der Institution Schule:

Wie Ehlich & Rehbein (1986) herausgestellt haben, handelt es sich bei der Schule um einen „akzelerierten Wissensbetrieb", in dem nicht alle Probleme erarbeitet und zur Diskussion gestellt und in der nicht alle Problemlösungswege ausprobiert und zu Ende gebracht werden können. Vielmehr muss eine bestimmte Problemauswahl erfolgen; es werden Abkürzungen zur Beschleunigung von Problemlöseoperationen (Akzelerationen) nötig. Im Extremfall führt dies dazu, dass die Problemauswahl, die Problemdefinitionen und die Art ihrer Lösung vollständig von der Lehrkraft übernommen werden. Die Schüler/innen sind dann nur noch Statisten des Unterrichtsgeschehens.

Die Schule hat verschiedene Antworten auf das Problem der fehlenden Schülerbeteiligung im akzelerierten Wissensbetrieb gesucht.

Schülerorientierung

Eine erste Antwort finden wir in der Programmatik der Schülerorientierung, derzufolge die Problemstellungen und die Problemlöseverfahren so weit wie möglich zusammen mit den Schüler/innen erarbeitet werden sollen (Meyer 1980). Extremvarianten der Schülerorientierung überlassen den Schüler/innen die Steuerung des gesamten Lernprozesses (vgl. exemplarisch Reichen 1981). Abgesichert wird die Idee der lernerseitigen Selbststeuerung durch radikalkonstruktivistische Lerntheorien, denen zufolge Lernprozesse eigenaktiv verlaufen und nur bedingt von außen beeinflusst werden können.

Unterrichtsorganisatorische Routinen

Eine zweite Antwort finden wir in unterrichtsorganisatorischen Routinen, die auf eine schülerseitige Beteiligung auf der Verhaltensebene abzielen. Die Schüler/innen werden mit gegenstandsfremden Aktivitäten bei der Stange gehalten. Ein gutes Beispiel dafür liefern die Arbeitsbögen zur V-Stunde (vgl. Abb. 1 und 2), in denen mediale und technische Anforderungen die fehlende kognitive Anforderung in Bezug auf den Gegenstand überdeckt haben. Auch das Reihum-Vorlesen hat den Charakter einer den Gegenstand verstellenden Routine, weil es die Möglichkeit, einen Text im Zusammenhang wahrzunehmen, erschwert. Zu diesen Routinen gehören aber auch die in pädagogischen Konzepten angemahnten Medien-, Methoden-, Sozial- und Aktionsformenwechsel, die dann leerlaufen, wenn sie als *conditio sine qua non* guten Unterrichts gelten, ohne dass ein Bezug zum Gegenstand und seiner Bearbeitung hergestellt würde (vgl. hierzu auch Unruh & Petersen 2011). Gemeinsam ist den unterrichtsorganisatorischen Routinen, dass mit ihnen eine Schülerbeteiligung nur simuliert wird. Ein besonderer Fall der nur scheinbaren Schülerbeteiligung liegt mit dem Beispiel zum Papageienviertel vor (vgl. S. 39-42). Durch die Mitprozessierung der schülerseitigen Perspektiven im sprachlichen Handeln der Lehrkraft wird hier zusätzlich die Kluft zwischen Anspruch und (angenommener) Wirklichkeit zu überbrücken versucht.

Die theoretische Einbettung der Ergebnisse der Einzelanalysen hat nun deutlich gemacht, dass die von uns gefundenen Strukturen nicht vereinzelt auftreten, sondern systematischen Charakter haben. Das belegen auch weitere Rekonstruktionen unterrichtlichen Handelns, die seit den 1980er Jahren durchgeführt wurden (vgl. Ehlich & Rehbein 1986, Reinmann & Mandl 2006, im Überblick Becker-Mrotzek & Vogt 2009, Ehlich 2015, Kügelgen 2015, Paul 2010).

Es ist nicht auszuschließen, dass diese Strukturen die Einstellungen der Schüler und Schülerinnen zum Gegenstand auch längerfristig prägen. Pieper et al. (2004) haben gezeigt, dass sich nur die wenigsten der befragten ehemaligen Hauptschüler/innen als (motivierte) Leser verstehen; die Selbstwahrnehmung als Nicht-Leser war häufig verknüpft mit einer „insgesamt defizitäre[n] Selbstwahrnehmung“ (Pieper 2011: 90). Korrespondierend dazu berichteten die Hauptschüler/innen von ihrem Literaturunterricht als überwiegend negativem Erfahrungsraum: Nach einem Reihum-Vorlesen ging es „anschließend offenbar vorwiegend um Inhaltssicherung und Zusammenfassung des Gelesenen [...] Substantielle Erinnerungen an das Gelesene, emotional konnotierte zumal, fehlen in allen Fällen.“ (Pieper 2011: 95)

Informellen Befragungen von Studierenden zufolge steht es auch mit dem Image des Orthographieunterrichts nicht zum besten. Untersuchungen zu rechtschriftlichen Leistungen von Erwachsenen sind alles andere als ermutigend (Grotlüschen & Riekmann 2012). Und daran, dass die Rechtschreibung eine Systematik aufweist, die entdeckt werden kann, glaubt praktisch niemand.

Wie schnell das Interesse am Gegenstand unter den Bedingungen lerner- und gegenstandsferner Unterrichtsverläufe verfliegen kann, zeigt der Vergleich der Schüleraktivitäten in den untersuchten Transkriptionsausschnitten. Während die Grundschüler/innen in der V-Stunde noch bei der Sache sind, zeigt sich in der Stunde zu *Das Papageienviertel*, dass die Kooperativität der Schüler/innen erheblich gelitten hat und die Aufmerksamkeit für die Sache immer wieder aufs Neue hergestellt werden muss. Der Ablauf bestätigt die Lehrerin so in den Annahmen, die sie in die dilemmatische Unterrichtsführung treiben.

Probleme der Institution Schule

Die Frage, wie es besser gehen könnte, ist nicht leicht zu beantworten. Denn ein Teil der aufgezeigten Probleme ist in der Institution Schule angelegt. Paul (2010) spricht deshalb von „strukturellen Problemen“; sie resultieren aus „den erwartbaren bzw. systematisch wiederkehrenden Situationsfaktoren, die die Lehrerinnen und Lehrer nur bedingt selbst kontrollieren können. Zu diesen Faktoren zählen das institutionelle Setting, unter dem die Unterrichtskommunikation stattfindet bzw. stattzufinden hat, die Zweckorientiertheit der Interaktion, die unaufhebbare asymmetrische Rollenverteilung und die systematische Komplexität des Kommunikationsereignisses.“ (Paul 2010: 170). Aus pädagogischer Perspektive spricht Werner Helsper (2003) von den Antinomien des Lehrerhandelns und betont insbesondere die Dimension der Ungewissheit: Über den Erfolg ihres Handelns verfügen Lehrkräfte nicht – auch dann nicht, wenn sie zu sehr direktiven Verfahren greifen, die aufgrund der eher geschlossenen Formation geeignet zu sein scheinen, den Unterrichtsablauf zu kontrollieren. Angesichts der dem Unterricht eingeschriebenen Spannungen plädiert Helsper für eine „Routine der Reflexion", die es Lehrkräften ermöglichen kann, Handlungsspielraum zu gewinnen, indem sie sich stereotypen Praktiken reflexiv zuwenden und Handlungsalternativen entwickeln bzw. zu entwickeln üben (Helsper 2003: 148).

Kaum eine Lösung kann es demgegenüber sein, eine Problembehebung zu versuchen, die über eine rein formale Schülerbeteiligung oder eine falsch verstandene Schülerorientierung zu einem Verzicht auf die Systematisierung der Lerngegenstände durch die Lehrkraft führen, wie Valtin bereits 1996 mit Blick auf die Grundschule ausgeführt hat: „Die Schlagworte ‚offener Unterricht' und ‚Kindorientierung', die heute die grundschulpädagogische Diskussion bestimmen, haben in meinen Augen gefährliche Konsequenzen, weil sie vielfach gleichgesetzt werden mit dem Verzicht auf strukturierte Lernangebote und Lehrgänge und vor allem mit dem Verzicht auf Herausforderungen im Sinne der Heranführung an Bildungsinhalte." (Valtin 1996: 22)

1.3 Gegenstands- und lernernahe Unterrichtsverläufe

Die folgenden Beispiele dokumentieren eine unterrichtliche Praxis, die sich dadurch auszeichnet, Schüler/innen kognitiv und affektiv herauszufordern. Die Entdeckungen der Schüler/innen werden aufgegriffen, weiterverarbeitet, ausgebaut und je nach Zielsetzung auch systematisiert.

1.3.1 Das Vogel-V – Eine Alternative

In der folgenden Unterrichtssequenz ist das Ausgangsmaterial mit einer Ausnahme (*davon* wurde durch *Vater* ersetzt) dasselbe wie das Ausgangsmaterial der bereits analysierten V-Stunde (vgl. 1.1.1), die wir hier der Einfachheit halber nun V-Stunde A nennen werden.

Wir hatten das Glück, eine sehr erfahrene Lehrkraft zu gewinnen, die sich darauf eingelassen hat, den Kindern einen ähnlichen Input für die Analyse der v-Schreibung zur Verfügung zu stellen. Der Verlauf dieser Stunde, die wir V-Stunde B nennen, ist im Gegensatz zur V-Stunde A jedoch nicht an sachfremden (unterrichtsorganisatorischen und durch das Lehrmaterial vorstrukturierten) Faktoren orientiert, sondern am Phänomen der v-Schreibung als Lerngegenstand selbst. Wir werden sehen, dass ein entdeckendes, aktiv mit den Schüler/innen und ihren Beobachtungen arbeitendes Verfahren und die sachangemessene Modellierung des Gegenstands (hier) Hand in Hand gehen.

V-Stunde B

1	L	So, was erwartet uns heute? Ich sage es nicht? Ihr seid nämlich heute mal wieder als (---) Sprachforscher und Detektive gefragt::: und ihr wisst ja, was das heißt; (3.0) genau (.) schauen, manchmal auch genau hören, (2.0) nachdenken, (1.5) und, (--) kombinieren. (4.0) Und ich denke, (-) wir starten. (--) Und ich bin mir ganz sicher, dass ihr den ((atmet tief ein)) diesen detektivischen Fall (.) lösen werdet. [[L bittet die Schüler/innen, sich vor der Tafel zu versammeln]]
2	L	[[L öffnet die Tafel; dort stehen folgende Wörter: *Kurve*, *Vase*, *Verlust*, *Vater*, *vielleicht*, *Vergangenheit*, *verlieren*]] Ist für alle zu lesen?
3	SuS	Hmhm (ja)
4	L	Gut. (14.0) Fang ich mal mit der hinteren Reihe an, und ihr (-) nehmt euch mal gegenseitig dran. Vielleicht kann ich ja schon was tun.
5	Li Mei	Ähm alle Wörter haben ein *V*, ja; alle Wörter haben ein *V*.
6	Melanie	Nein.
7	SuS	Doch, (unverständliche Passage)
8	Melanie	Nicht am Anfang.
9	L	<<schreibt alle Wörter mit v; am Anfang das *v* untereinander an die Tafel> ich kürz es mal ab, ist das okay für euch?
10	SuS	Ja.
11	L	<<schreibt weiter> Ja? Okay. (2.0) Oh Mensch. (--) Ja, es kann schon weitergehen; ich gucke, dass ich nachkomme.>
12	Christin	A:lso ähm bei manchen Wörtern zum Beispiel, wie bei Kurve und Vase, da klingt es so wie ein *W*:

13	L	Würdest du die mal bitte (---) rausnehmen, aus dieser= Liste, dann kann ich nämlich weiterarbeiten.
14	Christin	((geht zur Tafel und hängt eine Karte an einen anderen Platz an der Tafel))
15	L	Warte mal,<<nimmt den Korb mit der Kreide> bunte hab hab ich auch nicht mehr. Mensch:>
16		((L fällt ein Magnet herunter))
17	L	Entschuldige.
18	Christin	Ich mach mal die Tafel mal weiter nach unten.
19	L	Warte mal. Geht es? Ähm: (--) ich gebs dir einfach mal, pass mal auf, denn sonst, ich gebs dir mal. Welches Wort wolltest du noch haben?
20	Christin	*Kurve* und *Vase*. Äh:, weil da klingt das *V* so wie'n *W*? und bei: manchen Wörtern ist ja auch bei *verlieren*, *Vergangenheit* und *Verlust* da
21	L	Hilfe, Hilfe, Hilfe
22	Christin	da steht ja immer (solche) *ver* und *ver*, die Vorsilbe *ver*, wird immer mit *V* geschrieben. ähm: Julia?
23	Julia	Ähm, also bei *Verlust*, *Vater*, *verlieren*, *vielleicht* und *Vergangenheit*, hört sich das *V* (-) nicht so wie'n (-) *V* an, sondern wie'n *F* (---) soll ich-
24	L	Komm doch mal zu mir. Ob du:: (-) hier ei=eine ((räuspert sich)) Überschrift findest, die dazu passt zu deiner Aussage ((räuspert sich))
25	Julia	((schaut sich die Karten in der Hand der Lehrerin an)) Hier die hier. [wählt die Karte „v“ *klingt wie* „f“]
26	L	Hmhm (ja) und die anderen können ja noch mal weiterreden.
27	Julia	((zieht die Tafel etwas herunter, um die Karte an die Tafel zu hängen.)) Soll ich dran nehmen?
28	L	Ja? (--) Bitte-
29	Julia	Melanie.
30	L	Ich hab ja zu tun hier.
31	S	Ja, Melanie, du bist dran.
32	Melanie	Ach so. Bei *Verlust*, ähm *verlieben* und bei (-) *Vergangenheit* da ist immer mit der Vorsilbe *ver*.
33	L	(4.0) Bin sprachlos ((zeigt an die Tafel als Aufforderung an S, an die Tafel zu gehen)) Bitte.(--) Mach= nimm dir noch mal jemanden als Hilfe mit, dann sind wa
34	Melanie	ähm::
35	L	Das sind ja ein paar mehr Wörter, (---)
36	Melanie	Julia.
37	L	Ähm. (2.5) Hmhm. (ja) (1.5) Ja.
38		((Beide S gehen an die Tafel und sortieren die Wörter))
39	L	() Noch mal bei Christin eben. Wo isse denn?

40	Christin	Hier.
41	L	<<zeigt auf S> Da.><<wendet sich an Julia und Melanie> Noch ein bisschen, ihr wisst ja, ich hab das ja immer gerne ein bisschen ordentlich:: so:‘ nä?>
42		((S sortieren weiter, ca. 10 Sek.)
43	Melanie	Fertig. Ja. Hmhm (ja)
44	L	Aha? Guck doch mal, ob hier auch, ob ich dafür auch vielleicht auch zu: „f“= an ne: das kann ne:: noch nich; ne:: ne: ne: ne: ne:: nei:n ist gut. Okay, nein?
45		((Christin geht an die Tafel, um noch etwas zu sortieren))
46	L	Ah:, Christin, das darum (-) bat ich wollt ich dich bitten? (---) wollen wir es noch mal ein bisschen, damits deutlicher ist, ein bisschen (--) abstellen?
47	Christin	Ja.
48	L	Ich mach dann mal die Tafel wieder hoch:? Sonst () so: ((ordnet einige Karten an der Tafel noch etwas))
49	Julia	Äh:, Frau M.?
50	L	<<ordnet weiter Karten an der Tafel> Bin ja sprachlos hier. (---) Upsassa. So.>
51	Julia	Frau M., soll ich die Überschrift noch mal vorlesen?
52	L	(--) Das wäre nicht schlecht.
	Julia	*„v“ (-) klingt wie „f“.*

Quelle: HILDE (Hildesheimer Videos zur Fachdidaktik)

Makrostruktur

Bei der Analyse der Makrostruktur der V-Stunde B lassen sich drei Phasen isolieren:

Phase 1: Ankündigung/Voraborientierung (1)
Phase 2: (Stummer) Impuls (2-4)
Phase 3: Gelenktes Unterrichtsgespräch (5ff.)

Im Vergleich zur V-Stunde A werden die Schüler/innen durch die Phase der Ankündigung vorab auf eine bestimmte kognitive Disposition eingestimmt: Sie sollen als Sprachforscher/Detektive tätig werden. Damit ist Phase 2, die Begegnung mit dem Wortmaterial, methodisch vorbereitet, weshalb hier „stumm“ in Klammern erscheint. In der Phase des gelenkten Unterrichtsgesprächs besteht die Lenkungsfunktion der Lehrkraft nicht wie in der V-Stunde A darin, lehrerseitige Relevanzen zu setzen (dort das

Silbifizieren der Wörter), sondern die schülerseitigen Entdeckungen aufzugreifen und zu systematisieren.

Mikrostruktur

Sequenzanalyse

Phase 1: Zu Beginn der Stunde werden die Schüler/innen darauf eingestellt, einen detektivischen Fall zu lösen, wobei ihnen zugleich das Instrumentarium des detektivischen Arbeitens (schauen, genau hören, nachdenken, kombinieren) verfügbar gemacht wird. Gesprächsstrukturell ist die Ankündigungsphase eine Art Inszenierung von Rede und Gegenrede („Was erwartet uns heute? – Ich sage es nicht/Und wisst ihr, was das heißt? – Genau"). Im Gegensatz zum Transkriptionsausschnitt *Papageienviertel*, in dem die schülerseitige Perspektive ebenfalls inszenierend mitprozessiert wird (s.o.), geht es hier jedoch nicht darum, Erkenntnisse/Erkenntnisinteressen der Schüler/innen vorwegzunehmen, sondern darum, ein Arbeitsbündnis zu schließen („Was erwartet uns heute?") und die kognitiven Aktivitäten der Schüler/innen methodisch vorzubereiten. An die Stelle der problembelasteten Begründung des Unterrichtsgegenstandes, wie es in der V-Stunde A der Fall war („Das war nicht so einfach mit diesem Buchstaben ... und für viele Kinder is das heute noch nicht so einfach mit diesem Buchstaben"), tritt hier die Verbalisierung des Zutrauens in die Kinder als kompetente Aufgabenlöser („und ich bin mir ganz sicher, dass ihr den ((atmet tief ein)) diesen detektivischen Fall (.) lösen werdet").

Phase 2: Nachdem sie sichergestellt hat, dass das Material für alle Schüler/innen sichtbar ist („Ist für alle zu lesen?", „Gut"), wartet die Lehrkraft einen kurzen Augenblick ab, bevor sie versucht, das Gespräch in Gang zu setzen („fang ich mal mit der hinteren Reihe an"), und ermutigt die Schüler/innen, durch gegenseitiges Aufrufen, den Lösungsprozess eigenständig und gemeinsam anzugehen („nehmt euch mal gegenseitig dran").

Die Lehrkraft als Moderatorin

Phase 3: Bereits mit der ersten Schüleräußerung von Li Mei wird das Phänomen (v-Schreibung) erfasst, wobei sich die Schüler/innen – ganz analog zur V-Stunde A – darüber verständigen, wo genau der Buchstabe v vorkommt. Die Lehrkraft schreibt das Ergebnis dieser kurzen Sequenz an die Tafel (alle Wö. haben ein „v"; am Anfang das „v"). Mit der Aufforderung „Oh Mensch. (--) Ja es kann schon weitergehen; ich gucke, dass ich nachkomme" profiliert sie sich als Moderatorin des Erarbeitungsprozesses, der weiter von den Kindern gesteuert werden soll. Dieses Moderatorenmuster wird im weiteren Verlauf stabilisiert („und die anderen können ja noch mal weiterreden", „Ich hab ja zu tun hier"). Es erlaubt ihr die thematische Strukturierung des Gegenstandes weitgehend an die Hörerschaft zu übertragen und selbst als ordnende/strukturierende Instanz aufzutreten. Dabei dient auch ihr die Interjektion *ja* (1, 4, 11, 26, 30, 35, 37, 41, 50) „synchroner gemeinsamer Orientierung" (Hoffmann 2008: 216). Anders als im Fall „Das Papageienviertel" allerdings synchronisiert die Lehrkraft hier das aktuelle Geschehen und sichert so die Kontinuität des Gesprächsverlaufs. Die Interjektion *so*, die einen Wechsel des kommunikativen Handlungsraums indiziert und die in der V-Stunde A dominant war (s.o.), kommt demgegenüber sehr viel seltener vor. Nur an drei Positionen (1, 48, 50) übernimmt *so* handlungspraktische Scharnierfunktion (Einstieg in den Unterricht, 1; Zurechtrücken der Wortkarten an der Tafel, 48; Abschluss der Ordnungsaktivitäten, 50).

„ja" Die thematische Erarbeitung wird mit dem Mittel des moderierenden Musters und des kontinuitätssichernden *ja* insgesamt als erkenntnisgenerierende Sequenz organisiert. Die Schüler/innen kommunizieren ihre Beobachtungen, die die Lehrkraft nicht schematisch lobt, sondern als nicht erwartete Erkenntnisse auszeichnet („(ich) bin sprachlos" 33, 50) und die sie zusammen mit den Schüler/innen systematisiert bzw. von den Schüler/innen systematisieren lässt. Am Ende dieses Prozesses steht eine gemeinsam erarbeitete Struktur der v-Schreibung im Deutschen.

Zusammenfassung: Das Kernmuster der vorliegenden Unterrichtssequenz ist das der Moderation. Die Lehrkraft überträgt sowohl die Gesprächssequenzierung bzw. Teile davon als auch die Erkenntnisgewinnung an die Schüler/innen. Im Gegensatz zu dem eher schematischen Abarbeiten von Schüleräußerungen in der V-Stunde A trägt die Diskursstrukturierung der Lehrkraft hier zu einem kontinuitätssichernden Erkenntnisfortschritt bei („bin sprachlos"; Aufgreifen und Weiterbearbeiten der schülerseitigen Beobachtungen). Der jeweils erzielte Arbeitsfortschritt sowie das Arbeitsbündnis wird mit *ja* gesichert, und zwar derart, dass die Kontinuitätssicherung als gemeinsame Orientierung von Lehrkraft und Schüler/innen etabliert und aufrechterhalten wird.

Analyse der Gegenstandskonstitution

Von Beginn an ist der Unterricht auf die Analyse und präzise Bearbeitung der v-Schreibung gerichtet. Die Beobachtungen der Kinder (*v* klingt wie *w*, *v* klingt wie *f*, Wortbausteine *ver-*, *vor-*) werden aufgegriffen und für die Herstellung gegenstandsbezogener Ordnungen genutzt:

Schüler-beobachtungen

Nachdem Li Mei auf das Phänomen der Unterrichtsstunde fokussiert hat (5), was die Lehrkraft auf der Basis der sich anschließenden Diskussion der Schüler/innen (6-8) mit einer ersten Hypothese über das Auftreten von *v* (präferiert am Anfang von Wörtern) ausbaut und sichert, bringt Christin in Sequenz 12 die Unterscheidung zwischen verschiedenen v-Varianten ins Spiel (bei *Kurve* und *Vase*, da klingt es so wie ein *W*). Mit der Aufforderung der Lehrkraft, die Wörter *Kurve* und *Vase* aus der Wortkartenliste herauszunehmen und separat zu hängen, ist eine erste gegenstandsorientierte Systematisierungsarbeit geleistet. Christin bringt mit dem Hinweis auf morphologische Schreibungen (Vorsilbe *ver*) eine weitere Differenzierung ins Spiel, die die Lehrkraft zu diesem Zeitpunkt jedoch noch nicht aufgreifen will. Mit „Hilfe, Hilfe, Hilfe" (21) simuliert sie Überforderung, statt die Äußerung entweder zu ignorieren oder als irrelevant zurückzuweisen.

Die Schülerin Julia bringt dann denjenigen Aspekt ein, der der Systematik des antizipierten Unterrichtsverlaufs entspricht („bei *Verlust*, *Vater*, *verlieren* und *Vergangenheit* hört sich das *V* nicht so wie'n *V* an, sondern wie'n *F*, 23), wobei unklar bleibt, welche Vorstellung Julia davon hat, wie sich ein *V* anhören sollte. Die Lehrkraft greift die Antwort von Julia – ungeachtet dieser Unschärfe – auf und bittet sie, die ihrer Antwort entsprechende Überschrift aus mehreren vorbereiteten Überschriftenkarten auszuwählen. In 32 wird der von Christin schon einmal angesprochene Verweis auf morphologische Schreibungen (Wortbaustein *ver*) von Melanie erneut ins Spiel gebracht. Julia und Melanie gehen an die Tafel, um die Karten unter der Überschrift „v klingt wie f" an der Tafel entsprechend zu sortieren, so dass am Ende dieser Phase ein strukturiertes Gesamtbild über die Schreibung mit *v* entstanden ist.

Medienanalyse

Spielerische Sicherung

Zur Sicherung des im Unterricht erarbeiteten orthographischen Wissens standen zwei Arbeitsimpulse zur Verfügung: Ein an Memory angelehntes Spiel, in dem jeweils die Wörter zusammenpassten, die zu einer orthographischen Gruppe gehörten (also etwa *Vase* und *violett* (*V* klingt wie *W*), *verlieren* und *vormachen* (*V* klingt wie *F*, Wortbaustein), *Vater* und *viel* (*V* klingt wie *F*, kein Wortbaustein)). Hinzu kamen „Schwarze Schafe"; das waren Spielkarten mit f-Wörtern (etwa *Ofen, Schaf, Wolf, frisch*), die ein Spieler, wenn er sie aufdeckt, auch ohne Partnerkarte behalten darf. Die Implementierung der Schwarzen Schafe hatte die Funktion, die Aufmerksamkeit der Schüler/innen auf die Position von v/f in Wörtern zu schärfen; in den Schwarzen Schafen stand <f> dort, wo <v> nicht stehen kann (wortintern, wortfinal, in komplexen Konsonantenclustern; s.o. Exkurs zur v-Schreibung im Deutschen).

Ein zweiter Arbeitsimpuls lag mit dem Arbeitsbogen in Abb. 5 (S. 61) vor.

Aufgabe 1 ist eine Reproduktionsaufgabe; so sollte die gemeinsam erarbeitete Systematik der v-Schreibung von allen Schüler/innen noch einmal einzeln nachvollzogen werden. Aufgabe 2 setzt ein weiterführendes Verstehen der v-Schreibung und ihrer Systematik sowie die Verbalisierungsfähigkeit der zentralen Gesetzmäßigkeiten voraus. Sie wird voraussichtlich noch nicht von allen Schüler/innen zu bewältigen sein, bietet aber einen Anlass für die Fortsetzung des Unterrichtsgesprächs.

Aufgabe 4

Lösen Sie das Arbeitsblatt. Wo bestehen gegebenenfalls Probleme? Welche Unterstützungsangebote würden Sie den Schüler/innen geben?

Name: ____________________ Datum: ____________________

v V v V v V v V v V v V v V v V v V v V v V v V v V v V

1. Ordnung schaffen

Trage diese Wörter in die Tabelle ein:
vier, Ganove, vergessen, violett, vorschreiben, Pullover, voll, vornehm, voran, Verb, Volk, oval, vorn, Vater, verlieren

„v" klingt wie „w"	„v" klingt wie „f"	
	↑ Wortbausteine „vor", „ver", „von"	↑ „v" meistens am Wortanfang

2. Paul braucht Deine Hilfe

Die Kinder der 2. Klasse haben den Buchstaben „v" neu gelernt, wissen aber noch nicht genau, wie man ihn verwendet. Paul ist sehr gewissenhaft und schlägt alle Wörter im Wörterbuch nach. Heute will er diese Wörter schreiben:

Ha_en, O_en, _ergessen, _ormachen, _ater, _on, Wol_, _ogel

Bei welchen Wörtern kann Paul ohne Wörterbuch eine Entscheidung treffen? Erkläre ihm auch, warum das so ist.

Beispiel: Das Wort „vormachen" kann Paul ohne Wörterbuch schreiben; der Wortbaustein „vor" wird immer mit „v" geschrieben.

____

____

____

____

____

v V v V v V v V v V v V v V v V v V v V v V v V v V v V

Abb. 5 | Arbeitsbogen zur v-Schreibung

1.3.2 Schullektüren – Eine Alternative

Der folgende Auszug stammt aus der Einführungsstunde zu Jutta Richters *Prinz Neumann*. Auch in dieser Stunde wird wie in der Stunde zu *Das Papageienviertel* in eine Lektüre eingeführt; auch hier geht die Lehrerin vom Titel aus.

Im Vorlesegespräch wird die Begegnung mit dem literarischen Text in der Weise modelliert, dass die Lernenden den ästhetischen Gegenstand auch in seiner Gestaltungsdimension wahrnehmen. Dabei kann die Lehrerin an die Erfahrungen der Schüler und Schülerinnen anknüpfen.

[...]

5	L	Und ich glaube, wir werden uns heute ein bisschen verwöhnen. So, ich möchte euch heute, oder ich möchte anfangen, euch ein Buch vorzulesen, und das Buch heißt: Prinz Neumann.
6	Mehrere	[Gekicher]
7	Sm	Prinz Neumann.
8	L	Habt ihr so einen Namen schon mal gehört?
9	Mehrere	Nein. [Gemurmel]
10	L	Prinz Neumann.
11	Andreas	Niemals hab ich dies gehört (())
12	L	So, Andreas, du hast gerade was dazu gesagt, was erscheint euch denn ungewöhnlich an dem Namen? ++ Gar nichts? Mirko!
13	Mirko	Also, erst mal so was Feines irgendwie und dann so'n Prinz, also erst so was Feines und dann so etwas Unfeines.
14	L	So etwas Normales?
15	Mirko	Ja.
16	L	Toll! Klasse. Wo wird denn Prinz Neumann wohnen, was stellt ihr euch denn da im Augenblick vor?
17	Mirko	Ich weiß es.
18	L	++ Mirko!
19	Mirko	Im Schloss?
20	L	[lobend] Mmhh. Marischka!
21	Marischka	Ehm, vielleicht ist er auch neu.
22	Mehrere	[Lachen]
23	S	Vielleicht ist ja
24	L	Warte mal einen Augenblick.
25	S	Vielleicht ist ja eine Seite schön und die andere Seite nicht so schön.
26	L	Oh, das hört sich gut an, das wollen wir dann aber mal uns genau anhören, mal untersuchen, ja? Jannis, hast du das mitgekriegt? + Ronald, was stellst du dir da vor?

27 Ronald 'n Steinhaus + innen drinnen is es schön und außen is es hässlich.
28 L Aha!
29 S Mit so'm Garten.
30 L Ah, ja! Na stellt euch mal was dazu vor!
31 S Ne alte Villa.
32 L Was für eine Nacht. Der Wind heulte und tobte [...]
[33–152]
153 L [...] König Schröder war wütend. Nichts als Ärger hatte man mit diesem Kind. [...] Warum war dieses Kind nicht so wie andere Kinder!? Prinz Neumann stand mit dem Rücken an der Küchenwand und fürchtete sich. +++ Hoffentlich schlägt er mich nicht wieder. Warum er bloß gleich immer so wütend wird? Andere Väter sind anders. Andere Väter sind nett zu ihren Kindern. Andere Väter werden nie wütend, die sagen zu ihren Kindern: „Komm her, ich erzähl dir eine Geschichte", wenn der Sturm heult und die Kinder nicht schlafen können. Sie kochen ihren Kindern mitten in der Nacht Kakao. Die sagen: „Heute ist eine Nacht zum Kronenputzen" und suchen selbst die Putzmittelflasche. [...] Ein Streichholz flammte auf und dann brannte die Kerze und König Schröder sagte: „Und jetzt, marsch, ab ins Bett!" und zeigte auf die Küchentür. +++ Wir haben jetzt die beiden Personen kennengelernt, die in diesem Schloss wohnen. + Eigentlich finde ich das, nun ja, etwas ungewöhnlich. + Was ist euch da aufgefallen (())? Tim!
154 Tim Na, zum Beispiel der em, König Schröder, der em, der meckert irgendwie. Der is, der ist irgendwie so doll empfindlich.
155 S Meckerliese.
156 L Jonas!
157 Jonas Beide denken was, also em König Schröder, Prinz Neumann denkt andere Väter sind besser und em Prinz/König Schröder denkt, andere Kinder wären anständiger, also beide haben was daran.
158 L Was ist denn mit den beiden? Thomas!
159 Thomas Die streiten sich.
160 L Mirko!
161 Mirko Wollt' ich auch sagen.
162 L Merle!
163 Merle Die können sich nicht leiden.
164 L Vergleicht das mal mit euch zu Hause, was habt ihr denn da für eine Familie, ist das nicht ein bisschen ungewöhnlich, wer da in dem Schloss wohnt? +++ Ronald!
165 Ronald Der hat ja gar keine Mutter, der Junge + Prinz Neumann.
[...]

Wieler 2004: 270-272

Die Makrostruktur beschreiben wir hier anhand des wiedergegebenen Auszugs, der mit (5) beginnt:

Phase 1: atmosphärische Einstimmung (5-„verwöhnen")
Phase 2: gelenktes Unterrichtsgespräch (5-31)
Phase 3: L. liest vor (32-153) (anzunehmen sind weitere Gesprächseinlagen zwischen 33 und 152).
Phase 4: gelenktes Unterrichtsgespräch (153-165).

Sequenzanalyse

Fassen wir die Mikrostruktur ins Auge, so erlaubt die Sequenzanalyse eine feinere Gliederung. Wir gehen hier kursorisch vor (für eine genaue Analyse s. Wieler 2004: 272-274).

Aktivierung von Vorstellungen

Die Textbegegnung leitet die Lehrkraft mit dem Satz „Und ich glaube, wir werden uns heute ein bisschen verwöhnen" ein. Damit inszeniert sie die Erwartung, dass das Kommende eine Genusserfahrung für alle bereithalten wird, in die sie sich selbst einschließt („wir"). Im Anschluss markiert *so* den Beginn einer neuen Handlungssequenz: „So, ich möchte euch heute, oder ich möchte anfangen, euch ein Buch vorzulesen, und das Buch heißt: Prinz Neumann." Auf den Titel des Buches, *Prinz Neumann*, reagieren mehrere Schüler/innen mit leisem Lachen, ein Schüler wiederholt ohne weitere Aufforderung den Titel und scheint ihm in dieser Weise nachzuspüren. In ihrer Analyse weist Wieler darauf hin, dass die Klasse insgesamt als ein leseerfahrenes Publikum hervortritt (Wieler 2004: 273). Von Anfang an zeigen sich die Schüler/innen als sprachaufmerksam. Die Lehrerin nimmt die Wahrnehmung der Schüler/innen auf und leitet einen Gesprächsgang ein, in dem zunächst die Besonderheit des Namens herausgearbeitet wird. Dabei nimmt sie eine Unterscheidung von Mirko auf. Auf dessen Aussage „... also erst so was Feines und dann so etwas Unfeines" fragt sie nach: „So etwas Normales?" und lässt sich dies bestätigen. Die Präzisierung, die die Lehrerin vornimmt, wird also in eine Aushandlung mit dem Schüler einbezogen, der als Akteur beteiligt bleibt. Nach einer sehr positiven Evaluation („Toll! Klasse!") leitet die Lehrerin zur Entwicklung von Vorstellungen über, die den Handlungsort betreffen: Mit der Frage „Was stellt ihr euch denn da im Augenblick vor?" eröffnet sie einen Raum, in dem die Schüler/innen diese gemeinsam entfalten können. Die

Äußerungen der Schüler/innen werden lobend hervorgehoben, und die Lehrerin markiert weiteren Untersuchungsbedarf: „Oh, das hört sich gut an, das wollen wir dann aber mal uns genau anhören, mal untersuchen, ja?“ Die Äußerung nutzt erneut die erste Person Plural, obschon de facto die Lehrerin vorlesen wird und die Schüler/innen zuhören. Erneut fokussiert die Lehrerin also den gemeinsamen Wahrnehmungsraum.

Das rahmende Verwöhnen (5) wird nun weiter entfaltet und schließt auch ein „Untersuchen“ ein. Dabei kann die Lehrerin auf Übereinstimmung rechnen bzw. diese befördern, indem sie das Ziel als gemeinsames Vorhaben formuliert. Anders als im Fall der Papageienviertelstunde nimmt die Lehrerin hier keine direktive Einklammerung vor („ich hatte euch ja gesagt, dass wir...“, s.o.). Mit „ja?“ etabliert und sichert die Lehrerin eine gemeinsame Orientierung auf die Folgehandlung, ohne dass eine Antworterwartung ausgedrückt würde. Damit wird ein Arbeitsbündnis zwischen Lehrerin und Schüler/innen hergestellt. Dass sich auch die ordnenden und Aufmerksamkeit sichernden Aktivitäten deutlich von der Lektürestunde zum Papageienviertel unterscheiden, zeigt sich an den Äußerungen „Warte mal einen Augenblick“ (24) und „Jannis, hast du das mitgekriegt?“ (26). Diese Beiträge sind eingebettet in die Gegenstandsvermittlung und deutlich darauf gerichtet, den Schüler/innen die Partizipation am Diskurs zu ermöglichen.

Arbeitsbündnis

Analyse der Gegenstandskonstitution

Unter dem Gesichtspunkt der Gegenstandskonstitution kann festgehalten werden, dass die gemeinsame Lektüre eines Buches in dieser Eröffnung als reizvolles Vorhaben erscheint: Von der Lehrerin als potentielle Genusserfahrung eingeführt, wird es von den Schüler/innen mit Interesse aufgenommen. Sie äußern sich unaufgefordert, kichern und lachen und nehmen die Impulse der Lehrperson auf. Wenn die Lehrperson den Text anschließend als Gegenstand des Untersuchens bezeichnet, so wird dieser zugleich als Betrachtungsanlass deutlich. Die gemeinsamen Überlegungen zu Titel und Handlungsort zeigen bereits, wie eine solche Betrachtung vollzogen werden kann, nämlich indem Sprachaufmerksamkeit und Vorstellungsbildung verbunden werden. Dabei werden auch Differenzerfahrungen (vgl. Kap. 6.2.1) akzentuiert: Der Name Prinz Neumann wird in seiner Spezifik analysiert, die Lebenssituation der Protagonisten von den Erfahrungen der Schüler/innen unterschieden (153, 164-165). Die Analyse der Gegenstandskonstitution lässt sich nun nach dem Modell der bereits vorgenommenen Analysen fortführen:

Aufgabe 5

> Untersuchen Sie die Phase 4 des Transkriptauszugs (153–165). Gehen Sie insbesondere auf die Frage der Lehrperson und ihre Einleitung in 153 ein. Wie nehmen die Schüler/innen diese Aufforderung auf? Wie lässt sich der Gesprächsgang bis zum Beitrag Ronalds (165) beschreiben?

1.4 Zusammenfassung

Die vergleichende Gegenüberstellung zwischen den V-Stunden und den Lektürestunden hat etwas gezeigt, was auf den ersten Blick überraschen mag: Für den Literatur- und den Sprachunterricht (hier Rechtschreibunterricht) gelten ganz ähnliche Bedingungen. Ihr Gelingen hängt wesentlich davon ab, ob die Lehrkraft zusammen mit den Schüler/innen nah am Lerngegenstand arbeitet, der selbst als lohnend und interessant konzipiert wird und entsprechend erlebt werden kann.

Gesehen haben wir aber auch, dass die Schule als Institution mit strukturellen Problemen belastet ist, die – unabhängig davon, ob es sich um Sprach- oder Literaturunterricht handelt – gegenstandsfernes und lernerfernes Unterrichten begünstigen:

Gegenstands- und lernerferne Unterrichtsverläufe

Solche gegenstands- und lernerfernen Unterrichtsverläufe haben wir in der V-Stunde A und der Stunde zu *Das Papageienviertel* identifiziert, wo den Schüler/innen kaum Raum für die Entfaltung mentaler Aktivitäten gegeben wird. Der Unterrichtsgegenstand begegnet den Schüler/innen als Problem („Das war nicht so einfach mit diesem Buchstaben ... und für viele Kinder is das heute noch nicht so einfach mit diesem Buchstaben“), für das sie die Lösung weder kennen noch ermitteln können, oder er wird noch vor der ersten Begegnung von den Schüler/innen ferngehalten („Das ist natürlich viel zu groß gesagt, das ist nämlich eigentlich ein Kinderbuch, ein Jugendbuch, das ist gar nicht dick, das kann man auch ganz flott lesen").

Wo in diesen Stunden eine Ideenentwicklung angestoßen wird (Zeigen der Wortkarten; Zeigen des Covers und Buchtitel als Impuls), geschieht das rein mechanisch. In der wiederholten Abfolge von Aufforderung bzw. Melden – Aufforderung – Antwort – Evaluation werden ideengenerierende Sequenzen jeweils beendet, bevor sie für den weiteren Unterricht genutzt werden könnten. Die Rückmeldungen der Lehrpersonen auf Beiträge der Schüler/innen sind kaum auf die Schülerbeiträge bezogen, sondern erfolgen stereotyp („gut", „prima") oder sie bestehen aus einem Lehrerecho, mit dem Stichworte aufgenommen, aber nicht weitergeführt werden. Die Kommunikation bleibt zweistellig zwischen Lehrperson und einzelnen Schüler/innen und auf Paarsequenzen beschränkt. Routinemäßig wird lehrerseitig mit Interjektionen – insbesondere mit *so* – die Ablaufordnung gesichert und mithin der Handlungsspielraum der Schüler/innen weiter begrenzt.

Morek (2012), die auf der Basis der Untersuchung verschiedener Formen von Erkläraktivitäten im Unterricht ähnliche Differenzen zwischen Unterrichtsszenarien gefunden hat, charakterisiert das, was wir in der V-Stunde A und in der Stunde zum Papageienviertel gesehen haben, als „doing pupil": Wie die Autorin ausführt, werden „die Schüler/innen [...] nicht als [...] bereichsspezifische Experten behandelt, die einen kommunikativen zweckdienlichen Beitrag zum Unterrichtsdiskurs beizutragen hätten, sondern primär in ihrer sozialen Identität als ‚Schüler', die Lösungen abliefern." (Morek 2012: 260)

Von dieser Form des Unterrichtsdiskurses lassen sich nun solche unterscheiden, die gegenstands- und lernernah sind:

Gegenstands- und lernernahe Unterrichtsverläufe

Die V-Stunde B und die Literaturstunde zu *Prinz Neumann* sind Beispiele für konstruktive Aktivierungen schülerseitiger Perspektiven. Gleich zu Beginn wird Neugier in Bezug auf die Lerngegenstände geweckt, verbunden mit einem Zutrauen in die Fähigkeiten der Schüler/innen („Ich bin mir ganz sicher, dass ihr diesen detektivischen Fall lösen werdet"; „wir werden uns heute ein bisschen verwöhnen"). Die Lehrkräfte treten in eine gemeinsame Interaktion mit den Schüler/innen ein und integrieren die schülerseitigen Ideen und Lösungsangebote in den Gesamtdiskurs. Damit treten auch formale, rein mechanische Bewertungshandlungen zurück; an ihrer Stelle finden wir Äußerungen, die ein inhaltlich motiviertes Interesse an den Schülerbeiträgen zum Ausdruck bringen und diese sachorientiert würdigen, was sich in den vorliegenden Stunden auch in Nachfragen („So etwas Normales?") oder im Überraschtsein über die schülerseitigen Entdeckungen („bin sprachlos") zeigt. Durch das Muster der Moderation, das für solche Formen des Unterrichtens nicht unüblich ist, wird es auch möglich, Teile der Unterrichtsorganisation an die Schüler/innen zu delegieren.

In beiden Stunden tritt das Moment der Inszenierung hervor. Anders als im Fall der gegenstands- und lernerfernen, häufig routineartigen Verläufe eröffnen diese Inszenierungen einen Entfaltungsraum für die verbal-kognitiven Aktivitäten der Schüler/innen.

Die Voraussetzung für eine in dieser Weise kognitiv herausfordernde, gemeinsam gestaltete Unterrichtsinteraktion ist nicht nur ein souveränes und flexibles Verfügen über die Unterrichtsinhalte. Notwendig ist zugleich eine selbstreflexive Haltung zur Institution Schule. Denn je stärker die Schule *als* Schule in ihren stereotypen Dimensionen in Erscheinung tritt, desto geringer sind die Chancen auf einen gelingenden Unterricht.

Deutsch in der Schule | 2

Nur bei einem oberflächlichen Blick scheint klar zu sein, was der Gegenstand des Deutschunterrichts ist: Deutsche Sprache und Literatur. Bereits ein zweiter Blick zeigt, dass weder die Frage danach, was „Deutsch“ ist bzw. was man darunter versteht, noch die Frage danach, welche Literatur für den Deutschunterricht ausgewählt wird oder werden sollte, eine einfache Antwort erlaubt. Wir werden uns deshalb in diesem Kapitel mit der Frage befassen, welcher Begriff des Deutschen und welcher Begriff von deutscher Literatur für den Deutschunterricht leitend ist.

Die Frage nach dem Konstrukt des Deutschen verfolgen wir auf der Basis von zwei Grenzziehungen: Die zwischen Standard und Nonstandard (Kap. 2.1) und die zwischen Mündlichkeit und Schriftlichkeit (Kap. 2.2); Kapitel 2.3 erläutert vor diesem Hintergrund das Konzept der Bildungssprache. Die Frage des Kanons und der Literaturauswahl steht im Zentrum von Kapitel 2.4.

2.1 Standard und Nonstandard

Wenn man vom Deutschen spricht, bezieht man sich meist auf das, was als „Hochdeutsch“ gilt, und meint damit eine überregional verbindliche und sozial neutrale Dachsprache, wie sie zum Beispiel von Nachrichtensprecher/innen gesprochen wird und die zugleich als Standardsprache gilt. Alle anderen Varietäten des Deutschen, z. B. Dialekte oder Soziolekte, fasst man demgegenüber unter dem Begriff des Nonstandards zusammen.

Hinweis: „Hochdeutsch“

Der Begriff „Hochdeutsch“ hat zwei Lesarten: Die erste ist regional und bezieht sich auf den Unterschied zwischen im südlichen Deutschland gesprochenen Hochdeutsch und im nördlichen Deutschland gesprochenen Niederdeutsch. Die Grenze ist die sog. Benrather Linie (maken/machen-Linie). Die zweite Lesart ist sozial und bezieht sich auf den Unterschied zwischen dem standardisierten Hochdeutsch und nicht-standardisierter Umgangssprache.

Standard als Normalfall

Die vielleicht wichtigste Eigenschaft des Standards besteht darin, dass er situations-, kontext- und weitgehend identitätsneutral ist.

Er hat demnach die größte lokale, situative und personelle Reichweite unter den Varietäten des Deutschen und wird immer dann genutzt, wenn nicht besondere Bedingungen für den Gebrauch einer Nonstandardvarietät vorliegen. Der Standard gilt somit als Default (Normalfall).

Individuell kann sich dieses Verhältnis durchaus umkehren: So gibt es Dialekt- oder Soziolektsprecher, für die der Nonstandard der Normalfall ist. Sie nutzen den Standard in für sie als formell markierten Situationen (z. B. bei einem Polizeibericht oder in der Kommunikation mit dem Arbeitgeber). Diese individuellen Präferenzen sollten aber nicht dazu führen, die Beschreibung des Standards als Default aufzugeben. Denn es geht bei der Beschreibung verschiedener Varietäten nicht um die Erfassung von individuellen Sprachgebrauchsgewohnheiten, sondern um die Erfassung eines gesellschaftlich gegebenen Varietätengefüges. Und dieses Varietätengefüge weist den Standard als Normalfall aus.

Für das Deutsche in Deutschland, Österreich und der Schweiz gelten dabei jeweils unterschiedliche Ausprägungen des Standards, weshalb das Deutsche zu den plurizentrischen Sprachen zählt.

Standard

Der Standard hat eine geschrieben- und eine gesprochensprachliche Ausprägung, ist in Wörterbüchern und in Grammatiken analytisch aufbereitet, ist Zielvarietät für den Erwerb einer Sprache als Fremdsprache und bildet die Basis für Wissenschafts- und Fachsprachen sowie für die Literatur. Und er ist die Sprache der Schule.

Sogwirkung des Standards

Wie stark die Sogwirkung des Standards ist, kann man sich am Beispiel von Verfahren zur Sprachstandsfeststellung klar machen: Schon Vierjährigen, die in jüngster Zeit einem Sprachtest unterzogen werden, um festzustellen, ob Entwicklungsverzögerungen oder andere Defizite vorliegen, wird – unabhängig von Dialektgebieten – die Standardsprache abverlangt. Dass dies zu konzeptionellen Problemen führen kann, zeigt ein Blick in das Sprachstandsverfahren „Bärenstark“, das Anfang der 2000er Jahre in Berlin eingesetzt wurde. Im Aufgabenbereich 4 wird die Kasussicherheit der Kinder überprüft. Nun ist bekannt, dass der Berliner Dialekt mit dem Unterschied zwischen Akkusativ und

Dativ zu kämpfen hat: „Und [es] ist schier der gemeinste Irrtum im Märkischen Teutschen, daß den Dativum und Accusativum oder ‚dem' und ‚den', ‚mir' und ‚mich' auch die, so Hochdeutsch reden wollen, nicht unterscheiden", schreibt Bödiker bereits 1690 (zitiert nach Schlobinski 1984: 116). Auch unabhängig von Dialekträumen sind Kasusdifferenzen in der gesprochenen Sprache nicht immer gut wahrnehmbar (*legt das Buch inne Kiste, Kinder spielen mitte Puppen, er hat sein Hund gesucht* ...). Anders ist dies häufig beim Vorlesen, das schriftsprachliche Merkmale besser hörbar macht. Die grammatischen Markierungen werden deutlicher artikuliert als im mündlichen Gespräch. Auch ein dialektsprechender Vorleser liest dann vermutlich eher: *Sie legte das Buch in die Kiste* etc. (vgl. Aufgabe 6, Kap. 3).

Das Sprachstandsverfahren „Bärenstark" arbeitet bei der Ermittlung der Kasussicherheit der Kinder zwar mit dem Neutrum, das deutlicher als Feminina und Maskulina differenziert (*das Bett/dem Bett*); ob damit aber das Kasuskonzept dialektsprechender Kinder erfasst ist, ist alles andere als klar. In Kapitel 2.2 werden wir ein weiteres Beispiel kennenlernen, das zeigt, dass „Bärenstark" nicht nur an der Standardsprache ansetzt, sondern von den Kindern zugleich einen schriftsprachlichen Zugang verlangt. Es wird also Bildungssprache getestet, wo Alltagssprache erwartbar ist.

Durch die andauernde (Re-)Produktion standardsprachlicher Diskurse und Texte ist der Standard ein relativ stabiles und zugleich ein sich selbst stabilisierendes System; gleichwohl sind nicht alle Strukturen fest. Immer wieder kann es zu Zweifelsfällen kommen: Heißt es *der Friede* oder *der Frieden*? Ist *ich sammle* oder *ich sammele* korrekt? Schreibt man *substanziell* oder *substantiell*, *Alptraum* oder *Albtraum*?

Zweifelsfälle

Dass die Standardsprache trotz ihrer relativen Stabilität Zweifelsfälle aufweist, ist nicht allen Sprachnutzern klar. Wenn Unsicherheiten auftreten, denken sie eher an ein Defizit der eigenen Sprachkompetenz und nicht so sehr daran, dass die Sprache selbst unentschieden sein kann. Mitarbeiter/innen von Sprachberatungsstellen berichten immer wieder davon, dass die Anrufer/innen nicht wissen wollen, warum ihnen zwei oder mehr Formen vor Augen stehen, sondern dass sie wissen wollen, welche Form die „richtige" ist. Die Qualität von Sprachberatungen und Sprachratgebern zeigt sich darin, ob sie dieses Bedürfnis erfüllen oder nicht: In einer guten Sprachberatung wird es nicht oder nicht in einfacher Weise erfüllt. Stattdessen wird der Zweifelsfall als Zweifelsfall benannt, es wird erklärt, wie er zustandekommt und wie und unter welchen Bedingungen welche Lösungen möglich sind; die Sprachnutzer erfahren so nicht nur, dass es häufig gute Gründe gibt zu zweifeln, sondern auch, wie man selbst zu Erklärungen kommen könnte und dass die Frage nach richtig oder falsch häufig zu kurz greift. Weniger gute Sprachberatungen legen sich ohne Hinweis auf das Zustandekommen eines Zweifelfalles auf eine Variante fest, ohne dies ausreichend zu begründen.

Dass die meisten Sprachteilhaber der Ansicht sind, der Standard sei ein unverrückbares System, in dem in allen Fällen zwischen richtig und falsch unterschieden werden könne, ist auch das Resultat schulischer Sprachkonzepte. Unter dem Druck, alle Schüler/innen in den Standard einzuführen, und unter dem Druck, die Leistungen von Schüler/innen auch auf der Basis von richtig und falsch zu bewerten, pflegt die Schule eine eher normorientierte Sichtweise auf Sprache insgesamt.

In der Sprachdidaktik werden jedoch auch Vorschläge eingebracht, sprachliche Zweifelsfälle sowie das sprachliche Zweifeln insgesamt zum Gegenstand des Sprachunterrichts zu machen (vgl. z. B. Dürscheid 2011; die Beiträge in Praxis Deutsch 198, Orthographische Zweifelsfälle und in Praxis Deutsch 264, Grammatische Zweifelsfälle).

Aufgabe 1

Ein Zweifelsfall, der Sprachnutzer/innen gegenwärtig umtreibt, besteht in der Frage, ob es „dieses Jahres" oder „diesen Jahres" heißen müsste. Sowohl das Portal Grammis des Instituts für deutsche Sprache (https://grammis.ids-mannheim.de/fragen/36) als auch die Kolumne von Bastian Sick in der Zeitschrift *Der Spiegel* (http://www.spiegel.de/kultur/zwiebelfisch/zwiebelfisch-das-verflixte-dieses-jahres-a-281668.html; auch in Sick 2004, S. 90-93) greifen den Fall auf.

a. Vergleichen Sie Argumentation und Ergebnis.
b. Überlegen Sie, wie Sie an diesem Fall, gegebenenfalls auch mit dem Text aus Grammis und dem Text von Sick mit Schüler/innen der Sekundarstufe I arbeiten könnten.

Zu Zweifelsfällen, die zwischen zwei oder mehr Formen unentschieden sind, kommt eine zweite Form der Varianz: Wenn man abwägt, ob man „versenden" oder „schicken" schreiben will oder ob man sich besser mit „liebe Grüße", „freundliche Grüße", „viele Grüße" oder „beste Grüße" verabschieden soll, sprechen wir nicht von Zweifelsfällen, sondern von der Varianz im Sprachgebrauch.

Die Schule muss also insgesamt zwischen drei Fällen unterscheiden:

	Beispiele
1. systembedingte, feste Formen:	*mit* fordert den Dativ *Kanne* schreibt man mit zwei *n* Das Präteritum von *rufen* heißt *rief* Der Plural von *Mutter* ist *Mütter*
2. sprachliche Zweifelsfälle:	*Der Friede/der Frieden* *Ende diesen/dieses Jahres* *substanziell/substantiell* *Alptraum/Alptraum*
3. Sprachgebrauchsvarianzen:	*viele Grüße* *liebe Grüße* *herzliche Grüße* *freundliche Grüße* *beste Grüße*

Tab. 1 | Feste Formen – Zweifelsfälle – Gebrauchsvarianzen

Nur im ersten Fall, den systembedingten, festen Formen, kann es Fehler im Wortsinn geben. Lerner/innen, die hier Probleme zeigen, muss vielfältig Gelegenheit gegeben werden, sich die noch fehlenden Muster anzueignen und sie zu festigen. Sprachliche Zweifelsfälle können demgegenüber interessante Gesprächsanlässe bieten, auf deren Grundlage Schüler/innen erfahren können, wie das Sprachsystem funktioniert und dass es manchmal gute Gründe gibt zu zweifeln. Nicht auf der Basis der Analyse des Sprachsystems kann die Frage beantwortet werden, welche Entscheidung bei Sprachgebrauchsvarianz getroffen werden sollte; hier geht es um die Sensibilisierung für verschiedene Sprachzwecke und die dazu passenden sprachlichen Ausdrucksmöglichkeiten.

Aufgabe 2

Nikolas (Erstsprache Englisch) besucht die Vorschule; er steht kurz vor der Einschulung. In der vorliegenden Sequenz hat er die Aufgabe, eine zuvor gehörte Geschichte zu diktieren, die von der Versuchsleiterin aufgeschrieben wird (Merklinger 2011, Anhang Seite xxviii; vereinfachte Darstellung; notiert sind lediglich die Redebeiträge, nicht die Schreibaktivitäten der Versuchsleiterin).

1	V	Du hast die Geschichte von Grüffelo und der Maus gehört. Auf diesem Blatt kannst du etwas dazu aufschreiben. Was DIR wichtig ist.
2	N	Hm. Die/ der Fuchs kommt zu die Maus
3	V	DER
4	N	Fuchs
5	V	Fuchs kommt zu DER Maus.
6	N	hm. Und, und dann kommt die EULE zu die Maus.
7	V	Und dann kommt die Eule zu DER Maus.
8	N	DER Maus. DIE Maus. [lacht]
9	V	Richtig. DIE Maus. Die Maus geht im Wald spazieren.
10	N	Ja.
11	V	Aber die Eule kommt zu DER Maus. Das ändert sich. Du hast Recht. Eigentlich ist es DIE Maus.
12	N	Hm.
13	V	Aber es heißt: Sie kommt zu DER Maus.
14	N	Hm. Ich dachte DIE.
15	V	Ist auch richtig. Kommt drauf an, wo es im Satz ist.
16	N	Hm.
17	V	Soll ich noch mal lesen? Der Fuchs kommt zu der Maus. Und dann kommt die Eule zu der Maus.
18	N	Hm. [2] Und dann kommt die Schlange zu die Maus.
19	V	Und dann kommt die Schlange und wieder zu DER Maus. Ist gemein, ne? Ist schwer. Zu DER Maus.
		[...]
20	N	und dann kommt der Grüffelo
21	V	Ach so.
22	N	Und dann guckt noch, und dann sagt die Maus HA:LLO zu den Fuchs.
23	V	Hallo zu dem Fuchs
24	N	Und dann guckt der Fuchs nur auf den Grüffelo

a. Beschreiben Sie den Sprachstand von Nikolas in Bezug auf das deutsche Kasussystem.

b. Analysieren Sie die Korrekturaktivitäten der Versuchsleiterin in Bezug darauf, wie sie die Kasusfehler von Nikolas jeweils aufgreift, und beschreiben Sie die kommunikativen und die lernförderlichen Effekte.

Nonstandard

Beim Nonstandard müssen wir zwischen gesprochensprachlichen Varietäten (z.B. Dialekte, Soziolekte, Idiolekte) und geschriebensprachlichen Varietäten, die überwiegend durch neue Kommunikationsmedien entstanden sind (z.B. SMS-Nachrichten, Tweets), unterscheiden, womit bereits ein entscheidender Unterschied zwischen Standard und Nonstandard benannt ist: Nur der Standard liegt mündlich und schriftlich vor. Dialekte, Soziolekte kennen in der Regel keine Verschriftung, Mikroblogging kennt keine Mündlichkeit.

Weder die schriftlichen noch die mündlichen Nonstandards sind nennenswert kodifiziert, sie bilden nicht die Zielvarietät für den Fremdsprachenerwerb oder für Sprachstandserhebungsverfahren. Und sie sind nicht die Sprachen der Schule. Gebraucht werden sie im Alltag, in informellen Kommunikationssituationen. Mit ihrem Gebrauch ist immer auch eine soziale und individuelle Zuordnung verbunden. Wer Dialekt spricht, gibt seine lokale Herkunft preis, wer virtuose Tweets verfasst, wird als professioneller Internetnutzer identifiziert.

Nonstandard und soziale Markierung

Diese Zuordnung kann umgekehrt auch zur Sicherung von Identität, verstanden als Markierung einer sozialen Zugehörigkeit, genutzt werden (Keim 2007). Auer & Spiekermann berichten von einer Studie von Scholten (1988), die bei Hauptschüler/innen eine Zunahme von regionalen Varianten im Laufe ihrer Schulzeit festgestellt hat, und resümieren diesen Befund wie folgt: „Die Schule führt die jungen Sprecher aus der Unterschicht also nicht etwa an die Standardformen heran, sondern die Schüler machen sich im Lauf ihrer Schulkarriere und der damit verbundenen Identitätsfindung diejenige Varietät zu eigen, die für sie (als Hauptschüler) profitabel ist. Die in ihrer Schicht prestigereicheren und in der *peer-group* profitträchtigeren Stile sind gerade durch ihre Distanz zum Standard gekennzeichnet." (Auer & Spiekermann 2010: 77; Hervorhebung im Original, U.B., I.P.)

In der Literatur wird die soziale Markierung durch Sprache als Mittel der Figurencharakterisierung genutzt: Wenn Büchner (2005; verfasst 1836/1837) den Woyzeck sagen lässt: „Ja Herr Hauptmann, die Tugend! ich hab's noch nicht so aus. Sehn Sie wir gemeinen Leut, das hat keine Tugend, es kommt einem nur so die Natur, aber wenn ich ein Herr wär und hätt ein Hut und eine Uhr und en anglaise und könnt vornehm reden, ich wollt schon tugendhaft seyn" (25), dann weist er ihm eben auch sprachlich seinen regionalen und seinen sozialen Platz zu und demonstriert so die Verbindung zwischen Sprache und Status.

Sprachbiographien

Wie schillernd das Verhältnis zwischen der eigenen (dialektalen) Sprache und der Entwicklung von Identität sein kann, zeigt eindrucksvoll *Das verborgene Wort* von Ulla Hahn (2001), ein moderner Bildungsroman, dessen Protagonistin Hildegard Palm in einer Kölner Arbeiterfamilie der Nachkriegszeit groß wird. Hildegard spricht Kölsch – wie alle ihre Mitschüler/innen in der Volksschule auch. In der weiterführenden Schule aber, die sie schließlich vor allem aufgrund des Einsatzes von Lehrer Mohren besuchen darf, fällt ihre Sprache auf:

„Was wir werden wollten, wurden wir in den ersten Schultagen gefragt.
[...]
Aufs Bürro, antwortete ich. Alle lachten, und ich kriegte einen roten Kopf. Woher wußten sie, dass ich gelogen hatte?
Aufs Büroh also, sagte die Lehrerin, das o in die Länge ziehend. Die Klasse murmelte beifällig. Mir wurde noch heißer. Ja, aufs Büroh, wiederholte ich.
Hochdeutsche Wörter kannte ich vom Sehen, kölsche vom Hören. Beim Lesen kam es auf die Sprache an, nicht auf die Aussprache. Meine Muttersprache war Kölsch. Hochdeutsch musste ich lernen, fast so wie Englisch. Lehrer Mohren hatte schon Wert darauf gelegt, daß es Mund hieß und nicht Schnüß, Menschen und nicht Minsche, sehen und nicht lure, weinen und nicht kriesche, Mädchen und nicht Weet. Nicht: Lommer jonn, sondern: Laßt uns jehen." (171).

Die von der Lehrerin vorgeführte Hildegard nimmt nun die Spannung zwischen ihrer „Muttersprache" und dem schriftlichen Standard so stark wahr, dass sie ihr auch das Lesen verleidet:

„Auf dem Papier gab es keinen Unterschied zwischen isch und ich, Kirche und Kiresche. Las ich, wurde ich eine von denen, die in den Büchern sprachen, hatte nichts mehr zu schaffen mit dem Mädchen aus der Altstraße zwei und erst recht nicht mit dessen Beherrschern. Aber die Wörter wollten mehr. Wollten nicht nur richtig geschrieben und gelesen werden. Sie wollten gesprochen sein, richtig gesprochen, schön gesprochen." (173)

Ihr erfolgreiches Antrainieren der Standardsprache bedeutet allerdings auch eine Entfremdung vom Elternhaus. Mit Gewalt will der Vater sie dazu bringen, auch künftig „Nä" statt „Nein" zu sagen: „Denk jo nit, dat de jet Besseres bes. Janix bes de, janix!“ (176) Der Graben zwischen der reinen Sprache der Schrift und ihrer kölschen Muttersprache ist nun auch einer zwischen ihrer Bildungsgeschichte und dem Elternhaus und er wird nur noch sehr selten überbrückt werden, etwa in der Erinnerung an den Großvater, der ihr – im kölschen Idiom – die Freude an Sprache und Buch vermittelt hat. Die sprachliche und intellektuelle Beschränkung im familiären Nahraum muss Hildegard hinter sich lassen.

Nonstandards sind also Varietäten für die Alltagsverständigung im sozialen und lokalen Nahraum bzw. für spezifische mediale Kommunikationsformen. Das heißt zugleich auch, dass sie weder strukturell noch lexikalisch auf die Anforderungen etwa von Fachsprachen vorbereitet sind und schon deshalb keine günstige Basis für institutionelle Bildungsprozesse abgeben.

Innovation und Beständigkeit von Nonstandardvarietäten

In Bezug auf Innovationsfreudigkeit verhalten sich mündliche und schriftliche Nonstandards verschieden:

Eher konservativ sind mündliche Nonstandards, vor allem Dialekte. Eben wegen ihrer geringen lokalen Reichweite kommen kaum neue Wörter hinzu, die Strukturen von Dialekten sind häufig über Jahrhunderte konserviert; so können wir manchen Dialekten sogar noch frühere Sprachstände des Deutschen ansehen: Im Niederdeutschen, das die zweite Lautverschiebung nicht mitgemacht hat, finden wir *Water* für *Wasser* oder *dat* für *das*. Mündliche Nonstandardvarietäten, insbesondere Dialekte, sind deshalb gute Gegenstände für die Sprachbetrachtung.

Hochinnovativ ist der geschriebene Nonstandard. Bei der Nutzung von Instant-Messaging- und Kurznachrichtendiensten sowie in Chaträumen wird nicht nur mit herkömmlichen sprachlichen Formen experimentiert, es werden auch neue semiotische Möglichkeiten ausprobiert, etwa das Rebusprinzip, bei dem die Einzelzeichen in einen, mit diesen Zeichen nicht konventionell verbundenen sprachlichen Kode übersetzt werden müssen (*4U – for you*), besondere Kurzwörter (*lol*) und ikonische Zeichen (Emojis). Sie sind deshalb auch besonders gut für die Exploration neuer ästhetischer Praktiken geeignet, denen u.a. das internationale Forschungsprojekt sms4science.ch nachgegangen ist.

Aufgabe 3

> Im literarischen Bereich werden neue mediale Kommunikationsformen nicht nur thematisiert, sondern auch als Publikationsform aufgegriffen.
> Im Sommer 2013 veröffentlichte der Spiegel den Twitter-„Agentinnenkrimi“ *Black Box* von Jennifer Egan in abendlichen Tweets über zehn Tage (Spiegel Online, 5.8.2013). Er klassifiziert die Aktion mit der Neuerscheinung der Pulitzer-Preisträgerin, deren Krimi zuvor im New Yorker getwittert worden war, als Experiment. Am Freitag, dem 16.8.2013, wertet die Redaktion die – ebenfalls getwitterten – Leserreaktionen aus und stellt ein gespaltenes Echo fest. Welche besonderen Lesebedingungen entstehen durch diese Veröffentlichungsform?

Standard und Nonstandard in der Schule

Als Zielvarietät der Schule gilt zweifelsfrei der Standard. Ob es sinnvoll sein kann oder könnte, in der Schule neben dem Standard auch den Nonstandard zu bearbeiten, wurde in unterschiedlichen bildungspolitischen Epochen verschieden beantwortet: So gab es in den besonders reformfreudigen 1970er Jahren den Versuch, neben dem Standard auch den Nonstandard zum Gegenstand des Unterrichts zu machen mit dem Ziel, die Lerner/innen auf eine situativ funktionale Mehrsprachigkeit vorzubereiten. Ein analoger Fragehorizont spannt sich im Bereich des Literaturunterrichts auf; es geht um die Frage, welche Literatur im Unterricht bearbeitet wird oder werden sollte. Nicht zufällig fällt einer der weitreichendsten Innovationsschübe auch hier in die 1970er Jahre: Mit dem sog. „erweiterten“ Literaturbegriff gerieten zunehmend Alltagstexte und sog. Trivialliteratur in die Lehrpläne und in die Schule; hier allerdings stand die aufklärerische Absicht im Zentrum: Die Alltagstexte sollten einer kritischen Bearbeitung unterzogen werden.

Den Hintergrund für diese Entwicklungen lieferte der Streit zwischen zwei Positionen, die mit den Schlagwörtern „Defizithypothese“ und „Differenzhypothese“ umrissen werden können:

Defizithypothese

Mit der Defizithypothese ist der Name Basil Bernstein verbunden, der in den 1960er Jahren die These zur Diskussion gestellt hat, dass die (britische) Sprachgemeinschaft in zwei Gruppen zerfalle: Er spricht von Sprechern mit restringiertem und Sprechern mit elaboriertem Kode. Der elaborierte Kode kommt dem nahe, was wir als Standardsprache ausgewiesen haben und die Bernstein als Sprache der Mittelschicht charakterisiert. Der restringierte Kode ist demgegenüber eine sozial bedingte Nonstandardform, die überwiegend von der Unterschicht gesprochen werde. Der restringierte Kode, so Bernstein weiter, der durch geringen Wortschatz, einfache, häufig elliptische syntaktische Strukturen und personales Sprechen geprägt sei, verhindere eine erfolgreiche Bildungsbiographie. Seine Antwort bestand im sogenannten „kompensatorischen Sprachunterricht“: Der restringierte Kode sollte durch den elaborierten ersetzt werden.

Als besonders problematisch galt und gilt die sprachtheoretische Basis der Bernstein'schen Überlegungen: Denn er schließt, im Sinne eines sprachtheoretischen Determinismus, aus der Form der von ihm ermittelten Kodes direkt auf das Denken derer, die sich dieser Kodes bedienen. Er schlussfolgert deshalb, dass der restringierte Kode zugleich restringiertes Denken nach sich ziehe, weshalb es zu den von ihm diagnostizierten Scheitern in den Bildungskarrieren komme.

Differenzhypothese

Die konsequenteste Kritik an Bernsteins Annahmen stammt von William Labov. Wie Bernstein identifiziert Labov in Abhängigkeit von der Schichtzugehörigkeit zwei unterschiedliche sprachliche Varietäten, die er Standard und Nonstandard nennt. Anders als Bernstein aber beobachtet er, welche kommunikativen Aufgaben die Sprecher mit diesen Varietäten jeweils bewältigen. Er kommt zu dem Schluss, dass sich die meisten Sprecher in einem Varietätengefüge bewegen und dass Standard und Nonstandard verschiedene Funktionen im sozialen/sprachlichen Handeln erfüllen. Darüber hinaus weist er nach, dass der Nonstandard nicht „restringiert“ ist, also keine minderen Denkleistungen indiziert, sondern dass Standard und Nonstandard analoge kognitive Komplexitäten aufweisen.

Labov leitete daraus ab, der Schulunterricht müsse beide Varietäten einbringen mit dem Ziel, die Schüler/innen zu einer voll ausgebauten Sprachfähigkeit zu führen. Sein Ansatz ist unter dem Stichwort „kontrastiver Sprachunterricht“ bekannt geworden.

Sprachpolitik

In den Bildungsstandards sind Spuren dieser Modellierung sichtbar (vgl. hierzu auch Auer & Spiekermann 2010). In den Standards von Baden-Württemberg für das vierte Schuljahr wird erwartet, dass die Schüler/innen „Dialekte und Standardsprache situationsgemäß und partnerbezogen einsetzen" (Ministerium für Kultus, Jugend und Sport Baden-Württemberg 2004). Umfassend versteht auch die Language Policy Division des Europarates den sprachlichen Bildungsauftrag der Schule. Der Europarat ist der Pflege sprachlicher Vielfalt, der Mehrsprachigkeit und interkulturellen Bildung verpflichtet. In einem langfristig angelegten Projekt spannt er den Rahmen einer „plurilingual and intercultural education" auf und fordert die breite Förderung des sprachlichen Repertoires der Schüler und Schülerinnen. Diese schließt neben Erst-, Zweit- und Fremdsprachen auch die Anerkenntnis der Bedeutung von Dialekten und Soziolekten ein (https://www.coe.int/en/web/language-policy/home).

2.2 Mündlichkeit und Schriftlichkeit

In einem anderen Zusammenhang wurde eine Konzeption von sprachlichen Unterschieden entwickelt, die der Idee von Bernstein und Labov ganz ähnlich ist, sich aber zugleich in einem zentralen Punkt davon unterscheidet: Der kanadische Erziehungswissenschaftler Jim Cummins machte in den 1970er Jahren die Beobachtung, dass Einwandererkinder, die bereits die Schule besucht hatten, mit dem Zweitspracherwerb besser vorankamen als Einwandererkinder ohne Schulerfahrung.

CALP und BICS

Er versuchte diesen Unterschied damit zu erklären, dass sich die Kinder mit Schulerfahrung einen lernförderlichen Zugang zur Sprache angeeignet hatten, und nannte die daraus resultierenden Fertigkeiten CALP (*Cognitive academic language proficiency*). Durch die Aneignung der Schrift, die von den Kindern einen Abstand zur Sprache verlangt, der metasprachliche Aktivitäten, Dekontextualisierungen und bewusste Manipulationen der Sprache erlaubt, sei, so Cummins, eine geeignete Basis für einen erfolgreichen Zweitsprachenerwerb gelegt. Demgegenüber dominierten bei Kindern ohne Schulerfahrung und ohne weitere frühkindliche Schrifterfahrung die *Basic interpersonal communicative skills* (BICS), das sind Sprachfähigkeiten, die gebraucht werden, um im sozialen Nahraum erfolgreich zu kommunizieren, die den Kindern aber keine Abstraktionsleistungen und keine metasprachliche Perspektive abverlangen.

Die Analogie zu Bernstein und Labov ist die Zweiteilung des sprachlichen Raums in bildungsförderlich/bildungsaffin und bildungshinderlich/bildungsabgewandt.

Im Unterschied zu Bernstein und Labov beschreibt Cummins aber nicht Sprachvarietäten, sondern Kompetenzen, die sprachlichem Können zugrundeliegen, und verbindet sie nicht mit einer sozialen Dimension (Schicht), sondern mit einer Erfahrungsdimension (Schrift). Die moderne Redeweise von Kindern aus bildungsnahem und bildungsfernem Milieu basiert im wesentlichen auf Konzepten wie diesen.

Die linguistische Beschreibung der Varietäten, die im Zusammenhang mit BICS und CALP stehen, führt uns zu Koch & Oesterreicher, die in den 1980er Jahren den Unterschied zwischen Mündlichkeit und Schriftlichkeit doppelt gefasst haben:

Konzeptionelle und mediale Schriftlichkeit/Mündlichkeit

„Einerseits kann man im Bereich des *Mediums* den *phonischen* und den *graphischen Kode* als die beiden Realisierungsformen für sprachliche Äußerungen unterscheiden. Andererseits lassen sich hinsichtlich der kommunikativen Strategien, der *Konzeption* sprachlicher Äußerungen, idealtypisch die beiden Modi *gesprochen* und *geschrieben* unterscheiden. Daraus ergeben sich – logischerweise – vier Zuordnungsmöglichkeiten von Medium und Konzeption, die wir [...] in folgendem Vierfelderschema [...] veranschaulichen.“ (Koch & Oesterreicher 1985: 17; Hervorhebungen im Original, U.B., I.P.)

		Konzeption	
		gesprochen	geschrieben
Medium	graphischer Kode	faut pas le dire	il ne faut pas le dire
	phonischer Kode	[fopaldiR]	[ilnefopalediR]

Abb. 6 | Mediale und konzeptionelle Mündlichkeit nach Koch & Oesterreicher

Dabei ist Medialität ein dichotomes, Konzeptionalität ein graduelles Kriterium. Die Autoren stellen dies in einem erweiterten Modell wie folgt dar:

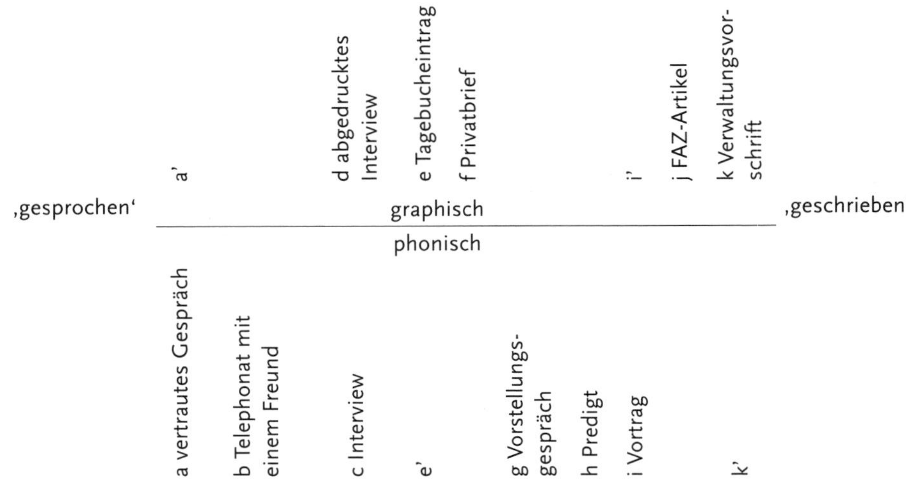

Abb. 7 | Die Skala der Konzeptionalität nach Koch & Oesterreicher (1985: 18); die Strich-Notierungen (a', e' etc.) verweisen darauf, dass die entsprechenden Äußerungsformen auch in die je andere mediale Repräsentation übersetzt werden können (z. B. e' = Vorlesen eines Tagebucheintrags.)

Sprache der Nähe und Sprache der Distanz

Die Weiterarbeit an der konzeptionellen Schriftlichkeit/Mündlichkeit führt Koch & Oesterreicher zur Herausarbeitung von zwei Kommunikationsformen, die sie *Sprache der Nähe* und *Sprache der Distanz* nennen. Dabei ist nicht so sehr an psychologische oder soziale, sondern vielmehr an physische Nähe/Distanz zu denken. Ehlich (1984) spricht deshalb, weniger verfänglich, von der „zerdehnten Sprechsituation" der schriftlichen Kommunikation und bezieht sich damit auf die An-/Abwesenheit der Kommunikationspartner im Kommunikationsereignis, die sowohl den Produktions-/Rezeptionsprozess als auch das Resultat, also den Text oder den Diskurs beeinflussen.

Bei der Beschreibung der Sprache der Nähe und der Sprache der Distanz unterscheiden Koch & Oesterreicher Kommunikationsbedingungen und Versprachlichungsstrategien, die eng aufeinander bezogen sind:

Kommunikationsbedingungen	
Sprache der Nähe	Sprache der Distanz
dialogisch	monologisch
Vertrautheit der Partner	Fremdheit der Partner
face-to-face-Interaktion	raumzeitliche Trennung
freie Themenentwicklung	Themenfixierung
keine Öffentlichkeit	Öffentlichkeit
Spontaneität	Reflektiertheit
Involviertheit	Distanziertheit
Situationsverschränkung	Situationsentbindung
Expressivität	‚Objektivität'
Affektivität	
Versprachlichungsstrategien	
Sprache der Nähe	Sprache der Distanz
Prozeßhaftigkeit	Verdinglichung
Vorläufigkeit	Endgültigkeit
geringere:	größere:
- Informationsdichte	- Informationsdichte
- Kompaktheit	- Kompaktheit
- Integration	- Integration
- Komplexität	- Komplexität
- Elaboriertheit	- Elaboriertheit
- Planung	- Planung

Tab. 2 | Sprache der Nähe – Sprache der Distanz nach Koch & Oesterreicher 1985: 23

Die Eigenschaften der Sprache der Nähe und der Sprache der Distanz zusammenfassend sprechen Koch & Oesterreicher (1985: 25) im Falle der Nähesprachlichkeit von einem „pragmatischen Modus" der Kommunikation, bei der Distanzsprachlichkeit von einem „syntaktischen Modus". Sie beziehen sich dabei auf den Umstand, dass es die Situationseingebundenheit in der gesprochensprachlichen Kommunikation erlaubt, situationsspezifische Informationen und Dynamiken für die Diskursstrukturierung zu nutzen, die geschriebensprachliche Textstrukturierung demgegenüber über syntaktische Mittel eingeholt werden muss.

Pragmatischer und syntaktischer Modus

Für Vorschulkinder, die noch nicht alphabetisiert sind, ist die situative Orientierung, also der „pragmatische Modus" dominant. In diesem Zusammenhang soll, wie angekündigt, noch einmal das Testverfahren „Bärenstark" aufgerufen werden, mit dem der Sprachstand von Vierjährigen getestet wird. Das folgende Bild (Abb. 8) zeigt eine Anweisung zur Auswertung der Kompetenz der

Kinder, Sätze zu bilden. Die Aufgabe der Kinder ist es, das links stehende Bild zu beschreiben. Für die Antwort „Das Mädchen wartet./Der klettert." soll es nur zwei von vier möglichen Punkten geben. Das wird wie folgt begründet: „Vier Punkte erhält der grammatisch richtige und vollständige Satz mit Subjekt – Prädikat – Objekt!" und „Ein fehlerfreier, aus Subjekt und Prädikat bestehender Satz erhält zwei Punkte!" (Senatsverwaltung für Bildung, Jugend und Sport 2002: 22) Übersehen wird dabei, dass die Forderung nach vollständigen Sätzen den „syntaktischen Modus" aufruft, einen Modus also, der konstitutiv mit der Schrift verknüpft ist. Anzumerken ist im übrigen auch, dass die Variante, die drei Punkte und die Variante, die einen Punkt erhält, in Bezug auf die Syntax ausgebaut sind; die Fehler bewegen sich auf der Ebene der Flexionsmorphologie (*will springt, die Kinders* ...).

4 Punkte:	Die wollen gleich springen./Der sagt: "So kalt ist es."
3 Punkte:	Der klettert auf die Turm./Der wartet und will springt.
2 Punkte:	Das Mädchen wartet./Der klettert.
1 Punkt:	Eine Junge klettert./Die Kinders will springen.
0 Punkte:	Sprungturm/Kinder da.

Abb. 8 | Aufgabe aus dem Syntaxtest von „Bärenstark" (Senatsverwaltung für Bildung, Jugend und Sport 2002: 23)

Mündlichkeit und Schriftlichkeit in der Schule

„Der Übergang zu einer Schriftkultur hat tiefgreifende kulturelle und psychologische Auswirkungen. Sie betreffen [...] die Organisation und die Tradierung von Wissensbeständen, den grundsätzlich unterschiedlich geregelten Zugang zum Wissen, das Verhältnis des Individuums zu Wissensbeständen, zur Wirklichkeit von Tradition und Geschichte. Kurz: in den Gesellschaften, die zur Schriftkultur übergegangen sind, ist nichts mehr so wie vorher." (Koch & Oesterreicher 1985: 31) Das gilt für die Organisationsstrukturen einer Gesellschaft in gleichem Maße wie für jedes einzelne Individuum, das in einer Schriftkultur ein „schriftgestütztes Selbst- und Weltverhältnis“ (Sting 1998: 359) aufbaut.

Schrift und gesellschaftliche Partizipation

Die Entstehung der Schule, insbesondere die Einführung der allgemeinen Schulpflicht ist konstitutiv mit der Schriftkultur verknüpft. Eine der zentralen Aufgaben der Schule ist es, die Schüler/innen in die konzeptionelle Schriftlichkeit einzuführen und ihnen damit ein Fundament zur Erschließung des gesellschaftlichen Wissens und die Partizipation an einer durch und durch schriftlich durchmusterten Gesellschaft zu ermöglichen. Der seit PISA gängige Begriff der Literacy hat hier seinen Ort.

Entscheidend ist, dass sich bei der Aneignung der Schrift in jedem Individuum „eine grundlegende kognitive Umstrukturierung vollzieht“ (Haueis 2010: 281), die die unmittelbare, körperlich zugängliche Welt des Alltags durch mittelbare, schriftlich vermittelte Erfahrungen überformt.

Deshalb wäre es auch falsch, die kindliche Alltagserfahrung gegen Bildungsanforderungen auszuspielen. Denn in einer erfolgreichen sprachlichen, und das heißt immer auch schriftsprachlichen Sozialisation sind Alltagserfahrung und Bildungsanforderungen so aufeinander bezogen, dass keine von beiden bleibt, wie sie ist:

Im Schriftspracherwerb begegnen die Schüler/innen auch der Alltagssprache neu. Was vorher als Instrument verfügbar war, wird als Medium sichtbar. Die Schreibnovizen bilden einen metasprachlichen Blick auf die Lautseite der Sprache, auf Wörter und Sätze aus bzw. gewinnen diese Kategorien überhaupt erst durch die Schriftaneignung. Diese Kenntnis hat umgekehrt Einfluss auf den alltäglichen Sprachgebrauch, aber auch – wie die Ausgangsbeobachtungen von Cummins gezeigt haben – auf sprachliche Lernprozesse.

Die Begegnung mit literarischen Texten, in denen alltägliche Handlungskonfigurationen aufgegriffen, durch die literarischen Kontextualisierungen aber der Unmittelbarkeit enthoben sind, rückt neue Erfahrungen in den Horizont und restrukturiert damit auch das Alltagserleben.

Ein Bildungskonzept, das Alltag und Bildung gegeneinander ausspielt, wird weder dem Alltag, der durch Bildung überformt wird, noch der Bildung, die dem Subjekt Kenntnisse und Erfahrungen vermittelt, „die sich in seiner alltäglichen Lebenswelt nicht finden, aber Grundlage dieser Lebenswelt sind“ (Sting 1998: 360), gerecht.

2.3 Bildungssprache

Wie sehr individuelle Bildungsgeschichten mit einem mehr oder weniger verfügbaren Repertoire schriftsprachlicher Mittel verbunden sind, wird gegenwärtig im Zusammenhang des Konzepts der Bildungssprache vielfach betont (Gogolin & Michel 2010, Feilke 2012). Dieser Begriff verbindet die konzeptionelle Schriftlichkeit, die immer standardsprachlich ist, unter dem Leitbegriff der Bildung mit der Möglichkeit gesellschaftlicher Partizipation:

„Zur Bildungssprache gehört die stark formale, wohlgeformte, monologische Ausdrucksweise der öffentlichen Rede. Sie erlaubt weitgehende gesellschaftliche Partizipation. Alltagssprache hingegen enthält eher informelle, wenig durchgeformte, dialogische Redeweisen. Ihre Verwendung ist ‚im Privaten' funktional. Sie erlaubt aber nur eingeschränkt die Teilhabe an relevanten Bereichen der öffentlichen Sphäre.

Das Bildungssystem ist der Ort für die Einführung in das facettenreiche Repertoire der Bildungssprache, das weitgehende gesellschaftliche Teilhabe erlaubt. Zugleich ist Bildungssprache das Medium der im Laufe einer Bildungsbiographie zunehmend abstrakten, von fachlichen Anforderungen und durch Schriftlichkeit geprägten Sprache der Vermittlung von schulischem Wissen." (https://www.foermig.uni-hamburg.de/bildungssprache.html, vgl. auch Gogolin & Michel 2010)

Bildungssprache, Wissenschaftssprache, Umgangssprache

Den Begriff Bildungssprache hat der Philosoph Jürgen Habermas bereits 1977 – unter Rückgriff auf Arbeiten Max Schelers – ins Gespräch gebracht. Er unterscheidet zwischen der Umgangssprache, den auf spezifische Lebensbereiche orientierenden Fachsprachen, der theorietauglichen Wissenschaftssprache und der Bildungssprache. Die Bildungssprache kann eine Verbindung zwischen fachorientierten Diskursen und der breiteren Öffentlichkeit schaffen: „In der Öffentlichkeit verständigt sich ein Publikum über Angelegenheiten allgemeinen Interesses. Dabei bedient es sich weitgehend der Bildungssprache. Die Bildungssprache ist die Sprache, die überwiegend in den Massenmedien, in Fernsehen, Rundfunk, Tages- und Wochenzeitungen benutzt wird. Sie unterscheidet sich von der Umgangssprache durch die Disziplin des schriftlichen Ausdrucks und durch einen differenzierteren, Fachliches einbeziehenden Wortschatz; andererseits unterscheidet sie sich von Fachsprachen dadurch, dass sie grundsätzlich für alle offensteht, die sich mit den Mitteln der allgemeinen Schulbildung ein Orientierungswissen verschaffen können." (Habermas 1977: 39). Im Rekurs auf Scheler hält Habermas fest, die Bildungssprache sei „ein Medium, durch das Bestandteile der Wissenschaftssprache von der Umgangssprache assimiliert werden." (ebd.: 40)

Hier wird auch deutlich, dass die Grenze zwischen Bildungs- und Umgangssprache dynamisch ist: Je nach Umgebung finden auch Elemente aus Wissenschaftssprache und Fachwortschatz Verwendung. Es ist leicht vorstellbar, dass Kinder, die in anregungsreichen, schriftkulturell geprägten und diskursiven Umgebungen aufwachsen, quasi nebenbei Zugang zur Bildungssprache erhalten.

Bildungssprache und schulisches Lernen

In der gegenwärtigen Diskussion um die Bildungssprache wird nun besonders betont, dass die von Habermas angesprochene allgemeine Schulbildung selbst ein Verfügen über Bildungssprache voraussetzt. Die Beherrschung der Bildungssprache ist also nicht nur Ergebnis der Schulbildung (Bildungssprache als Zielvarietät), sondern auch deren Grundlage: Wer mit spezifischen Formen konzeptioneller Schriftlichkeit, etwa der abstrahierenden Rede, die sich vorzugsweise auf Passivstrukturen stützt und sich im Fachunterricht auch auf der Ebene des Wortschatzes von der Alltagssprache unterscheidet, nicht verfügt, hat zum Beispiel erhebliche Mühe, Versuchsbeschreibungen im Physikunterricht zu verstehen. Diese Feststellung ist insbesondere deshalb brisant, weil die sprachlichen Anforderungen des fachorientierten Unterrichts oft eher im Verborgenen bleiben und die Beherrschung konzeptionell-schriftlicher Mittel eher stillschweigend vorausgesetzt wird. Die impliziten Voraussetzungen, die das Lernen in der Schule insgesamt betreffen und die deshalb auch nicht allein vom Fach Deutsch zu bearbeiten sind, werden gegenwärtig verstärkt herausgearbeitet und expliziert (Feilke 2012, Ahrenholz 2010). Wesentliches Ziel dabei ist es, auf die unterschiedlichen sprachlichen Herkunftsbiographien und bildungssprachlichen Voraussetzungen von Kindern auch im Kontext von Mehrsprachigkeit besser eingehen zu können und die Entwicklung eines entsprechenden Repertoires bei allen Schülerinnen und Schülern zu fördern.

Aufgabe 4

Dante Alighieri unterscheidet bereits im 13. Jahrhundert zwischen der *locutio naturalis* (der gesprochenen Alltagssprache) und der *locutio artificialis* (der Schriftsprache) und macht auch Aussagen über den Erwerbsprozess: Die locutio naturalis werde buchstäblich mit der Muttermilch aufgenommen; er prägt das Bild der Amme als Sprachlehrerin. Die locutio artificialis dagegen müsse institutionell gelernt werden; das Bild, das das Mittelalter dafür geprägt hat, ist das der Rute. (Vgl. hierzu Ivo 1996)
Welches Sprach- und welches Bildungskonzept wird in dieser frühen Modellierung von Sprachvarietäten und ihrem Erwerb deutlich?

2.4 Der literarische Kanon

Die Entwicklung der Schriftkultur geht, wie wir gesehen haben, mit dem Etablieren eines schriftsprachlichen Standards des Deutschen einher. Sie ist zugleich eng mit der Entstehung einer deutschsprachigen literarischen Überlieferung verbunden, die zur Durchsetzung des Standards beiträgt.

Im vorliegenden Kapitel entfalten wir vor diesem Hintergrund die Bedeutung von Kanon (von griech. κανών: Maßstab, Richtschnur) und Kanonisierungspraktiken für den Deutschunterricht. Dabei gilt das Hauptinteresse der literarischen Kanonisierung.

Definition

Unter einem literarischen Kanon wird allgemein die – wandelbare – Größe derjenigen literarischen Texte verstanden, die in einer Gesellschaft als tradierungswürdig gelten, die regelmäßig in Literaturwissenschaft und literarischem Leben thematisiert und in der Schule und anderen Bildungsinstitutionen gelesen werden.

Davon zu unterscheiden ist der – nicht wandelbare – biblische Kanon, der innerhalb der jeweiligen Bekenntnisgemeinschaft verbindlich ist.

Zur Geschichte des Kanonbegriffs s. J. Assmann 2000.

Der Herausbildung eines Kanons liegen Normierungsprozesse zugrunde, die in historischer und systematischer Perspektive betrachtet werden können:

Historische Perspektive

In historischer Perspektive ist die Entwicklung des schriftsprachlichen Standards mit einem Sprachpatriotismus verbunden, der sich in sprachpflegerischen Bemühungen, in der Etablierung der Germanistik an Universitäten, in Bemühungen um eine deutschsprachige Literatur und auch in der Einführung eines Schulfaches zeigt, das der deutschen Sprache und Literatur gilt. Ein nationaler Kanon von Texten, die als bewahrenswert angesehen werden, bestimmt seit dem 19. Jahrhundert bis in die Nachkriegszeit des 20. Jahrhunderts insbesondere die Schullektüre und die Curricula. Die Kanonisierung bezieht sich dabei nicht ausschließlich auf die Literatur der Tradition im allgemeinen oder der Weimarer Klassik im besonderen. Im 19. Jahrhundert gelten entsprechende Vorgaben und Empfehlungen auch der Gegenwartsliteratur. So empfiehlt Robert Heinrich Hiecke in seinem einflussreichen Werk „Der deutsche Unterricht auf deutschen Gymnasien" (1842) die Lektüre von Balladen seines Zeitgenossen Ludwig Uhland (Zimmer 2008: 226).

Das Modell einer national-kanonischen Orientierung wird spätestens seit den 60er Jahren des 20. Jahrhunderts problematisch. Der Kanon gerät unter den Verdacht, eine herrschende Kultur zu repräsentieren und zu stabilisieren; heute wird in der Kanondiskussion angesichts der gewachsenen Aufmerksamkeit für kulturelle Vielfalt und interkulturelle Bezüge die Frage nach einem alternativen Kanon, der sich auch den Literaturen der Welt öffnet, thematisiert (Wintersteiner 2006).

Mit der Kanonkritik haben sich die Fragen nach dem Kanon und nach Kanonisierungspraktiken, die grundsätzlich das Problem der Textauswahl betreffen, allerdings keineswegs erledigt.

Systematische Perspektive

In systematischer Perspektive wirft die Möglichkeit der aktiven und lebendigen Überlieferung von Literatur grundsätzlich die Frage auf, was in welcher Weise bewahrt wird und bewahrt werden soll. Mit der Aufbewahrung von Literatur in Orten wie Bibliothek und Archiv ist die Überlieferung zunächst nur der materialen Seite nach gesichert. Man kann auf sie zurückgreifen. Damit kann sie potentiell vergessen oder erinnert werden, und mitunter wird Vergessenes erneut erinnert und umgekehrt. Literatur kann auch selbst Medium der Kanonisierung sein, indem sie sich auf andere literarische Werke erkennbar bezieht und diesen damit attestiert, dass sie bewahrenswert sind. Unter der Überschrift „Kanon und kulturelles Gedächtnis" werden wir dem Zusammenhang von Kanon und Erinnerung nachgehen, in dem historische und systematische Perspektiven sich verbinden.

Kanonisierungsprozessen liegen sehr unterschiedlich motivierte Wertungshandlungen zugrunde (Heydebrand & Winko 1996). Dabei sind Vorstellungen eines literarischen bzw. ästhetischen Werts oft durchaus untergeordnet. Gerade in der Schule werden oft pragmatische Kriterien (etwa: was ist verfügbar, gilt als bewährt, ist gut aufbereitet?) wirksam. Wenn die Wertungshandlungen wirksam im Sinne von Kanonisierung und Rekanonisierung sein sollen, müssen sie jedenfalls über individuelle Rezeptions- und Erinnerungsprozesse und Entscheidungen hinausreichen und Geltungskonzepte sichtbar machen (s. u.).

Gerade jenseits der Frage eines nationalen Kanons interessieren daher die Kanonisierungspraktiken der Schule als literaturvermittelnder Institution – Praktiken, die zwischen hehren Zielen wie Bewahrung des kulturellen Erbes und pragmatischen Fragen schillern.

Wir haben bereits darauf hingewiesen, dass die Standardsprache als Bildungssprache mit verdeckten Anforderungen Mechanismen des Ausschließens entfalten kann (Kap. 2.3). Die Frage nach exkludierenden und inkludierenden Wirkungen muss auch bei der Textauswahl im Literaturunterricht bearbeitet werden. Mit Hilfe der folgenden beiden (gegensätzlichen) Fälle soll dieser Gedanke genauer ausgeführt werden.

Kanon und Partizipation

Basti und *Der Zauberlehrling*

Basti besucht die vierte Klasse einer Grundschule in einem schönen Wohngebiet am Taunus, dem sogenannten Speckgürtel Frankfurts. Im Deutschunterricht arbeiten die Kinder gerade mit Goethes Ballade *Der Zauberlehrling*. Sie lernen ihn strophenweise auswendig. Basti übt den Text zu Hause mit Mutter und Vater ein. Beide Eltern haben ihre eigene Geschichte mit der Ballade und das „Walle! walle manche Strecke, dass zum Zwecke Wasser fließe" seit ihrer eigenen Schulzeit gut im Ohr. Der Vater holt den „Großen Conrady" aus dem Regal, eine umfangreiche Anthologie (Sammlung) bedeutender Gedichte, die er sich für seinen Deutsch-Leistungskurs einmal anschaffen musste. Er unterhält sich mit seiner Schwester über die Goethe'schen Verse. Was für Worte! Gar nicht einfach, der Text, aber irgendwie schafft Basti das! Alle sind mit Begeisterung bei der Sache. Der Junge hat erhebliches schauspielerisches Talent. Später führt er seine Version des Zauberlehrlings beim Familienfest vor. Der Vortrag wird zum Impuls für neue Erinnerungsgeschichten zwischen den Generationen: Wie war das damals, als wir diese Ballade gelernt haben?

Möglichkeiten der kulturellen und gesellschaftlichen Teilhabe

Die oben beschriebene Situation ist in Hinblick auf das Verhältnis von Gegenstandsauswahl und Erschließungskontext aufschlussreich. Mit der Ballade *Der Zauberlehrling* wählt die Lehrperson einen in der Grundschule und Sekundarstufe I fest etablierten und berühmten Text, der dem klassischen und dem schulischen Kanon zugerechnet werden kann (wir werden noch sehen, dass klassischer und schulischer Kanon oft auseinandergehen). Die Textauswahl ließe sich normativ unter anderem darin begründen, dass die Institution Schule den Schüler/innen die Kenntnis und Aneignung eines zentralen Werks des deutschen Balladenschatzes ermöglichen sollte. Ein Literaturunterricht, der dies ermöglicht, kann zur Auseinandersetzung mit der kulturellen Überlieferung beitragen und die Enkulturation fördern: Der schulisch mitbestimmte Prozess der Sozialisation ist auch auf die Teilhabe an Kultur gerichtet (KMK 2005, zur Lese- und literarischen Sozialisation siehe Kap. 4.1). Diese wird gefördert durch die Begegnung mit exemplarischen Texten, in diesem Fall mit einem für die Gattung Ballade beispielhaften Text, der zugleich einen Ausschnitt aus dem Werk Goethes darstellt.

Basti eignet sich die Ballade nun nicht nur im Unterricht, sondern auch im familiären Kontext an. Dass Literatur in der Familie eine etablierte Praxis ist, zeigt sich daran, dass der Vater spontan auf eine Anthologie lyrischer Texte, den „Großen Conrady", zurückgreifen kann. Der Umgang mit der Ballade ist Teil des Familiengesprächs, erfährt Aufmerksamkeit und wird mit der Familiengeschichte verbunden. Wenn beim Familienfest Erinnerungen an das eigene Auswendiglernen der Ballade thematisiert werden, wird die gegenwärtige Aneignungsgeschichte Bastis eingebettet und kann perspektivisch selbst Teil der Familiengeschichte werden.

Das familiäre Setting dürfte dazu beitragen, dass Basti die Aufgabe, einen ansprechenden Vortrag der Ballade vorzubereiten, hochmotiviert, ja ambitioniert verfolgt und sich zu eigen macht. Da seine Eltern ihn beim Lernen unterstützen, lässt sich der Lernprozess als kokonstruktiv beschreiben. Er ist bestimmt von der Interaktion zwischen Lerner und Eltern, die hier als kompetente Andere fungieren. Sie treten dort unterstützend in Erscheinung, wo Basti allein vermutlich noch überfordert wäre. Wir werden das Konzept der Kokonstruktion, das weit über diesen Fall hinaus für das Lernen Bedeutung hat, in Kapitel 3 genauer ausführen.

Ali und *Die neuen Leiden des jungen W.*
Ali ist mit 13 Jahren aus Marokko nach Frankfurt gekommen und hat mit 18 auf eigene Initiative hin den qualifizierten Hauptschulabschluss gemacht. Dafür musste er Ulrich Plenzdorfs *Die neuen Leiden des jungen W.* vorbereiten: „ich les, hab aber gar nicht kapiert", führt er im Interview aus. Er erarbeitet den Text zusammen mit einem Sozialarbeiter im Internationalen Jugendzentrum:
„Ich hab mit Hassan gemacht, Charakterisierung, wie heißt das Wort noch, das andere?
[I: Inhaltsangabe?] Inhaltsangabe, genau. Und dann, was ist der Unterschied zwischen Plenzdorf und eh [I: Goethe?], Goethe [lacht]". Diesen habe er aber nicht gelesen: „Der war doch vor zweihundert Jahren ... Deswegen hat er auch den neue Buch geschrieben, damit jeden, damit die Jugendlichen halt den ganze Buch verstehen. Weil von Goethe, weil halt Schrift und die Sprache war viel anders und deswegen war's mit Goethe viel einfacher. Ich meine mit Plenzdorf. War's halt viel einfacher. [...] Und dann Prüfung. Ich war der einzige Junge. Guckt man so, scheiße einzige Junge ... Ich geh so rein ... Da sag ich mir, okay, dann geb dem Buch ein Inhaltsangabe. Ich hab den Buch Inhaltsangabe gegeben, danach hab ich den Edgar Wibeau, hab ich ihn charakterisiert und ich hab noch die drei Fragen beantwortet. Danach hat er [der Lehrer, U.B., I.P.] mir gesagt, okay, geh. Danach war's frei." (Pieper et al. 2004: 84/85, leicht vereinfacht)

Auch die von Ali mit einiger Dramatik erzählte Begegnung mit Plenzdorfs *Die neuen Leiden des jungen W.*, deren Gipfel die (erfolgreich absolvierte) Prüfung für den qualifizierten Hauptschulabschluss darstellt, ist in Hinblick auf das Verhältnis von Gegenstandsauswahl und Erschließungskontext aufschlussreich. Von Anfang an ist die Lektüre in den Prüfungskontext eingebettet. Der Standard der Prüfung lautet offenbar zu Beginn der 2000er Jahre an dieser hessischen Schule, eine Inhaltsangabe zu diesem Text und eine Charakterisierung der Hauptfigur geben sowie ihn mit dem klassischen Bezugstext, Goethes *Werther*, vergleichen zu können. Das gilt auch für den erst wenige Jahre zuvor ohne Deutschkenntnisse aus Marokko zugewanderten Ali. Sowohl Goethes als auch Plenzdorfs Text gehören nach wie vor zu den Literaturempfehlungen für die Hauptschule, beide werden etwa im niedersächsischen Kerncurriculum für die Hauptschule von 2006 aufgeführt. Auch hier ist die normative Begründung naheliegend, die oben bereits für den *Zauberlehrling* in Anschlag gebracht wurde: Die Schüler und Schülerinnen lernen bedeutsame und exemplarische Werke der deutschen Literaturgeschichte kennen, einen Sturm-und-Drang-Roman sowie einen Text der jüngeren deutschen (DDR-)Literatur (1968/1973). Auch hier kann ein Zusammenhang zur Enkulturationsfunktion des Literaturunterrichts hergestellt werden, und erneut ist der Horizont die kulturelle Überlieferung. Der Stoff dürfte auch deshalb als für Jugendliche passend gelten, weil die Adoleszenzthematik dominiert und sie also in ihrer Entwicklung angesprochen werden können. Unstrittig hat dabei Goethes *Werther*, der Sturm-und-Drang-Text, mit dem sein Autor berühmt wurde, Kanon-Status. *Die neuen Leiden des jungen W.* sind ebenfalls häufige Schullektüre und gehören mindestens zum De-Facto-Kanon (Fleming 2007), also zum Kanon derjenigen Texte, die im schulischen Kontext tatsächlich gelesen werden – auch ohne dass ihnen innerhalb einer Gesellschaft der Status per se bewahrenswerter klassischer Literatur zukommt. Die Zugehörigkeit zum De-Facto-Kanon zeigt sich unter anderem in der schulkonformen Aufbereitung des Textes: Der Markt hält zahlreiche Interpretationshilfen und Lehrerhandreichungen bereit. Allerdings gilt der DDR-Autor Ulrich Plenzdorf im Unterschied zu Goethe nicht als Inbegriff der deutschen Literatur. Ob er inzwischen als klassisch kanonisch gelten kann, wäre zu prüfen (s.u. Aufgabe 5). Ali jedenfalls scheint in Plenzdorf nicht einen bedeutenden Autor zu sehen, sondern in erster Linie einen Modernisierer: Angesichts der inzwischen erreichten Unverständlichkeit des Goethe-Textes – „weil halt Schrift und die Sprache war viel anders" – legt Plenzdorf seiner Darstellung nach eine aktuell verständliche Fassung vor, „damit die Jugendlichen halt den ganzen Buch verstehen". Mit diesem Verstehen hat Ali besondere Schwierigkeiten: „ich les, hab aber gar nicht kapiert."

Anders als Basti kommt Ali aus einem schriftunkundigen Elternhaus. Im Interview führt er an, seine Eltern seien Analphabeten. Mit der deutschen Sprache ist der Hauptschulabsolvent erst nach der Migration in Berührung gekommen. Der Erwerb der Schriftsprache (Literalisierung) und die Begegnung mit Literatur (Literarisierung) erfolgen daher für das Deutsche sehr spät. Das Bestehen der Abschlussprüfung kann unter diesen Gesichtspunkten als beachtlicher Erfolg gelten.

Wie Basti daran liegt, den *Zauberlehrling* zur Aufführungsreife zu bringen, so entwickelt Ali die Ambition, den Text gut genug präsentieren zu können, um den qualifizierten Hauptschulabschluss zu erreichen. Dabei sind allerdings nicht die Schule und nicht die Familie diejenigen Adressen, die die notwendige Unterstützung bei der Textbearbeitung gewähren, sondern er findet Hilfe bei einem Sozialarbeiter. Mit diesem erschließt er sich – wie Basti offenbar kokonstruktiv – die Plenzdorf'sche Geschichte über Edgar Wibeau und entwickelt seine Version. Bedeutung hat sie als Prüfungsstoff. Die Prüfungssituation selbst wird im Interview breit ausgemalt, Leseerfahrungen jenseits der Verstehensschwierigkeiten bleiben ausgeblendet.

Die Bedingungen, unter denen Basti und Ali sich mit den beiden literarischen Texten auseinandersetzen, sind sehr unterschiedlich. Beide Fälle können unter dem Gesichtspunkt der Partizipation betrachtet werden:

Kanon, familiäre Sozialisation und gesellschaftliche Teilhabe

Beide Schüler lernen in der Schule einen bedeutsamen Text der deutschen Literaturgeschichte kennen. Potentiell eröffnet ihnen die Begegnung mit dem jeweiligen Werk die Möglichkeit der kulturellen Teilhabe. Diese Teilhabemöglichkeit wird in Bastis Fall auch familiär und über Generationengrenzen hinweg wahrgenommen. Sie zeigt sich in Aktivitäten, die schulische Anforderungen und informelle Auseinandersetzung mit der Ballade ineinander übergehen lassen: Das Auswendig-lernen-Müssen wird zum Anlass für intensive Familienkommunikationen, die schauspielerische Inszenierung spielt sowohl im Unterrichtsraum als auch beim Familienfest eine Rolle, Erfahrungen mit der Ballade in der Schule werden Gegenstand des Erzählens zwischen den Generationen. Bei all diesen Vorgängen wird ein lebendiger, positiv erlebter und die verschiedenen Akteure verbindender Umgang mit dem Klassiker deutlich.

Bei Ali ist die Auseinandersetzung mit Plenzdorfs *Die neuen Leiden des jungen W.* sehr viel deutlicher mit schulischen Leistungsanforderungen verbunden. Diese macht sich Ali zu eigen.

Sein Ziel ist primär auf die allgemeinere gesellschaftliche Teilhabemöglichkeit gerichtet, die der Schulabschluss als Zertifikat für ihn bereithält. In diesem Zusammenhang ist die Auseinandersetzung mit Literatur als Prüfungsanforderung notwendig. Sie ist angesichts des prekären Status des Literaturunterrichts an Hauptschulen im allgemeinen und an Alis Schule im besonderen (Pieper et al. 2004, DESI-Konsortium 2008) nicht mit Erfahrungen regelmäßiger literarischer Lektüre in der Schule verbunden. Auch Ali trägt diese Auseinandersetzung aus dem schulischen Raum hinaus, allerdings bleibt die Bearbeitung des Textes im Dialog mit dem Sozialarbeiter von dem Ziel bestimmt, die Prüfung zu bestehen. Spannungsreich erscheint hier das Verhältnis von Textauswahl und Lerner bzw. Lerngruppe. Die kanonische Anbindung des Werther-Stoffes kann in den interkulturellen und mehrsprachigen Klassen, die für Hauptschulen in deutschen Groß- und Mittelstädten typisch sind, von Erfahrungen des Ausgeschlossenseins geprägt sein: Die Auseinandersetzung mit Texten der Hochliteratur dürfte vielfach als fremde Praxis erfahren werden – und dazu tragen Leseschwierigkeiten nicht unerheblich bei. Die entsprechenden Texte sind weder mit der eigenen Kulturgeschichte noch mit der familiären Sozialisation verbunden. Ali präsentiert sich denn auch als jemand, für den Lesen eine Praxis der anderen ist (zum Ganzen Pieper et al. 2004). Insofern zeigt der Fall Ali in exemplarischer Weise die Notwendigkeit auf, die Zielsetzung des Literaturunterrichts, kulturelle Teilhabe zu ermöglichen, an allen Schulformen zum Tragen zu bringen und bei der Wahl kanonischer und anderer Stoffe auf interkulturelle Lernzusammenhänge zu beziehen (s.u., Wintersteiner 2006). Mit beiden Fällen ist der Zusammenhang von Kanon und kulturellem Gedächtnis angesprochen.

Aufgabe 5

> Prüfen Sie, inwiefern *Die neuen Leiden des jungen W.* und/ oder sein Autor derzeit als kanonisch im Sinne des literarischen Kanons gelten können. Ziehen Sie die Kriterien zur Bestimmung eines literarischen Kanons nach Heydebrand & Winko (s.u.: S. 100) heran.

Kanon und kulturelles Gedächtnis

Kulturelle Kontinuität

Prozesse der Kanonbildung lassen sich in unterschiedlichen Domänen beobachten: Wenn etwa die 100 wichtigsten Meisterwerke der bildenden Kunst in einem Bildband präsentiert werden, deutet dies auf einen manifesten Kanon von Kunstwerken hin. Worin dieser aktuell jeweils besteht, lässt sich auch an Ausstellungsthemen ablesen: Eine dichte Reihe von Ausstellungen zu Marc Chagall ist dann ein Indiz für dessen kanonische Bedeutung. Aber auch die populäre Kultur bildet Kanones aus, die sich in spezifischen Milieus als wirksam erweisen: Man kennt dann bestimmte Sänger, Bands und Interpreten, es werden Charts und Listen gepflegt, die Künstler verweisen auf wichtige Vorbilder und stellen sich in bestimmte Traditionslinien. Ähnliche Praktiken finden sich natürlich auch im Bereich des Films (Kelleter 2010, Helms & Phleps 2008). Damit ist ein wichtiger Zusammenhang angesprochen, der die kulturelle Bedeutung von Kanonisierungsprozessen betrifft: Sie stellen offensichtlich kulturelle Kontinuität her (J. Assmann 2000: 106). Bezüge zwischen unterschiedlichen kulturellen Gütern können sichtbar werden und wo sich Menschen gemeinsam auf einen Kanon beziehen, gibt es mindestens in dieser Beziehung ein Verbindungsglied zwischen ihnen. Das gilt für Szenekulturen ebenso wie für den bildungsbürgerlichen Kanon des 19. Jahrhunderts. Deshalb trägt ein Kanon zur Identitätsstiftung und -stabilisierung bei, und zwar in der Interaktion zwischen Ich und Gesellschaft (J. Assmann 2000). Der kanonische Bestand stellt das Allgemeinere, Gesellschaftliche dar, das allerdings nur dann kanonisch bleibt, wenn es für Subjekte bedeutsam bleibt.

Individuelles und kulturelles Gedächtnis

Oben ist die Schule bereits als Institution der Kanonpflege in den Blick geraten. Anders als ein Archiv versammelt sie kulturelle Textbestände nicht nur, sondern kann sie vor allem in der Praxis des Unterrichts lebendig halten. Sie trägt daher zugleich zur Pflege des kulturellen Gedächtnisses bei. Dieser Begriff, den Jan und Aleida Assmann für die Kanondiskussion fruchtbar gemacht haben, verweist auf den kulturellen und gesellschaftlichen Rahmen des individuellen Gedächtnisses.

Das kulturelle Gedächtnis reicht über partikulare Milieus hinaus. Es bildet einen – eben kulturell geprägten – „verdichtete(n) Erfahrungsraum“ (A. Assmann 2004: 6). In diesen Erfahrungsraum geht dasjenige ein, was in Kulturen als sinnhaft und bedeutsam erachtet wird – überliefert z. B. in Riten, Symbolen, Denkmälern und ganz besonders in Schrift und Literatur.

Die oben am Beispiel von Basti und Ali beschriebenen Situationen der Auseinandersetzung mit Literatur haben bereits gezeigt, dass die Frage, inwiefern dieser Erfahrungsraum ein gemeinsam geteilter ist, für die Frage nach den Möglichkeiten und Formen kultureller Teilhabe von erheblicher Bedeutung ist. Aleida Assmann nennt die bürgerliche Familie als einen zentralen Einübungsort des kulturellen Gedächtnisses und, abstrakter, das Bürgertum des 19. Jahrhunderts seinen wichtigsten Träger. Hier fließen die Pflege des kulturellen Gedächtnisses, die Formation eines nationalen Kanons und die Idee der Bildung zusammen: „Der Schlüsselbegriff dieser Kulturbewegung hieß ‚Bildung', was nichts anderes bedeutet als individuelle Teilhabe am kulturellen Gedächtnis bzw. individuelle Aneignung des kulturellen Gedächtnisses" (A. Assmann 2004: 6). Diese gesellschaftliche Formation, die schon im 19. Jahrhundert auch kritisch gesehen wurde, ist inzwischen längst nicht mehr in gleicher Weise prägend. Spätestens die 70er Jahre des 20. Jahrhunderts erbrachten eine umfassende Kritik einer Festlegung auf ‚gültige' Überlieferung, die sich in der Schule in einer deutlichen Verbreiterung des Textangebots und einer Skepsis gegenüber verbindlichen Vorgaben spiegelte (s. o.). Das ausgrenzende Moment eines literarischen Bildungskanons wurde deutlich markiert (Wintersteiner 2006, Buß 2011).

Gesellschaftliche Heterogenität

Am Beispiel Ali wird sichtbar, dass die „individuelle Aneignung des kulturellen Gedächtnisses" angesichts der kulturellen Heterogenität der Gesellschaft jenseits der Einheit Nation weitere Fragen aufwirft: Welches kulturelle Gedächtnis ist es, das Ali sich aneignet bzw. aneignen soll? Ein entsprechender Anspruch bedarf auch weiterer Begründungen.

Wie gesehen, ist eine zentrale Funktion von Kanonisierung die Sicherung kultureller Kontinuität: Inwiefern und in welcher Weise kann dies für eine heterogene Gesellschaft, die geprägt durch Migrationsbewegungen und kulturelle Vielfalt ist, ein wichtiges Ziel sein? Sollte der gegenwärtige Literaturunterricht mithilfe kanonischer Texte überhaupt die Eröffnung von Anschlussstellen an das kulturelle Gedächtnis suchen? Welche Maßstäbe sollte er bei der Textauswahl anlegen? Und welche legt er an? Vor einer Bearbeitung dieser literaturdidaktischen Fragen soll im folgenden Abschnitt genauer beschrieben werden, was einen literarischen Kanon charakterisiert.

Kriterien der Kanonzugehörigkeit

Ein literarischer Kanon ist, anders als der biblische Kanon, wandelbar. Wenn jede Zeit „ihren eigenen Kanon" hat (J. Assmann 2000: 121), stellt sich die Frage, an welchen Kriterien eine Kanonzugehörigkeit jeweils festgemacht werden kann. Welche Indikatoren lassen sich dafür angeben, dass Werke dem Maßstab ‚bewahrenswert' entsprechend bewertet werden? Renate von Heydebrand und Simone Winko haben eine Bestimmung vorgenommen, bei der die Abwesenheit eines explizit qualitativen Kriteriums wie ‚gilt als schön, groß, bedeutsam' auffällt:

„Ein ‚literarischer Kanon' ist die Summe literarischer Texte (und zugehöriger Autorennamen), die in einer Gesellschaft durch folgende (Wertungs-)Handlungen tradiert werden:

- dauerhafte Präsenz im Druck, am Markt; Aufnahme in Klassikerreihen
- Gesamtausgabe(n), insbesondere Kritische Ausgaben
- anhaltende Pflege in den literaturvermittelnden Institutionen (Schule, Universität, Literaturkritik, literarische Gesellschaften u.a.)
- regelmäßige und ausführliche Behandlung in Literaturgeschichten, Lexika u.a.
- wiederholte Verarbeitung durch nachfolgende Autoren." (Heydebrand & Winko 1996: 223/224)

Die Zugehörigkeit zu einem literarischen Kanon gilt diesem Ansatz zufolge für Werke und in der Regel für ihre Autor/innen dann, wenn sie durch unterschiedliche und sich ergänzende Aktivitäten im literarischen Leben präsent gehalten werden. Neben verlegerischen Bemühungen, die zumeist mit Vermarktungsstrategien wie Werbung, Übersetzung und Verfilmung einhergehen, sind diejenigen der literaturvermittelnden Institutionen bedeutsam. Indikatorisch ist darüber hinaus die Art und Weise, wie innerhalb der Literaturwissenschaft und der literarischen Schreibpraxis auf Literatur Bezug genommen wird.

Kanonwandel

Ein Indiz für Kanonwandel kann demnach darin bestehen, dass zu einem ‚vergessenen' Autor eine kritische Gesamtausgabe erarbeitet wird oder dass innerhalb von literaturwissenschaftlichen Referenzwerken Veränderungen auftreten. Die Zusammenstellung der verschiedenen Wertungshandlungen klärt nicht über die Motive auf, die zu diesen Wertungshandlungen führen. Eine genauere Einsicht in die Qualität dessen, was jeweils als „bewahrenswert" hervortritt, könnte erst durch weitere Untersuchungen möglich werden, etwa, indem man fragte: Was zeichnet das Werk des ‚vergessenen' Autors aus? Wie wird das Aufnehmen oder Nicht-Aufnehmen von Autor/innen in ein Referenzwerk begründet? Welche Rückschlüsse können also auf das Verständnis einer Kultur in Bezug auf dasjenige, was sie als tradierungswürdig und identitätsstiftend ansieht, gezogen werden? Am Beispiel der Kanonisierung der katholischen Dichterin Annette von Droste-Hülshoff zeigen Heydebrand & Winko, dass die oben benannten Wertungshandlungen nicht primär durch das Geltend-Machen ästhetischer Werte motiviert sind, sondern ein Bündel anderer Wertkriterien wirksam werden, so etwa religiös-ethische im Sinne des westfälischen Katholizismus oder auch schulspezifische: Die Ballade *Der Knabe im Moor* kann die Dichtung der Droste in aller Kürze, aber auch die Gattung Ballade repräsentieren (Heydebrand & Winko 1996: 226-227; 232-233).

invisible hand

Die Unterscheidung der Handlungen nach Heydebrand & Winko verdeutlicht, dass ein Kanon nicht als Individualentscheidung von Personen und Instanzen gesetzt werden kann, sondern sich in komplexen Prozessen herausbildet, an der Individuen, Institutionen und der literarische Markt beteiligt sind. Simone Winko konzeptionalisiert Kanon daher auch als „Phänomen der invisible hand ...: Niemand hat ihn absichtlich und nicht anders zusammengesetzt, dennoch haben viele ‚intentional' an ihm mitgewirkt" (Winko 2012[2002]: 225). Diese Konzeption schließt ein, dass ein literarischer Kanon nicht in gleicher Weise kodifiziert vorliegt wie der Kanon biblischer Bücher oder auch die Festlegung von Schulfächern des Bildungskanons. Von diesem Standpunkt aus lässt sich der Anspruch, den Marcel Reich-Ranickis Titel *Der Kanon* impliziert (nach Gattungen geordnet und im Insel-Verlag veröffentlicht), auch kritisieren: Jegliche Beweglichkeit des Kanons wird angesichts der Autorität des Kritikers zurückgestellt, der mit seinem Namen die Auswahl legitimieren kann. Das Versprechen, das dieser „Kanon" birgt, macht freilich schon die

Aufmachung im Schuber mit Henkel deutlich: Bildung zum Nach-Hause-Tragen.

Abb. 9 | „Der Kanon" von Marcel Reich Ranicki

Aufgabe 6

Ein einflussreiches literaturwissenschaftliches Referenzwerk stellt Kindlers Literatur Lexikon dar, das sich der Weltliteratur zuwendet und das Heinz-Ludwig Arnold 2009 in dritter, völlig neubearbeiteter Auflage herausgegeben hat. Als Fachberater beteiligte sich der Göttinger Literaturwissenschaftler Heinrich Detering. In einer Radiosendung anlässlich der Neuauflage führt er aus:

„Der neue Kindler, so weit ich es überblicken kann, macht überhaupt die Unterscheidung nicht mehr zwischen relevanten Werken der Popularkultur und solchen der so genannten Hochkultur. Dass zum Beispiel unter der isländischen Literatur so gut wie die Sagas auch die Songtexte von Björk aufgenommen worden sind unter dem Titel ‚Björk. Das lyrische Werk', finde ich hoch begrüßenswert, und wenn Sie den Artikel dann lesen, werden Sie feststellen, dass Björks textlichen und Konzeptartist-Arbeiten auch völlig zu Recht diese Aufmerksamkeit entgegengebracht worden ist. Dass in der amerikanischen Lyrik das Werk von Bob Dylan nicht nur aufgenommen worden ist, sondern dass es zwei Artikel gibt, der eine über das lyrische Werk, der andere über das Prosawerk von Dylan, das wäre vor 20, 30 Jahren vielleicht noch undenkbar gewesen und ist jetzt zum ersten Mal Normalität geworden." Deutschlandradio; Sendung vom 19.8.2008, https://www.deutschlandfunkkultur.de/manuskript-rausschmeissen-beibehalten-hinzufugen-pdf.media.7fb8a9c9e0d7b651773890a2ed3a805d.pdf (Zugriff 11.04.2021)

> a. Welche Dimensionen der Veränderung von Kanonvorstellungen spricht Detering hier an?
> Welche Hinweise auf die ästhetische Qualität der aufgenommenen Texte gibt Detering?
> b. Prüfen Sie, inwiefern diese Veränderungen bereits hinreichend sind, um von Kanonwandel zu sprechen. Ziehen Sie dafür die Kanonisierungshandlungen nach Heydebrandt & Winko heran.

Kanon und Kinder- und Jugendliteratur

Die vorsichtige Redeweise, mit der gegenwärtig von einem statt von dem Kanon gesprochen wird, und die Ausweitung der Kanonforschung auf Phänomene der populären Kultur (Helms & Phleps 2008, Kelleter 2010) zeigen, dass Kanonisierungsprozesse vielfältiger und im Geltungsanspruch partikularer werden. Nicht nur im Bereich der Hochkultur ist mit Kanones zu rechnen.

Auch vor diesem Hintergrund ist es auffällig, dass die Rede vom Kanon für den Bereich der Kinder- und Jugendliteratur immer noch eher selten Verwendung findet. Ein kinder- und jugendliterarischer Kanon wird eher im Kontext der Kinder- und Jugendliteraturwissenschaft verortet, hat also geringe Reichweite und gilt in Hinblick auf eine Expertenpraxis – diejenige der Kinder- und Jugendliteraturwissenschaft. Schon in der germanistischen Literaturwissenschaft haben die entsprechenden Titel weniger Resonanz. In Literaturlisten für die germanistischen Studiengänge finden sie selten Erwähnung (Kümmerling-Meibauer 2003).

Medienverbund

Die am Markt über Generationen hinweg präsenten Texte, für die eine lebendige Rezeptions- und Reproduktionspraxis erkennbar ist, werden als Klassiker der Kinder- und Jugendliteratur bezeichnet. In ihrem Bereich sind die Marktstrategien des Medienverbunds besonders auffällig: Ein Titel erscheint in diversen Ausgaben, als Film, als Hörbuch, und geht in weitere Merchandising-Produkte wie Schulutensilien, Tagebuchcover, T-Shirts mit entsprechenden Abbildungen ein (z. B. Joanne K. Rowlings *Harry Potter*, Paul Maars *Sams*, Astrid Lindgrens *Pipi Langstrumpf*).

Textanpassungen

Ein Spezifikum von Klassikern der Kinder- und Jugendliteratur verdient gerade in seiner Abgrenzung zum klassisch kanonischen Text der sogenannten Erwachsenenliteratur Erwähnung: Im Bereich der kinder- und jugendliterarischen Klassiker sind Adaptionen und Umschreibungen, auch Kürzungen erlaubt (O'Sullivan 2000). Diese Praxis steht dem Kanonisierungsmerkmal einer kritischen Ausgabe, die die Textgestalt nach den Regeln der Philologie zuverlässig präsentiert und kommentiert, entgegen. Texte wie *Alice in Wonderland* oder *Robinson Crusoe* können frei adaptiert werden. Geradezu programmatisch passiert das dort, wo kanonische Texte für Kinder neu erzählt werden, so zum Beispiel in Adaptionen von Shakespeares *Ein Sommernachtstraum* durch Franz Fühmann oder Barbara Kindermann. Angesichts des Adressatenbezugs – Literatur für Kinder – sind solche Praktiken erlaubt. Sie deuten auf eigene Regeln im kinder- und jugendliterarischen Bereich hin. Umgekehrt bestärken auch solche Ausgaben den kanonischen Charakter der gewählten Titel.

Faktischer Kanon

Angesichts der zu beobachtenden Öffnung von Kanonisierungshandlungen gegenüber unterschiedlichen Teilkulturen und des wachsenden Orientierungsbedarfs, der sich oben schon bei Reich-Ranickis *Der Kanon* zeigte, könnte sich auch der Diskurs um Kanon und Kinder- und Jugendliteratur ändern. Programmatisch fordert Kümmerling-Meibauer die Bildung eines orientierenden kinder- und jugendliterarischen Kanons (Kümmerling-Meibauer 2003: 275). Mit der spezifischen Wendung vom faktischen oder ‚heimlichen' Kanon hat allerdings die Literaturdidaktik seit längerem auf die starke Präsenz einiger gut eingeführter kinder- und jugendliterarischer Texte in der Schule hingewiesen und dabei problematisiert, dass Kriterien literarischer Bedeutung und des Literaturerwerbs dem pragmatischen Kriterium ‚gut eingeführt und vorhanden' oft untergeordnet werden (Fuhrmann 1993: 194, Buß 2011: 159, vgl. Kümmerling-Meibauer 2003: 3).

Kanon und Deutschunterricht

Die Schule gehört, wie gesehen, zu den kanonpflegenden Institutionen, die sich explizit an Normierungsprozessen beteiligen. Dies trifft nicht nur für den Bereich des Literarischen zu, sondern auch für andere Aspekte des Bildungswissens, die in der literalen Gesellschaft tradiert werden sollen und können. So unterscheidet der Erziehungswissenschaftler Jürgen Baumert in Anlehnung an die klassische Bildungstheorie verschiedene Bereiche „kanonischen Orientierungswissens" oder „Modi der Weltbegegnung", die zur Allgemeinbildung gehören und deren Erwerb in der Schule möglich sein soll.

Diesen Modi werden Domänen bzw. Schulfächer zugewiesen. Literatur gehört in diesem Modell zum Bereich der ästhetisch-expressiven Begegnung und Gestaltung (Baumert 2002, vgl. Klieme et al. 2003: 68). Damit ist der Weg zu Lerninhalten allerdings noch offen. Insofern stellt sich für das Schulfach Deutsch wie für jedes andere Schulfach die Kanonfrage – als Frage nach denjenigen Inhalten, die im Sinne der Allgemeinbildung Gegenstand des Unterrichts sein sollten und von weniger bedeutsamen Gehalten unterschieden werden.

Die Schule als kanonsetzende Institution

Anders als das invisible-hand-Phänomen des literarischen Kanons können allerdings schulische Kanones in allen Fächern über Curricula geregelt werden, und das geschieht auch. Insofern stellt die Schule nicht nur eine kanonpflegende, sondern auch eine kanonsetzende Institution dar. Eine einleuchtende Forderung aus Bildungswissenschaften und Fachdidaktiken lautet dann, dass die Lerninhalte mit den Erkenntnissen der wissenschaftlichen Disziplinen konform gehen sollten. Dennoch ist es charakteristisch für schulische Kanonisierungspraktiken, dass sie eine eigene Dynamik jenseits einer vorgängigen Diskussion, jenseits curricularer Vorgaben und auch jenseits des wissenschaftlichen Erkenntnisstandes entfalten. So gilt für den faktischen Kanon literarischer Texte die mitunter ernüchternde Bilanz, dass er sich ergeben hat bzw. ergibt, ohne auf die oben ausgeführte Maßstabstreue im Sinne der Kriterien ‚schön, groß und bedeutsam' (s.o.) oder im Sinne der Bedeutung für den Erwerb literarischer Rezeptionsfähigkeiten und literaturbezogener Einstellungen überprüft worden zu sein. Ähnliches gilt für den Bereich des Sprachunterrichts, in dem sich didaktisches Brauchtum, etwa die semantische Klassifikation von Wortarten in der Grundschule (Verben als „Tuwörter", Substantive als „Dingwörter" ...) oder die Auffassung, Buchstaben bildeten Laute ab, hartnäckig halten, obwohl Annahmen wie diese mit dem, was (Schrift-)Sprache und was (schrift-)sprachliches Lernen bedeutet, kaum in Deckung zu bringen ist.

Vor diesem Hintergrund ergibt sich für die Sprachdidaktik die Anforderung einer theoriebasierten Reanalyse sprachlicher Lernprozesse, für die Literaturdidaktik die Notwendigkeit der Kanonreflexion (Korte 2012: 67) bzw. der Reflexion von Kanonisierungspraktiken (ähnlich Buß 2011: 158). Dabei interessiert deskriptiv die Frage, was im Literaturunterricht gelesen wird. Aber auch der präskriptiven Frage, was gelesen werden sollte, muss sich die Literaturdidaktik angesichts der angesprochenen Bildungs- bzw. Bildungskanonverantwortung des Faches stellen.

Schullektüren

Zwar ist die von Werner Wintersteiner formulierte Auffassung verbreitet: „Der wirklich mächtige Kanon ist eben der implizite Kanon der Gewohnheiten und unbefragten Traditionen" (Wintersteiner 2006: 107). Empirische Untersuchungen zu denjenigen Texten, die im Literaturunterricht tatsächlich gelesen werden, gibt es aber nur wenige.

Die umfassendste Untersuchung, die Titel des faktischen Kanons ermittelt hat, stammt von Klaus Gattermaier, der im Jahr 1999 359 Lehrkräfte unterschiedlicher Schulformen aus Sachsen und Bayern befragt hat. Er stellte unter anderem die Frage „Welche Lektüre (Jugendbücher, Romane, Erzählungen, Dramen) lesen Sie gerade in Ihrer 8. Klasse bzw. welche Bücher haben Sie in diesem Schuljahr schon gelesen?" Die Antworten bündelte er nach den 20 am häufigsten genannten Titel (Gattermaier 2008: 362):

	Autorin/Autor	**Lektüretitel**	**Anzahl der Nennungen**
1	Theodor Storm	*Der Schimmelreiter (1888)*	94
2	Gottfried Keller	*Kleider machen Leute (1874)*	48
3	Carl Zuckmayer	*Der Hauptmann von Köpenick (1931)*	31
4	Anne Frank	*Tagebuch der Anne Frank (1947)*	26
4	Morton Rhue	*Die Welle (1981)*	26
6	Friedrich Schiller	*Wilhelm Tell (1804)*	24
7	Heinrich Heine	*Die Harzreise (1826)*	18
8	Ernst Theodor Amadeus Hoffmann	*Das Fräulein von Scuderi (1819)*	14
8	Joseph von Eichendorff	*Aus dem Leben eines Taugenichts (1826)*	14
8	Gudrun Pausewang	*Die letzten Kinder von Schewenborn (1983)*	14
11	Klaus Kordon	*Die Einbahnstraße (1997)*	13
11	Hans-Georg Noack	*Rolltreppe abwärts (1970)*	13
11	Gudrun Pausewang	*Die Wolke (1987)*	13
14	Bertolt Brecht	*Der kaukasische Kreidekreis (1944/45)*	8
14	Antoine de Saint-Exupéry	*Der kleine Prinz (1943)*	8
14	William Golding	*Der Herr der Fliegen (1954)*	8

	Autorin/Autor	Lektüretitel	Anzahl der Nennungen
14	Hans-Georg Noack	*Trip (1971)*	8
14	Annette von Droste-Hülshof	*Die Judenbuche (1842)*	8
20	Hans Jakob Christoffel von Grimmelshausen	*Der abenteuerliche Simplicissimus (1669)*	7
20	William Shakespeare	*Romeo und Julia (1597)*	7
20	Friedrich Schiller	*Die Räuber (1781)*	7
20	Ann Ladiges	*Hau ab, du Flasche (1978)*	7
	Weitere Nennungen [< 7]		280
	Gesamt		696

Tab. 3 | Schullektüren nach Gattermeier

Aufgabe 7

a. Welche Texte aus dieser Liste haben Sie selbst als Schüler/in gelesen?
b. Welche Texte können Sie sich als Privatlektüre von Schüler/innen der achten Klasse vorstellen?
c. Gattermaier bildet auf der Basis seiner Untersuchung drei Gruppen: ästhetisch-klassische Texte (Beispiel: *Schimmelreiter*), ästhetisch-moderne Texte (Beispiel: *Der Herr der Fliegen*), ästhetisches Jugendbuch (Beispiel: *Rolltreppe abwärts*).
Welche Gruppe ist am größten?

Die Tendenz, wonach Lehrkräfte stark auf bewährte Texte zurückgreifen, bestätigt auch das Projekt LiFT-2 (Literary Framework for Teachers in Secondary Education, 2009–2012). Im Rahmen dieses internationalen Vorhabens wurden Lehrkräfte der Sekundarstufen gebeten, Lektüren in Bezug auf ihre Passung für Schüler und Schülerinnen unterschiedlicher Leistungsniveaus einzuschätzen. Die Online-Befragung gab sowohl bewährte als auch aktuelle Titel vor. Nur für die gut eingeführten, faktisch-kanonischen Titel konnte eine größere Anzahl von Lehrerbewertungen erhoben werden, die Vertrautheit mit potentiell interessanten jüngeren Texten war in der Regel nicht gegeben (Pieper 2014).

In einer jüngeren binationalen Untersuchung, der Studie TAMoLi – Texte, Motivationen und Aktivitäten im Literaturunterricht der Sekundarstufe I –, zeigt sich, dass auch gegenwärtig bewährte Texte eine wichtige Rolle spielen, die Lektüreauswahl aber zugleich stark individualisiert und deutlich auf eine jugendliche Leserschaft ausgerichtet ist: Im Jahr 2016/2017 wurden 116 Lehrpersonen aus Niedersachsen und verschiedenen deutschsprachigen Schweizer Kantonen zu ihrer Textauswahl für die Jahrgangsstufen 8/9 befragt (Bertschi-Kaufmann et al. 2018; Siebenhüner et al. 2019). Im Bereich der Buchlektüren entfallen die meisten Nennungen auf die Titel *Tschick* von Wolfgang Herrndorf (11) und *Die Welle* von Morton Rhue (10), auf alle weiteren Titel entfallen nur noch Nennungen im einstelligen Bereich. Die klassischen Novellen, die in der Studie Gattermaiers die Liste anführen, werden (in diesem kleineren Sample) kaum je genannt (Kellers *Kleider machen Leute*: zwei Nennungen, Storms *Schimmelreiter*: eine Nennung). Bildet sich hier eine Entwicklung zwischen 1999 und 2017 ab? Ein direkter Vergleich der beiden Studien ist angesichts der Unterschiede bezüglich der Größe des Samples (359 Lehrpersonen gegenüber 116 Lehrpersonen) und der lokalen Verortung (Sachsen und Bayern bei Gattermaier versus Niedersachsen und verschiedene Schweizer Kantone in TAMoLi) sicherlich nicht möglich. Auch die Forschungsmethodik und die Forschungsfragen unterscheiden sich. Die unterschiedliche Befundlage legt aber nahe, dass die deutlichere Ausrichtung auf jugendliche Leser/innen und die vielfältigere Auswahl gegenwärtige Tendenzen abbilden.

Reiht man die Titelnennungen der 116 Lehrpersonen nach Häufigkeit, so lässt sich von einer Rangfolge noch am ehesten mit Blick auf die ersten sechs Positionen sprechen. Auf dem sechsten Rang finden sich drei Titel, die noch jeweils dreimal genannt werden. Neun Titel werden zweimal, weitere 82 Titel je einmal angegeben. Insgesamt entfallen 145 Nennungen auf Buchlektüren.

	Autorin/Autor	Lektüretitel	Anzahl der Nennungen	Deutschsprachige Schweiz	Niedersachsen (Deutschland)
1	Wolfgang Herrndorf	*Tschick (2010)*	11	5	6
2	Morton Rhue	*Die Welle (1984)*	10	5	5
3	William Shakespeare	*Romeo und Julia (1597)*	6	3	3
4	Friedrich Schiller	*Wilhelm Tell (1804)*	5	0	5
5	Siobhan Dowd	*Der Junge, der sich in Luft auflöste (2008)*	4	4	0

	Autorin/Autor	Lektüretitel	Anzahl der Nennungen	Deutsch-sprachige Schweiz	Nieder-sachsen (Deutsch-land)
6	Friedrich Dürrenmatt	*Der Richter und sein Henker (1952)*	3	3 (davon einmal als Comic)	0
6	Friedrich Dürrenmatt	*Der Besuch der alten Dame (1956)*	3	2	1
6	Frank Cottrell Boyce	*Der unvergessene Mantel (2012)*	3	0	3

Tab. 4 | Häufigste Schullektüren in TAMoLi

Die folgenden Titel wurden jeweils zweimal genannt:

Friedrich Dürrenmatt	*Das Versprechen (1958)*
Gottfried Keller	*Kleider machen Leute (1874)*
Hans Peter Richter	*Damals war es Friedrich (1961)*
Stefan Zweig	*Schachnovelle (1974)*
Rainer M. Schröder	*Abby Lynn. Verbannt ans andere Ende der Welt (1992)*
Louis Sachar	*Löcher (1998)*
Lutz Hübner	*Das Herz eines Boxers (2005)*
Jay Asher	*Tote Mädchen lügen nicht (2009)*
Anne-Laure Bondoux	*Die Zeit der Wunder (2011)*

Tab. 5 | Schullektüren, die in TAMoLi zweimal genannt wurden

Aufgabe 8

a. Vergleichen Sie die Auswahl der Jugendbücher, die sich in Gattermaiers Liste findet, mit der Auswahl an Jugendbüchern in der TAMoLi-Studie in Hinblick auf ihre Aktualität in Bezug auf Erscheinungsjahre und Themen.
b. Wie würden Sie den Roman *Tschick* von Wolfgang Herrndorf klassifizieren? Nehmen Sie eine Gattungszuordnung vor und prüfen Sie weitere Klassifikationsmöglichkeiten.

Zentralabitur

Zu den manifesten Kanonisierungspraktiken im Schulsystem gehört gegenwärtig die Regelung von Oberstufenlektüren durch das

Zentralabitur. Solche Festlegungen, vorgenommen von Kommissionen, deren Mitglieder häufig nicht bekannt sind, ermöglichen womöglich auch die (Re-)Kanonisierung von Texten: Sie richten eine neue Aufmerksamkeit auf die jeweilige Lektüre, und der literarische Markt folgt. So war Klaus Manns Roman *Mephisto*, nachdem er Vorgabe für das Berliner Zentralabitur war, kurzzeitig vergriffen, ist inzwischen aber wieder gut am Markt präsent – einschließlich typischer Lektürehilfen (zu diesem Fall Buß 2011: 160).

Kriterien der Textauswahl

Welche Bedeutung können die angesprochenen Dimensionen der Kanonfrage nun für eine literaturdidaktische Kanonreflexion haben? Um sie angemessen einschätzen zu können, müssen sie in den Kontext der Kanondiskussion und der Zielsetzungen des Literaturunterrichts eingeordnet werden. Dabei wird erneut an die zum Beginn des Kapitels eingeführten Fälle Bastis und Alis angeknüpft und allgemeiner nach Kriterien der Textauswahl gefragt.

Enkulturation

Bei der Auswahl literarischer Texte und Medien sind Sozialisations- und Enkulturationsfunktion des Literaturunterrichts angesprochen: Wenn der Literaturunterricht – unter der normativen Perspektive der Bildungsziele – zur Bildung der Person beitragen soll, so betrifft dies die Auseinandersetzung der Person mit der gesellschaftlichen Umwelt und Kultur einschließlich ihrer Überlieferung. Dazu gehört die Befähigung, sich dauerhaft und kundig mit kulturellen Zeugnissen, insbesondere der Literatur, auseinandersetzen zu können. Dies gilt auch angesichts der Pluralisierung kultureller Praktiken, die gegenwärtig neue Kanones prägen und sich in einer Erweiterung des Medienspektrums im Deutschunterricht spiegeln. Bildung, so formuliert Aleida Assmann eben auch mit Blick auf die Veränderungen von Gesellschaft und Bildungsauffassungen, „ist [immer noch; U.B., I.P.] individuelle Teilhabe am kulturellen Gedächtnis“ (A. Assmann 2004: 33, s.o.). Wenn also Lehrkräfte in der Sekundarstufe I klassische Novellen oder in der Grundschule Goethes *Zauberlehrling* auswählen, so kann diese Textauswahl eine entsprechende Teilhabe grundlegen, indem sie bedeutende Zeugnisse des kulturellen Gedächtnisses thematisiert.

Exemplarität

Diesen Texten kommt in der Regel hohe Exemplarität zu: etwa für die Gattung Novelle wie im Fall des Storm'schen *Schimmelreiters*, für die Gattung Ballade bzw. für das Werk Goethes im Fall des *Zauberlehrlings*, für den Adoleszenzroman oder die DDR-Literatur im Fall von *Die neuen Leiden des jungen W.* etc. Die schulischen Kanonisierungspraktiken richten sich meist auf solche Repräsentationen literarischer Bildung, denen ein beispielhafter Charakter zugebilligt werden kann; diese stehen so für einen exemplarischen Ausschnitt des kulturellen Gedächtnisses. Zugleich deuten sie mitunter enge Grenzen des kulturellen Gedächtnisses an: Den Rahmen bilden vielfach klassisch-kanonische Texte der deutschen Literatur. Schon kanonische Weltliteratur findet sich allenfalls in der Sekundarstufe II (*Antigone*) oder im Fremdsprachenunterricht (Shakespeare), punktuell möglicherweise in Form von Adaptionen für Kinder. Im Kontext einer zunehmend interkulturell geprägten Gesellschaft sind diese Grenzen zu reflektieren und zu erweitern, wie der Fall Ali illustrieren kann. Erfahrungen kultureller Kontinuität und Diskontinuität sind selbst ein Thema der Literatur – von *Tausendundeiner Nacht* bis in die (nicht nur:) interkulturelle Literatur der Gegenwart (Honnef-Becker 2007, Spinner 2007). Herrndorfs Roman *Tschick* stellt insofern eine interessante Bereicherung des aktuellen faktischen Kanons dar: Der nach Art eines Road Movie arbeitende Adoleszenzroman erzählt auch eine Migrationsgeschichte. Insbesondere die inter- und transkulturelle Literaturdidaktik tritt explizit für eine Erweiterung des Lektürespektrums um Texte auch jenseits der deutschsprachigen Literatur, ja sogar für einen neuen transkulturellen Kanon ein, der Literaturen der Welt einschließt (Wintersteiner 2006; in komparatistischer Perspektive Eggers/Hamann 2018).

Lernprogression

Über kanonische Kriterien hinaus sind entwicklungsbezogene Aspekte einzubeziehen: Die Auswahl von Texten und anderen Medien sollte auch daran orientiert werden, inwiefern sie geeignet sind, den Erwerb literaturbezogener Fähigkeiten zu unterstützen. Dies setzt eine thematische Passung und Attraktivität voraus. Literarische Bildungsprozesse sind durch Interessen und Einstellungen mitbestimmt, die durch Text- und Medienauswahl und Unterrichtsgestaltung beeinflusst werden. Die textbezogene faktische Kanonbildung ist also gerade in Hinblick auf das entwicklungsbezogene Kriterium einer Passung zwischen Text, Fähigkeiten und Interessen der Schüler und Schülerinnen zu prüfen. Dabei bedeutet Passung auch, eine anschlussfähige Grundlage für die Erweiterung von Interessen und Fähigkeiten zu bieten und die Textauswahl am Kriterium der Lernprogression auszurichten. Insofern erscheint eine variable und breite Wahl von Texten und Medien, die jenseits der Kanonfrage individuelle Neigungen und Fähigkeiten ebenso berücksichtigt wie deren potentielle Entwicklung, sinnvoll. Die Kinder- und Jugendliteratur der Gegenwart wie auch die sogenannte Crossover-Literatur bieten dafür ein thematisch und literarisch ergiebiges Angebot.

Hinweis: Crossover-Literatur

Mit dem Begriff Crossover-Literatur (engl. crossover fiction) wird seit einigen Jahren Literatur bezeichnet, die eingeführte Linien überschreitet. Insbesondere die – auch historisch nie vollständig scharfe – Linie zwischen Kinder- und Jugendliteratur und Allgemeinliteratur gilt für die so klassifizierten Texte als überbrückt. Thematisch und literarisch werden Erwachsene und Heranwachsende angesprochen (zur Mehrfachadressierung in der Kinder- und Jugendliteratur s. Kap. 3.2). Typische Themenkomplexe drehen sich um das Aufwachsen (Coming of Age). Literarisch interessant sind die Texte auch aufgrund des vielfältigen Überspielens von Genre-Grenzen („Genrehybridität").

Crossover bezieht sich darüber hinaus darauf, dass die entsprechenden Medien im Markt nicht entweder der Jugendliteratur oder der Allgemeinliteratur zugeordnet werden, sondern ein breites Publikum adressieren, dies auch im Sinne von besseren Verkaufsaussichten. Sowohl literarische Kriterien als auch solche, die den Ort im Handlungssystem Literatur betreffen, sind also mit dem Konzept angesprochen. Der engere Begriff All-Age-Literatur bezieht sich hingegen typischerweise vor allem auf den zweiten Aspekt, also die Platzierung der Texte und Medien am Markt.

Das Phänomen des Crossover ist nicht neu. So lässt sich Mark Twains Roman The Adventures of Tom Sawyer *(1876) ebenso darunter fassen wie Joanne K. Rowlings Harry-Potter-Romane (ab 1997), Markus Zusaks* The Book Thief *(2005) und Wolfgang Herrndorfs* Tschick *(2010). Gegenwärtig spielen Crossover-Medien, die auch den Bereich des Films (Serien) umfassen, eine große Rolle am Markt, im kulturellen Leben und im literaturwissenschaftlichen Diskurs. Vielfach entwickeln die Titel internationale Resonanz. (Hoffmann 2018).*

Ob literarische Texte tatsächlich kulturelle Teilhabe eröffnen, ist von der Gestaltung der Bildungsangebote in Schule und Unterricht in erheblichem Maße abhängig. Dies dürfte für Ali in noch stärkerem Maße als für Basti gelten, dessen literarische Sozialisation durch die Familie umfassend gestützt wird.

Alis Umgang mit Plenzdorfs *Die neuen Leiden des jungen W.* zeigt in extremer Form eine Schwierigkeit auf, die sich bei der Auseinandersetzung mit literarischen Texten zeigen kann: Das Erlesen selbst ist für den Schüler mit erheblichen Schwierigkeiten verbunden. Dies ist zum Großteil seiner Herkunftsgeschichte geschuldet. Ein verwandtes Phänomen zeigt sich aber auch in der Sekundarstufe I, wenn es Schülerinnen und Schülern schwerfällt, gerade jene klassisch-kanonischen Texte zu erlesen, die in Gattermaiers Studie so prominent sind. Hier bergen offensichtlich der historische Abstand sowie die Elaboriertheit der literarischen Sprache Schwierigkeiten, denen begegnet werden muss. Zwar kann die Erfahrung der Fremdheit der Sprache produktiv werden, weil sie Differenzen zur eigenen Sprache sichtbar machen und das sprachliche Repertoire erweitern kann, doch muss die lesende Bedeutungskonstruktion gemeistert werden können. Dass genau an dieser Stelle der klassische Kanon unter Druck gerät, belegt eindrucksvoll die Reihe „einfach klassisch“ des Cornelsen Verlags, die Novellen wie Storms *Schimmelreiter* oder Kellers *Kleider machen Leute* in sprachlich vereinfachter Form verlegt.

In der Summe zeigt sich, dass bei der Textauswahl subjekt- und textbezogene Kriterien mit kulturell orientierten Bildungszielen sinnvoll zu vermitteln sind. Dies setzt die Fähigkeit der Lehrperson voraus, literarische Texte entsprechend differenziert beschreiben und einschätzen zu können. Diese Fähigkeit stellt eine zentrale Dimension professioneller Kompetenz von Lehrkräften des Faches Deutsch dar. Auch dann, wenn Lehrpersonen Lektüreempfehlungen etwa von Fachkonferenzen oder normativen Vorgaben folgen (müssen), ist die Anforderung einer solchen literaturdidaktischen Analyse gegeben. Idealerweise ist die Textauswahl dann nicht dem Automatismus eines faktischen Kanons geschuldet, sondern einer reflektierten Entscheidung, die auch Perspektiven der lernerangemessenen Modellierung in den Blick nimmt.

Einen Leitfaden für eine differenzierte Beschreibung narrativer Texte bietet der bereits erwähnte Referenzrahmen LiFT-2. In die- LiFT-2 sem Referenzrahmen werden außerdem Literaturempfehlungen gegeben, die auf Lernerprofile im Sinne der literarischen Entwicklung bezogen sind (http://de.literaryframework.eu). Die Liste der Empfehlungen ist, auch um nicht einen Kanon festzuschreiben, potenziell erweiterbar.

2.5 Zusammenfassung

Wir haben zunächst entwickelt, welcher Begriff des Deutschen im Zentrum des Faches Deutsch steht: Anhand der Grenzziehungen zwischen Standard und Nonstandard und zwischen Mündlichkeit und Schriftlichkeit wurde deutlich, dass die Zielvarietät des Deutschunterrichts der Standard ist und die Schule zentrale Aufgaben bei der Einführung in die konzeptionelle Schriftlichkeit zu erfüllen hat. Eine genauere Betrachtung des Standards hat ergeben, dass er trotz seiner Festigkeit Zweifelsfälle aufweist und die Frage der sprachlichen Richtigkeit daher didaktisch reflektiert zu behandeln ist.

Zwar ist die Geltung des Standards weitgehend unstrittig, doch liegen die entsprechenden Anforderungen nicht immer offen zutage, wie die Analyse des Verfahrens „Bärenstark“ zur Messung des Sprachstandes im Vorschulbereich zeigte. Die Diskussion um das Konzept der Bildungssprache macht auf die oft verdeckten schriftsprachlichen Anforderungen des Unterrichts aufmerksam. Der Unterricht setzt Standard und Schriftlichkeit an vielen Stellen bereits voraus. Bleiben die entsprechenden Mechanismen unerkannt, trägt er zur Bildungsbenachteiligung bei, statt sie zu beseitigen und Teilhabemöglichkeiten zu eröffnen.

Auch die Frage nach Kanon und Textauswahl betrifft die Möglichkeit der Teilhabe. Anders als die Orientierung am Standard wird eine Orientierung am traditionellen literarischen Kanon seit den 60er Jahren des 20. Jahrhunderts zunehmend kritisiert, so dass allgemeiner nach den Kriterien der Textauswahl gefragt wird. Um diese Frage bearbeiten zu können, haben wir zunächst den Zusammenhang von Kanon und Partizipation betrachtet und gezeigt, dass der Deutschunterricht gerade dort, wo die Schule ein exklusiver Ort literarischer Sozialisation ist, eine wichtige Funktion bei der Eröffnung kultureller Teilhabe haben muss. Anschließend haben wir anhand des Konzepts des kulturellen Gedächtnisses gezeigt, wie Kanones zur Kontinuitätsbildung in Gesellschaften beitragen. Dies gilt auch für populäre Kanones, etwa im Bereich von Film und Musik. In deskriptiver Perspektive haben wir Kriterien der Kanonzugehörigkeit herausgearbeitet. Der Kanon wurde als (veränderliches) Ergebnis komplexer Prozesse deutlich, die u.a. von literaturvermittelnden Institutionen und dem literarischen Markt mitbestimmt sind.

3 Mündlichkeit – Erzählen und Erzählungen verstehen lernen

Mit der Mündlichkeit wenden wir uns dem Lernbereich „Sprechen und Zuhören" zu, dem curricular verschiedene Sprachhandlungsdimensionen zugeordnet werden: Die Bildungsstandards für die Primarstufe definieren Standards in den Bereichen „Gespräche führen", „zu anderen sprechen", „verstehend zuhören", „szenisch spielen" und „über Lernen sprechen" (KMK 2005: 9f.), die Bildungsstandards für den Mittleren Schulabschluss gehen ähnlich vor (vgl. KMK 2004b: 10).

Eine besondere Rolle spielen sprachliche Handlungsmuster, die die Schülerinnen und Schüler über die Schullaufbahn hinweg entwickeln sollen. Für den Mittleren Schulabschluss werden (in Erweiterung dessen, was für die Primarstufe vorgesehen ist) als „Formen mündlicher Darstellung" genannt: erzählen, berichten, informieren, beschreiben, schildern, appellieren, argumentieren, erörtern (KMK 2004b: 10, vgl. KMK 2005: 10). Es fällt nicht schwer, diesen mündlichen Handlungsmustern schriftliche Textmuster zuzuordnen (vgl. Kap. 5).

Kopräsenz von Sprecher und Hörer

Charakteristisch für mündliche Sprechhandlungssituationen ist die Situierung in der Kommunikation unter Anwesenden oder – wo ein technisches Medium zur Überwindung der Distanz eingesetzt wird – mindestens die Verbindung über die Hörbarkeit der Stimme. Mündliche Sprechhandlungssituationen sind dabei, jedenfalls im prototypischen Fall, durch eine direkte Interaktion bestimmt (vgl. Kap. 2.2), über die eine Phrase wie „zu anderen sprechen" leicht hinwegtäuscht. Wer zu anderen spricht, zum Beispiel, um ihnen über ein Ereignis zu berichten, und dabei keinerlei Aufmerksamkeit erkennen oder spüren kann, wird in informellen Situationen verstummen und auch in formellen Präsentationskontexten Mühe haben. Deswegen ist es überzeugend, Produktion und Rezeption aufeinander zu beziehen und „Sprechen und Zuhören" curricular ein gemeinsames Dach zu geben.

Wir konzentrieren uns in diesem Kapitel auf das Erzählen, ein Handlungsmuster, dem in Bezug auf die Bildung des Subjekts besondere Bedeutung zukommt und das schon deshalb ein wichtiger Gegenstand des Deutschunterrichts ist. Ausgehend vom alltäglichen Erzählen, das als Prototyp des mündlichen Erzählens gelten kann, stellen wir die wichtigsten Modelle zum Erzählerwerb vor (Kap. 3.1). Die Charakterisierung der Leistung von Lernenden beim Erzählen von Phantasiegeschichten leitet über zum Vorlesegespräch, das als kommunikatives Ereignis zur Erschließung narrativer Muster literarischer Erzählungen profiliert wird (Kap. 3.2).

Individuation und Sozialisation

Mit Erzählungen verhalten wir uns zugleich zur Welt und zu uns selbst: Für die Praxis des Erzählens typisch ist, dass sie den Strom des Erlebens sinnvoll strukturiert und ihm Sinn zuschreibt. Diese Eigenheit des Erzählens machen sich zum Beispiel die Sozialwissenschaften zu Nutze, wenn sie zur Erforschung von Sinnstrukturen Narrationen anstoßen (etwa in Form der Methode des narrativen Interviews, Schütze 1983). Die Modellierung des Zusammenhangs von Narration und Sinnkonstitution weiterführend wird in der Sozialpsychologie angenommen, dass (soziale) Identität überhaupt erst über das Erzählen entsteht (z. B. Keupp 2008).

Ohne Erzählen hat die Wirklichkeit etwas Überbordendes und Bedrohliches, wie der Philosoph Hans Blumenberg herausgearbeitet hat, der in der Notwendigkeit, der Wucht der Wirklichkeit zu begegnen, den Ursprung des Mythos verortet (griechisch mythein: erzählen; Blumenberg 2011[1979]).

Auch Überlieferungen von Religionen sind in weiten Teilen über Narrationen strukturiert (z. B. die Abrahams- und Josefsgeschichten, die Mosegeschichte, die Gleichnisse Jesu). Damit ist auch ein Hinweis auf den starken Zusammenhang von Erzählen und Kultur gegeben: Geschichten können wichtige Träger der Erinnerung und der Verständigung über dasjenige sein, was in einer Gemeinschaft als sinnvoll und überlieferungswürdig angesehen wird (vgl. Kap. 2.4). In einzigartiger Weise treffen deshalb im Erzählen Individuation und Sozialisation zusammen.

Bei der genaueren Untersuchung des Erzählerwerbs, der im wesentlichen in Zusammenarbeit zwischen Kind und Erwachsenem erfolgt, lässt sich das sehr genau zeigen (s.u.). Die narrative Identitätsbildung vollzieht sich als Enkulturationsprozess, der allerdings nicht einfach in der Aneignung von Kultur besteht, sondern auch in ihrer Gestaltung. Gerade weil der Mensch Erzählungen kontinuierlich rezipieren und produzieren kann, ist der „homo narrans" zugleich dazu in der Lage, die Welt erzählend zu gestalten. Das schließt prinzipiell die Um- und Neugestaltung ihrer Leiterzählungen ebenso wie das Un-Sinn-Machen ein (vgl. Koschorke 2017).

Erzählforschung

In der Sprachwissenschaft und der Literaturwissenschaft wird das Erzählen gleichermaßen zum Gegenstand gemacht, wenn auch je verschiedene Objekte im Mittelpunkt stehen: Die Literaturwissenschaft ist überwiegend an literarischen, also meist fiktionalen und schriftlichen Erzählungen interessiert. Die Sprachwissenschaft befasst sich überwiegend mit alltäglichen, in der Regel also nichtfiktionalen, mündlichen Erzählungen.

Das verbindende Moment ist die für Erzählungen konstitutive perspektivische und dramaturgisch-episodische Konstruktion der Wirklichkeit im Gegensatz etwa zu berichtenden, beschreibenden oder argumentativen Verarbeitungsmustern.

Auch in der Sprach- und in der Literaturdidaktik nimmt das Erzählen eine Schlüsselstelle ein. Und auch hier unterscheiden sich die Perspektiven: Traditionell ist die Literaturdidaktik überwiegend am Erwerb der Rezeptionsfähigkeiten interessiert, fragt also danach, wie Verstehen entsteht. Die Sprachdidaktik fokussiert auf den Erwerb der Produktionsfähigkeiten, fragt also nach der Entstehung der Fähigkeit zu erzählen.

In einer ersten Annäherung können die bisherigen sprach- und literaturwissenschaftlichen und -didaktischen Schwerpunktsetzungen also grob wie folgt dargestellt werden:

	Literatur	Sprache
Fachwissenschaftliche Schwerpunktsetzung (Gegenstandsorientierung)	schriftliche Erzählungen	mündliche Erzählungen
Fachdidaktische Schwerpunktsetzung (Vermittlungsperspektive)	Rezeption	Produktion

Tab. 6 | Traditionelle Orientierungen der Sprach- und Literaturwissenschaft/-didaktik

Die klare Grenzziehung zwischen Produktion und Rezeption, aber – wie noch gezeigt wird – auch die zwischen schriftlichem und mündlichem Erzählen wurde in den vergangenen Jahren immer weiter relativiert:

In der Literaturdidaktik spielt die eigenaktive Mitkonstruktion von Kindern bei der Rezeption literarischer Texte eine zunehmend wichtige Rolle. Das Kind kommt so als literarischer Mitproduzent in den Blick, der sich etwa beim Vorlesen zusammen mit dem Vorlesenden aktiv und interaktiv in eine literarische Konstruktion verstrickt.

In der Sprachdidaktik wächst die Einsicht, dass „die in den Hervorbringungen des Kindes jeweils zum Ausdruck kommende

Leistung oder Fähigkeit [...] nicht umstandslos dem Konto des Kindes allein gutgeschrieben werden [kann].“ (Hausendorf & Quasthoff 2005: 119; Hervorhebung im Original, U.B., I.P.) Hier also wird dem Rezipienten als Miterzähler und damit ebenso wie in der Literaturdidaktik den Interaktionen im Erzählerwerb zunehmend eine bedeutende Rolle zugeschrieben.

Integrative Perspektive

Die integrative Perspektive, in der literatur- und sprachbezogene Thematisierungen des Erzählens zusammengeführt werden können, ist demnach in der Interaktion zu lokalisieren, die den Erwerbsprozess und das Erzählen selbst begleitet. Diese Perspektivierung erlaubt es zugleich zu zeigen, wie schriftliche, literarische und mündliche, alltägliche Erzählformen im Erwerbsprozess voneinander profitieren können.

Um diese Zusammenhänge aufzuhellen, werden wir im folgenden – ansetzend am alltäglichen Erzählen – die wissenschaftshistorische Entwicklung von einer eher kognitiv hin zu einer interaktiv verstandenen Entwicklung der produktiven Erzählfähigkeit skizzieren. Auf dieser Basis wird eine der zentralen erzähldidaktischen Interventionen, der Erzählkreis, einer kritischen Bearbeitung unterzogen. Die Analyse mündet in eine Unterscheidung verschiedener Erzählanlässe und -formen: Bildergeschichte, Erlebniserzählung, Nacherzählung und Phantasieerzählung. Letztere bildet die Brücke zur literaturdidaktischen Thematisierung des Erwerbs von Rezeptionsfähigkeiten im Bereich des Erzählens. Gezeigt wird, wie Kinder bereits vor dem Eintritt in den Schriftspracherwerb zusammen mit anderen literarische Sinnkonstruktionen unternehmen und welche Interventionshandlungen sich als förderlich für das Verstehen von literarischen Texten und damit mittelbar auch für die Produktion von Erzählungen erwiesen haben.

3.1 Alltägliches Erzählen

Wenn von alltäglichem Erzählen die Rede ist, beziehen wir uns auf die mündliche Rekonstruktion eines ungewöhnlichen Ereignisses, an dem der spätere Erzähler als (emotional betroffener) Beteiligter oder Beobachter teilgenommen hat. Durch das Erzählen wird das Ereignis zum Erlebnis. Diese Umarbeitung geschieht wesentlich zusammen mit einem Hörer, der seinerseits eine aktive Rolle übernimmt: Er bestätigt, leidet oder freut sich mit und hilft dem Erzähler, das Ereignis zu verstehen und in sein (sonstiges) Erleben einzuordnen.

Die Normalform von Alltagserzählungen nach Labov & Waletzky (1973)

Abstract: Gesprächsrahmensetzende Aktivität, mit der der Erzähler sich das Rederecht sichert und den Hörer auf eine Erzählung einstellt.
Orientierung: Mit der Exposition im Drama vergleichbare Position, die die Ausgangskonstellation darstellt, die zum Eintreten des ungewöhnlichen Ereignisses (bei Labov & Waletzky die Todesdrohung) geführt hat.
Handlungskomplikation: Rekonstruktion des ungewöhnlichen Ereignisses.
Resultat: Rekonstruktion des Ereignisausgangs.
Evaluation: Bewertung des Ereignisses.
Coda: Gesprächsrahmensetzende Aktivität, mit der der Erzähler aus der Erzählung heraus- und in die kommunikative Trägerstruktur zurückführt sowie ggf. die Folgen des Erlebten, die bis in die Gegenwart hineinreichen, einbringt.

Normalform des Erzählens

Den Anfang der Erforschung des alltäglichen Erzählens machten William Labov & Joshua Waletzky in den 1960er Jahren. Sie wollten u.a. ermitteln, ob alltägliche Erzählungen einer Ordnung folgen oder ob es sich um eher willkürliche und je individuell strukturierte sprachliche Handlungsmuster handelt. Damit die Versuchspersonen tatsächlich ein ungewöhnliches Ereignis auswählten, das für jede Erzählung konstitutiv ist, stellten sie ihnen die Frage, ob sie schon einmal in Lebensgefahr geschwebt hätten, und baten sie, diese Geschichte zu erzählen. Die insgesamt 600 Aufzeichnungen wurden transkribiert und auf vergleichbare Muster hin untersucht. Über alle Beispiele hinweg konnten Labov & Waletzky (1973) das oben gezeigte Strukturmuster identifizieren, das sie als „Normalform" bezeichnen und mit dem eine rein zeitliche Ereignisfolge in eine narrative Struktur überführt wird.

Die Rolle des Hörers

In der Folgezeit wurde das Modell von Labov & Waletzky immer wieder aufgegriffen und mehrfach modifiziert. Die in der deutschen Germanistik wichtigste Modifikation wurde von Ehlich

(1983) geleistet, der das Erzählen stärker als Labov & Waletzky als kommunikatives Ereignis pointierte. Standen bei Labov & Waletzky die subjektiven Rekonstruktionen der persönlichen Erfahrung im Vordergrund, interessierte sich Ehlich für die Relevanz der hörerseitigen Funktionen im Erzählprozess. Er ließ das von Labov & Waletzky ermittelte Kernmuster unberührt, schrieb aber der Orientierung, der Handlungskomplikation, dem Resultat und der Evaluation neue Funktionen zu:

Ausgehend von der Annahme, dass das Erzählen keine monologische, sondern eine dialogisch-interaktive Handlungsform ist, reinterpretierte er die Orientierung als Musterposition, in der es wesentlich darum geht, genügend Wissen auf den Hörer zu übertragen, damit er den Kern der Geschichte, die Handlungskomplikation, nacherleben kann. Beim Übergang zur Handlungskomplikation stellte er eine sprachliche Umorientierung fest: Sprecher wechseln ins Präsens, verwenden telegrammstilartige Sequenzen, nutzen die direkte Rede, die meist als rasche Wechselrede inszeniert wird, setzen gestische und mimische Mittel ein, um das Erlebte möglichst anschaulich werden zu lassen. Diese Mittel können zusammenfassend als Mittel der Reinszenierung des Ereignisses in der Phase der Handlungskomplikation bezeichnet werden: Der Sprecher stellt das Ereignis wie auf einer Bühne szenisch nach. Dies alles geschieht, um dem Hörer eine unmittelbare Partizipation am Erleben des Sprechers zu ermöglichen; je stärker der Hörer involviert wird, desto größer ist die Chance, dass er fühlt, wie der spätere Erzähler während des Erlebens gefühlt hat.

Das Resultat dient dazu, den Hörer von der (An-)Spannung zu entlasten und in die Evaluation eintreten zu können, an der der Hörer nicht mehr nur als (mitleidender, sich mitfreuender) Zuhörer, sondern auch als aktiver Konstrukteur von Bedeutung beteiligt ist: Er gibt dem Erlebten in Kooperation mit dem Erzähler Sinn.

3.1.1 Wie Kinder erzählen lernen

Häufig wird angenommen, dass Kinder unterschiedliche Phasen beim Erzählerwerb durchlaufen, die auf unterschiedliche Zugriffstiefen auf das Ereignis und seine Verarbeitung verweisen. Zu einiger Prominenz hat es die Studie von Boueke, Schülein, Büscher, Terhorst & Wolf (1995) gebracht, die auf der Basis von

Kindererzählungen ein Modell für die Entwicklung der Erzählfähigkeit entwickelt haben. Dafür legten sie den Kindern eine Bildergeschichte vom kleinen Herrn Jakob vor und forderten sie auf, die Geschichte zu erzählen.

Abb. 10 | Der kleine Herr Jakob

Im Ergebnis teilen die Autor/innen die Erzählungen der Kinder in vier Gruppen ein, denen sie verschiedene Strategien bei der narrativen Rekonstruktion zuschreiben und die als Phasen der Erzählentwicklung ausgewiesen werden:

Die Erzählentwicklung nach Boueke et al. 1995

isoliertes Erzählen: unverbundenes Nebeneinander von Ereignissen, dem die enumerative (aufzählende) Strategie zugrundeliegt.
Beispiel CHRISTIAN (ca. 5;7): also hier . hata n Unfall kriechta Ärger und hier äh ... hata. . fahrn se zusamm . . . und dann hier . (da) . äh kreichta ((18 sek)) (der) . rern/repariert (a) fahn se zusamm

lineares Erzählen: chronologische Verknüpfung von Ereignissen, der die linear-sequenzierende Strategie zugrundeliegt. Die Kinder erkennen und rekonstruieren die Ereignisfolge.
Beispiel MARTIN (ca. 5;7): hier fahrn se . da ham se nen Unfall gemacht . . hier sind se zusammengestürzt und da repariert ers hmhm und sind se dann gefahren

strukturiertes Erzählen: Herausarbeitung der Handlungskomplikation, die mit der kontrastierenden Strategie bewältigt wird. Die Kinder erkennen den Höhepunkt der Erzählung und stellen ihn dar.
Beispiel ALEXA (ca. 7;7): also da warn zwei Männer die fuhren Fahrrad und dann kam der eine aus der einen Rich/ aus der linken Richtung und einer aus der rechten und da sind se zusammengestoßen . weil se nicht gekuckt haben . und dann hat der eine dem andern das Fahrrad wieder heile gemacht . . und dann sind se beide wieder weitergefahren

narrativ strukturiertes Erzählen: Markierung der emotionalen Beteiligung/Hörerinvolvierung. Zugrunde liegt die involvierende Strategie, mit der die Kinder die Handlungskomplikation für die Protagonisten und für den Hörer bedeutsam macht.
Beispiel THOMAS (ca. 9;7): eines Tag/ a ne . eines schönen sonnigen . Samstages fuhr der kleine Herr Kaiser mit seinem Fahrrad Brötchen holen . an der Weggabelung . kam . en/ an einer Weggabelung kam . ein Herr . auch mit einem Fahrrad da langgefahren . . . der kleine Herr Kai/ öh Herr Jakob . fuhr grad über einen Stein . purzelte . . und der Mann war schon neben ihn und da fuhr/ fallen sie aufeinander . der Mann . der ein nagelneues Fahrrad hatte . schimpfte doll . den kleinen Herrn Jakob aus . . der kleine Herr Jakob nahm das alles ganz gelassen. und reparierte . schraubte . den Reifen ab dann . nahm er . Schrauben und. machte sein Fahrrad . an . dem . von dem Herr fest . . und dann . fuhren die beide . wie ein Tandem zum Bäcker

Wie bei vielen anderen Phasenmodellen auch gehen Boueke et al. (1995) davon aus, dass keine der Phasen übersprungen werden kann und dass die Reihenfolge des Erwerbs irreversibel ist, dass also etwa die dritte nicht vor der zweiten Phase erreicht werden kann etc. Als Motor für den Phasenwechsel identifizieren Boueke et al. (1995) eine durch kognitive Weiterentwicklung erlebte Insuffizienz der eigenen Handlungsfähigkeiten, die zur Erneuerung und Weiterentwicklung des bislang Erreichten führt.

Die Untersuchung und die erzielten Ergebnisse von Boueke et al. (1995) sind nicht unwidersprochen geblieben. Wir konzentrieren uns hier auf zwei zentrale Kritikpunkte, den von den Autor/innen gewählten Erzählanlass und die Erzählsituation, in der sich die Kinder beim Erzählen befunden haben:

Die Rolle des Erzählanlasses

1) Der Erzählanlass: Wie Becker (2015, erste Auflage 2002) herausgearbeitet hat, entwickelt sich die Erzählfähigkeit in Abhängigkeit vom Erzählanlass verschieden. Sie verglich Nacherzählungen, Erlebniserzählungen, Phantasieerzählungen und Erzählungen zu Bildergeschichten von Kindern in Bezug auf das darin erkennbar werdende Entwicklungsniveau: Während viele Kinder bereits früh strukturierte oder narrativ-strukturierte Phantasieerzählungen realisierten, waren sie beim Erzählen von Bildergeschichten noch auf dem Niveau des isolierten oder des linearen Erzählens. Insgesamt war die Bildergeschichte in allen Dimensionen diejenige, die das geringste narrative Potenzial aufwies. Warum ist das so? Wie Bredel (2001) gezeigt hat, ist die Bildergeschichte für das Erzählen aus mindestens drei Gründen nur wenig geeignet:

a. das Situationsproblem: Während beim Erzählen das erzählte Ereignis abwesend ist und für einen Hörer anwesend gemacht wird, liegt die Bildergeschichte dem Erzähler während des Erzählens vor. Sie verführt so zum Beschreiben statt zum Erzählen.

b. Erlebnisproblem: Beim alltäglichen Erzählen ist von einer subjektiven Involviertheit des Erzählers auszugehen; dadurch gerät er in den Sog narrativer Strukturierungen. Die Ereignisse, die in Bildergeschichten rekonstruiert werden, spannen demgegenüber in der Regel keinen emotional involvierenden Horizont auf.

c. Strukturproblem: Bildergeschichten sind (auch darstellerisch) Abstraktionen von Ereignisfolgen, die vom „Leser", ähnlich wie bei einem Witz, auf einen Schlag erfasst werden sollen. Die narrative Ausfaltung steht der pointierenden Reduktion der Bildergeschichte entgegen (s. auch Kap. 5.2.2).

Kinder, die die Aufgabe, eine Bildergeschichte zu „erzählen", unter Hinzuziehung der involvierenden Strategie ausfüllen und zu einer narrativ-strukturierten Erzählung kommen, realisieren eher schriftsprachliche als gesprochensprachliche Erzählungen, was wir an verschiedenen sprachlichen Indikatoren erkennen können: Thomas beginnt seine Geschichte mit einer für die schriftliche Erzählung typischen Wendung („Eines schönen sonnigen Samstags") und nutzt das Präteritum (typisch für mündliche Erzählungen sind Perfekt und Präsens); um ein angemessenes Narrativ entfalten zu können, füllt er die Lücken zwischen den dargestellten Ereignispositionen mit Teilereignissen auf. Es handelt sich also weniger um das Erzählen einer Bildergeschichte als vielmehr um eine „Übersetzung" von einem Medium (Bildergeschichte) in ein anderes (konzeptionell schriftliche Erzählung). Erzähldidaktisch ist dieser Befund von außerordentlichem Interesse: Die Bildergeschichte scheint kein geeignetes Lernmedium zu sein. Kinder, die bereits erzählen können, können sie – wie Thomas – zwar virtuos nutzen. Kinder, die noch nicht erzählen können und für die das Erzählen von Bildergeschichten ein Erwerbsimpuls sein soll, stehen jedoch vor mehr Problemen als Lösungen.

Aufgabe 1

a. Suchen Sie sich eine Lehrwerksreihe für die Grundschule und eine für die weiterführende Schule aus und sehen Sie nach, ob dort Bildergeschichten als mündliche Erzählanlässe eingesetzt werden. Beschreiben und beurteilen Sie die dort gestellten Aufgaben.
b. Überlegen Sie: Führt die Bildergeschichte als Anlass zum schriftlichen Erzählen zu ähnlichen Problemen?

Die Rolle der Erzählsituation

Die Erzählsituation: Wie oben unter Bezugnahme auf Ehlich (1983) herausgearbeitet wurde, ist das Erzählen keine monologische, sondern eine dialogisch-interaktive Handlungsform. Die Untersuchung von Boueke et al. (1995) wird dieser Dimension nicht gerecht. Die Erzählsituation in der Studie war so strukturiert, dass die Kinder die Erzählung ohne Beteiligung eines Hörers selbständig abwickeln sollten. Das sollte sicherstellen, dass die Kinder tatsächlich nur realisieren, was sie bereits selbständig ausführen können. Damit liegt der Untersuchung ein eher subjektiv-kognitives Konzept von Sprach- und Erzählentwicklung zugrunde, dem intersubjektiv-interaktive Sprach- und Entwicklungsmodelle gegenüberstehen.

Hinweis: Konzepte des Spracherwerbs

Die Unterscheidung zwischen subjektiv-kognitiven und intersubjektiv-interaktiven Entwicklungskonzepten ist weit über die Spracherwerbstheorie hinaus kennzeichnend für Entwicklungsmodelle: Dabei ist der Name Piaget mit der subjektiv-kognitiven, der Name Vygotskij mit der intersubjektiv-interaktiven Perspektive verbunden:

Der Schweizer Psychologe Jean Piaget (1896–1980) geht davon aus, dass der wesentliche Motor der geistigen Entwicklung das gegenständliche Handeln ist, das zum Aufbau von abstrakter werdenden kognitiven Strukturen führt. Er nimmt an, dass sich das Kind, ausgehend von einer egozentrischen Perspektive, auf der Basis von Erfahrungen zu einem sozialen Individuum entwickelt.

Der sowjetische Psychologe Lew Semjonowitsch Vygotskij (1896–1934) sieht die kindliche Entwicklung von Beginn an als mit der Umwelt verwoben. Als Motor der Sprachentwicklung und der kognitiven Entwicklung gilt die gemeinsame Interaktion zwischen Erwachsenem und Kind, in der das Kind in der Zone der nächsten Entwicklung *handelt, also Handlungen mit Unterstützung ausführt, die es in einem nächsten Schritt selbständig ausführen kann. Für Vygotskij gilt das Kind von Beginn an als soziales Wesen, das durch die Internalisierung von Interaktionserfahrungen ein Selbst ausbildet.*

Erzählen und Interaktion

In das zweite Forschungsparadigma, das von intersubjektiv-interaktiv gesteuerten Entwicklungsprozessen ausgeht, gehört die zweite Großstudie zum Erzählerwerb von Hausendorf & Quasthoff (2005).

Bereits die Anlage der Untersuchung unterscheidet sich in praktisch allen Aspekten von der Untersuchung von Boueke et al. (1995): Um sicherzustellen, dass das Ereignis, das die Kinder erzählen sollten, tatsächlich in eine möglichst emotional-involvierende Alltagssituation eingebettet ist, entschieden sich Hausendorf & Quasthoff (2005) für die folgende Inszenierung:

Den Kindern/Jugendlichen (in Kindergarten und Schule) wurde mitgeteilt, dass eine Studentengruppe aus der Universität eine Studie durchführen will und dafür Tonaufzeichnungen von den Kindern/Jugendlichen benötigt. Als die studentischen Hilfskräfte, Paul und Bärbel, die nötigen Requisiten aufbauen wollen, stolpert Paul über ein Kabel und der Kassettenrekorder fällt zu Boden. Er will dem Gruppenleiter Kurt, der sich nicht im Raum befunden hat, das Missgeschick verschweigen. Daraufhin entspinnt sich ein Dialog mit Bärbel, die den Vorfall melden will und dies auch tut, als Kurt zurückkommt. Der Streit zwischen Paul und Kurt endet mit der Einsicht, dass der Kassettenrekorder ohnehin defekt war. Kurt verlässt den Raum, um einen neuen zu besorgen. Paul beschuldigt Bärbel, gepetzt zu haben; sie macht umgekehrt geltend, dass so etwas nicht verschwiegen werden dürfe. Der Streit endet, als Kurt mit einem neuen Kassettenrekorder zurückkommt.

„Diese Geschichte beinhaltet ein Dilemma, insofern hier zwei für Kinder annähernd gleichgewichtige Maximen – ‚du sollst nicht petzen' vs. ‚du sollst ehrlich sein' – konfligieren. Ein Kind muss soziale Perspektivenübernahme praktizieren, um dieses Dilemma überhaupt als solches erkennen zu können. Der sozialkognitive Entwicklungsstand sollte von daher hypothetisch nicht nur die sprachliche Wiedergabe, sondern auch die Perzeption der Geschichte beeinflussen" (Hausendorf & Quasthoff 2005: 51).

Die Kinder hatten unterschiedliche Aufgaben: Ein Teil der Kinder sollte die Geschichte einem Fremden erzählen, der mit ihnen vor dem Raum auf die Weiterführung des Experiments wartete (formelle Situation, 36 Versuchspersonen). Die anderen sollten die Geschichte einer vertrauten Person erzählen (informelle Situation, 39 Versuchspersonen). Darüber hinaus sollte ermittelt werden, ob sich der zeitliche Abstand vom Ereignis auf die Erzählungen der Kinder auswirkte. Sie erzählten die Geschichte unmittelbar nach dem Ereignis und noch einmal an den beiden Folgetagen. Untersucht wurden 5-, 7-, 10- und 14-Jährige mit deutscher Muttersprache aus bildungsfernem Milieu. Die Ergebnisse wurden quantitativ und qualitativ ausgewertet.

Ein wichtiger Befund der quantitativen Analyse war, dass die Zehnjährigen sowohl in der formellen als auch in der informellen Situation zu allen Zeitpunkten die erzählfreudigsten waren und dass sie in allen Situationen die längsten Erzählungen produzierten. Von einem linearen Anstieg der Erzählfähigkeit kann unter rein quantitativer Perspektive also nicht gesprochen werden. Die Relevanz des Erzählens als Form der Realitätsbearbeitung erreicht offenbar um das zehnte Lebensjahr einen ersten Höhepunkt.

Ein weiterer interessanter Befund der quantitativen Analyse ist, dass die Kinder und Jugendlichen über alle Altersstufen und über alle Erzählsituationen und -zeitpunkte hinweg ähnliche narrative Schwerpunkte setzen: Das Stolpern/das Missgeschick, die

Beschimpfung von Paul durch Kurt und der „glückliche Ausgang" (der Kassettenrekorder war bereits kaputt) werden am häufigsten erzählrelevant gesetzt. Der Streit zwischen Bärbel und Paul sowie der Maximenkonflikt war für die Kinder und Jugendlichen demgegenüber weniger von Interesse. Diese Präferenzen bei der Auswahl des Erzählenswerten verweisen deutlich darauf, dass die Kinder und Jugendlichen mit einem selektiven Blick auf die Szene diejenigen Ereignisknoten zentral setzen, die eng mit den für sie zentralen Lebensthemen (Bearbeitung familiärer Konstellationen) verknüpft sind.

„Jobs" der Erzählinteraktion

Die statistische Analyse ergänzen Hausendorf & Quasthoff (2005) durch eine qualitative Fallanalyse, in der sie zeigen, welche narrativen Teilaktivitäten von den Kindern welcher Altersstufe selbständig und welche unter Beteiligung der erwachsenen Zuhörer ausgeführt wurden. Dafür definieren sie die folgenden „Jobs", die bei der Realisierung einer Erzählung erfüllt werden müssen:

„Jobs" der Erzählinteraktion nach Hausendorf & Quasthoff (2005)

(1) Darstellung von Inhalts- und/oder Formrelevanz
(2) Thematisieren
(3) Elaborieren/Dramatisieren
(4) Abschließen
(5) Überleiten

Die Jobs weisen eine gewisse Verwandtschaft mit den Erzählpositionen von Labov & Waletzky (1973) (s.o.) auf. Die Darstellung von Inhalts- und/oder Formrelevanz verweist auf die Position des Abstracts; der Job Thematisieren auf die Orientierung, das Elaborieren/Dramatisieren korrespondiert mit der Handlungskomplikation, das Abschließen mit dem Resultat und das Überleiten mit Coda und Evaluation. Im Unterschied zu Labov & Waletzky aber, deren Erzählpositionen resultativ gewonnene Strukturmerkmale fertiger Erzählungen darstellen, identifizieren Hausendorf & Quasthoff (2005) die Jobs als von Sprecher und Hörer gemeinsam zu bewältigende Aufgaben. Auf dieser Basis untersuchten sie, welche Jobs von den Kindern welchen Alters eigenständig realisiert werden, welche mit Hilfe der erwachsenen Sprecher gemeistert werden können (Zone der nächsten Entwicklung) und welche möglicherweise noch gar nicht ausgeführt werden können.

Im folgenden werden einige für uns interessante Befunde zusammengetragen. In allen Fällen wurde die Darstellung der Inhalts-/Formrelevanz von den Interviewern initiiert („Was haben die denn drüben mit euch gemacht?"). Die Kinder reagierten allerdings unterschiedlich: Die Fünfjährigen nahmen den Ball praktisch nicht auf oder nannten nur vereinzelte Aspekte des Ereignisses; häufig nutzten sie aber nur das formale Gesprächsangebot und setzten ihre eigenen Themen. Die Siebenjährigen und die Älteren nahmen den Zugzwang zum Erzählen an und stiegen teilweise eigenständig in die Thematisierung ein.

Auch wenn die Interviewpartner die Thematisierung übernahmen – „Da ist was passiert, oder?", Hausendorf & Quasthoff (2005: 155) sprechen von der „Etablierung unbestimmter Ereignisqualität" –, reagierten die Fünfjährigen praktisch nicht auf die darin enthaltene, thematisch vorbereitete Erzählaufforderung, wohl aber die Siebenjährigen, die auf die Thematisierung hin ereignisrelevante Ausschnitte aufriefen („Da ist ein Kassettenrekorder runtergefallen"); die Elaboration musste jedoch häufig noch von Erwachsenen angestoßen werden. Bei den 10- und 14-Jährigen reicht die „Etablierung unbestimmter Ereignisqualität" für die selbständige Abwicklung der Elaboration. Wird die Elaboration vom Versuchsleiter angestoßen, wiederholt sich der Befund: Die Fünfjährigen nahmen auch hier den Ball nicht auf und führten kaum erzählrelevante Handlungen durch. Das änderte sich dann, wenn der Versuchsleiter mehrfach explizit intervenierte (Beispiel aus Hausendorf & Quasthoff 2005: 158; V = Versuchsleiter; K = Kind).

1 V Und denn is da aber doch was passiert, ne?
2 K Ja
3 V Na, wat warn det [lebhaft] sach ma, ich hab des nich verstandn richtig [...] da war doch plötzlich n Krach da, ne?
4 K Ja – ich hab s mitgekricht
5 V Mensch, erzähl mir mal, wat warn da los? Ich habs nich richtig verstandn.
6 K Kuck mal, der Mann mit dem dicken Kopf [...] der war sauer weil der mit die lilane Hose [...] den Radio -/und des Ding daruntergefallen gelassen hat [abgehackt] weil=er, weil=er den Kabel mit weggesogn hat und da warer ganz sauer.

Im Unterschied zu anderen Interviewsituationen mit Fünfjährigen artikuliert der Versuchsleiter hier mehrmals echtes Interesse; unter diesen Bedingungen sind die Kinder wohl eher zum Erzählen bereit und in der Lage. Bei Siebenjährigen und Älteren scheint das Ereignis selbst bereits einen narrativen Zugzwang auszulösen, der in unterschiedlichen Sättigungsgraden realisiert wird.

Eine Dramatisierung, also der Einsatz sprachlicher Mittel, mit denen das Ereignis reinszeniert und so dem Hörer vor Augen geführt wird, wird von Fünfjährigen noch nicht geleistet; Siebenjährige realisieren Dramatisierungen häufig erst nach einer konkreten Intervention der Versuchsleiter (Beispiel aus Hausendorf & Quasthoff 2005: 167).

1 V hat er sich entschuldigt oder was?
2 K Nee, da hadder so gesacht – ach ja, denn/dann Entschuldigung [imitierend]

Erst Zehnjährige nehmen selbständige Dramatisierungen vor, die von Vierzehnjährigen weiter zu einem breiten Repertoire verschiedener sprachlicher Inszenierungsmöglichkeiten ausgebaut werden.

Der Abschluss der Erzählung wird von Fünfjährigen noch nicht geleistet; sie präferieren abrupte Themenwechsel; bei Siebenjährigen sind rudimentäre Formen des expliziten Aussteigens aus der Erzählung erkennbar, aber erst Zehnjährige schaffen auch ohne Hilfe einen Erzählabschluss und die Überleitung in die kommunikative Trägersituation.

Die verschiedenen Formen der eigenständigen Übernahme der Erzähljobs korrespondieren mit der Form der Ereignisrekonstruktion, die in einigen Punkten den Phasen von Boueke et al. (1995) gleicht:

Bei den Fünfjährigen bleiben die Ereignisrekonstruktionen lokal. Ein Vorgang wie das Stolpern wird als äußerliches Verhalten eingebracht. Dass damit ein unwillkürlicher Akt bezeichnet ist, der auch Folgen für die Bewertung von Schuldfragen mit sich bringt, erkennen die Fünfjährigen noch nicht. Die sprachlichen Rekonstruktionsbemühungen weisen die Eigenschaften des isolierten Erzählens auf.

Bei den Siebenjährigen sind bereits erste Ansätze zu einer Konzeptionalisierung des Ereignisses in seiner linearen Abfolge sichtbar. Sie identifizieren Vorgänge wie das Stolpern als unwillkürlichen Akt und können daraus auch moralische Folgen ableiten.

Den Zehnjährigen gelingt bei der Ereignisrekonstruktion die Realisierung der Handlungskomplikation, die sie als solche erkennen und versprachlichen. Ihre Erzählungen sind strukturiert, teilweise auch bereits narrativ strukturiert.

Bei den Vierzehnjährigen wird die Handlungskomplikation auch sprachlich markiert („auf einmal"). Sie realisieren selbständig Reinszenierungshandlungen zur Hörerinvolvierung. Die Erzählungen sind narrativ strukturiert. Wenn sie nicht erzählen wollen, folgen sie aber dennoch dem „globalen Zugzwang", d.h. sie weisen die Erzählung explizit zurück. Umgekehrt liefern sie bei Erzählbereitschaft explizite Strukturierungshinweise („Pass uff, det war so"), die auf globalen Zugzwang zum Erzählen verweisen, der dann auch ausgefüllt wird.

Monologisch-kognitives und dialogisch interaktives Modell

Mit der Darstellung der Untersuchungen von Boueke et al. (1995) und Hausendorf & Quasthoff (2005) wurden exemplarisch zwei verschiedene Zugangsweisen zum Erzählen und zur Erzählentwicklung vorgestellt: Mit Boueke et al. liegt ein Modell vor, das das Erzählen und die Erzählentwicklung überwiegend monologisch-kognitiv erfasst; Hausendorf & Quasthoff stehen für ein überwiegend dialogisch-interaktives Modell des Erzählens und seines Erwerbs.

Aus diesen Unterschieden ergeben sich je verschiedene Konsequenzen für die didaktische Theoriebildung und für das praktische Handeln in Schule und Unterricht: Dem monologisch-kognitiven Modell folgend, kommt alles darauf an, den Kindern mit geeigneten Erzählanlässen eine eigenständige Erzählaktivität zu ermöglichen und die Ergebnisse entsprechend der erwartbaren Phase, in der sich ein Kind befindet, einzuordnen. Dem dialogisch-interaktiven Modell folgend, ist die kommunikative Einbettung und interaktive Begleitung der schülerseitigen Erzählversuche von herausragender Bedeutung. Die Erzählergebnisse treten hinter die Aktivierung des Erzählprozesses zurück.

Um entscheiden zu können, welche Intervention die Kinder beim Erzählerwerb besser unterstützt, lohnt sich ein Blick auf Studien zum frühkindlichen Erzählerwerb. Dort wird immer deutlicher sichtbar, dass die Interaktionschancen, die Kinder erhalten, um Erzählfähigkeit auf- und auszubauen, tatsächlich eine ganz außerordentliche Rolle spielen (zusammenfassend Klann-Delius 2005).

Früher Erzählerwerb

Frühe Kindererzählungen zeichnen sich durch eine kokonstruktive Struktur aus: Eltern und Kind erzählen gemeinsam. Die elterlichen Gesprächsanteile führen das Kind in die Zone der nächsten Entwicklung; sie prozessieren mit dem Kind gemeinsam, was es ohne ihre Unterstützung noch nicht leisten kann, was es aber in einem nächsten Schritt ohne diese Unterstützung meistert. Nach und nach verinnerlichen die Kinder die jeweiligen elterlichen Gesprächsanteile: Es entsteht ein innerer Kokonstrukteur, der als Erzähler die Abwicklung von Erzählungen steuert. Durch die zunehmende Internalisierung der Erzählinstanz, die in Familien vielfach an der wiederholenden Rekonstruktion derselben Geschichten geübt wird, entwickelt sich so nicht nur die Erzählfähigkeit, sondern zugleich eine familiäre und eine individuelle Identität. Snow (1990: 214) spricht von der „Transition from biography to autobiography" im Sinne der wachsenden Möglichkeiten, die biographische Konstruktion selbst (auto-) vorzunehmen.

Hinweis: Kokonstruktion

Mit dem Begriff der Kokonstruktion (lat. con = zusammen, construere = erbauen, errichten) wird ganz allgemein ein Handlungsmodus bezeichnet, bei dem durch gemeinsames Handeln Neues entsteht. In der Pädagogik gelten Lernprozesse als kokonstruktiv, die von den Akteuren gemeinsam gestaltet werden. Die Lernergebnisse werden also nicht vor dem Lernprozess antizipiert, sondern erfahren während des Lernprozesses ihre auf den Lerner ausgerichtete Kontur. Damit ist dem Lernergebnis der Lernprozess eingeschrieben, in dem Bedeutungen gemeinsam ausgehandelt und verschiedene Problemlösewege gemeinsam durchgespielt werden.

Den Hintergrund für die Modellierung des Lernens als kokonstruktiv bildet der Konstruktivismus, der davon ausgeht, dass Lernen nicht in der einfachen Aneignung einer bereits interpretierten Welt besteht, sondern dass sich jedes Individuum seine eigene Welt interpretativ neu erschafft. Der erweiterte Begriff der Ko-Konstruktion betont nun, dass diese Interpretationen nicht in Isolation, sondern im interaktiven Raum, zusammen mit anderen erarbeitet werden.

Unterschiede in der Erzählfähigkeit und der Erzählfreudigkeit von Kindern und nicht zuletzt Unterschiede bei der narrativ gestützten Ausbildung von sozialer Identität sind immer auch davon abhängig, ob die Kinder kokonstruktive Interaktionsangebote erhalten haben oder ob die kommunikative Ansprache beim Erzählerwerb eher im direktiven Modus erfolgt ist. (vgl. auch Bredel 2000):

Direktiver Modus

Im direktiven Modus sind die elterlichen Perspektiven auf das Kind und auf die erzählten Ereignisse leitend. Das Kind wird mit Fragen und Aufforderungen dazu gebracht, ein Ereignis oder Teile daraus nach elterlichen Relevanzsetzungen zu rekonstruieren. Äußerungen, die diesen Anforderungen nicht entsprechen, werden korrigiert oder modifiziert. Dem Kind bleibt kaum Spielraum für die Entfaltung einer eigenen Ereignisperspektivierung.

Kokonstruktiver Modus

Im kokonstruktiven Modus orientieren sich die Eltern überwiegend an der kindlichen Perspektive. Sie übernehmen narrative Teilhandlungen, die das Kind noch nicht von sich aus meistern kann, und erweisen sich so als aktive Mitkonstrukteure der Geschichte. Noch unvollständige kindliche Sprechhandlungen werden aufgegriffen und so in die Geschichte eingefädelt, dass ein gemeinsamer Kommunikationsmodus entsteht.

Sequenz A (aus Nelson 1993: 209) ist ein recht typisches Beispiel für den direktiven Modus, Sequenz B (aus Snow 1990: 220f.) für den kokonstruktiven Modus (Namen der Kinder frei erfunden):

Sequenz A: C = Christian (2;6), M = Mutter

1	M	Und wo haben wir gefrühstückt? Wohin sind wir zum Frühstücken gegangen?
2	C	Was?
3	M	Wohin sind wir zum Frühstücken gegangen? Erinnerst du dich noch, wir sind doch ausgegangen, Papi, du und ich! In welches Restaurant sind wir gegangen?
4	C	Benzin
5	M	Benzin? Nein, in welches Restaurant sind wir zum Frühstücken gegangen?
6	C	Hmmmm.
7	M	Weißt du noch? Es war Burger ...?
8	C	King.

Sequenz B: C = Carl (2;0), M = Mutter

1 M Hast du dort mit Leuten gesprochen? Hast du gesagt Hi alle zusammen im Restaurant? Erinnerst du dich?
2 C Was?
3 M Es ist eine Weile her [...]. Das war wirklich ein schöner Abend, du warst lustig im Restaurant.
4 C Ich lustig.
5 M Ja, du warst lustig. Du hast mit allen möglichen Leuten gesprochen, und du hast Hallo gesagt, und dann hast du erzählt.
6 C Hallo!
7 M Ja, das hast du gesagt, und dann hast du zu erzählen begonnen, und du hast allen erzählt, dass du Pipi gemacht hast.
8 C Potty!
9 M Ja, weil du gerade ins Badezimmer gegangen warst. Das war was. Alle haben gelacht.

Gegenstand beider Gespräche ist ein Restaurantbesuch. In Sequenz A geht es jedoch nicht um die Rekonstruktion einer Geschichte oder einer Episode, die sich im Rahmen dieses Restaurantbesuchs zugetragen hat, sondern um die Aktualisierung einer spezifischen Teilinformation: Mit einer Verkettung von Fragen versucht die Mutter, Christian den Namen des Restaurants zu entlocken. Der episodische Rahmen (es handelte sich um ein Frühstück, Mutter und Vater waren dabei) wird nicht zusammen mit Christian herausgearbeitet oder gestaltet, sondern wird von der Mutter eingebracht und dient lediglich als Gedächtnishilfe für die Ermittlung des Restaurantnamens. Als diese Strategie misslingt, greift die Mutter zur „Fill-in-the-blank“-Question („Es war Burger ...?“), bei der die Antwort darin besteht, die verbliebene Lücke in der Fragekonstruktion zu schließen.

Für die Entwicklung einer eigenständigen Perspektive auf Ereignisse oder für eine selbständige Versprachlichung durch das Kind bleibt hier praktisch kein Raum.

Auch die Sequenz B beginnt mit einer Frage. Anders aber als Christian in Sequenz A kommt Carl hier direkt als aktiv Beteiligter der rekonstruierten Episode ins Spiel: Die Mutter versucht seine Erinnerung unter Rückgriff seines eigenen Handelns zu aktivieren („Hast du mit den Leuten gesprochen, hast du gesagt Hi alle zusammen?“) und beginnt dann selbständig mit der Erzählung („Es ist eine Weile her, das war wirklich ein schöner Abend, du warst lustig“). Der zweijährige Carl bietet der Mutter durch Teilwiederholungen („Ich lustig“, „Hallo“, „Potty“) Fortsetzungsmöglichkeiten an, die sie aufgreift und jeweils unter Bezugnahme auf die kindliche Perspektive in die Geschichte einbettet, die schließlich mit einer Evaluation („Alle haben gelacht") abgeschlossen wird.

Erzählen und Identitätsbildung

Die Befunde mehren sich, dass der Aufbau der Erzählkompetenz und mithin der Aufbau des episodischen Gedächtnisses, das wesentlich zur Identitätsbildung beiträgt, besser gelingt, wenn Kinder lernen, Erlebnisse im kokonstruktiven Modus zu (re-)aktivieren und zu gestalten (Peterson & McCabe 1991). Dabei kann auch beobachtet werden, dass in einer gelingenden Erzählsozialisation die Interventionen der Eltern in dem Maße zurückgehen, wie es den Kindern gelingt, eigenständige Erzählhandlungen zu realisieren.

Wie Snow (1990) gezeigt hat, ändert sich dabei aber nicht nur die interaktive Rollenverteilung, sondern auch die soziale Rolle, die einem Kind als Ereignisbeteiligtem zugeschrieben wird:

Zu Beginn konzipieren Eltern die Kinder als einfache Handlungsbeteiligte in einer Episode; wichtig sind die Handlungen oder das Verhalten des Kindes in der Geschichte. Sequenz B ist dafür ein gutes Beispiel. Bei fortschreitender Routine in der Ereignisrekonstruktion werden dem Kind zunehmend Charaktereigenschaften zugeschrieben, die sein Handeln innerhalb der Episode motivieren; zugleich werden präferiert solche Episoden für das Erzählen ausgewählt, die „typisch" für eben diese Charaktereigenschaften des Kindes sind (das machst du ja immer so). Die Erzählungen erhalten Belegfunktion für die kindliche Identität. Diese Form der eher statischen Charakterisierung wird zunehmend in Richtung der Konstruktion eines intentional und vernünftig handelnden Protagonisten ausgebaut; es sind nun nicht mehr die dem Kind zugeschriebenen Eigenschaften, die seine Rolle in der Episode strukturieren, sondern auf die konkrete Episode bezogene Motive und Intentionen. Erst wenn das Kind die Erzählerrolle vollständig übernommen hat, werden auch innere Zustände und Emotionen in die Geschichten integriert; die Kinder „constitute a recognition of their role as agents, as individuals with intentions, whose subjective experiences are relevant to the narrative." (Snow 1990: 235)

In gewisser Hinsicht kann von den Überlegungen von Snow aus ein Bogen zurück zu Boueke et al. (1995) geschlagen werden: In der Phase des isolierten Erzählens nehmen die Kinder die

Rolle der einfachen Ereignisbeteiligten ein; das lineare Erzählen, bei dem sich die Kinder von der Chronologie der Ereignisse leiten lassen, korrespondiert der Etablierung und Festigung der eigenen Rolle innerhalb dieser Ereignisse. Beim strukturierten Erzählen wird nicht nur dem Ereignis ein (narrativer) Sinn, es werden auch den darin Handelnden eigene Motive zugeschrieben. Die narrativ-strukturierte Erzählung schließlich erlaubt die Konstruktion eines emotional involvierten Selbst.

Snow ihrerseits schlägt den Bogen zur historischen Entwicklung der Konstruktion von literarischen Hauptfiguren: „One can see parallels between the child's construction of self and the literary construction of the ‚individual.' In the emergence of the modern novel from greek drama Rorty (1976) has identified four stages in the development of the main actor: First, narratives center around the actions of a ‚character,' who acts as he does because of the force of circumstances. In the second stage, we see then emergence of the ‚figure,' who acts in a certain way because of traits that govern the actions. In the nineteenth-century novels we see ‚persons,' who constitute thoughtful and responsible actors in conflict with other persons in society. Only in the modern novel do we see ‚selves' and ‚individuals' who possess their traits rather than being defined by them, who are susceptible to identity crises and internal conflicts, whose actions are determined by their subjective experiences, and whose being is located centrally in their consciousness." (Snow 1990: 235)

3.1.2 Erzählerwerb in der Schule – Der Erzählkreis

Den äußerst komplexen und interaktionsintensiven Dynamiken, die beim Erzählerwerb zu beobachten sind, und schließlich der großen Intimität und Vertrautheit, die eine wichtige Voraussetzung für die Herausbildung der Erzählfähigkeit darstellt, stehen die Schule als Institution und der Unterricht als formalisierte Handlungsstruktur eher fremd gegenüber. Eine Erfahrung, die Grundschullehrer/innen in diesem Zusammenhang machen, ist mehr als typisch: Sie erleben viele Kinder, die vor oder nach dem Unterricht oder in den Pausen ein sehr intensives Erzählbedürfnis anmelden, im Unterricht aber eher gehemmt sind – insbesondere dann, wenn es darum geht, ein Erlebnis zu erzählen. Fienemann & Kügelgen (2003: 137) formulieren es pointiert: „*Wo die Schule anfängt, hört das Erzählen auf.*" (Hervorhebung im Original, U.B., I.P.)

Schulische Kreisgespräche

Ein prominentes Verfahren, die Erzählaktivitäten der Kinder in der Schule dennoch anzuregen, ist der Stuhlkreis, der eine gewisse Intimität der Kommunikationssituation sichern soll. Heinzel (2003: 105) zufolge bewegen sich im Stuhlkreis stattfindende Kreisgespräch an der „Schnittstelle zwischen Kinderalltag und Schule". Dies gilt inhaltlich und organisatorisch: Inhaltlich erhalten die Kinder im Kreisgespräch häufig die Möglichkeit, eigene Themen einzubringen, organisatorisch findet das Kreisgespräch eher an den Rändern des Unterrichts statt (z. B. Montagmorgenkreis). Dennoch ist sind Kreisgespräche alles andere als „frei". In den meisten Klassen herrschen Regeln über den Ablauf (z. B. Organisation des Rederechts) sowie Beschränkungen in Bezug auf die Inhalte (z. B. keine Beleidigungen) oder die Sprache (z. B. keine Schimpfwörter). Wie voraussetzungsreich die Gestaltung eines Erzählkreises, also einer speziellen Ausprägung des Kreisgesprächs sein kann, zeigt das folgende Beispiel aus Fienemann (2002):

„Wie verhalten wir uns im Morgenkreis?"

1	L	Bevor wir loslegen mit unserem Morgenkreis, möchte ich – das machen wir ja ab und zu regelmäßig – / möcht ich noch mal die Regeln von unserem Morgenkreis hören. Wie verhalten wir uns im Morgenkreis?
2	S1	Ähm, ich weiß es!
3	L	Das wissen ja eigentlich alle Kinder. Oder? Hm? Thomas!
4	Thomas	Leise.
5	L	Hm [zustimmend]. Noch eine Idee? Nina!
6	Nina	Kein Ei machen. ((bezieht sich auf die Sitzordnung))
7	L	Kein was? Das ist doch nicht so schlimm. Nein, Hans! Psch!
8	Hans	Die Stühle hochheben, damit ( )
9	L	Leise hochheben! Genau! Wir wollen leise in den Stuhlkreis kommen. Wir wollen auch leise sein. Veronika!
10	Veronika	Ähm äh, wenn ein anderer erzählt, soll man nicht quatschen.
11	L	Das ist ganz wichtig. Richtig zuhören, wenn ein anderes Kind erzählt. Und was sag ich immer zu den Kindern, die gaanz lange erzählen? Hilde!
12	Hilde	Ähm, es reicht.

13	L	Nja. Was sag ich dann immer? (...) Genauer! Nadja! Nadja!
14	Nadja	Nur das Wichtige.
15	L	Nur das Wichtige erzählen. In *großen* Sätzen.

Die kommunikative Struktur dieser Sequenz erinnert stark an den direktiven Modus. Die Organisation der Kommunikation und die Anforderungen, die an die Kinder gestellt werden, werden bis in die inhaltliche Struktur der Erzählung hinein („nur das Wichtige", „in *großen* Sätzen") vollständig vom Erwachsenen übernommen – Spielraum für einen „Kinderalltag" (Heinzel 2003, s.o.) gibt es kaum.

Darüber hinaus ist diese Passage sehr viel stärker als familiäre Erzählkonstellationen von einer logistischen Vorstrukturierung der Interaktion gekennzeichnet. Bildet man diese Sequenz auf die „Normalform" des Erzählens von Labov & Waletzky (1973) ab, handelt es sich um einen Teil des Abstracts, also einer gesprächsrahmensetzenden Aktivität, die der kommunikativen Vorbereitung des Erzählens dient.

Organisatorische Anforderungen

Verfolgen wir die organisatorischen Anforderungen bei der Herstellung von Erzählsituationen im Stuhlkreis noch etwas weiter und legen dabei das folgende Ablaufschema, das als einigermaßen typisch gelten kann, zugrunde:

Ablauf des Erzählkreises

0. Vorbereitende Einstimmung auf den Stuhlkreis („Wie verhalten wir uns im Morgenkreis?")
1. Bilden eines Stuhlkreises
2. Ermitteln, wer etwas erzählen möchte (durch Aufzeigen)
3. Übergabe des „Erzählsteins" (Schweigen aller anderen)
4. Erzählung eines Schülers/einer Schülerin
5. Nach Beendigung der Erzählung Ermittlung des nächsten Erzählers
6. Übergabe des „Erzählsteins" (Schweigen aller anderen)
7. Erzählung eines Schülers/einer Schülerin [ggf. Wdh. der Positionen 2-4]
8. Nach Beendigung der Erzählaktivitäten: Auflösen des Stuhlkreises
9. Herstellen der herkömmlichen Unterrichtsordnung

Wir sehen nun, dass die Teilhandlungen, die den Erzählkreis definieren, überwiegend gesprächsrahmensetzende Aktivitäten sind. Nur eine (wiederholbare) Position, nämlich die Erzählung eines Schülers/einer Schülerin (Position 4), ist eine narrative Handlung im engeren Sinn.

Diese narrative Handlung findet allerdings unter erschwerten Bedingungen statt: Folgt man der Annahme, dass das Erzählen und der Erzählerwerb wesentlich interaktiv gesteuert sind (vgl. 3.1.1), sind die Erzählaktivitäten des einzelnen Schülers/der einzelnen Schüler/in im Erzählkreis, in dem die Mitschüler/innen zum Schweigen aufgefordert sind, um eine zentrale Komponente kupiert: Es fehlt der aktive, mitkonstruierende Hörer.

Maximenkonflikte

Die Rolle des eingreifenden Zuhörers wird allein vom Lehrer übernommen. Dabei haben Flader & Hurrelmann (1984) festgestellt, dass Lehrer/innen aufgrund eines institutionellen Maximenkonflikts dazu neigen, nicht die für den Alltag typische Hörerrolle des Mitkonstrukteurs zu übernehmen, sondern eine (institutionell verlangte) bewertende oder korrigierende Haltung einnehmen. Wie wir in der Sequenz „Wie verhalten wir uns im Morgenkreis?“ gesehen haben, geht der lehrerseitige Eingriff hier sogar so weit, dass noch vor dem Einstieg in die Erzählung eine bestimmte qualitative und quantitative inhaltliche und formale Realisierung von den Schüler/innen verlangt wird („nur das Wichtigste“, „in großen Sätzen“, „Und was sag ich immer zu den Kindern, die gaanz lange erzählen?“ „Ähm, es reicht.“). Auch während des Erzählens kommt es zu Eingriffen: „Lehrer neigen häufig dazu, die Erzählungen formal zu kommentieren, Nachfragen bei sprachlichen Unklarheiten zu stellen oder Erzähltechniken zu bewerten.“ (Schulz 2012: 19) Und auch der Erzählabschluss wird häufig rein formal mit „Das hast Du schön erzählt“ markiert und nicht etwa, wie es im Alltagserzählen typisch ist, mit „Da bist Du jetzt aber froh, dass ...“ oder ähnlichen Formen der evaluativen Weiterbearbeitung des erzählten Ereignisses (vgl. auch Becker-Mrotzek 1997a: 343). „Auf Schülerseite“, so Schulz (2012: 20), „führt eine falsche Erzählförderung dazu, dass der Erzählkreis zunehmend zu einer Unterrichtsaufgabe wird.“

Erzählen als Schulaufgabe

Nicht selten sind die Resultate Rumpferzählungen, die zeigen, dass die Schüler die geforderte Pflicht, das Abliefern einer Erzählung, erfüllen, die jedoch in kaum einem Aspekt der narrativen Verarbeitung des Erlebnisses gleicht. Es entsteht „ein innerlich desinteressiertes Aufsagen von einzelnen Assertionen [...], die oft zusammenhanglos nebeneinanderstehen" (Fienemann & Kügelgen 2003: 138, Beispiel *Bei Simone* aus Fienemann 2002):

Bei Simone

1	David	Ich war bei Simone. Dann haben wir gespielt. ((leise:)) Und hab ich noch bei meiner Oma geschlafen.
2	L	Hab ich nicht verstanden, den letzten Satz, David.
3	David	Und dann hab ich noch bei meiner Oma geschlafen.
4	L	Ähäm. ((nickt))
5	David	((gibt Redesymbol weiter))

Bis hierher haben wir lediglich die organisatorischen und die kommunikativen Bedingungen des Erzählkreises in den Blick genommen: Der von Flader & Hurrelmann (1984) beschriebene, lehrerseitigen Maximenkonflikt zwischen alltäglichen und schulischen Anforderungen führt dazu, dass hier Erzählen im engeren Sinne nicht stattfinden kann und dass der Erzählkreis deshalb auch keine geeignete Form der Erzählförderung darstellt.

Ein weiteres Problem haben wir jedoch noch nicht berührt: Es geht um die Erzählanlässe, die im Erzählkreis aktiviert werden und denen wir uns unter zwei Aspekten nähern: unter dem Aspekt der Erzählmotivation und unter dem Aspekt des Erzählpotenzials.

Zur Erzählmotivation: Im Alltag erwächst die Erzählmotivation aus dem Erlebenshorizont des Erzählers, der sich in einer aktuellen, passenden Sprechsituation spontan zum Erzählen entscheidet. Im Erzählkreis werden die Kinder üblicherweise dazu aufgefordert, vom Wochenende zu erzählen. Die Sequenz *Bei Simone* ist eine mögliche Antwort auf eben diese Anforderung. Bei Fienemann (2002) wird dieser Zusammenhang mit folgendem Beispiel anschaulich gemacht:

St. Martin

L: So, bevor wir anfangen, wollt ich fragen: Wer von euch hat denn am Wochenende irgendetwas mit St. Martin gemacht? Boa, das sind gar nicht soo viel, ne? So die Hälfte. Okay. So wer gleich möchte, – könnt den Finger wieder runter tun – wer gleich möchte, kann ja (noch) über St. Martin ja erzählen. Oder sonst wisst ihr eine Sache, die ganz toll war oder ganz schön oder traurig oder was auch immer, die ihr am Wochenende gemacht habt. Eine Sache.

Fienemann & Kügelgen (2003: 136) kommentieren diesen Abschnitt wie folgt: „Krasser kann man die Einstellung völliger Wurstigkeit gegenüber dem Mitzuteilenden kaum noch zum Ausdruck bringen. Die Aufgabenstellung widerspricht den Alltagserfahrungen der Schüler, denn im Alltag richtet sich die Relevanz des zu erzählenden Erlebnisses nicht nach einem vorgegebenen Zeitraum, wie z. B. dem Wochenende, vielmehr ordnet sich das Erzählen in das gesamte Gespräch ein. Die Bezüge zum vorangehenden Diskurs sind *thematisch-funktionaler* Natur, nicht zeitlicher. Oft erzählen mehrere Erzähler hintereinander Erlebnisse zum selben Thema. Da kein konkretes Handlungsinteresse vorliegt und meist sogar der Belang des gesetzten thematischen Rahmens nur simuliert wird, ist den Schülern nicht klar, was von ihnen erwartet wird. Als strukturierendes Prinzip bleibt gerade mal ein Zeitraum, der mit Beliebigkeiten gefüllt werden kann.“ (Hervorhebung im Original; U.B., I.P.)

Zum Erzählanlass: Die Festlegung auf das Wochenende bringt jedoch noch ein weiteres Problem mit sich. Wie oben bereits erwähnt, hat Becker (2015) gezeigt, dass sich verschiedene Genres unterschiedlich gut für das Erzählen eignen. Beim Vergleich zwischen dem narrativen Potenzial von Nacherzählungen, Erlebniserzählungen, Phantasieerzählungen und dem Erzählen von Bildergeschichten in der Erzählentwicklung von Kindern von 5 bis 9 konnte sie zeigen, dass die Phantasiegeschichte den größten narrativen Zugzwang auslöst. Bei der Abbildung der Erzählresultate auf die vier Phasen von Boueke et al. (1995) (s.o.) stellte sie folgendes fest:

Bei den Fünfjährigen überwog bei allen Genres der lineare Strukturtyp, wobei die Bildergeschichten am unstrukturiertesten waren. Bei Siebenjährigen waren etwas über die Hälfte der Erlebniserzählungen und ein Großteil der Bildergeschichten noch linear, die Phantasieerzählungen waren zu einem großen Teil bereits strukturiert, vereinzelt sogar bereits narrativ strukturiert. Bei den Neunjährigen war bereits die Hälfte der Phantasieerzählungen, aber nur etwa ein Drittel der Erlebniserzählungen narrativ strukturiert; die Bildergeschichten waren häufig noch linear.

Nach Becker kann das narrative Potenzial der von ihr untersuchten Genres insgesamt wie folgt geordnet werden:

Phantasieerzählung > Nacherzählung > Erlebniserzählung > Bildergeschichte

Phantasieerzählung

Die besondere Stellung der Phantasieerzählung ist auffällig und auch erklärungsbedürftig. Wie Ohlhus & Quasthoff (2005) in einer Studie mit Kindern des zweiten Schuljahrs zeigen konnten, zeichnen sich Produktionen von Phantasieerzählungen dadurch aus, dass Erzähler und Ko-Erzähler formale Relevanzsetzungen betonen. Damit wird die Struktur der Erzählung besonders deutlich markiert. Am Beispiel der Erzählung Leas lässt sich dies verdeutlichen (Ohlhus & Quasthoff 2005: 51f.). Sie wird durch einen Erwachsenen (E) aufgefordert:

1	E	und zwar wollte ich dich FRAgen, (-) ob du dir ne geschichte AUSdenken, (-) und mir erZÄHlen kannst, (-) wenn ich dir den Anfang gebe.

Lea entwirft eine Geschichte um ein in einen Frosch verwandeltes Mädchen, die sie folgendermaßen zu Ende bringt:

2	Lea	(...) und dann war da noch ein ANderer frosch, das war ein JUNge der von si- der konnte sich verwAndeln, und dann haben die sich zusammen ein rIEsen riesen HAUS gebaut. und einen riesen riesen Teich
3	E	aha
4	Lea	Ende
5	E	ja, dann DANke ich dir für deine geschichte

Die Erzählaufforderung ist formal orientiert: Es soll eine Geschichte erzählt werden. Lea übernimmt dann die Erzählerrolle weitgehend selbständig und entwickelt einen Plot. Auf das *aha* der erwachsenen Person hin markiert sie den Abschluss explizit (4) und auch die Erwachsene reagiert formal: mit einem Dank (5). Gerade die Entwicklung der eigentlichen Story vollzieht Lea weitgehend selbständig. Dabei kann sie offenbar auf die Kenntnis narrativer Strukturen zurückgreifen und sie für eine eigene Erzählung fruchtbar machen. Es spricht viel dafür, dass die Begegnung mit Modellen literarischen Erzählens hierfür entscheidend ist.
Becker (2015) plädiert für eine Neujustierung der Erzähldidaktik, in der die Nacherzählung und die Phantasieerzählung größere Aufmerksamkeit erfahren.

Nun entfernen wir uns mit beiden Genres wie zuvor bereits mit der Bildergeschichte von der alltäglichen Erzählpraxis und nähern uns dem literarischen Erzählen, das die Vorlage für die aktive Produktion von Nacherzählungen und Phantasieerzählungen liefert.

Aufgabe 2

Versuchen Sie, an einem Erzählkreis in einer Schule als Beobachter/in teilzunehmen.

a. Welche Vorgaben macht die Lehrperson in Bezug auf den Erzählanlass (Wochenende, besonderes Ereignis etc.)?
b. Achten Sie während des Erzählens auf die Zuhörer/innen: Verhalten sich die Mitschüler/innen und die Lehrperson eher aktiv oder passiv? Gibt es Raum für kokonstruktive Aktivitäten?

3.2 Mündliche Literaturbegegnung

Erzählen, so konnte gezeigt werden, ist wesentlich eine kommunikative Praxis und der Erwerb der Erzählfähigkeit in Interaktionen zwischen Erwachsenem und Kind verankert. Dem, was erzählt wird, kommt in doppelter Weise Bedeutsamkeit zu: Ein bedeutsames Erlebnis motiviert eine Erzählung. Gleichzeitig wird im Erzählen die Bedeutsamkeit als geteilte Erfahrung hervorgebracht. In ganz ähnlicher Weise kann die mündliche Begegnung mit Literatur zum Erwerb literarischer Kompetenzen beitragen, indem es beispielsweise Kindern möglich wird, in eine fiktionale Welt einzutreten, Bezüge zur eigenen Lebenswelt herzustellen und Strukturen fiktionalen Erzählens zu erwerben. Solche Kompetenzen sind für die Entwicklung von Textverstehens- und Lesekompetenzen förderlich (Kap. 4).

Literarisches Erzählen und Persönlichkeitsentwicklung

Die Begegnung mit literarischen (Lebens-)Geschichten kann auf einer übergeordneten Ebene aber auch zur Bildung der Person beitragen. Auf den Zusammenhang von Narration und Identität wurde oben bereits hingewiesen: Das Selbst, so kann man sagen, wird quasi narrativ konstituiert und dabei spielen Individuation und Sozialisation ineinander. Auch literarische Erzählungen können eine Folie für die personale Entwicklung bieten, laden ein zur Auseinandersetzung mit Ich und Welt und werden mitunter lebensbedeutsam. Die Bedeutung (nicht nur) der erzählenden Literatur für die Persönlichkeitsbildung ist in der Literaturdidaktik vielfach betont worden – und sie spiegelt sich in den Zeugnissen von habituellen Leser/innen (s.u. Lesesozialisation, vgl. Kepser & Abraham 2016).

Gerade in literaturbezogenen Interaktionen wird die Erfahrung von Bedeutsamkeit vermittelt: Gelungene Kommunikationen um Literatur können als bereichernd und lohnend, als vergnüglich und berührend erfahren werden. Sich gemeinsam einem literarischen Text zuzuwenden heißt darüber hinaus, dieser Form der literarischen Kommunikation Raum zu geben und ihr Wert beizumessen. Entsprechende Praktiken können so zur Entwicklung von Lesemotivation beitragen. In der Lese- und literarischen Sozialisation (Kap. 4.1) kommt deshalb der Anschlusskommunikation erhebliche Bedeutung zu. Dies gilt nicht nur für die frühe Phase des Literaturerwerbs. Im folgenden werden daher unterschiedliche Formen der kokonstruktiven Begegnung mit Literatur in Familie und Schule in den Blick genommen: das Vorlesen und das Vorlesegespräch. Dabei wird präzisiert, welche Fähigkeiten jeweils erworben werden können, und auch der Frage nachgegangen, inwiefern die mündliche Literaturbegegnung der Erzählfähigkeit zuarbeiten könnte.

Definition

Mit Anschlusskommunikation wird der Austausch über Medienerfahrungen bezeichnet. Der ursprünglich auf Niklas Luhmann zurückgehende Begriff verweist auf solche Kommunikationen, die sich einem Rezeptionsprozess, zum Beispiel der Lektüre eines literarischen Textes, anschließen. Der Begriff findet insbesondere in der Lese- und Literaturdidaktik sowie in der Lese- und Mediensozialisationsforschung Verwendung (Groeben & Hurrelmann 2004, Charlton & Sutter 2007). Anschlusskommunikationen können einem genaueren Textverstehen, der Aneignung von Texten und dem Austausch von Lesarten dienen. Erfahrene Leser/innen treten in der Regel in vielfältige Anschlusskommunikationen ein und tauschen sich gerne über Leseerfahrungen aus. Auch bei Leser/innen in schriftfernen Umgebungen spielt die Anschlusskommunikation eine wichtige Rolle (Pieper et al. 2004, Kap. 4.1). Die Gestaltung gelungener Anschlusskom-

munikationen gilt als wichtige Aufgabe des Literaturunterrichts, weil sie zur Lesemotivation und zu der Fähigkeit, sich mit verschiedenen Lesarten literarischer Texte auseinanderzusetzen, beitragen kann. Die Fähigkeit zur Anschlusskommunikation wird deshalb auch als Teil der Lesekompetenz betrachtet (Hurrelmann 2002b).

Aufgabe 3

Wann, in welcher Form und mit wem kommunizieren Sie über Literatur? Welche Funktion haben diese Gespräche (z. B. Leseempfehlungen austauschen, Interpretationsprobleme klären, Unterricht vorbereiten)?

3.2.1 Vorlesen und Vorlesegespräch im frühen Literaturerwerb

Lange bevor Kinder selbst lesen können, machen sie literarische Erfahrungen. Ein großer Teil dieser Erfahrungen besteht in Medienerfahrungen: Vermittelt über audiovisuelle (das Fernsehen), auditive (das Hörbuch auf CD oder anderem Träger) oder Printmedien lernen Kinder verschiedene poetische Formen kennen und gehen mit Geschichten um. Beiläufig können sie dabei unter anderem lernen, wie Narrationen typischerweise aufgebaut sind. Bei all diesen Literaturbegegnungen spielt die interaktive Einbettung insbesondere in die Familienkommunikation eine bedeutende Rolle (Hurrelmann, Hammer & Nieß 1993, Kap. 4.1). Dies gilt auch für das Vorlesen, das unter der Perspektive des Erwerbs literarischer und literaler Fähigkeiten eine Sonderstellung einnimmt: Wenn eine Person einer anderen etwas vorliest, so ist der Rahmen in aller Regel der einer Kommunikation unter Anwesenden, im Fall der Eltern-Kind-Kommunikation oft mit intimem Charakter (z. B. wenn das Kind auf dem Schoß sitzt). Im Unterschied dazu bleibt technisch vermitteltes Vorlesen wie etwa im Fall des Hörbuchs von den Reaktionen der Hörer/innen unabhängig. Das Vorlesen hat daher ein besonders hohes Potenzial, die Begegnung mit Literatur zu intensivieren. Darüber hinaus ist das Vorlesen eng an die Schrift gebunden und ermöglicht daher eher Erfahrungen mit konzeptioneller Schriftlichkeit (vgl. Kap.2.2) als etwa das mündliche oder das filmische Erzählen. Dieser Gesichtspunkt ist für den Schriftspracherwerb von besonderer Bedeutung.

Vorlesen in der Familie

In welcher Weise das elterliche Vorlesen bei Vierjährigen zur literarischen Sinnkonstitution beiträgt, hat Petra Wieler in ihrer Studie „Vorlesen in der Familie" herausgearbeitet (Wieler 1997). Die Studie dokumentiert Vorlesesituationen in unterschiedlichen sozialen Milieus und bezieht insgesamt 15 deutsche und niederländische Familien ein. Durchweg traten Mütter als Vorleserinnen auf. Wieler beobachtete, wie diese ihren Kindern den Bilderbuchklassiker *Oh, wie schön ist Panama* von Janosch vorlasen, und konnte Formate rekonstruieren, die es den Kindern ermöglichen, kokonstruktiv, nämlich in Zusammenarbeit mit der Mutter, Bedeutung zu etablieren. Angesichts der Komplexität des Bilderbuchs für vierjährige Rezipienten und Rezipientinnen ist diese Zusammenarbeit besonders bedeutsam. Als kompetentes Gegenüber ermöglicht es die Vorleserin dem Kind (in diesem Fall dem vierjährigen Markus), im Vorlesegespräch (Wieler 1997: 46, 17-21; angepasste Darstellung) gleichsam in die Geschichte einzutreten:

Abb. 11 | *Oh, wie schön ist Panama* (Janosch) – Der Aufbruch

1 M [...] „Der kleine Bär nahm noch seinen schwarzen Hut, und dann gingen sie los. Dem Wegweiser nach. Am Fluss entlang in die eine Richtung." Guck mal da! (3 Sek.) Was hat er denn da auf dem Rücken? [...]„‚Wo geht's denn hier nach Panama?' fragte der kleine Bär. ‚Nach links', sagte der Fuchs, ohne zu lange zu überlegen, denn er wollte nicht gestört werden. Nach links war aber falsch. Sie hätten ihn besser nicht fragen sollen. Dann trafen sie eine Kuh. ‚Wohin geht's denn hier nach Panama?' fragte der kleine Bär. ‚Nach links', sagte die Kuh, ‚denn rechts wohnt der Bauer, und wo der Bauer wohnt, kann nicht Panama sein'. Das war wieder falsch; denn wenn man immer nach links geht"/
2 K (()) kom/
3 M Wo kommt man da hin?
4 K Wo man wieder war.
5 M Wo man wieder war, ne? Wo ma herkommt. Richtig! Nämlich dort, wo man hergekommen ist [...]

Der Auszug aus dem Dialog zeigt zunächst, wie die Mutter einen gemeinsamen Fokus nicht nur über das Vorlesen der Geschichte, sondern über den Hinweis auf das Bild herstellt. Sie gibt den Impuls, das Bild anzuschauen („Guck mal da!"), hält inne und schließt die Frage danach an, was der kleine Tiger auf dem Rücken habe. Dass eine dialogische Vorlesestruktur bereits etabliert ist, zeigt der Beitrag des Kindes, mit dem es den Erzähler ergänzt. Es unterbricht das Vorlesen der Mutter und schaltet sich ein. Der Versuch „kom/" mündet in die Nachfrage der Mutter, die gleichzeitig die Frage des Erzählers im Text ist und nahtlos anschließt: „Wo kommt man da hin?" Die Adressierung wird hier also vom Kind vorgreifend („kom/") und dann aufs Neue aufgegriffen. Seine Antwort „Wo man wieder war" wird von der Mutter bestätigt und beiläufig korrigiert: „Wo ma herkommt". Sie kann nun ins Vorlesen des Textes, der noch expliziter formuliert, zurückkehren: „Richtig! Nämlich dort, wo man hergekommen ist".

Ein weiterer Transkriptausschnitt zeigt, wie im Dialog zwischen diesem Kind und seiner Mutter eine Beziehung zwischen der Welt der Erzählung und der Lebenswelt des Kindes und seiner Familie hergestellt wird:

1 M [...] „Komm, wir müssen sofort weiter, wir müssen zu dem Fluss. Dort bauen wir uns ein kleines gemütliches Haus mit Schornstein. Wir brauchen uns doch" /

2 K Mama! Wann machen wir denn unsern Schornstein mal an?
3 M Wann wir unsern Schornstein anmachen? Das können wir nicht, Markus, wir haben ja ne andere Heizung. Wir ham ja nicht so ne Heizung, wo man mit Holz oder mit Briketts heizen muss.
4 K Ja, aber Mama, aber wir hatten doch en Schornstein.
[8 weitere Beiträge]
5 M [...] Und früher hatten die hier in den Häusern, manche Familien hatten hier auch so Ofen gehabt, wo man mur mit Holz oder mit Kohle geheizt hat.
6 K Die meisten?
7 M Ja, ganz am Anfang, als die Häuser gebaut worden sind. Und dann ham die das nachher geändert, weil die nicht immer Lust hatten, da Holz reinzutun und die Kohle da reinzutun, da ham die sich andere Heizungen gebaut. Aber es is schon gemütlich. Wie bei, wie bei der Oma, im Häuschen in der Eifel, so hatten die das.
8 K Läuft denn, ja, bei denen läuft doch auch immer, bei denen läuft doch noch der/der (()) Kamin.
9 M Der Kamin, ja. Und da kommt auch der Qualm dann oben raus, ne. Solln wer weiterlesen?

(Wieler 1997: 246, 73-89)

Das Kind greift die Erwähnung des Schornsteins auf und schließt eine Frage an, die die Mutter zu einer Erläuterung veranlasst. Die eigene Heizung sei ja keine Ofenheizung. Das Kind insistiert allerdings, so dass das Gespräch nicht sofort zur Janosch-Erzählung zurückkehrt, sondern eine Erläuterung zur früheren Heiztechnik und der Hinweis auf das Haus der Oma, also auf ein Stück Geschichte, die auch Familiengeschichte ist, erfolgt („so hatten die das"). Die Rückkehr in die Vorlesesituation wird explizit moderiert: „Solln wer weiterlesen?" und durch eine kurze Zusammenfassung unterstützt: M: „Gut. Auf jeden Fall wollten die sich dann wieder ein Haus bauen, mit Schornstein." (Wieler 1997: 91)

In dieser Vorlesesituation wird das Kind erkennbar darin unterstützt, die dargestellte Geschichte nachzuvollziehen. Die Analyse zeigt auch, dass hier bereits literarisches Lernen vorbereitet wird: Die gemeinsame Aufmerksamkeit richtet sich – der Ästhetik des symmedialen (Schrift und Bild aufeinander beziehenden) Mediums Bilderbuch entsprechend (Frederking & Römhild 2016) – auf Text und Illustration. Indem das Kind außerdem eine antwortende Rolle dort einnehmen kann, wo der Erzähler und die vorlesende Mutter diese anbieten („Wo kommt man da hin?"), werden weitere Möglichkeiten zum Mitvollziehen der Narration eröffnet und die vermittelnde Funktion des Erzählers kommt zum Tragen. So wird auch dessen Lob – „Richtig!" – als Belohnung erfahrbar. Der Gesprächsgang zum Schornstein zeigt außerdem, wie Brücken zwischen Fiktion und Erfahrungswelt geschlagen werden. Darüber hinaus wird der Symbolgehalt der Reihe Schornstein – Kamin – Wärme mindestens angedeutet, indem die Mutter auf die Gemütlichkeit des Kaminfeuers verweist.

In ihrer Auswertung zeigt Wieler, dass die kokonstruktive Etablierung von Bedeutung eine Struktur aufweist, auch wenn sie nicht einer expliziten Planung geschuldet sein dürfte.

Format

Diese Struktur entspricht dem Format im Sinne Jerome Bruners (Wieler 1997: 263). Der Psychologe und Spracherwerbsforscher bezeichnet mit Format ein „standardisiertes Interaktionsmuster zwischen einem Erwachsenen und einem Kleinkind, welches als ursprünglicher ‚Mikrokosmos' feste Rollen enthält, die mit der Zeit vertauschbar werden" (Bruner 1987: 103). So eröffnen Formate die Zone der nächsten Entwicklung im Sinne Vygotskijs und ermöglichen wachsende Autonomie: „‚Wo ein Zuschauer ist, soll ein Teilnehmer werden.' Man führt ein Spiel ein,

Abb. 12 | Oh, wie schön ist Panama (Janosch) – Die Birne

gibt einen Rahmen, der sicherstellt, dass die Schwächen des Kindes aufgefangen und korrigiert werden können, und entfernt diesen Rahmen in dem Maße, in dem die Struktur ‚auf der anderen Seite' selber stehen kann." (Bruner 1987: 51)

Ein typisches Format beim frühen Vorlesen lässt sich nach Wieler mit folgendem Transkriptausschnitt zu der Sofa-Szene (Abb. 12) aus Janoschs Buch illustrieren:

1	M	Was ist das denn?
2	K	Ne Birne.
3	M	[lachen] Ne Birne am/eh/von oben, ne? Weißte, wieso ne Birne? Mir ham doch auch immer Birnen in den Lampen.
4	K	Nööö
5	M	Nööö? [leise lachen] Aber andere, ne? *Der kleine Bär [...]*

(Wieler 1997: 247, 33-37)

Die Mutter richtet die Aufmerksamkeit mit einer Frage auf ein Detail des Bildes. Das Kind antwortet, die Mutter greift die Antwort bestätigend auf. Damit ist das Format im Bruner'schen Sinn bereits vollständig und wird hier mit einer Variation wiederholt: Die Mutter erweitert die Antwort des Kindes („von oben, ne?") und stellt eine neue Frage, auf die das Kind mit „Nööö" antwortet. Diese Antwort, bei der nicht klar ist, ob sie sich auf die Frage „Weißte, wieso ne Birne?" oder den Anschlusshinweis „Mir ham doch auch immer Birnen in den Lampen" bezieht, wird nicht bestätigt, sondern fragend wiederholt und die Mutter schließt eine rhetorische Frage an („Aber andere, ne?"), die eine Lücke füllt: Die Frucht Birne hat die Familie in der Tat nicht in den eigenen Lampen, sondern eine andere Birne. Darauf könnten sich Mutter und Kind verständigen. Eine explizite Verhältnisbestimmung zwischen Glühbirne und Frucht unternimmt die Mutter allerdings nicht, sondern lässt es dabei bewenden, die Aufmerksamkeit des Kindes auf die metaphorische Darstellung in der Illustration zu richten – und sich selbst daran zu freuen, wie der Hinweis auf das leise Lachen im Transkript verdeutlicht (zur Doppelsinnigkeit des literarischen Textes s.u., zum Ganzen Wieler 1997: 259f.).

Die Vorlesepraxis, die sich in diesem Fallbeispiel zeigt, ermöglicht es also dem Kind, gemeinsam mit der Mutter ein Verständnis der Erzählung aufzubauen. Im Rahmen des kokonstruktiven Prozesses kann das Kind in die Vorstellungswelt eintreten und

Bezüge zur eigenen Erfahrungswelt elaborieren. Die Qualität des Verständnisses lässt sich aus den Daten zwar nicht ermitteln, wohl aber lässt sich schließen, dass neben der Textbegegnung im engeren Sinne hier positive Erfahrungen mit Literatur vermittelt werden, die zugleich geteilte Erfahrungen von Kind und Erwachsenem sind.

Offene und geschlossene Lesekulturen

Wie die Studie von Petra Wieler zeigt, hat das Vorlesen in bildungsfernen Kontexten unter Umständen einen weniger förderlichen Charakter. Während in einem bildungsnahen Kontext das Vorlesen als „gemeinsame Vergegenwärtigung einer Geschichte" erscheint (offene Lesekultur), scheint im bildungsfernen Kontext das Vorlesen als „Mitteilen eines Textes" zu dominieren. Die Kinder sind anders als im Beispiel nicht als aktive Partizipanten einbezogen (Wieler 1997: 256, siehe auch Kap. 4.1). Der folgende Auszug aus einem anderen Vorlesegespräch zeigt ein eher restriktives Vorleseverhalten, wie es für die geschlossene Lesekultur typisch ist:

1	M	[...] Sie wohnten in einem kleinen gemütlichen Haus + mit Schornstein/
2	K	Hhhh!
3	M	und es, und es geht gut', sagte der kleine/
4	K	Hatte da einer wohnt?
5	M	Mhm. Da wohnt der Tiger und der Bär.
6	K	Ha/
7	M	denn wir haben alles
8	K	hatte da schon mal einer drinne wohnt?
9	M	Jetzt hör mal auf!

(Wieler 1997: 251, 30-38)

Die Nachfrage des Kindes „Hatte da einer wohnt?" (4) – eine Frage, die sich mit Ja oder Nein beantworten lässt – wird von der Mutter lediglich mit „Mhm" beantwortet. Als das Kind insistiert und also zeigt, dass sein Klärungs- oder Vertiefungsbedürfnis noch nicht befriedigt ist (8), wird es von der Mutter mit einem Imperativ (9) zurückgewiesen. Die initiierende Frage des Kindes führt also nicht in eine Elaboration, vielmehr wird die Sequenz rigide zum Abschluss gebracht.

Die Unterscheidung zwischen offener und geschlossener Lesekultur, die an den beiden Fällen deutlich wird, entspricht der oben benannten von kokonstruktivem und direktivem Modus.

Wo das Vorlesen als kulturelle Praxis in der demonstrierten reichhaltigen, also kokonstruktiven Form etabliert ist, werden wichtige Voraussetzungen für die weitere Lese- und literarische Sozialisation geschaffen: Die Beschäftigung mit Literatur wird als lohnend erfahren. Dafür steht ein Rahmen bereit, der sich vielfach durch Regelmäßigkeit und Verlässlichkeit auszeichnet. Wie der Hinweis auf die Formate im Sinne Bruners zeigt, hat die Vorlesesituation außerdem erkennbar eine Struktur. Im informellen Kontext der Familie werden so Fähigkeiten, Kenntnisse und Einstellungen im Bereich von Literatur und Schriftlichkeit erworben. Zu den Kenntnissen gehören auch solche, die die Struktur von narrativen Texten betreffen. Wie oben bereits angesprochen, dürfte in frühen Medienerfahrungen insbesondere dann, wenn sie in der beschriebenen Weise interaktiv eingebettet sind, Grundlagen dafür zu finden sein, dass Kinder relativ früh dazu in der Lage sind, selbst Phantasieerzählungen zu produzieren.

Aufgabe 4

a. Welche Fragen könnten Sie Kindern stellen, um herauszufinden, welche Bedeutung Vorlesesituationen und das Hören von Hörbüchern für sie haben? Führen Sie nach Möglichkeit ein Gespräch mit einem Kind vor der Einschulung.
b. Auf dem Bildungsserver Berlin-Brandenburg ist ein „Hörtest für Hörbücher" eingestellt. Würden Sie diesen in der Schule einsetzen, und wenn ja zu welchem Zweck? http://bildungsserver.berlin-brandenburg.de/fileadmin/bbb/unterricht/faecher/sprachen/deutsch/Sprechen_und_Zuhoeren/hoertest_hoerbuecher_konzept_kv.pdf

3.2.2 Vorlesegespräche in der Schule

Aufgrund seiner großen Bedeutung für den Erwerb literatur- und schriftbezogener Fähigkeiten kommt dem Vorlesen im Deutschunterricht eine bedeutende Rolle zu. Auch hier besteht ein Potenzial des Vorlesens darin, die Vertrautheit mit der kulturellen Praxis Literatur zu stärken oder zu schaffen, um so zugleich positive Einstellungen zur Literatur und zum Lesen zu fördern.

Dies gilt nicht nur für die frühe Grundschulzeit, sondern durch die Schullaufbahn hindurch. Das Vorlesen ermöglicht den Schülerinnen und Schülern die Konzentration auf den literarischen Gegenstand entlastet vom eigenen Lesen, was gerade bei schwachen Leser/innen oder bei sehr komplexen literarischen Gegenständen bedeutsam ist. Der Etablierung einer – auch durch Regelmäßigkeit gekennzeichneten – schulischen Vorlesekultur kommt deshalb aus literaturdidaktischer Perspektive große Bedeutung zu. Anders als in der Familie ist die Gestaltung der Vorlesesituation im Deutschunterricht Teil des professionellen Handelns der Lehrperson. Der Rahmen, in dem sie sich mit ihrer Klasse bewegt und den sie zugleich gestaltet, unterscheidet sich vom familialen Rahmen:

Vorlesen im Unterricht

Das Vorlesen im Unterricht findet in der (begrenzten) Öffentlichkeit einer größeren Gruppe statt, nicht im privaten Raum. Daher sind die Interaktionen auch nicht mehr dyadisch zwischen Erwachsenem und Kind strukturiert (wie im Format nach Bruner), sondern betreffen einen größeren Kreis. Die Lehrperson stellt durch physische Präsenz – seltener durch Berührung – Kontakt her. Sie setzt Stimme, Blickkontakt, Mimik und Gestik ein. Häufig wird für das Vorlesen ein Stuhlkreis gestellt, in dem es leichter fällt, diesen Kontakt zu halten und gleichzeitig die Kommunikation unter- und miteinander zu ermöglichen. So kann darüber hinaus die Gesprächssituation von anderen unterrichtlichen Kommunikationen unterschieden werden, eine Absicht, die auch mit dem Morgenkreis (s.o.) verfolgt wird.

Auch beim Vorlesen im Unterricht kommt der Gestaltung der Interaktion eine bedeutende Rolle zu. Textverständnis und literarische Bedeutungskonstruktion können so unterstützt bzw. ausgebildet werden. Neben dem ansprechenden Vorlesen, das u.a. durch stimmliche Variationen, Variationen im Sprechtempo und sinn-angemessene Hervorhebungen gekennzeichnet ist, spielen daher auch dialogische Anteile eine wichtige Rolle (Spinner 2010). Mit ihnen können, wie der folgende Transkriptausschnitt zeigt, gezielt literarische Sinnbildungsprozesse gefördert werden.

Der Ausschnitt entstammt einer Unterrichtsstunde in einem zweiten Schuljahr „in einem bürgerlich-mittelständischen Stadtbezirk von Berlin“ (Wieler 2004: 270, vgl. Wieler et al. 2008), in der die Lehrerin Jutta Richters Kinderroman *Prinz Neumann* vorzulesen beginnt:

1	L	„Klirr, schlepp/schepperte es im Schlosshof, der 28. Dachziegel war heruntergeflogen. [...] Peng, knallte die Fensterlade vom Flurfenster, peng, peng." So Martin, du kannst dir jetzt das Schloss schon ein bisschen besser vorstellen. Beschreib es mal
2	Martin	+++ Das Schloss is +++ em, verfallen, also recht zerfallen, ganz alt.
3	L	Jannis, was für ein Schloss siehst du vor dir?
4	Jannis	Na, dass da ganz viele Löcher sind, dass es zerrissen is und dass es ganz luftig ist und ganz kalt.
5	L	Marischka!
6	Marischka	Em, ich stell mir dis Schloss so, also so grau und so'ne und so'ne, em, und dass da so'ne Steine fehlen.
7	L	Yasin!
8	Yasin	Dis is so'n bisschen so gerostet und so weiter, da sind so viele Löcher

(Wieler 2004: 271)

Die Lehrperson fordert hier vier Schüler und Schülerinnen gezielt dazu auf, eine Vorstellung des Schlosses auszubilden und diese zu beschreiben. Dafür hält sie inne. Der Raum, den sie für diese Vorstellungen eröffnet, zeigt, dass es ihr nicht um einen Informationsaustausch oder spezifische Klärungsprozesse geht, sondern darum, dass die Kinder eine imaginative Vergegenwärtigung vornehmen und diese beschreiben. Gerade die an Jannis gerichtete Aufforderung gibt zugleich das Signal, dass bei literarischen Vorstellungsprozessen mit Unterschieden zu rechnen ist. Die Lehrerin fragt gezielt danach, was für ein Schloss er vor sich sieht – z. B. im Unterschied zu Martin. Im gesamten Ausschnitt zeigt sich eine „enge Verschränkung von Vorlese- und Gesprächsaktivitäten" (Wieler 2004: 272).

Ganz anders verläuft die Eröffnung einer Vorlesereihe zu Paul Maars *Eine Woche voller Samstage* in einer zweiten Grundschulklasse mit hohem Anteil von Schülern und Schülerinnen mit Migrationshintergrund und heterogenen sprachlichen Ausgangslagen. Die Lehrerin schiebt hier immer wieder Fragen ein, um den Kindern die notwendigen Wissensbestände verfügbar zu machen, die einen Einstieg in den Kinderroman um Herrn Taschenbier und das Sams zu ermöglichen:

1	L	Nach Montag kommt?
2	Ferda	Dienstag.
3	L	Ja. Hatten wir den Dienstag auch schon was gehört? Is ganz schön anstrengend, wenn man das nich (kennt). [...] Was war am Dienstag? + Hm? Clara!
4	Clara	Am Dienstag hatte er Dienst.
5	L	[leise] Dienstag hatte er Dienst. [L. fährt mit dem Vorlesen fort:] „Das war nichts Besonderes. Am Mittwoch war gerade Mitte der Woche. [...]“

(Wieler 2004: 275)

Die Gesprächszüge in diesem Transkript sind, wie Wieler zeigt, seitens der Lehrperson insgesamt viel stärker darauf ausgerichtet, Verstehensgrundlagen sicherzustellen, in diesem Fall die Wochentage in ihrer Abfolge zu klären, um die Struktur der Erzählung und ihren Witz begreiflich zu machen. Dabei ist offenbar die Annahme leitend, dass die Verstehensgrundlagen nicht gegeben sind. Die Gesprächsführung ist wesentlich durch die heterogene sprachliche Ausgangssituation der Klasse bestimmt (Wieler 2004: 276/277). Die Lehrerin greift noch nicht aus in eine literarische Sinnkonstitution, etwa indem Überlegungen zur Geschichte angestellt würden. Bedeutsam erscheint die Feststellung „Is ganz schön anstrengend, wenn man das nich (kennt)“, mit der die Lehrerin aus dem Gespräch zum Text heraustritt und es kommentiert. Ob sie eine eigene Anstrengung artikuliert, die potentielle Anstrengung der Kinder oder gemeinsame Anstrengungen, kann nicht entschieden werden. Jedenfalls trägt dieser Gesprächsauszug auch wegen des Hinweises auf die Mühe deutlich den Charakter einer eng geführten Arbeitsphase (zur Unterrichtskommunikation vgl. Kap. 1). Gerade der Kontrast beider Auszüge deutet darauf hin, dass solche Vorlesegespräche, in denen recht umstandslos eine literarische Sinnbildung in den Vordergrund treten kann – wie im Gespräch zu Jutta Richters *Prinz Neumann* –, von bestimmten Voraussetzungen unter anderem im Bereich des Textverstehens getragen sind. In der Gesprächssituation zu Paul Maars Kinderbuch müssen diese Voraussetzungen offenbar erst hergestellt werden (Kap. 4). In die Vorbereitung des Vorlesens im Deutschunterricht müssen daher lerngruppen- und gegenstandsspezifische Überlegungen zum Textverstehen und zur literarischen Bedeutungskonstruktion gleichermaßen eingehen (zur Textauswahl s.u.).

Inwiefern diesen Anforderungen gegenwärtig im Deutschunterricht entsprochen wird, lässt sich schwer einschätzen. Eine Teilstudie des Projektes „PERLE – Persönlichkeits- und Lernentwicklung von Grundschulkindern" (2006-2011), die in 38 Klassen des ersten Grundschuljahrgangs durchgeführt wurde und in deren Mittelpunkt das Vorlesen eines Bilderbuches stand, indiziert deutlichen Verbesserungsbedarf bei der Gestaltung für den Beginn der Schullaufbahn (Kruse 2012). Auch vor diesem Hintergrund lohnt die Konkretisierung fruchtbarer Vorleseinteraktionen innerhalb des Deutschunterrichts.

Gesprächsimpulse für Vorlesegespräche

Kaspar Spinner hat Typen von Gesprächsimpulsen für Vorlesegespräche formuliert, die auf die Förderung der literarischen Bedeutungskonstruktion und auch des Erwerbs narrativer Strukturen ausgerichtet sind. Letzterer wird dabei, so die Annahme, implizit unterstützt. Durch die Begegnung mit Erzählungen im Vorlesen können Kinder unter anderem das „Komplikation-Lösung-Schema" kennenlernen oder die Vertrautheit mit dem Schema, das in sehr ähnlicher Form ja auch die Alltagserzählungen prägt (s.o.), kann wachsen (Spinner 2005: 155, vgl. auch Spinner 2004).

Die Lehrperson kann im Vorfeld prüfen, an welchen Stellen Unterbrechungen des Vorlesens zugunsten der Gesprächseinlagen sinnvoll sind, und bei der Durchführung je nach Situation und Lerngruppe statt Verbalisierungen auch gestische Aufforderungen oder ein bloßes Innehalten mit Blickkontakt einsetzen (Spinner 2010: 197). Spinner unterscheidet:

- *Antizipation*: „Die Schülerinnen und Schüler sollen sich überlegen, wie die Geschichte weitergehen könnte" (Spinner 2010: 197). Impulse in diesem Bereich ermöglichen eine imaginative Vergegenwärtigung des Geschehens und erlauben es, die narrative Struktur einer Geschichte hervorzuheben und nachzuvollziehen.
- *Aktivierung von eigenen Erfahrungen:* „Gemeint sind hier Impulse wie ‚Eine solche Wut, kennt ihr das?' oder ‚Habt ihr auch einmal eine solche Situation erlebt?'" (ebd.). Impulse dieser Art ermöglichen es, eine Verknüpfung zwischen Vorwissen und Narration herzustellen.
- *Anregung zur Perspektivenübernahme:* „Das geschieht durch Fragen wie ‚Wie hat sich X hier wohl gefühlt?' oder ‚Könnt ihr verstehen, warum X das sagt?'" (ebd.). Impulse dieser Art

ermöglichen die intensivere Vergegenwärtigung einer Figur und auch die Entwicklung von Empathie.
- *Reflexion des Verhaltens einer Figur:* „Dies bietet sich vor allem an, wenn sich eine Figur in einem Text in überraschender Weise verhält. Es geht um Fragen wie ‚Findest du es richtig, was X hier getan hat?‘ oder ‚Was würdest du tun, wenn du in der Situation von X wärst?‘“ (ebd.). Über die Perspektivenübernahme hinaus kann durch entsprechende Impulse das Verhalten von Figuren zum Gegenstand der Auseinandersetzung werden.
- *Interpretationen:* „Interpretationsfragen sind vor allem bei Textstellen angebracht, die durch andere Textstellen erhellt werden können, z. B. wenn aus dem vorangegangenen Textzusammenhang eine Begründung für das Verhalten einer Figur erschlossen werden soll“ (ebd.). In dieser Form dienen Interpretationsimpulse auch dazu, den inneren Zusammenhang der Narration nachzuvollziehen bzw. herzustellen.

Im Sinne der literarischen Bedeutungskonstruktion lässt sich ergänzen:
- *Anregung zur Vorstellungsbildung in Bezug auf Raum und Zeit:* Das geschieht durch Fragen wie „Was für ein Schloss siehst du vor dir?“ (s. das Beispiel oben). Die imaginative Vergegenwärtigung der raum-zeitlichen Situierung ermöglicht es, sich die Welt der Narration deutlicher vor Augen zu führen (zur Bedeutung der Vorstellungsbildung siehe Kap. 4).
- (bei Bilderbüchern) *Anregung zur Bildwahrnehmung* und gerade bei Spannungen zwischen Text und Bild die Interpretation des Text-Bild-Verhältnisses. Je nach dem können die Impulse sich auf die Figurenwahrnehmung oder die Darstellung des Ortes sowie den Handlungsverlauf richten, auch kann Überraschendes fokussiert werden.

Des weiteren ist im Hinblick auf die ästhetische Form hinzuzufügen:
- *Anregung zur Wahrnehmung der sprachlichen Gestaltung.* Diese wird zum einen durch das Vorlesen selbst geschult, zum Beispiel durch die Hervorhebung von Rhythmus- und Klangstrukturen beim Lesen und die gezielte, gestische oder verbale Aufforderung zum Mitsprechen und Ergänzen. Zum anderen

kann der spezifische Sprachwitz eines Textes oder Bilderbuches auch zum Gegenstand eines Gesprächsimpulses werden, wenn etwa Namen fokussiert werden (Herr Taschenbier in Maars *Sams* oder *Prinz Neumann* in Richters Kinderroman). Solche Hervorhebungen und Impulse können antizipierenden Charakter haben und zur Wahrnehmung der narrativen Struktur, des Gattungsmusters und der ästhetischen Gestaltung beitragen (vgl. Kap. 1).

Da die spezifische Bedeutung des Vorlesens wie des Vorlesegesprächs darin liegt, eine intensive Begegnung mit dem literarischen Gegenstand zu ermöglichen, ist es folgerichtig, Fragen des Textverstehens nicht eigens zum Gesprächsgegenstand zu machen, sondern Worterklärungen beiläufig einfließen zu lassen oder Passagen zu paraphrasieren (vgl. Spinner 2004: 297). Die „Kongruenz der Vorlesesituation" (Kruse 2012) sollte nicht gestört werden. Aus diesem Grunde sollten die Gesprächsimpulse auch nicht in ausführlichere Gespräche über den Text münden, wie sie etwa im literarischen Gespräch angestrebt werden, die vor allem der Verständigung über Lesarten und der Interpretation dienen (Härle & Steinbrenner 2019; Zabka 2015). Entsprechende Prinzipien erübrigen sich auch dann nicht, wenn die Schüler und Schülerinnen älter sind. Sie sprechen zum Beispiel gegen Verfahren des Reihum-Vorlesens für die Erstbegegnung mit Texten.

<table>
<tr><th>Vorlesegespräch</th><th>Literarisches Gespräch</th></tr>
<tr><td colspan="2">Ko-Konstruktion von Bedeutung</td></tr>
<tr><td>Den Prozess der Textbegegnung begleitend</td><td>An die (Erst-)Lektüre anschließend</td></tr>
<tr><td colspan="2">Akzente:</td></tr>
<tr><td colspan="2">Partizipative Textbegegnung</td></tr>
<tr><td colspan="2">Literarisches Lernen</td></tr>
<tr><td>Unterstützung der literarischen Sinnbildung</td><td>Verständigung über Verstehen</td></tr>
<tr><td colspan="2">Übergänge</td></tr>
</table>

Abb. 13 | Vorlesegespräch und Literarisches Gespräch im Vergleich (aus: Pieper 2016: 78)

Aufgabe 5

Besorgen Sie sich Paul Maars Kinderroman *Eine Woche voller Samstage* und lesen Sie das erste Kapitel.
Die Kenntnis der Wochentage und ihrer Abfolge ist eine wichtige Verständnisgrundlage, die der Text im Prinzip als Vorwissen voraussetzt. Im Fremdsprachenunterricht ist es üblich, solche Wissensbestände vor der eigentlichen Textbegegnung zu vermitteln oder zu aktivieren. Überlegen Sie, in welcher Weise dies hier möglich wäre. Was spricht für, was gegen ein solches Vorgehen?
Formulieren Sie anschließend mithilfe der obigen Übersicht Gesprächsimpulse zur Unterstützung der literarischen Bedeutungskonstruktion.
Anregung: Die erste Geschichte vom Sams veröffentlichte Paul Maar 1973. Zuletzt erschien *Das Sams und der blaue Drache* (2020). Diskutieren Sie in einer Arbeitsgruppe, ob/inwiefern sich der Charakter der Geschichte(n) verändert hat.

Aufgabe 6

Gutes Vorlesen intensiviert die Textbegegnung und kann Zugänge zu komplexeren Texten eröffnen. Dies gilt auch in der Sekundarstufe I: Nehmen wir an, dass Sie mit Ihrer Klasse 8 Gottfried Kellers Novelle „Kleider machen Leute" lesen wollen (s.o. Kap. 2.4). Modellieren Sie einen Einstieg in die Lektüre über das Ohr, indem Sie den Anfang für das Vorlesen in der Klasse vorbereiten:

1. Orientieren Sie sich über Inhalt und Thema der Novelle und beginnen Sie, sie zu lesen (verfügbar im Netz unter zeno.org; zu Inhalt und Interpretationsansätzen u. a. Kindlers Literatur-Lexikon online [Artikel von Gert Sautermeister]).
2. Die Novelle ist nicht in Kapitel unterteilt. Bis wohin würden Sie vorlesen, um einen sinnvollen Einstieg zu ermöglichen? Warum?
3. Welche Erläuterungen halten Sie ggf. für wichtig? Entwickeln Sie Möglichkeiten, diese so in den Vortrag oder die Vorbereitung einzubauen, dass sie die Textbegegnung unterstützen, nicht unterbrechen.

4. Üben Sie die Textpassage ein und tragen Sie sie einer Person/Ihrer Arbeitsgruppe vor.
5. Welche Form der Anschlusskommunikation halten Sie für sinnvoll, um den Einstieg in die Novelle zu unterstützen? Begleitende Gesprächszüge im Sinne des Vorlesegesprächs oder eher ein Gespräch im Anschluss? Formulieren Sie auch einige Impulse.

Vorlesequalität

Die Typen von Gesprächsimpulsen können nicht nur als Hilfe bei der Vorbereitung von Gesprächen dienen, sondern sie bilden außerdem einen Horizont für die qualifizierende Beschreibung von Vorlesesituationen im Unterricht. Iris Kruse hat den angesprochenen Vorschlag Spinners sowie seine Systematisierung unterschiedlicher Aspekte literarischen Lernens (Spinner 2006) aufgegriffen und auf dieser Basis zehn Vorlesequalitätsitems formuliert. Innerhalb der bereits erwähnten Teilstudie von PERLE hat sie insgesamt 50 Videoaufzeichnungen von Vorlesegesprächen daraufhin untersucht, ob und inwiefern sich die Items auffinden lassen.

Aspekte der Unterrichtsqualität/ Basisdimensionen	Item
Rahmung, kommunikative Grundstruktur und unterrichtliche Einbettung der Vorlesesituation	1. Gestaltung des Vorlesesettings 2. Umstandslosigkeit der Hinführung zum Text 3. Kongruenz der Vorlesesituation 4. Offenheit und Dialogizität der Vorlesesituation
Unterstützung des literarischen Verstehens und Anregung zur Entwicklung literarischer Rezeptionskompetenz (auf der Basis der ästhetischen Text-Bild-Vorgabe)	5. Imaginationsförderliche Unterstützung von Figurenverstehen und Perspektivenübernahme 6. Unterstützende Maßnahmen zur Herausbildung der Aufmerksamkeit für sprachliche Gestaltung
Unterstützung des verständnisvertiefenden Umgangs mit Text-Bild-Korrespondenzen	7. Rezeptionsvertiefende Zuwendung zur Bildebene des Buches 8. Anregungen zur Bedeutung generierenden Verknüpfung von Text und Bild
Umgang mit der Anschlussaufgabe [die im schulischen Kontext als Schreibaufgabe an das Vorlesen anschließen kann; UB/IP]	9. Strukturierung der Schreibaufgabe 10. Zeitliche und inhaltliche Anbindung des Schreibauftrags an das Vorlesen

Tab. 7 | Dimensionen des hoch-inferenten Ratings zur angeleiteten Bilderbuchrezeption im Überblick (aus: Kruse 2012: 108)

Mehrere Rater/innnen schätzten das Vorhandensein der Items auf einer Skala von 1 bis 4 ein. Werte, die eindeutig in der aus literaturdidaktischer Sicht akzeptablen Höhe von 3 bis 4 liegen, kommen für kein Item vor. Überraschenderweise sind die Ergebnisse insbesondere bei einer klassischen Zieldimension des literarischen Lernens, der Förderung der Perspektivenübernahme (Item 5), schwach (durchschnittlich 1.93). Nur der Wert zur Verknüpfung von Text und Bild (Item 8) ist noch schwächer (1.5). Kruse folgert, dass den „hohen Erwartungen an das Vorlesen in der Schule (...) in der Praxis demnach nicht entsprochen“ werde (Kruse 2012: 117).

Item	N	Range	M	SD
1. Vorlesesetting	50	1-4	2.37	.89
2. Hinführung zum Text	50		2.96	1.15
3. Kongruenz	50		2.85	1.17
4. Offenheit und Dialogizität	50		2.43	1.02
5. Perspektivenübernahme	50		1.93	.67
6. Sprachliche Gestaltung	50		2.36	1.17
7. Zuwendung zur Bildebene	48		2.08	.70
8. Verknüpfung von Text und Bild	50		1.50	.84
9. Strukturierung der Schreibaufgabe	50		2.09	.61
10. Anbindung des Schreibauftrags	50		2.99	.98

Tab. 8 | Deskriptive Statistiken zu den eingeschätzten Vorlesequalitätsitems (aus: Kruse 2012: 115); N=Grundgesamtheit (Zahl der ausgewerteten Stunden), M=Mittelwert, SD=Standardabweichung (gibt Aufschluss über die Streuung der im Mittelwert summierten Werte)

Vorlesen als professionelles Handeln

Das Vorlesen im Unterricht stellt sich so bisher empirisch als Professionalisierungsfeld dar, das in Lehrerausbildung und Lehrerweiterbildung die entsprechende Beachtung finden muss (Kruse 2012, Spinner 2010). Zwar ist es denkbar, dass Lehrpersonen mit reichen literarischen (Interaktions-)Erfahrungen Fähigkeiten entwickeln, die sich auch in gutem Vorlesen niederschlagen – in Form eines impliziten Lernens, das nicht nur Kindern zugestanden werden sollte –, dies ist aber offensichtlich nicht der Regelfall. Die Studie zeigt vielmehr, dass das Vorlesen genauso wie anderer Deutschunterricht auch der Vorbereitung bedarf.

Es erscheint durchaus denkbar, dass es gerade im Bereich des unterrichtlichen Vorlesens an einer Sensibilität für zentrale Unterschiede mangelt: Das Vorlesen in der Schule findet unter anderen Vorzeichen statt als das informelle Vorlesen zu Hause, das im Zeichen der Freizeitbeschäftigung steht und z. B. durch eine intuitive elterliche Didaktik strukturiert, aber im Regelfall nicht vorbereitet ist. Womöglich verstehen einige Lehrkräfte das Vorlesen auch dann nicht als Teil einer professionellen Praxis, wenn es im Unterrichtsraum situiert ist, sondern haben ein im informellen Kontext gebildetes Konzept von Vorlesen, das keiner Vorbereitung bedarf. Ob diese Hypothese tragfähig ist, wäre allerdings empirisch zu überprüfen.

Mit der Teilstudie aus PERLE können begrenzte Aussagen zur Qualität des Vorlesens im ersten Schuljahr gemacht werden. In diesem Ausschnitt der Gesamtstudie sind die Lernprozesse der Schüler und Schülerinnen nicht untersucht worden. Nun stimmen Lesesozialisationsforschung und Erzählforschung darin überein, dass das Vorlesen als elaborierte literale Praxis auch zum Erwerb narrativer Strukturen beiträgt und damit sowohl die rezeptiven als auch die produktiven Fähigkeiten von Kindern im Bereich des Erzählens von Phantasiegeschichten stützt. Dabei kommt auch der Wahl des literarischen Mediums Bedeutung zu.

Erwerb von Gattungswissen

Eine Studie, die weitere Hinweise auf den Wirkungszusammenhang von Vorlesen und literarischem Lernen geben kann und dabei gegenstandsbezogene Aspekte fokussiert, hat Sonja Birkle (2010) vorgelegt. Sie untersuchte den Erwerb von Textmusterwissen zur Gattung Märchen durch Vorlesen. Ihre Untersuchungsgruppe waren Schüler und Schülerinnen des zweiten Schuljahrs (n=59). Mit dem Textmusterwissen stellte sie einen Wissensbestand ins Zentrum, der nicht unbedingt verbalisierbar ist: Textmusterwissen muss nicht explizit sein, sondern kann auch in der impliziten Kenntnis von „prototypische(n), konventionalisierte(n) Merkmale(n) von Textexemplaren“ bestehen (Birkle 2010: 155). In einer Intervention wurden den Schülern und Schülerinnen in zehn Stunden durch geschulte Vorlesepat/innen Märchen aus der Sammlung der Grimm'schen *Kinder- und Hausmärchen* vorgelesen. Vor und nach der Intervention wurde das Textmusterwissen über die Identifikation von „Musterbrüchen“ geprüft: Birkle hatte die Texte durch solche Einfügungen manipuliert, die dem Textmuster nicht entsprachen. Die Schüler und Schülerinnen hörten die Texte auf Tonband. Bei einem Musterbruch sollten sie die Stopptaste drücken und anschließend erklären, was ihnen aufgefallen war. Ein Vergleich der Ergebnisse zwischen Interventions- und Kontrollgruppe zeigte, dass die Fähigkeit, solche Musterbrüche bei Märchen zu erkennen, bei der Gruppe, der vorgelesen worden war, stärker angestiegen war als bei der Kontrollgruppe (der Wert ist mit p=.09 fast signifikant; Birkle 2010: 159). Bei der qualitativen Auswertung der Erklärungen, die die Schüler und Schülerinnen vornehmen, verdeutlicht Birkle, welche Aspekte des Textmusterwissens unterschieden werden können. Ein Beispiel für einen Musterbruch lautet: „Das Feld gehörte im Jahre 1710 der Kirche und wurde 20 Jahre später an Familien verschenkt." Diesen kommentiert ein Kind: „Des müssen die gar nicht sagen. Im Jahr 1707 oder so. [...] Des ist einfach ein Feld und aus. Des müssen die nicht sagen" (Birkle 2010: 160). Die genre-fremde Zeitangabe wird also erkannt, die Abweichung auch verbalisiert. Andere Beispiele zeigen, dass Eingangs- und Schlussformeln des Märchens klar situiert und Verfremdungselemente auf Wortebene erkannt werden (Birkle 2010: 160f.). Mit dem Märchen steht ein Genre im Zentrum der angeführten Untersuchung, das in der frühen literarischen Sozialisation häufig eine bedeutende Rolle spielt. Die Grimm'schen Märchen (erste Ausgabe 1812) gelten – trotz des Variantenreichtums der Sammlung – als modellhaft, wie sich unter anderem in André Jolles' Beschreibung der Gattung nicht nur als „einfache Form", sondern auch als „Gattung Grimm" zeigt (Jolles 2006 [1930]). Es spricht vieles dafür, dass paradigmatische literarische Texte zurecht eine bedeutende Rolle in der frühen literarischen Sozialisation spielen.

Kriterien für die Textauswahl

Welche Kriterien der Auswahl geeigneter Vorlesetexte lassen sich aus den Einsichten zu Praxis und Potenzial des Vorlesens ableiten? Selbstverständlich sollten Geschichten daraufhin ausgewählt werden, dass sie ihre Zielgruppe ansprechen, interessieren, auch amüsieren können. Die Attraktivität und Angemessenheit literarischer Texte hat aber neben der thematischen – und eng auf diese bezogen – auch eine formale Dimension. Sinnvoll sind im frühen Literaturerwerb solche literarischen Texte, an denen das zentrale Aufbauschema von Geschichten um Komplikation und Lösung und elementare literarische Strukturen erfahrbar werden. Das Kriterium der Einfachheit ist deshalb an den Regeln des literarischen Systems auszurichten (Lypp 2012, siehe Kap. 6.1).

Deswegen bieten sich paradigmatische Texte an – wie eben solche Grimm'schen Märchen, die der Gattungstypik möglichst weitgehend entsprechen.

Zugleich bietet gerade die Vorlesesituation gute Möglichkeiten, auch komplexere Texte zu präsentieren, weil in ihr die Zone der nächsten Entwicklung eröffnet werden kann. Die Komplexität kann sich auf verschiedenen Ebenen zeigen, beginnend bei der sprachlichen Gestalt. So ist es kein Ausschlussgrund, wenn – wie im Beispiel der zweiten Klasse, die Paul Maars *Eine Woche voller Samstage* liest – mit Herausforderungen auf Wortschatzebene zu rechnen ist. Kaum eine Kommunikationssituation im Klassenzimmer dürfte so gute Möglichkeiten bieten, ein sprachlich reiches Angebot bereitzustellen, wie das Vorlesen. Dasjenige, was sich nicht durch einen ansprechenden Handlungsfaden erschließen lässt, kann beiläufig oder paraphrasierend transparent gemacht werden, Weiterführendes eigens betont werden. Auch formale Komplexität ist kein Ausschlusskriterium, verweist aber auf die Notwendigkeit der – taktvollen – Moderation. Die Birne, die in Janoschs *Oh wie schön ist Panama* von der Decke hängt, kann in ihrer Bezüglichkeit offenbar vom Kind noch nicht erfasst werden. Die Mutter richtet zwar die Aufmerksamkeit des Kindes auf die Pointe dieser Illustration aus, klärt den Witz aber nicht auf, weil sie offensichtlich vermutet, dass das Kind noch nicht folgen kann. Die Doppelsinnigkeit des Buches, die sich an dieser Stelle zeigt, bleibt also stehen.

Formale Komplexität zeigt sich immer auch dort, wo Genremustern nicht entsprochen, mit Perspektiven gespielt und subtiler Humor eingesetzt wird. Zu beachten ist außerdem die Ebene der thematischen Komplexität, gerade weil sich die Kinder- und Jugendliteratur zunehmend den großen Fragen zuwendet und den Tabubruch nicht mehr scheut. Darin liegt ein besonderes Potenzial der Kinder- und Jugendliteratur im Deutschunterricht über die Schullaufbahn hinweg (Hurrelmann 2012). In diesem Bereich bedarf es sicherlich besonderer Sensibilität und häufig einer intensiveren Anschlusskommunikation, innerhalb derer Verstehenshorizonte gemeinsam ausgelotet werden können.

Hinweis: Mehrfachadressierung und Doppelsinnigkeit in der Kinderliteratur
Das Kinderbuch ist in spezifischer Weise auf Vermittlung angewiesen und richtet sich auch nicht allein an Kinder: Da diese im Regelfall keine selbständigen Akteure in der literarischen Kommunikation sind, spricht die Kinderliteratur auch die erwachsenen Vermittler an, die die Bücher zum Beispiel verlegen, rezensieren, kaufen, ausleihen oder vorlesen. Die Kinderliteraturforschung spricht daher von der Mehrfachadressierung der Kinderliteratur: Die Kinderliteratur adressiert Kinder und professionelle (Lehrer/innen, Kritiker/innen, Verleger/innen...) wie nicht-professionelle Vermittler (Eltern, Großeltern...) zugleich (Ewers 2012). Vielfach hat die Kinderliteratur auch Elemente der Doppelsinnigkeit: Ihr Rezeptionsangebot ist dann in der Weise mehrdeutig, dass es dem erwachsenen Leser ein eigenes Angebot macht, das das Kind vermutlich (noch) nicht erfasst (Weinkauff & Glasenapp 2018, Ewers 2012).

Aufgabe 7

a. In den *Kinder- und Hausmärchen* der Brüder Grimm findet sich das Märchen *Die Sieben Raben* (Nr. 25 in der Ausgabe von 1837), das motivisch auch mit anderen Grimm'schen Märchen verbunden ist. Nehmen wir an, Sie unterrichten eine Märchenreihe in einer fünften Klasse:
Bereiten Sie dieses Märchen als Vorlesetext vor. Überlegen Sie genau, an welchen Stellen Sie Gesprächsimpulse setzen würden. Wo müssen Sie gegebenenfalls Hilfestellung geben?
Welche „verwandten" Märchen der Grimms würden Sie hinzuziehen?
b. In Kapitel 2 haben wir bereits darauf hingewiesen, dass beim Vorlesen die Exaktheit der Versprachlichung größer ist als im Bereich des Mündlichen üblich. Während wir beim Sprechen oft das eine oder andere Wort verschlucken, wird beim Vorlesen sehr exakt artikuliert: Statt „nich" hören wir „nicht", statt „kaufn" oder „kaufm" womöglich sogar „kaufen". Je nach Vorleser/in unterscheidet sich die Art der Artikulation nicht unbeträchtlich. Gehen Sie auf die Internetseite zehnSeiten.de, auf der jede Woche ein neuer Podcast mit einer zehnseitigen Lesung eines zeitgenössischen Schriftstellers eingestellt wird.

> Hören Sie Jens Sparschuhs Lesung aus *Ende der Sommerzeit.* (http://www.zehnseiten.de/de/buecher/detail/jens-sparschuh-ende-der-sommerzeit-443.html). Versuchen Sie zunächst einfach der Geschichte zuzuhören. Hören Sie anschließend die ersten eineinhalb Minuten ein zweites Mal und beschreiben Sie die Art und Weise seines Vorlesens möglichst genau. Achten Sie dabei besonders auf die Wortausgänge und die syntaktischen Informationen.

3.3 Zusammenfassung

Kapitel 3 führte mit den Themen „Erzählen“ und „Erzählungen verstehen lernen“ zwei zentrale Bereiche der Deutschdidaktik unter dem Dach der Mündlichkeit zusammen. Diese gemeinsame Verortung mag zunächst überraschen: Das sprachwissenschaftliche Interesse am Erzählen ist zwar in erster Linie auf mündliche Alltagserzählungen gerichtet, das literaturwissenschaftliche Interesse hingegen auf fiktionale, in aller Regel schriftliche Erzählungen. Unter der genuin didaktischen Perspektive des Erwerbs von Produktions- und Rezeptionsfähigkeiten im Bereich des Erzählens bewährt sich aber die Integration:

Wir haben zunächst ein Verständnis von Erzählen als einem dialogisch-interaktiven Prozess entwickelt, in den Erzähler/in und Hörer/in aktiv involviert sind. Die Interaktion ist um ein erzählwürdiges Ereignis zentriert, das Gegenstand gemeinsamen Interesses ist oder wird. Der Erzählerwerb verläuft insbesondere dann erfolgreich, wenn das kindliche Erzählen in Interaktionen eingebunden und durch sie gestützt wird. Dabei kann das Gegenüber auch Teile der Erzählung übernehmen. Diesen Prozess, in dem Kinder wesentliche Aufbauschemata von Erzählungen erwerben, haben wir als kokonstruktiv charakterisiert. Analog erscheint der frühe Literaturerwerb als kokonstruktiver Prozess: Vorlesesituationen im privaten Raum der Familie verlaufen im Gelingensfall dialogisch und sind von dichten Interaktionen bestimmt. Diese ermöglichen es dem Kind, in die Bedeutungskonstruktion einzutreten, und machen mit narrativer Sinnbildung und literarischen Erzählmustern vertraut. Dass es Kindern, wie die Studie von Becker (2015) zeigt, offenbar früher gelingt, gute Nacherzählungen und Phantasieerzählungen zu produzieren, kann als Hinweis darauf gedeutet werden, dass die Begegnung mit literarischen Narrationen sowohl die Rezeptions- als auch die Produktionsfähigkeiten schult und die Verfügbarkeit narrativer Muster und Vorlagen das Erzählen insbesondere außerhalb der Erlebniserzählung begünstigt.

Wie die kritische Diskussion des in der Primarstufe verbreiteten Erzählkreises zeigt, stößt die Förderung des alltäglichen Erzählens im schulischen Raum rasch an institutionelle Grenzen. Auch die intime familiäre Vorlesesituation lässt sich institutionell nur bedingt reproduzieren. Unter integrativer Perspektive können aber die Potenziale eines Erzählens, das sich an literarischen Mustern orientiert, für den Erzählerwerb weiter ausgeschöpft und das Vorlesegespräch zugunsten des literarischen Lernens differenziert modelliert werden. Dabei wäre dem dialogisch-interaktiven Charakter des Erzählens und der Literaturbegegnung Rechnung zu tragen.

Schriftlichkeit – Lesen | 4

Zu den zentralen Aufgaben des Deutschunterrichts gehört es, die Entwicklung umfassender Lesefähigkeiten zu ermöglichen und zugleich Leseinteresse und -bereitschaft zu fördern. Entsprechend berücksichtigen die Bildungsstandards der KMK die didaktisch relevante Beziehung zwischen Motivationen und der Entwicklung von kognitiven Fähigkeiten. Dabei wird auch der Zusammenhang zwischen Lesen und Persönlichkeitsbildung angesprochen, z. B. wenn auf die Bedeutung der Auseinandersetzung der Schüler und Schülerinnen mit „wichtigen, sie bewegenden Fragen" (KMK 2005: 9) oder auf die „Ausbildung von Empathie und Fremdverstehen" (KMK 2004b: 9) hingewiesen wird. So wenig wie das Lesen der Persönlichkeit demnach äußerlich bleibt oder bleiben soll, so wenig ist der Erwerb der entsprechenden Fähigkeiten, Einstellungen und Interessen allein auf das schulische Lernen begrenzt. Deswegen bewährt es sich, den Erwerb von Lese- und literarischen Kompetenzen breit zu kontextualisieren. Wir spannen daher zunächst den Rahmen der Lese- und literarischen Sozialisation (4.1) auf, ehe wir den Leseerwerb ins Zentrum stellen (4.2).

Gerade der Bereich des Lesens ist in den letzten Jahren ausführlich bearbeitet worden. Eine differenzierte Einführung in die Lesedidaktik bieten der Band *Grundlagen der Lesedidaktik* von Rosebrock & Nix (9. Aufl. 2020) sowie der Band *Texte lesen* von Garbe, Holle & Jesch (2. Aufl. 2010).

4.1 Lesesozialisation und literarische Sozialisation

Synchrone und diachrone Perspektive

Wenn wir das Lesen unter der Perspektive der Lese- und literarischen Sozialisation in den Blick nehmen, betrachten wir den Erwerb von Fähigkeiten, Einstellungen und Interessen zum einen in einer synchronen Perspektive: Dabei wird insbesondere das Zusammenwirken unterschiedlicher Bereiche sozialer Interaktionen in den Blick genommen. Zum anderen wird in diachroner Perspektive der Erwerbsverlauf in seiner biographischen Tiefe betrachtet. Gegenstand der Betrachtung ist ein spezifischer Ausschnitt der Sozialisation.

Sozialisation

Mit Dieter Geulen & Klaus Hurrelmann wird unter Sozialisation der „Prozess der (...) Entwicklung der Persönlichkeit in wechselseitiger Abhängigkeit von der gesellschaftlich vermittelten sozialen und materiellen Umwelt“ verstanden: „Vorrangig thematisch ist dabei die Frage, wie der Mensch sich zu einem gesellschaftlich handlungsfähigen Subjekt bildet“. (Geulen & Hurrelmann 1980: 51).

Das Konzept der Sozialisation betont demnach, dass Menschen nicht einfach zu Persönlichkeiten heranreifen, sondern dass sie durch ihre gesellschaftliche Umgebung mitbestimmt werden – wie sie umgekehrt ihre Umgebung mitbestimmen. Sozialisation ist also auch von Determination im Sinne des Bestimmtseins durch die Gesellschaft und ihre Strukturen zu unterscheiden. Der Prozess der Sozialisation ist unter anderem dadurch bestimmt, dass sich Subjekte mit gesellschaftlichen Teilhabemöglichkeiten, mit Normen und Werten auseinandersetzen. Prinzipiell bleibt er unabgeschlossen, zumal das Subjekt in der aktiven Auseinandersetzung mit seiner Umwelt verbleibt. Richtziel der Sozialisation ist aber die Entwicklung gesellschaftlicher Handlungsfähigkeit. Auch für die Lese- und literarische Sozialisation ist damit ein solcher Blick auf Entwicklung konstitutiv, der die konstruktive Auseinandersetzung des Subjekts mit seiner Umwelt ins Zentrum stellt:

Unter Lesesozialisation wird der Prozess der Entwicklung der Persönlichkeit unter der Perspektive der Teilhabe an Schriftkultur verstanden. Dieser Prozess umfasst den Erwerb derjenigen Fähigkeiten, Einstellungen, Erwartungen und Interessen, die die Teilhabe ermöglichen. Wie jeder Sozialisationsprozess erfolgt auch dieser in wechselseitiger Abhängigkeit vom gesellschaftlichen Kontext. Die Persönlichkeit wird also durch die Begegnung mit Schriftkultur geprägt – und kann diese ihrerseits in gewissen Grenzen prägen. Dabei sind spezifische Sozialisationsinstanzen von besonderer Bedeutung: die Familie, die Schule, die Peers und die Medien. Die Möglichkeit zur Teilhabe an Schriftkultur gilt als zentraler Bereich gesellschaftlicher Handlungsfähigkeit: Ohne ausgebaute literale Fähigkeiten sind die Partizipationsmöglichkeiten in unseren weitgehend schriftlich geprägten Gesellschaften eingeschränkt. Damit ist auch ein normativer Gelingenshorizont der Lesesozialisation gesetzt. (Pieper 2019, Rosebrock 2011, Garbe, Holle & Jesch 2010)

Die Begriffe Lesesozialisation und literarische Sozialisation überschneiden sich, insofern sich beide auf die Teilhabe an der literarischen Kultur beziehen können. Differenzierte Lesemodi gegenüber literarischen und nicht-literarischen Texten bilden sich erst im Laufe des Leselebens und nicht zwangsläufig aus (Rosebrock 2011). Die Rede von der Lesesozialisation akzentuiert die Partizipation an Schriftkultur im allgemeinen – also über das Literarische hinaus –, die Rede von der literarischen Sozialisation akzentuiert demgegenüber die Partizipation an literarischer Kultur, die auch in anderen medialen Repräsentationsformen (Film, Hörspiel, Theater, Lesung, Poetry Slam etc.) Gestalt gewinnt. Unter dem Druck von PISA und der Akzentuierung von Literacy im Sinne der Lesefähigkeit wird die literarische Sozialisation im Unterschied zur Lesesozialisation stärker mit dem Konzept literarischer Bildung verbunden. Darunter wird die Kenntnis der literarischen Überlieferung (Kap. 2.4) und der Spezifika des Literarischen verstanden. Diese Akzentuierung ist relativ neu, denn die Forschung zur literarischen Sozialisation entstand in den 1970er Jahren unter anderem in der Absicht, einem weniger hochkulturell geprägten Konzept literarischer Teilhabe Raum zu geben und eine Abgrenzung zu literarischer Bildung vorzunehmen.

Unter dem Gesichtspunkt der Medialität kann die Mediensozialisation einen Oberbegriff zu Lesesozialisation und literarischer Sozialisation bilden. Studien zur Mediensozialisation gelten allerdings häufig ausschließlich den audiovisuellen und digitalen Medien und ihrer interaktiven Verwendung. Studien, die vielfältige Mediennutzungszusammenhänge unter der Perspektive der Sozialisation differenziert in den Blick nehmen und dabei die Printmedien einschließen, bleiben rar. (Pieper 2019)

Lesesozialisationsforschung

Vor diesem Hintergrund lässt sich die Aufgabe der Lesesozialisationsforschung und ihre Bedeutung für die Deutschdidaktik genauer bestimmen: Ihre breite Perspektive auf den Prozess des Erwerbs literaler Fähigkeiten und mit ihnen einhergehender Einstellungen, Erwartungen und Interessen kann es ermöglichen, die Bedeutung des Lesens auch im Lebenslauf präziser zu bestimmen und den Prozess des Zusammenwirkens der unterschiedlichen Sozialisationsinstanzen, vor allem der Familie, der Schule und der Peers, genauer auszuleuchten. So können auch fast mechanische Zusammenhänge aufgedeckt werden, wenn sich zum Beispiel Sozialisationsinstanzen wechselseitig negativ oder positiv verstärken. Außerdem können Grundlagen dafür gelegt werden, die schulische Förderung schriftbezogener Fähigkeiten möglichst breit anzulegen und auch auf die sehr unterschiedlichen Sozialisationsbedingungen von Schülern und Schülerinnen (vgl. Kap. 2) abzustimmen. Anhand eines Beispiels soll diese breite Perspektive veranschaulicht werden.

Lesebezogene Selbstkonzepte

Der Hauptschulabsolvent Ali (vgl. Kap. 2.4), der mit 13 Jahren ohne Schulbildung aus Marokko nach Frankfurt gekommen ist und der mit 18 den qualifizierten Hauptschulabschluss unter anderem auf der Grundlage von Ulrich Plenzdorfs *Die neuen Leiden des jungen W.* gemacht hat, führt im Interview aus:

> „Ich lese nicht so gern (I: aha). Auf der Schule aber, halt, auf der Schule muss man lesen, aber zu Hause Bücher oder so"
> „Also auch nicht mal irgendwie mal ne Zeitung, oder?"
> „Doch Zeitungen, Bildzeitung les ich, aber halt zu Hause Bücher mein ich, so halt Liebesdrama, das les ich nicht so. Weil, d-man liest und liest, man kapiert nix (lacht). Deswegen wozu soll ich lesen, [...]. [...] ich bin nicht so ein Typ, der gern liest. Ich wälz, ich schau's mir, ich schau mir halt gern Filme an, aber ob ich halt immer das gleich lese, das mach ich halt nicht." (in: Pieper et al. 2004: 80)

Die Aussage Alis verdeutlicht einerseits, dass er seine Lesefähigkeiten als gering einschätzt: „[M]an liest und liest, man kapiert nix." Mit diesen Worten fasst er seine Erwartung an Versuche zusammen, zu Hause Bücher zu lesen. Unter kognitionspsychologischer Perspektive kann man auf ein schwaches lesebezogenes Selbstkonzept (im Überblick Riekmann 2010: 43-49) schließen. Im Vergleich zu Menschen, die gern lesen und dies auch zu Hause, sieht Ali eine Differenz im Bereich der Fähigkeiten: „man kapiert nix". Diese Differenz, die nicht nur für ihn persönlich, sondern für ein kollektives „man" formuliert wird, legitimiert zugleich, warum er nicht liest: „Deswegen wozu soll ich lesen." Genusserwartungen verbindet er mit dem Film. Sein Selbstkonzept hat offensichtlich Bedeutung dafür, wie Ali sich als Person darstellt: „Ich bin nicht so ein Typ, der gern liest." Ali präsentiert sich als Nichtleser. Diese Sicht auf sich selbst zeugt von einer negativ bestimmten Leseidentität (Riekmann 2010: 49f.); der regelmäßige Griff zur Bildzeitung, auf den er verweist, steht dem nicht entgegen.

Die Verbindung von schwachem lesebezogenem Selbstkonzept (Annahme von schwach ausgeprägten Lesefähigkeiten) und einer negativen Leseidentität (Sicht auf sich selbst als Nichtleser) konnte wiederholt rekonstruiert werden (Pieper et al. 2004). Sie geht einher mit einer eher schriftfernen familiären Sozialisation, im Extremfall (Ali) sind die Eltern Analphabeten. Wie aus den Interviews mit den Lehrkräften der befragten Hauptschüler/innen hervorgeht, rechnen die Lehrkräfte ebenfalls mit ausgesprochen schwachen Lesefähigkeiten ihrer Schüler/innen und einer negativen Leseidentität, die sie mit schriftfernen Herkunftsmilieus in Verbindung bringen (vgl. auch Goelitzer 2008). Die Absolvent/innen der Hauptschule beschreiben den Unterricht als durch Reihum-Vorlesen bestimmt – „so wie Lesetraining, würd ich sagen" (Nadine; Pieper et al. 2004: 181). Die Erinnerungen daran sind zum Teil angstbesetzt: „Wenn der Lehrer drangenommen hat, dann musste man schon vorlesen, weil, das war einfach. Die Note, kannst du lesen oder nicht lesen, ja, und dann. Öööh, Paranoia, ja, (...)" (Tom; Pieper et al. 2004: 179). In der Rückschau erscheint dieses Vorlesen durch das Bemühen um Inhaltssicherung bestimmt; die Interviewten berichten vor allem von Fragen zum Text. Auch die Transkriptionen des Leseunterrichts, den Goelitzer (2008) dokumentiert hat, belegen die Dominanz des unvorbereiteten Vorlesens durch die Schüler/innen und zeigen darüber hinaus eine starke Orientierung an Worterklärungen. Diese können aber, wie bereits in Kapitel 1.1.2 gezeigt, nicht umstandslos zu einem Textverständnis führen, weil sie die Aufmerksamkeit nur auf einzelne Wörter lenken, nicht aber auf die Zusammenhänge von Satz und Text.

Ein Unterricht, der den Weg zum Textverstehen nicht modelliert, aber Textverstehensleistungen verlangt, kann Schüler/innen allerdings in einem schwachen lesebezogenen Selbstkonzept ebenso bestärken wie in einer negativen Leseidentität, weil er die Erfahrung des Nicht-Verstehens ebenso stärkt, wie die Erfahrung des Genusses – etwa die Freude an einer guten Geschichte – fast zwangsläufig ausbleiben muss. Bleibt die Aussichtslosigkeit eines solchen Arrangements unaufgeklärt, bestärkt der Unterrichtsverlauf auch die Lehrkraft in ihrer Wahrnehmung, dass die Schüler/innen leseschwach sind und dagegen kaum anzukommen ist. Die Rekonstruktion der Lesesozialisation im Hauptschulkontext bietet also Hinweise auf einen Teufelskreis (Groeben & Schroeder 2004): Ungünstige familiale Voraussetzungen können mit ungünstigen schulischen Lernbedingungen einhergehen. Die Schule gleicht in diesem Fall nicht aus, sondern schreibt die meist familiär begründete Bildungsbenachteiligung fort. Der normative Gelingenshorizont der Lesesozialisation im Sinne einer umfassenden Handlungsfähigkeit im Bereich des Lesens wird nicht erreicht.

Nun ist die Rede vom Teufelskreis insofern problematisch, als sie die gestaltende Kraft des Subjekts überdecken und einen Determinismus nahelegen kann. Deswegen soll an dieser Stelle die einschlägige theoretische Modellierung der Lesesozialisation, die dieses Problem aufnimmt, vorgestellt werden.

Aufgabe 1

> Lesen Sie die Falldarstellungen zu Halima und Ali in der Studie *Lesesozialisation in schriftfernen Lebenswelten* (Pieper et al. 2004: 76–90, 90–104). Wie definiert sich Halima im Vergleich zu Ali in Bezug auf das Lesen? Vergleichen Sie die Rolle der Sozialisationsinstanzen in beiden Fällen.

4.1.1 Das Mehrebenenmodell der Lesesozialisation

Um auf der Ebene der theoretischen Beschreibung abzubilden, dass der Prozess der Lesesozialisation weder allein durch die Gesellschaft bestimmt noch durch das Subjekt unabhängig von seiner Umgebung gestaltet wird, wird für diesen Prozess das Modell der Kokonstruktion (siehe Kap. 3) hinzugezogen und mit dem Mehrebenenmodell der Gesellschaft vermittelt (Groeben 2004). Die Kokonstruktion bezieht sich in diesem Zusammenhang nicht mehr allein auf die Interaktionen zwischen Subjekten, sondern auch auf die Auseinandersetzung des Individuums mit den sozialen Bedingungen, in denen es sich wiederfindet (kritisch zu dieser Erweiterung: Sutter 2009). Individuen kokonstruieren ihre je eigenen kulturellen Praktiken und Haltungen demnach im Umgang mit Personen, abstrakter aber auch in der Auseinandersetzung mit Instanzen und gesellschaftlichen Normen und Werten.

Das Mehrebenenmodell der Lesesozialisation unterscheidet die Mikro-Ebene (Leser/in bzw. Subjekt), die Meso-Ebene (insbesondere die Familie, die Schule bzw. das Bildungssystem, die peer groups) und die Makro-Ebene (die Gesellschaft und ihre Bildungsnormen).

Für die familiale Lesesozialisation haben Bettina Hurrelmann und ihre Forschergruppe das Modell folgendermaßen ausgefüllt:

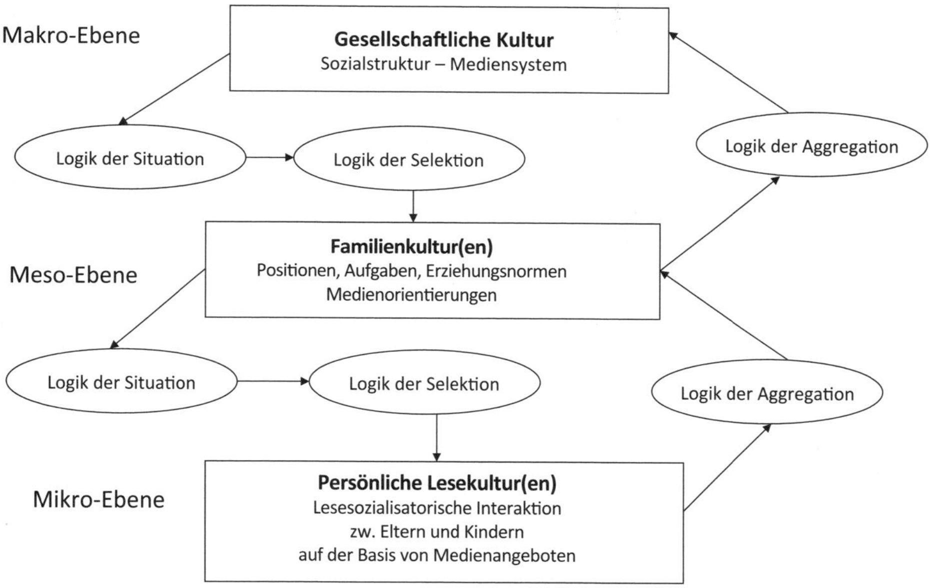

Abb. 14 | Mehrebenen-Modell familialer Lesesozialisation (Hurrelmann, Becker & Nickel-Bacon 2006: 24)

Diese Darstellung verdeutlicht, dass Familienkulturen (die Meso-Ebene des Schaubilds) selbst Ergebnis der kokonstruktiven Auseinandersetzung mit gesellschaftlichen Normen sind. Mithilfe der „Logik der Situation" und der „Logik der Selektion" können sie in ihrer Relation zu dieser übergeordneten Ebene erklärt werden:

Logik der Situation

Der Begriff der „Situation" verweist auf den Bereich der Möglichkeiten, die die Makro-Ebene der Gesellschaft jeweils bereit hält und die die Gesamtsituation bestimmen. Mit der Rede von der „Logik der Situation" wird auf deren je spezifische Ordnung verwiesen.

Logik der Selektion

Die „Selektion" bezieht sich auf den Auswahl- bzw. Selektionsprozess: Spezifische Aspekte werden für die jeweiligen Familienkulturen wirksam. Auch dieser Auswahlprozess weist eine spezifische Ordnung auf und lässt sich als „Logik der Selektion" rekonstruieren. Der gleiche Prozess (Selektion auf der Grundlage der Situation) vermittelt auch zwischen Meso-Ebene und Mikro-Ebene.

Bezogen auf die Lesesozialisation in der Familie kann dies zum Beispiel bedeuten, dass ein Kind sich in einer Situation befindet, die von einer lesefernen Familienkultur bestimmt ist. Die „Logik der Selektion" bietet Erklärungen für die Handlungen des Akteurs an, die im Fall des Kindes darin bestehen können, elterliches Verhalten zu übernehmen oder es zu modifizieren. So könnte zum Beispiel ein Zwölfjähriger Unterstützungsverhalten in einer anderen Form als seine Eltern entwickeln, indem er anfängt, seiner jüngeren Schwester vorzulesen und Bücher aus der Bibliothek auszuleihen. Indem die „Logik der Aggregation" entfaltet wird, wird die Transformation, die durch das Handeln der Akteure auf der jeweiligen Ebene eintreten kann, erklärbar: Veränderungen der familiären Lesekultur können z. B. darauf zurückgeführt werden, dass das Handeln des Kindes diese mit- und neubestimmt, etwa, wenn es Leseanregungen an Geschwister und Eltern weitergibt und zur Veränderung des Gesamtklimas beiträgt.

Veränderung von Bildungsnormen

Auch die gesellschaftliche Kultur unterliegt auf die Dauer Veränderungen. Bettina Hurrelmann hat dies mit Bezug auf die Bildungsnormen entfaltet (Hurrelmann 2004): Ein aufschlussreiches Beispiel für Veränderungen auf dieser Ebene ist die gegenwärtig hohe Akzeptanz der Erlebnisorientierung und der „Unterhaltung" (vgl. Schulze 2005 [1992]). Diese wird, so Hurrelmann, „im Sinne der Erfüllung von motivational-emotionalen Erlebnisbedürfnissen nicht länger bekämpft, verdrängt oder allenfalls stillschweigend toleriert [...]. Sie ist vielmehr zu einer hoch geschätzten Rezeptionsqualität geworden, die explizit erwartet bzw. eingeklagt werden darf..." (Hurrelmann 2004: 299). Im Rahmen dieser Erlebnisorientierung wird ein intensives und exzessives Leseverhalten, das im späten 18. Jahrhundert kritisiert und in Karl Philipp Moritz' *Anton Reiser* als geradezu verhängnisvoll vorgeführt wurde, nicht nur gesellschaftlich akzeptiert, sondern sogar positiv bewertet.

Dass solche Veränderungen nicht allein auf einzelne Familien zurückzuführen sind, sondern auf komplexere Prozesse innerhalb von Gesellschaften, dürfte klar sein. Das dargestellte Modell stellt allerdings zunächst nur das Verhältnis zwischen persönlicher Lesekultur und Familienkultur in ihrer Bedingtheit durch gesellschaftliche Normen dar. Nicht sichtbar wird das Zusammenwirken der unterschiedlichen Instanzen bei der kokonstruktiven Entwicklung einer persönlichen Lesekultur: Wie hängt zum

Beispiel die Familienkultur mit der schulischen Lesekultur zusammen? Der im Beispiel erwähnte Zwölfjährige könnte den Impuls, seiner Schwester vorzulesen, in der Schule entwickelt haben. Auf solche Zusammenhänge soll im nächsten Schritt genauer eingegangen werden, der dem Verlauf der Lese- und literarischen Sozialisation gilt.

4.1.2 Zum Verlauf der Lese- und literarischen Sozialisation

Die Lesesozialisationsforschung betrachtet wie gesehen den Prozess der Entwicklung von Teilhabe an der Schriftkultur als durch die Wechselwirkung zwischen Individuum und gesellschaftlicher Umgebung bestimmt. Entstehungsgeschichtlich geht sie in die 1970er Jahre zurück und ist auch bestimmt von der gewachsenen Wahrnehmung unterschiedlicher Bildungskontexte und Lektürepraktiken.

Frühe Leseentwicklungsmodelle

Die Frage nach der Entwicklung literarischer Praktiken vom Kind zum Jugendlichen und Erwachsenen wird aber unter individualpsychologischer Perspektive bereits in den zwanziger Jahren des zwanzigsten Jahrhunderts gestellt (Eggert & Garbe 2003). Sie wird zunächst reifungstheoretisch (Bühler 1958) und psychoanalytisch (Friedlander 1941) beantwortet. In der Studie *Das Märchen und die Phantasie des Kindes* (1918/1958) legt Charlotte Bühler eine Theorie des Lesealters vor, die literarische Orientierungen mit der psychischen Entwicklung verbindet. Die verschiedenen Lesealter benennt sie sprechend und in Abhängigkeit von Lesevorlieben: Dem „Struwwelpeteralter“ (2-4 Jahre) schließen sich das „Märchenalter“ (4-8 Jahre) und das „Robinsonalter“ (8-12 Jahre) an. Dieses Modell wird durch Susanne Engelmann für die „Methodik des deutschen Unterrichts“ (1925) fruchtbar gemacht (Eggert & Garbe 2003). Käte Friedlander rückt in ihrer Studie „Über Kinderbücher und ihre Funktion in Latenz und Vorpubertät“ (1941) die Leseentwicklung in den Kontext der psychosexuellen Entwicklung ein. Sie akzentuiert den Zusammenhang von Lektüre, Phantasien und Lusterleben und plädiert für eine Lektüreauswahl, die auf die Bedürfnisse der Kinder Rücksicht nimmt und sie mit literarästhetischen Gesichtspunkten verbindet. Diese ordnet sie allerdings – wiederum mit Rücksicht auf die Bedürfnisse des Kindes – nach. Literaturunterricht, der literarästhetische Gesichtspunkte in den Mittelpunkt der Betrachtung stellt, nach Friedlander „wirklicher Literaturunterricht", sei erst ab dem 15. Lebensjahr möglich.

Aufgabe 2

Bruno Bettelheim hat 1975 eine Studie über die Rolle des Märchens für die kindliche Entwicklung vorgelegt, die ebenfalls auf psychoanalytischer Grundlage argumentiert: „Kinder brauchen Märchen" (deutsch 1977; 28. Aufl. 2008).

a. Lesen Sie den Abschnitt „Das Märchen, eine einzigartige Kunstform" aus dem Kapitel „Einführung: Das Ringen um den Sinn des Lebens" (Bettelheim 2008: 18-27). Welche Bedeutung schreibt Bettelheim dem Märchen für die Entwicklung des Kindes zu? Welche Empfehlungen gibt er den Eltern?
b. Die Perspektive Bettelheims auf die Eltern-Kind-Interaktion bei der Begegnung mit den Märchen unterscheidet sich von derjenigen, die wir für den Bereich des Vorlesens entfaltet haben (Kap. 3.2.1). Inwiefern?

Auch soziologisch orientierte Studien zur Lebensphase Jugend gehen bis in die zwanziger Jahre des zwanzigsten Jahrhunderts zurück. Sie berücksichtigen früh die Frage der schichtspezifischen Verteilung von Bildungschancen (Bernfeld 1974 [1927], Lazarsfeld 1931). In den 60er Jahren wird diese Perspektive von einer engagierten Sozialwissenschaft eingenommen. Mehr und mehr halten sozialwissenschaftliche Untersuchungsmethoden in die Forschungen zur Leseentwicklung Einzug. Nun werden auch zuvor eher unhinterfragte Zielvorstellungen wie diejenige der literarischen Bildung im Sinne der deutschen Bildungstradition in ihrer historischen Gewordenheit und Schichtspezifik betrachtet. Neben soziologischen Untersuchungen stehen vielfach solche, die im Kontext von Literaturwissenschaft und Literaturdidaktik entstehen. Von einiger Bedeutung sind germanistische Studien, die vornehmlich auf Lektüreautobiographien von Studierenden beruhen (Graf 1999, Graf 2004). Die Datengrundlage ermöglicht dann allerdings nur die Rekonstruktion eher erfolgreicher Prozesse der Lese- und literarischen Sozialisation – auf der Basis verschrifteter Erinnerungen durch Personen, die immerhin einen Hochschulzugang erworben haben. Werner Graf (zusammenfassend Graf 2007) führt Ergebnisse solcher Untersuchungen mit weiteren zusammen und zeichnet auf ihrer Grundlage einen Verlauf der Lese- und literarischen Sozialisation nach. Zwar halten diese Untersuchungen und die synthetisierende Vorgehensweise den Gütekriterien sozialwissenschaftlicher Forschung, die heute in der Regel angesetzt werden, nicht Stand, doch hat der idealtypische Verlauf der Lesebiografie dennoch eine gewisse Evidenz und ermöglicht es auch, Differenzen zu weniger idealen Verläufen auszuarbeiten. Er wurde deshalb aufgegriffen und weiter ausgearbeitet (Ahrens-Drath et al. 2005).

Idealtypische Lesebiographie

Die folgende Übersicht reicht bis zum jungen Erwachsenen und stellt eine Verbindung zu den Sozialisationsinstanzen her: Die Instanzen Medien und Familie spielen von Anfang an eine bedeutende Rolle, später kommen meist Kindergarten und/oder Kindertagesstätte, dann Schule und Peers hinzu. Das Schaubild integriert die Differenzierung der Lesehaltungen und -interessen in verschiedene Lesemodi, die sich in der Adoleszenzphase ausbilden.

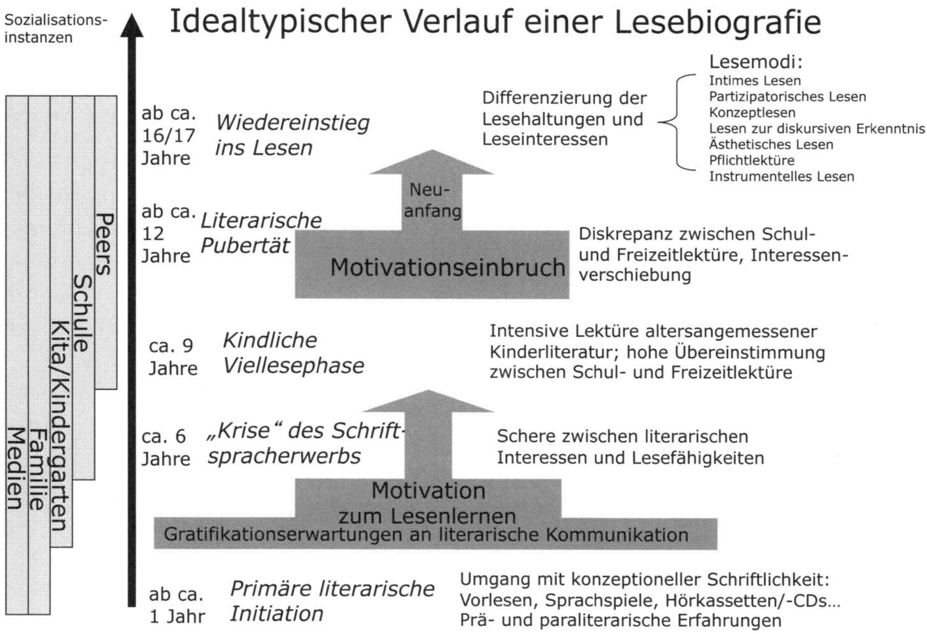

Abb. 15 | Idealtypischer Verlauf einer Lesebiographie nach Pieper (2010: 108)

Die primäre literarische Initiation kann bereits sehr früh erfolgen. Bei günstigen familiären Bedingungen macht das Kind schon vor dem Eintritt in einen Kindergarten Erfahrungen mit konzeptioneller Schriftlichkeit (vgl. Kap. 2.2). Dies ist dann der Fall, wenn das Vorlesen zum Alltag gehört, Hörmedien verfügbar sind, mit Kinderreimen gespielt wird, erste Kritzelbriefe verfasst werden, wenn die Kinder eine Aufmerksamkeit für Buchstaben oder den Schriftzug ihres Namens gewinnen und Raum für weitere prä- und paraliterarische und -literale Erfahrungen besteht.

Definition

Mit prä- und paraliterarischen Erfahrungen werden solche Erfahrungen bezeichnet, die noch nicht durch eigenes Lesen gekennzeichnet sind. Insofern sind sie präliterarisch. Sie ermöglichen aber bereits die Begegnung mit Literatur und Schriftlichkeit und sind daher Erfahrungen literarischen Lesens vergleichbar, was im Begriff paraliterarisch ausgedrückt ist. Besonders in der Familie sind diese Erfahrungen meist durch Dialogizität und auch Intimität bestimmt. Beides fördert den kokonstruktiven Erwerb von Fähigkeiten und Einstellungen zur Literatur (siehe Kap. 3.2).

Primäre literarische Initiation

Ist die Sozialisation in dieser frühen Phase durch reiche prä- und paraliterarische Erfahrungen bestimmt, so baut das Kind auf dieser Basis Gratifikationserwartungen an die literarische Kommunikation auf: Lesen wird positiv konnotiert und mit Genusserleben verbunden. So entwickelt das Kind eine starke Motivation, selbst lesen zu lernen. Zu diesem Prozess können und sollen auch Kindergarten und Kindertagesstätte beitragen.

Dem Eintritt in die Schule, der zentralen formellen Sozialisationsinstanz, die für den Schriftspracherwerb im engeren Sinne zuständig ist, ist eine besondere Schwierigkeit eingeschrieben: Idealerweise hat das Kind durchaus schon literarische Interessen und auch bestimmte Kenntnisse erworben, die seine Begegnung mit Literatur mitbestimmen. Es ist mit einfachen Erzählmustern und einigen Gattungen vertraut, weiß etwa, was es bei einem Märchen zu erwarten hat, und kann sich entsprechend auf solche Erzählungen einlassen. Die Lesefähigkeit muss das Kind hingegen neu erwerben. Damit sieht es sich, wie wir in Kapitel 4.2 entfalten werden, einer komplexen Anforderung gegenüber. Hier tut sich eine Schere zwischen Interessen und Fähigkeiten auf, die didaktisch wichtige Implikationen hat:

Krise des Schriftspracherwerbs

Um der „Krise“ des Schriftspracherwerbs zu begegnen und die Eingangsmotivation der Kinder nicht zu gefährden, muss die Schule eine Kontinuität zu den medial-mündlichen Erfahrungen in der bisherigen Sozialisation wahren, insbesondere durch das Fortführen des Vorlesens (Kap. 3.2). Dort, wo die Lesesozialisation von weniger förderlichen Bedingungen in der Familie bzw. der gesamten vorschulischen Phase geprägt ist, gilt, dass der Schule die wichtige Funktion zukommt, positive Erfahrungen mit literarischen Medien und dem Lesen grundzulegen.

Kindliche Viellesephase

Nach etwa drei Schuljahren bzw. gegen Ende der Grundschulzeit ist die Lesefähigkeit idealerweise so weit ausgebaut, dass die Schüler/innen mühelos auf altersangemessene umfangreichere Texte zurückgreifen können. Die Möglichkeit, selbst „autonome schriftsprachliche Erfahrungen“ zu machen (Garbe, Holle & Salisch 2006: 135), ist dann erreicht. In diesem Gelingensfall der Lesesozialisation wird nun eine Phase intensiver und lustbetonter Lektüre verzeichnet. Dabei spielen narrative Texte, insbesondere in Form von Reihenlektüren, eine bedeutende Rolle, aber auch Sachtexte für Kinder. Charakteristisch für diese Phase ist, dass das Freizeitlesen noch nicht in Spannung zu Lektüreerfahrungen in der Schule steht. Allerdings lassen sich bereits geschlechtsspezifische Unterschiede beobachten – mit mehr Aufgeschlossenheit der Mädchen gegenüber männlichen Protagonisten als umgekehrt: Cornelia Funkes *Die wilden Hühner* werden gern von Mädchen gelesen, beide Geschlechter greifen aber zu Jeff Kinneys *Gregs Tagebuch* (zum Ganzen Garbe 2007). Erwachsene mit einer entsprechenden Biographie erinnern sich an diese Phase gern als an eine, in der Lesen mit der Erfahrung, in eine andere Welt förmlich einzutauchen, verbunden ist. Selbstvergessenheit und Wunscherfüllung kennzeichnen sie.

Literarische Pubertät

Dies ändert sich in der sogenannten literarischen Pubertät, einer Phase umfassender Umorientierung, die inzwischen auch schon am Ende der Grundschulzeit beobachtet wird (Retelsdorf & Möller 2008, Richter & Plath 2012). Mit der Auffächerung des Interessensspektrums im Übergang zum Jugendalter und den Entwicklungsaufgaben, die diese Phase physisch wie psychisch kennzeichnen, verändert sich auch das Lese- und Medienverhalten. Der Stellenwert des Lesens geht im Vergleich zu anderen

Freizeitbeschäftigungen oft zurück. In lesebiografischen Retrospektionen wird häufig ein Einbruch verzeichnet, der besonders auf schulische Ansprüche zurückgeführt wird: Das Lektürespektrum der Schule verändert sich, Schullektüren und Freizeitlektüren treten auseinander. Auch steht der Modus der Versunkenheitslektüre, der mit der Viellesephase der Kindheit verbunden ist, mitunter nicht mehr offen. Vielmehr müssen die eigenen Leseweisen den veränderten Lebensbedingungen angepasst werden. Die Jugendphase stellt sich in Hinblick auf das Lesen vielgestaltig dar und zeigt Schwankungen „zwischen Leseabstinenz und Lesesucht", die auch innerhalb einer Biographie vorkommen (Graf 2012: 56).

Wiedereinstieg ins Lesen

Erfolgt in der Oberstufe, wie im Schaubild eingetragen, ein Wiedereinstieg in die Lektüre, so kann dies als ein Zeichen für das Gelingen des Transformationsprozesses betrachtet werden, den die Entwicklungsaufgabe der literarischen Pubertät fordert. Dieser Transformationsprozess führt idealerweise in eine Ausdifferenzierung von Lesemodi (Graf 2004, Graf 2007).

Definition

Unter Lesemodi werden „in der literarischen Sozialisation erworbene Handlungsdispositionen [verstanden], die spezifische Rezeptionsweisen ermöglichen, um Texte subjektbezogen zu verstehen, also um z. B. Bedürfnisse zu befriedigen, um Interessen zu realisieren, um an der literarischen Öffentlichkeit zu partizipieren oder um ästhetische Erfahrungen zu machen" (Graf 2007: 127). Auch Handlungsdispositionen, die die Bewältigung institutionell geforderter Lektüren ermöglichen, gehören dazu. Die Lesemodi beschreiben ein Spektrum an Leseweisen, über die kompetente Leser/innen verfügen können (vgl. ausführlich Graf 2004: 31-120).

Lesemodi nach Graf

Graf unterscheidet sieben Lesemodi und bezieht sich auf die Lektüre literarischer und pragmatischer Texte (Graf 2004, Graf 2007):

Mit dem intimen Lesen werden private Lektüren bezeichnet, die von innerer Verstrickung gekennzeichnet sind und der Wunscherfüllung dienen. Sie schließen (mit anderen Lesestoffen) an die kindlichen Lektüren an, die idealerweise im späten Grundschulalter kennzeichnend sind.

Das partizipatorische Lesen steht im Zeichen der Beteiligung: Es wird zu einer Lektüre gegriffen, weil andere dies auch tun und sich Möglichkeiten der Kommunikation – auch im Sinne des Mitreden-Könnens – eröffnen. Eine zweite Dimension des partizipatorischen Lesens bezieht sich auf den Transfer von Erkenntnissen, etwa indem aus Ratgebern geschöpft wird (für sich selbst und andere).

Das Konzeptlesen dient der Realisierung von Interessen und ist von einem je spezifischen Konzept des Lesens getragen, etwa von einer Auffassung, wonach das Lesen kanonischer Texte der literarischen Bildung zuträglich ist, oder von dem Anspruch, dass Lektüren moralische Orientierungen zum Ausdruck bringen. Das Lesen in diesem Modus erfolgt interessegeleitet, ohne dass weitere Verwendungszwecke angezielt werden.

Mit dem Lesen zur diskursiven Erkenntnis sind Lektüren gemeint, die vom Wunsch nach Erkenntnis getragen sind. Dabei werden die jeweiligen Erkenntnisse nicht direkt für Verwendungszusammenhänge angezielt.

Ähnlich bezeichnet das ästhetische Lesen ein quasi zweckfreies Lesen zum ästhetischen Genuss, gekennzeichnet durch eine Orientierung auf die literarische Gestaltung. In entsprechenden Äußerungen wird eine Sensibilität für literarische Sprache deutlich. Das ästhetische Lesen nähert sich professionellen Lektüren etwa von Literaturwissenschaftler/innen an, die freilich zum Teil der beruflichen Praxis werden und insofern den Bereich des Zweckfreien verlassen.

In deutlicher Spannung zu diesen subjektorientierten Lektüren stehen die beiden letzten Lesemodi: Gerade im schulischen Zusammenhang spielt die institutionell geforderte „Textrezeption als Lernen“ (Graf 2004: 31) bzw. die Pflichtlektüre eine bedeutende Rolle. Die Notwendigkeit des Lesens ist von außen gesetzt, etwa um Arbeitsgrundlagen für Lernprozesse im schulischen oder universitären Zusammenhang zu schaffen.

Beim instrumentellen Lesen dominiert ebenfalls ein Zweck-Mittel-Zusammenhang, im Unterschied zur Pflichtlektüre erfolgt es freiwillig.

Die Modi schärfen den Blick für die Vielfalt von Leseweisen, auch wenn sie nur bedingt als trennscharfe Kategorien verwendet werden können und die Übergänge zum Teil fließend erscheinen (vgl. Garbe, Philipp & Olsen 2009). Das Verfügen über ein solches Spektrum an Lesemodi gilt als Ausweis einer gelungenen Lese- und literarischen Sozialisation: Die Leser/innen haben ein vielfältiges Repertoire an Lesemodi zur Verfügung und greifen auf Lektüren in unterschiedlichsten Lebenskontexten und zum Verfolgen unterschiedlichster Ziele zurück.

Sozialisationsbedingungen

Wir haben bereits darauf hingewiesen, dass eine solche Entwicklung idealtypischen Charakter hat. Der Einfluss der Sozialisationsinstanzen und ihr Zusammenwirken können sehr unterschiedlich ausfallen. Die Variablen sozioökonomischer Status und Gender bzw. Geschlecht spielen eine bedeutsame Rolle. Nach wie vor ist eine reiche und differenzierte Lesekultur, innerhalb derer Kinder selbstverständlich an das Lesen herangeführt werden, eher in Familien mit hohem als mit niedrigem sozioökonomischem Status anzutreffen. Dort ist der Mediensozialisationsverlauf insgesamt in aller Regel deutlich anders und für die Entwicklung literaler und literarischer Kompetenzen weit weniger günstig (Pieper et al. 2004, Goelitzer 2008). Die gegenwärtigen Veränderungen schriftkultureller Praktiken im Umgang mit den digitalen Medien (s. bereits Kress & van Leuwen 2010) zeigen bei aller Veränderung in den Präsentationsformen von Texten auch Kontinuitäten. Inzwischen haben digitale Bilderbuch-Anwendungen vielfach Einzug ins Familienleben und auch in die vorschulischen Bildungseinrichtungen gehalten. Die Initiative „Kinderärzte im Netz" äußerst sich allerdings aus medizinischer Sicht kritisch (2018). Dass schon für die frühe Kindheit Empfehlungen bereitgehalten werden, lässt sich vor allem damit begründen, dass Kinder etwa ab einem Alter von zwei Jahren Interesse für die Medien ihres Umfelds entwickeln, also z. B. für die Tablets, die Eltern benutzen (Eggert/Wagner 2016). Ein förderlicher Umgang mit diesen Formaten zeichnet sich wie bei Printmedien auch durch intensive Anschlusskommunikationen aus (Murotavic 2014; Stiftung Lesen 2019).

In der Grundschule werden inzwischen verbreitet Lernplattformen eingesetzt. Die Nutzung solcher Plattformen, die zum Bücherlesen anregen sollen, ist allerdings mitunter stärker auf Leistung und Wettbewerb ausgerichtet, als es aus der Perspektive der literarischen Sozialisation gerade für den Literaturerwerb in der Primarstufe wünschenswert erscheint. Meier rekonstruiert auf der Basis von Gruppendiskussionen mit Viertklässler/innen zur Nutzung eines verbreiteten Angebots verschiedene Leseeinstellungen und problematisiert insbesondere ein stark vertretenes „extrinsisch motiviertes kompetitives Lesen als Pflichterfüllung". Dass die Leseneigung längerfristig erhöht oder stabilisiert werde, kann der Untersuchung zufolge kaum oder nicht erwartet werden (Meier 2020). Insgesamt ist angesichts des stetigen Medienwandels allerdings weiterhin mit neuen Dynamiken zu rechnen.

IGLU 2016

Besonders gravierend muss es gerade aus didaktischer Perspektive erscheinen, dass am Ende der Grundschulzeit vielfach nicht derjenige Grad an Lesefähigkeit erreicht ist, der die Basis einer selbstbestimmten Lesepraxis bildet. Laut IGLU 2016 gehören 18,9% der Schüler/innen zur Risikogruppe, 2011 waren es 15,4% gewesen (Hußmann et al. 2017). Zwar ist auch die Gruppe der Leistungsstärksten gewachsen (11,1% gegenüber 9,5% in 2011), insgesamt aber auch die Leistungsheterogenität. Die Daten zeigen überdies, dass es dem deutschen Bildungssystem weiterhin nicht hinreichend gelingt, Bildungsbenachteiligung auszugleichen.

PISA 2018

Wie die PISA-Studien trotz einiger positiver Entwicklungen seit dem Jahr 2000 zeigen, verfügen auch in der Sekundarstufe I bei weitem nicht alle Schülerinnen und Schüler über eine entsprechend ausgeprägte Lesekompetenz (Deutsches PISA-Konsortium 2001, Klieme et al. 2010, Reiss, Weis, Klieme, Köller 2019).

Erst im Anschluss an PISA 2000 wandte sich die Lese- und Literaturdidaktik verstärkt der Aufgabe zu, ein Lesecurriculum zu entwickeln, das dieser Tatsache Rechnung trägt (Rosebrock & Nix 2020). Während Programme der Leseförderung sich bereits in den 80er Jahren angesichts der Einsichten in Mechanismen der Bildungsbenachteiligung und in die Folgen des Medienwandels der Aufgabe widmeten, die Lesemotivation gezielt zu fördern, stellte sich nun als offensichtliche Herausforderung die Förderung auch basaler Lesefähigkeiten jenseits des Erstleselehrgangs. Besondere Prominenz hat in diesem Zusammen die Förderung der Leseflüssigkeit gewonnen (vgl. Rosebrock et al. 2010).

Aufgabe 3

Führen Sie über den Zeitraum von einer Woche ein Medientagebuch und erstellen Sie ein Nutzungsprofil. Vergleichen Sie Ihr Ergebnis mit der durchschnittlichen Mediennutzung der 12 bis 19-Jährigen (ermittelt mit der JIM-Studie) und der 14 bis 49-Jährigen (ermittelt durch SevenOne Media).
JIM-Studie: http://www.mpfs.de/index.php?id=624
SevenOne Media: http://www.spiegel.de/panorama/gesellschaft/medienkonsum-steigt-auf-neue-rekordhoehe-a-877354.html.

4.1.3 Lesekompetenz und Lesedidaktik

Bisher haben wir das Lesen unter der Perspektive der Sozialisation betrachtet. Die Lese- und literarische Sozialisation wurde als kokonstruktiver Prozess beschrieben. Dabei konnten wir in den Blick nehmen, welche Erfahrungen Lernende im Umgang mit Lesen und Literatur in unterschiedlichen sozialen Zusammenhängen machen und wie sich diese auf die Entwicklung von Motivationen, Interessen und auch Fähigkeiten auswirken können. Literatur- und lesedidaktische Förderkonzepte sollten, so ergibt sich aus dem Dargestellten, diese Zusammenhänge berücksichtigen und umfassend ansetzen: So trägt eine entwickelte Vorlesepraxis zum Erwerb von Motivationen und Haltungen und zum Erwerb von Fähigkeiten bei, lesedidaktisch muss aber zugleich präzise am Leseprozess angesetzt werden.

Mit dem Mehrebenenmodell des Lesens veranschaulichen Rosebrock & Nix, an welchen Stellen eine Lesedidaktik ansetzen sollte, die der Förderung von Lesekompetenzen zuträglich ist. Sie schließen dabei an eine Modellierung aus der Lesesozialisationsforschung an (Rosebrock & Nix 2020, vgl. Hurrelmann 2002b):

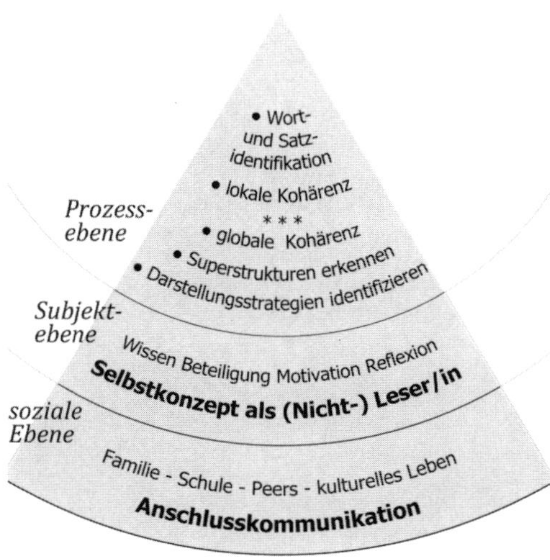

Abb. 16 | Mehrebenenmodell des Lesens (Rosebrock & Nix 2020)

Von der sozialen Verankerung des Subjekts ausgehend, führt dieses Modell immer stärker auf das Subjekt und seine auch kognitiven Fähigkeiten zu. Drei Ebenen werden unterschieden: die soziale, die Subjektebene und die Prozessebene.

soziale Ebene

Auf der sozialen Ebene finden sich die Instanzen der Lesesozialisation und es wird auf die kokonstruktiven Zusammenhänge verwiesen, in denen sich die Sozialisation vollzieht. Besondere Bedeutung hat daher die Anschlusskommunikation. Je nach Ausprägung der Prozesse auf sozialer Ebene kann sich das Leseselbstkonzept des Subjekts unterschiedlich gestalten.

Subjektebene

Auf der zweiten Ebene ist von Bedeutung, welche personalen Bedingungen den Leseprozess mitbestimmen und welche Bedeutung das Lesen für das Subjekt hat. Hier sind also solche Dimensionen zentral, die das „Engagement des lesenden Subjekts" bestimmen: Wissensbestände im Sinne des Vorwissens, das eine Person einbringt, die innere Beteiligung auch in emotionaler Hinsicht, die Motivation in Bezug auf den Leseerwerb und allgemeiner die Leseaktivitäten und die Bereitschaft zur Reflexion desjenigen, was lesend rekonstruiert wird. Alle Faktoren verdichten sich im Leseselbstkonzept, das je nach Voraussetzungen stärker oder schwächer ausgeprägt sein kann.

Prozessebene

Die am engsten gefasste Ebene des kognitiven Leseprozesses beschreibt diejenigen Teilaktivitäten beim Lesen, die sich auf die sprachliche Re- und Dekodierung auf Wort-, Satz- und Textebene beziehen. Für die Beschreibung dieser Prozesse greift das von Rosebrock & Nix (2020) aus der Literaturdidaktik heraus entfaltete Mehrebenenmodell auf die Kognitionspsychologie zurück. Wie im folgenden Kapitel gezeigt wird, lässt sich ein differenzierteres Bild dessen, was beim Leseerwerb kognitiv zu leisten ist, dann gewinnen, wenn man linguistisch fundierte sprachdidaktische Perspektiven einbezieht.

Aufgabe 4

In welcher Weise lassen sich Vorlesegespräche (Kap. 3.2.2) mit den drei Ankern der Leseförderung, soziale Ebene, Subjektebene, Prozessebene in Verbindung bringen?

4.2 Leseerwerb

Bei der Prozessebene unterscheiden Rosebrock & Nix (2020) die Wort- und Satzidentifikation, lokale Kohärenz, die Identifizierung globaler Kohärenz, das Erkennen von Superstrukturen und die Identifikation von Darstellungsstrategien. Wir bündeln diese Komponenten in der folgenden Argumentation zu drei großen Teilprozessen: Das *Wortlesen*, also das Erfassen von Buchstabenketten zwischen Leerzeichen (Wortidentifikation); das *Satzlesen*, also das Erfassen von Wortketten zwischen Punkten (Satzidentifikation); und das *Textlesen*, also das Erfassen von unmittelbar aufeinanderfolgenden Satzketten und deren Verknüpfung zu Texten (lokale und globale Kohärenz, Superstrukturen und Darstellungsstrategien).

Die erfolgreiche Interaktion dieser drei Teilprozesse ist die Voraussetzung für das Textverstehen. Folgt man dieser Argumentation, müssen mindestens zwei Fragen beantwortet werden:

1. Welche Verfahren liegen dem Wort-, Satz- und Textlesen zugrunde? und
2. Wie interagieren Wort-, Satz- und Textlesen miteinander?

Beiden Fragen wollen wir nacheinander nachgehen. Dabei werden auch Grundlagen der Orthographie dargestellt, die wir brauchen, um zu verstehen, wie beim Lesen aus Buchstabenketten Wörter und wie aus Wortketten Sätze werden. Erst wenn diese Zusammenhänge geklärt sind, können Erwerbsfragen angesprochen werden.

Um Fragen zum Wort-, Satz- und Textlesen herausarbeiten zu können, legen wir eine Leseprobe zugrunde: Der achtjährige Roman hatte die Aufgabe, die Erzählung *Mollys Rache* von Cornelia Funke in der Fassung der Bausteine (Lesebuch, Funke 2005a) vorzulesen.

<Mollys Rache
Käpten Knitterbart war der Schrecken aller Meere. Sein Schiff, der „Blutige Hering", schoss schneller als der Wind über die Wellen. Eines Tages überfiel Knitterbart wieder mal ein Schiff. Aber das Schiff hätte er besser vorbeifahren lassen sollen, denn an Bord war ein kleines Mädchen namens Molly. Molly hatte Ferien und war unterwegs zu ihrer Oma. *Die Piraten sprangen mit wildem*

Gebrüll an Deck. Molly versteckte sich zwischen den Tauen. Aber der fiese Freddy zog sie heraus. An den Haaren schleppte er sie zu Knitterbart. „Was machen wir mit der?“, fragte er. „Die nehmen wir mit, du Dummkopf!“, knurrte Knitterbart ... >

Roman liest langsam und stockend. Er benötigt bei einigen Wörtern viel Zeit für die Rekodierung und gelangt nicht überall zu den passenden Wortformen. Rhythmus und Intonation sind unharmonisch.

Lesenotat

Um ermitteln zu können, wo genau Roman Schwierigkeiten hat, muss ein Lesenotat erstellt werden; darunter versteht man die möglichst genaue Wiedergabe des Vorleseprozesses; notiert werden müssen etwa Pausen und Neustarts, aber auch Verlesungen. Wir zeigen das Lesenotat Romans deshalb in phonetischer Umschrift. Dargestellt ist der oben kursivgedruckte Ausschnitt:

dipɛpiʁɒːtenʃbʁaŋenmɪtvɪldemgebʁʏlʔandedɛkmɔlifɐʃdɛktə
zɪçt͜svɪʃəndenta͜ʊʔeːnʔɑbɐde͜ɐfiːzfʁɛdit͜soːkziːhɛʁa͜ʊsʔandenhɑ
ːʁən↓ʃlɛptəʔɛ͜ɐziːt͜suːknɪpːɐbɑt

Phonetische Umschrift

In phonetischer Umschrift ungeübte Leser werden hier zunächst nur wenig erkennen. Wir arbeiten deshalb mit einer idealisierten Transkription weiter, in der die Wortzwischenräume vorgegeben sind, obwohl sie beim Sprechen nicht als Pausen wahrnehmbar sind:

di pɛ piʁɑːten ʃbʁaŋen mɪt vɪldem gebʁʏl ʔan de dɛk mɔli
fɐʃdɛktə zɪç t͜svɪʃən den ta͜ʊʔeːn ʔɑbɐ de͜ɐ fiːz fʁɛdi t͜sok ziː
hɛʁa͜ʊs ʔan den hɑːʁən↓ ʃlɛptə ʔɛ͜ɐ ziː t͜suː knɪpːɐbɑt

Hinweis: Kennzeichnungen in der Sprachwissenschaft

Zur Kennzeichnung verschiedener Beschreibungsebenen werden in der Sprachwissenschaft unterschiedliche Auszeichnungen verwendet:

Die spitzen Klammern stehen, wenn man sich auf die Schrift, die eckigen, wenn man sich auf Phonologisches bezieht. Ohne Klammer, aber kursiv (manchmal auch ***fett*** *oder in Anführungszeichen) stehen Ausdrücke, auf die medienunabhängig verwiesen wird.*

<Piraten> = gemeint ist die geschriebene Form
[piʁaːtn] = gemeint ist die gesprochene Form
Piraten = gemeint ist das Wort, unabhängig von seiner medialen Repräsentation

4.2.1 Wortlesen

Einige Wörter wie <Molly> [mɔli], <zog> [t͜sok] oder <zwischen> [t͜svɪʃən] liest Roman regelgerecht. Bei anderen Wörtern zeigen sich recht typische Probleme, wie sie beim Wortlesen von Leseanfänger/innen und von Kindern wie Roman, die auch länger anhaltende Leseprobleme haben, beobachtbar sind. Um diesem Zusammenhang näher zu kommen, analysieren wir Romans Leseergebnisse für <Piraten>, <sprangen>, <wildem>, <Tauen> und <an Deck>.

Explizitlautung

Dafür kontrastieren wir die von Roman gebildeten phonologischen Formen mit zielsprachennahen phonologischen Varianten: Die Explizitlautung beschreibt phonologische Formen, „bei der jeder Einzellaut erkennbar ist“ (Eisenberg 2020a: 12). Sie sind an der Schrift orientiert und kommen in genau dieser Form in der gesprochenen Sprache selten vor, dienen aber als Bezugsgröße für andere Aussprachevarietäten (ebd.).

Standardlautung

Die für die Leseforschung wichtigste Aussprachevarietät ist die Standardlautung. Sie erfasst phonologische Formen, wie sie im Sprechen (und beim Vorlesen) von kompetenten Standardsprechern vorkommen, und bilden so zugleich den orthoepischen Maßstab zur Beurteilung von Zielsprachennähe.

	Explizitlautung	Standardlautung	Romans Leseergebnis
<Piraten>	piʁaːtən	piʁaːtn	piʁaːten
<sprangen>	ʃbʁaŋən	ʃbʁaŋ	ʃbʁaŋen
<wildem>	vɪldəm	vɪldm	vɪldem
<Tauen>	ta͜ʊən	ta͜ʊn	ta͜ʊʔeːn
<an Deck>	ʔan dɛk	ʔan dɛk	ʔan de dɛk

Tab. 9 | Explizitlautung – Standardlautung – Romans Leseergebnis

Wortakzent und Vokalismus

Die von Roman produzierten Wortformen entsprechen weder der Explizitlautung noch der Standardlautung. Auffällig ist vor allem die Realisierung der jeweils letzten Silbe bei *Piraten*, *sprangen*, *wildem* und *Tauen*. Es handelt sich um sogenannte Reduktionssilben, also unbetonte, in Bezug auf die Schallfülle reduzierte Silben. Roman liest diese Reduktionssilben wie Vollsilben. Er nimmt den Vokalbuchstaben <e> als Indiz für das Vorliegen des Vollvokals [e] wie in *den*. Damit wird nicht nur die vokalische Qualität, sondern zugleich der Wortrhythmus verändert. Bei dem Wort *Tauen* geht die Veränderung des Rhythmus so weit, dass der Hauptakzent auf der letzten Silbe liegt. Der Ausdruck *Tauen* ist weder für Roman noch für den Zuhörer identifizierbar.

Ebenfalls um die Vokalquantität geht es beim Lesen des Wortes *Deck*. Roman liest zunächst [de], verwendet also einen gespannten Langvokal (wie in *den*). Beim Weiterlesen nimmt er eine Korrektur vor, artikuliert nun einen ungespannten Kurzvokal (wie in *denn*) und kommt so im zweiten Schritt zur zielsprachennahen Wortform [dɛk].

Die hier analysierten Beispiele verweisen auf einen allgemeinen Befund: Die größten Schwierigkeiten bereiten leseschwachen Kindern die angemessene Interpretation von Vokalbuchstaben und damit zusammenhängend die Zuweisung des zielsprachennahen Wortakzents. Diese Schwierigkeiten können dazu führen, dass die gesamte Wortform phonologisch deformiert wird und so nur im Glücksfall mit dem korrekten Lexikoneintrag verbunden werden kann.

Geht man der Frage nach, warum es ausgerechnet die Vokalbuchstaben und die Akzentmuster sind, die den Kindern besondere Schwierigkeiten bereiten, stößt man nicht nur auf eine wesentliche lesestrategische Fehlerquelle beim Wortlesen, sondern zugleich darauf, was das gelingende Wortlesen auszeichnet.

Zur Verdeutlichung dieses Zusammenhangs wählen wir (unter Aussparung seiner Funktion in Vokalkombinationen <ei>, <eu> und <ie>) den besonders ergiebigen Vokalbuchstaben <e>. Er kommt als Korrespondent des Vollvokals [e] (wie in *den*) und [ɛ] (wie in *denn*) vor. Zugleich markiert er den vokalischen Kern von Reduktionssilben (wie in *Pirat**en***), ohne dass diesem ein vokalischer Laut entsprechen muss; standardsprachlich gesprochen wird [piʁaːtn].

Diese Varianz der Funktion von <e> ist Roman nicht klar. Er hat <e> als Repräsentanten des Vollvokals [e] kennengelernt, den er, wie wir am Beispiel *Deck*, aber auch an den Beispielen *Piraten, sprangen, wildem* und *Tauen* gesehen haben, als Default (Normalfall) abgespeichert hat. Ganz offensichtlich schwebt Roman eine Schrifttheorie vor, in der jeder Buchstabe mit einem festen Lautwert assoziiert ist. Diese Hypothese verleitet ihn zu den Fehllesungen.

Eine angemessene Förderung von Romans Lesefähigkeiten kann deshalb auch nicht darin bestehen, die Laut-Buchstaben-Beziehungen zu festigen. Denn das Problem besteht gerade darin, dass diese bei Roman zu fest geworden sind. Ein Förderkonzept müsste Roman zeigen, dass und wie man Buchstaben in Relation zur gegebenen Wortstruktur interpretieren kann. Wir befinden uns damit im Zentrum dessen, was beim Wortlesen ganz generell geleistet werden muss und was erst sichtbar wird, wenn man die orthographietheoretische Basis kennt, auf der das Wortlesen aufbaut (vgl. dazu Maas 1992, Eisenberg 2020a, Fuhrhop 2020).

Exkurs: Die Basis der Wortorthographie

Welche Funktion ein Buchstabe hat, kann erst ermittelt werden, wenn man den Kontext kennt, in dem er steht. Den Ausgangskontext bildet der basale Fuß deutscher Wörter, der Trochäus, ein Zweisilber bestehend aus einer betonten Vollsilbe und einer unbetonten Reduktionssilbe (*geben, Bruder, Töle, unter, winken* ...).

In einem einfachen Grundmodell besteht jede Silbe aus drei Konstituenten: Dem Anfangsrand (auch Onset), dem Kern (auch Nukleus) und dem Endrand (auch Koda). Die folgende Abbildung zeigt die Konstituentenstruktur des Trochäus in ihrer einfachsten Variante.

Trochäus					
Vollsilbe			Reduktionssilbe		
Onset	Nukleus	Koda	Onset	Nukleus	Koda
F	*e*		*d*	*e*	*r*
F	*e*	*l*	*d*	*e*	*r*
H	*e*		*f*	*e*	
H	*e*	*f*	*t*	*e*	
Pfl	*e*		*g*	*e*	*r*

Abb. 16 | Das trochäische Basismuster

Reduktionssilbe

Wir sehen jetzt, dass sich die phonologische Korrespondenz von <e> regelhaft herleiten lässt: In der Reduktionssilbe repräsentiert er einen Reduktionsvokal bzw. den Kern der reduzierten Silbe. Für Schreibnovizen ist dies ebenso wenig selbstverständlich wie für Lesenovizen. Sie explorieren beim Verschriften des Reduktionssilbennukleus verschiedene Schreibungen; Renée, die das Wort <Ostereier> schreiben will, nimmt das <A>, Burak nimmt bei <Affe> das <ö>.

Abb. 17 | Kinderschreibungen: Ostereier, der Affe

Vollsilbe

In der Vollsilbe korrespondiert <e> einem Vollvokal, der lang und gespannt ist, wenn die Koda der Vollsilbe leer ist wie in *Feder*, *Hefe* oder *Pflege*, und der kurz und ungespannt ist, wenn die Koda der Vollsilbe gefüllt ist wie in *Felder* und *Hefte*.

Trochäische Akzentstruktur

Diese Grundeinsicht führt zugleich zu einer zielführenden Realisierung der trochäischen Akzentstruktur von Wörtern: Wo betont wird, korrespondiert der Vokalbuchstabe mit einem Vollvokal; wo nicht betont werden kann, zeigt <e> einen reduzierten Silbenkern an.

Roman müsste auf der Basis dieser Einsicht nicht mehr [taʊ/eːn], er könnte [ta͜ʊən] oder [ta͜ʊn] lesen, aus [vɪldem] könnte [vɪldəm] oder [vɪldm] werden, aus [ʃbʁaŋen] [ʃbʁaŋən] oder [ʃbʁaŋ]. Und auch dass *Deck* mit einem kurzen, ungespannten Vokal gelesen werden muss, kann aus der Grundstruktur abgeleitet werden. Denn das <c> in <ck> dient überall der Füllung der Vollsilbenkoda und führt damit automatisch zur Vokalkürze. Darin unterscheidet sich ein Wort wie *Deck* nicht von Wörtern wie *Felder* oder *Hefte*.

Stammkonstanzschreibung

Aufbauend auf dem trochäischen Basismuster muss in einer zweiten orthographischen Schicht die Schreibung von Wortbausteinen erschlossen werden. Sie ergeben sich durch eine einfache Operation am trochäischen Basismuster, dem Schnitt zwischen dem Onset und dem Nukleus der Reduktionssilbe (Abb.19). Was links vom sog. Morphemschnitt steht, gehört zum Stamm eines Wortes, der nicht nur die Vokalqualität der Vollsilbe aus dem trochäischen Basismuster mitnimmt, sondern zugleich die gesamte

Schreibung. Wir sprechen von der Stammkonstanzschreibung: Deshalb wird <Wald> und nicht *<Walt> oder <liebte> und nicht *<liepte> geschrieben, was für Schreibnovizen nicht selbstverständlich ist, wie die beiden vorliegenden Schreibproben zeigen.

Abb. 18 | Kinderschreibungen: Wald, Sie liebte

Rechts vom Morphemschnitt finden wir ein Funktionsmorphem, das grammatische Information kodiert. So haben wir neben *Pfleger* auch *Pflege* oder *pflegen*, *-er* und *-e* verweisen auf ein substantivisches Morphem mit *-er* als Marker für ein Maskulinum und *-e* als Marker für ein Femininum, *-en* verweist auf Verbalität.

Trochäus					
Vollsilbe			Reduktionssilbe		
Onset	Nukleus	Koda	Onset	Nukleus	Koda
F	*e*		*d*	*e*	*r*
F	*e*	*l*	*d*	*e*	*r*
H	*e*		*f*	*e*	
H	*e*	*f*	*t*	*e*	
Pfl	*e*		*g*	*e*	*r*
Stammmorphem				Funktionsmorphem	

Abb. 19 | Der Morphemschnitt

Kompetente Wortleser sind in der Lage, Wörtern die phonologischen, silben- und fußbasierten sowie die morphologischen Informationen zu entnehmen, auch wenn sie häufig nicht wissen, dass sie auf diese Strukturen zurückgreifen: Sie werten Buchstaben relativ zu ihren wortstrukturellen Funktionen aus. Das zeigen auch Wortleseexperimente. So konnten Bredel, Noack & Plag (2013) zeigen, dass kompetente Leser in der Lage sind, gleichklingende, aber orthographisch unterschiedene Wortformen sicher zu unterscheiden: Sie erkennen, dass ein Satz wie *Reis das Papier in Streifen* falsch, *Reiß das Papier in Streifen* korrekt ist.

Die Frage, warum Roman die in den orthographischen Strukturen abgelegten Informationen nicht oder nicht systematisch zugänglich sind, muss mit einem Blick auf die schulische Tradition beantwortet werden: Üblicherweise wird Kindern bei ihrer ersten Begegnung mit der Schrift vermittelt, Buchstaben seien Lautäquivalente. Sie lernen also zunächst an sog. lauttreuen Wörtern wie *Lisa*, *Kamel* oder *Opa* Buchstaben in (zuvor festgelegte) Lautwerte umzuwandeln, um von dort aus zum Lesen zu kommen. Für Kinder, die diese Buchstabentheorie im Verlauf ihrer Lesekarriere nicht revidieren und die nicht zu einem relativen Buchstabenkonzept gelangen, bleibt das Wortlesen eine unlösbare Aufgabe. Nur mit dem Abspeichern häufiger Wortformen und einiger orthographischer Muster gelangen sie – auf Umwegen – zu besser werdenden Leseergebnissen, ohne dass diese aber systematisch verstetigt werden können. In diesem Stadium befindet sich Roman, der einige Wörter flüssig liest, bei einigen nach längerem Überlegen auf die Lösung kommt und bei einigen keine angemessene Lösungsmöglichkeit hat und deshalb ins buchstabierende Lesen zurückfällt.

Um solchen Entwicklungen präventiv entgegenzuwirken, ist ein systematischer Leseunterricht von Anfang an erforderlich. Für den Aufbau der Wortlesekompetenz heißt das, dass die Kinder von Beginn an Gelegenheit erhalten, Buchstaben nicht als Lautäquivalente, sondern als Repräsentanten von wortgrammatischen Strukturen wahrzunehmen. Dazu gehört das Wissen um die trochäische Basisform als Grund- und Stützform zur Ermittlung des Wortakzents und der verschiedenen Silbentypen (offene/geschlossene Vollsilben/Reduktionssilben) sowie darauf aufbauend die Ermittlung der morphologischen Strukturen (Stamm-/Funktionsmorphem). Vorschläge für eine in diesem Sinn strukturierte Lesedidaktik liegen mit Röber (2009) und Bredel (2009) vor.

Aufgabe 5

> Bis hierher hat die Schriftanalyse bereits gezeigt, dass die Orthographie nicht mit der gesprochenen Sprache in Deckung ist. Das heißt auch, dass der Erwerbsprozess nicht oder nicht allein über die gesprochene Sprache erfolgen kann, sondern dass es wesentlich darum geht, die Gesetzmäßigkeiten der Schrift zu entdecken.

Sehen Sie sich auf dieser Grundlage die folgende Beschreibung des Schriftspracherwerbs an. Wie werden gesprochene und geschriebene Sprache hier ins Verhältnis gesetzt?
„Indem Kinder beim Schreiben die Lautfolge der Buchstaben langsam mitsprechen, bildet sich ein Gespür für Abweichungen zwischen der geschriebenen und der gesprochenen Sprache. Das Mitsprechen beim Schreiben (Koartikulation, Dehnsprechen) hat sich als die effektivste Schreibstrategie herauskristallisiert [...]. Es kommt entscheidend darauf an, dass das Kind genau den Buchstaben spricht, den es gerade schreibt. Soll das Kind z.B. das Wort *Auto* schreiben, dann spricht es <a> und hält den Laut so lange, bis es den Buchstaben ‚A' geschrieben hat, dann <u> – <t> – <o>.
Auch als erwachsene SchreiberInnen wenden wir diese Technik des inneren Mitsprechens an, allerdings weitgehend unbewusst. Wir haben die ‚Pilotsprache' soweit verinnerlicht, dass es uns kaum noch bewusst wird. Beim Schreiben wird Sprache (eine Lautfolge) in Schrift (eine Zeichenfolge) übertragen. Es gibt hierfür keine bessere Technik, als die Schrift von der Sprache zu steuern: also Mitsprechen."
Sommer-Stumpenhorst, Norbert (http://www.rechtschreib-werkstatt.de/rsl/me/abschr/html/body_me-ab-mitsprechen.html, zuletzt geprüft Juni 2021)

4.2.2 Satzlesen

Wenn Wörter nur unzureichend gelesen werden können, hat dies auch Auswirkungen auf die Fähigkeit des Satzlesens, das eigenen Gesetzmäßigkeiten folgt. Sehen wir uns auch hier einen Ausschnitt aus dem Lesenotat von Roman genauer an:

Aber der fiese Freddy zog sie heraus. An den Haaren schleppte er sie zu Knitterbart
ʔabɐ de͜ɐ fiːz fʁɛdi t͜sok ziː hɛʁa͜ʊs ʔan den haːʁən↓ ʃlɛptə ʔɛ͜ɐ ziː t͜suː knɪpːɐbɑt

Zwei Stellen sind hier besonders aufschlussreich:
Beim Lesen von <der fiese Freddy> übergeht Roman das Reduktionssilben-e in <fiese> und verpasst damit die grammatische Information der Wortform <fiese>, die hier als Attribut zu *Freddy* fungiert; Roman liest *der fies Freddy*, eine Phrase, die so nicht interpretierbar ist. Da sich Roman nicht korrigiert, ist es fraglich, ob er die gegebene Wortgruppe kognitiv verarbeitet hat.

Die zweite Stelle bezieht sich auf die von Roman nicht vollständig geleistete Bündelung von Wortfolgen zu Phrasen: Statt *zog sie heraus. An den Haaren* ... überliest er den Punkt und interpretiert *an den Haaren* als adverbiale Bestimmung zu *zog sie heraus*, liest also *zog sie heraus an den Haaren*. Das Überlesen von Interpunktionszeichen, die die syntaktische Phrasierung vorwegnehmen, ist bei Kindern, die insgesamt Schwierigkeiten haben, Wortgruppen zu Einheiten zusammenzufügen, nicht selten.

Dass Roman mit der Phrasenbildung beim Lesen Probleme hat, zeigt sich auch daran, dass er beim Lesen von *schleppte* seine vorangegangene Fehlinterpretation nicht bemerkt. Aber nicht nur hier ist die syntaktische Wortgruppenbildung bei Roman prekär, sondern auch überall dort, wo das Wortlesen eher zögerlich vonstattengeht. Über die verhältnismäßig langen Zeitspannen, die er für die (Re-)Konstruktion von Wörtern braucht, zerfällt das syntaktische Arbeitsgedächtnis. So versteht er die Phrase *zwischen den Tauen* nicht nur deshalb nicht, weil er das Wort *Tauen* nicht zielsprachennah rekonstruiert (s.o.), sondern auch deshalb, weil der Beginn der Präpositionalgruppe *zwischen den*, die Roman zielsprachennah gelesen hat, nach der mühsamen Herleitung des Wortes *Tauen* dem Arbeitsgedächtnis nicht mehr zur Verfügung steht. Wir sehen also eine Art von Kettenreaktion, die vom Wortlesen ausgehend das Satzlesen mit sich reißt.

Wollte man Romans Lesefähigkeit durch Fördermaßnahmen verbessern, wäre deshalb zunächst an der Verbesserung seiner Wortlesefähigkeit anzusetzen. Stützend könnten aber zusätzlich auch erste Schritte in Richtung des Aufbaus der Satzlesefähigkeit unternommen werden. Um zielführend vorgehen zu können, sind jedoch auch hier einige grundlegende Kenntnisse über die Syntax und ihre Verschriftung erforderlich.

Exkurs: Die Basis der Satzorthographie

> Syntaktische Markierungen sind Grenzmarkierungen. Sie zeigen dem Leser die Ränder von Sprachverarbeitungseinheiten. Die wichtigsten Sprachverarbeitungseinheiten sind Wörter, markiert durch den Wortzwischenraum, Nominalgruppen, markiert durch die Großschreibung, und Sätze/Teilsätze, markiert durch Interpunktionszeichen.

Der Wortzwischenraum

Syntaktisches Wort

Der Wortzwischenraum zeigt dem Leser zuverlässig die Grenze, an der er vom Wort- zum Satzlesen wechseln muss. Er steht an der Grenze von syntaktischen Wörtern, also Wörtern mit syntaktischer Ausprägung. Sind diese Wörter zusammen mit ihrer syntaktischen Information gelesen, werden sie an die grammatische Sprachverarbeitung weitergereicht. Diesen Zusammenhang kann man sich klarmachen, wenn man sich Beispielpaare wie das folgende vergegenwärtigt:

a. <Er kauft einen Blindenhund.>
b. <Er kauft einen blinden Hund.>

Der Leerraum zwischen *blinden* und *Hund* in b. zeigt dem Leser, dass *blinden* hier eine eigenständige Funktion im Satz erfüllt. Es ist Attribut zu *Hund*. In a. dagegen ist *Blinden* ein Teilausdruck des Wortes *Blindenhund*. Bei Leser/innen, die den Wortzwischenraum nicht sicher als Lesehilfe nutzen können, ist sowohl die Wortidentifikation als auch die syntaktische Weiterverarbeitung von Wörtern eingeschränkt.

Aufgabe 6

Konstruieren Sie Sätze mit dem Wort *Blindenhund* und den Wortfolgen *blinden Hund* und *Blinden Hund*, die so gebaut sind, dass die Schreibung durch keine andere ersetzt werden kann.

Wie sensibel Schüler und Schülerinnen auf den Wortzwischenraum und damit auf syntaktische Wörter reagieren, konnte Mesch (2013) zeigen. Sie untersuchte, wie Viert- und Sechstklässler auf den Wortzwischenraum reagieren, wenn sie Beispiele mit echter und mit ambiger Varianz beurteilen sollten. Von ambiger Varianz spricht Mesch, wenn die Getrennt- und Zusammenschreibung zu Bedeutungsänderungen führt (*sitzen bleiben*, *sitzenbleiben*; *dabei sitzen*, *dabeisitzen*). Echte Varianz liegt vor, wenn beide Schreibungen zugelassen sind, ohne dass sie einen Bedeutungsunterschied aufweisen würden (*kennen lernen*; *kennenlernen*). Die Schüler/innen reagierten auf diese beiden Variantentypen unterschiedlich: Bei ambiger Varianz wurde häufiger erkannt, dass beide Schreibweisen möglich sind; bei echter Varianz entschieden sich die Lerner/innen häufiger für nur eine Variante, wobei sie die Zusammenschreibungen präferierten.

Begründen konnte keines der Kinder seine Entscheidung angemessen. Dieser Befund ist nicht weiter erstaunlich. Er begegnet uns praktisch überall, wo es um den Unterschied zwischen knowing how und knowing that geht: Leser/innen und Schreiber/innen machen vieles richtig; begründet wird das nicht sprachtheoretisch, sondern sprachpsychologisch: mit dem Sprachgefühl. Das heißt auch, dass der Zusammenhang zwischen dem Wissen über Strukturen und der (erfolgreichen) Nutzung von Strukturen viel weniger eng ist, als häufig angenommen wird. Wir kommen im Kapitel 6 zur Sprachbetrachtung darauf zurück.

Groß-/Kleinschreibung

Die zweite, wichtige orthographische Markierung, die das Satzlesen stützt, ist die Großschreibung, wobei wir die satzinitiale von der satzinternen Großschreibung unterscheiden. Die satzinitiale Großschreibung markiert den linken Rand einer eigenständigen syntaktischen Einheit, in sehr vielen Fällen ist dies ein Satz. Am rechten Rand dieser Einheit steht häufig ein Punkt.

Die Leistung der satzinternen Großschreibung kann man am besten dann sehen, wenn man einen Satz in Satzglieder zerlegt:

Die **Piraten |** sprangen | mit wildem **Gebrüll |** an **Deck |**. Molly |versteckte | sich | zwischen den **Tauen|**.
Aber | der fiese **Freddy |** zog | sie | heraus |. An den **Haaren |** schleppte | er | sie | zu **Knitterbart |**.

Die satzinterne Großschreibung markiert zuverlässig den rechten Rand von mehrteiligen Satzgliedern; der linke Rand dieser Satzglieder ist häufig ein Artikel (*Die Piraten, der fiese Freddy*) oder eine Präposition (*mit wildem Gebrüll, zwischen den Tauen*). Für das Lesen hat diese Markierung ganz erhebliche Vorteile: Artikel und Präposition helfen beim Einstieg in das Lesen eines komplexen Satzgliedes, die Großschreibung beim Ausstieg.

Nominalgruppe

Orthographietheoretisch wird dieser Umstand mit der besonderen Grammatik der Nominalgruppe begründet, die im prototypischen Fall am linken Rand einen Artikel oder ein artikelfähiges Wort (z. B. ein Pronomen) aufweist und an deren rechtem Rand derjenige Ausdruck erscheint, der die gesamte Gruppe in Bezug auf das Genus (grammatisches Geschlecht) regiert, d.h., sein Genus an die Gruppenmitglieder vererbt. Dieses Element, das ein Substantiv sein kann, aber kein Substantiv sein muss, wird als Kern der Nominalgruppe bezeichnet. Er wird großgeschrieben, was dem Leser eine komfortable Situation verschafft: Er erkennt die Stelle, an der die Nominalgruppe geschlossen wird. So weiß er, dass er, wenn er *weiße* in *das Weiße* liest, die Nominalgruppe schließen kann. Bei *das weiße* hat er demgegenüber noch mindestens ein weiteres Gruppenmitglied zu erwarten (z. B. *das weiße Band*).

Abb.20 zeigt einige Beispiele für die Struktur der Nominalgruppensyntax; die Beispiele zeigen zugleich, dass die Großschreibung relativ unempfindlich gegenüber der Wortart Substantiv ist. In a und b handelt es sich beim Kern der Nominalgruppe um Substantive, in c und d nicht.

Nominalgruppe		
a. *der*	*fiese*	*Freddy*
b. *die*	--	*Piraten*
c. *die*	*glatte*	*Eins*
d. *das*	*ewige*	*Wenn und Aber*

Abb. 20 | Die Nominalgruppe

Weil Nominalgruppen von Präpositionen regiert werden können, erhalten wir auch Konstruktionen wie *zwischen den Tauen* etc. Die Nominalgruppe ist in eine Präpositionalgruppe eingebettet.

Präpositionalgruppe	Nominalgruppe		
zwischen	*den*	--	*Tauen*
mit	--	*wildem*	*Gebrüll*
an	*den*	--	*Haaren*
an	--	--	*Deck*
zu	--	--	*Knitterbart*

Abb. 21 | Die Präpositionalgruppe

Eine Markierung von Satzgliedern und die Anweisung, die Wörter zwischen den Markierungen zu Gruppen zusammenzufassen und bei Verlesungen an den Anfang der Gruppe zurückzukehren, würde Roman helfen, sich in der syntaktischen Struktur von Sätzen zu orientieren.

Großschreibung als Lesehilfe

Dass es zum kompetenten Lesen gehört, die Großschreibung beim Aufbau syntaktischer Strukturen zu beachten und zu nutzen, haben Funke & Sieger (2009) gezeigt. Sie legten Jugendlichen von achten Haupt- und Realschulklassen Sätze wie die folgenden vor:

„Beim Sommerfest langweile ich mich nie, weil ich den ganzen Tag über Spiele und Wettkämpfe anschaue", sagt Swantje. „Das ist mir Bewegung genug!"

a) Was tut Swantje beim Sommerfest alles? Bitte vervollständige den Satz. Sie ...
b) Kreuze die Möglichkeit an, die am wahrscheinlichsten ist.
Wenn Swantje sagt: „Das ist mir Bewegung genug!", dann klingt das so ...
... als ob sie ziemlich viel herumgetobt hat.
... als ob sie gar nicht auf dem Sommerfest war.
... als ob sie noch mehr Sport machen wollte.
... als ob sie nichts dagegen hat, nur herumzustehen.

Um a) und b) angemessen bearbeiten zu können, müssen die Versuchspersonen die Schreibung der Einheit *Spiele* beachten.

Interpretiert ein Proband die Großschreibung korrekt, wird er den Satz, der Aufgabe a) folgend, etwa so vervollständigen: Sie schaut sich Spiele und Wettkämpfe an (Funke & Sieger 2009: 38); identifiziert er das Wort *Spielen* trotz Großschreibung als Verb, wird die Vervollständigung etwa so aussehen: Sie spielt und schaut sich Wettkämpfe an (Funke & Sieger 2009: 38).

Bei b) ist bei korrekter Großschreibungsinterpretation die vierte Antwortalternative am wahrscheinlichsten.

Funke & Sieger (2009: 46) konnten nachweisen, dass viele Versuchspersonen Schwierigkeiten damit hatten, die Groß-/Kleinschreibung angemessen auszuwerten. Selbst wenn sie beim Ergänzungssatz die korrekte Fortsetzung wählten, machten sie bei der Ankreuzaufgabe Fehler. Die Schwierigkeit der Jugendlichen bestand darin, „syntaktische Information beim Lesen stabil verfügbar zu halten". (Funke & Sieger 2009: 49)

Das Experiment zeigt gleich mehreres: (1) Dass die Auswertung der Großschreibung ein relevanter Parameter beim Lesen ist, (2) „dass der Umgang mit diesen Strukturen [gemeint sind die syntaktischen Strukturen, U.B., I.P.] beim Lesen hohe Anforderungen an das Arbeitsgedächtnis stellt" (Funke & Sieger 2009: 48) und schließlich (3), dass sich die Beachtung und zuverlässige Auswertung der Groß-/Kleinschreibung nicht von selbst ergibt.

Ein Lesecurriculum sollte es Lernenden schon frühzeitig ermöglichen, diese Fähigkeit zu erwerben. Die Markierung von Nominal- und Präpositionalgruppen in Lesetexten (s.o.) könnte hier ein Anfang sein. Den hier vorgestellten Ansatz verfolgen auch Röber-Siekmeyer (1999) und Günther & Nünke (2005), die Lehr-Lernkonzepte für den gezielten Aufbau der Großschreibungskompetenz beim Schreiben entwickelt haben.

Interpunktion

Die dritte syntaktische Markierung ist die Interpunktion, besser ein wichtiger Teilbereich daraus, nämlich Komma, Punkt, Doppelpunkt und Semikolon, die dem Leser syntaktische Grenzen zeigen und die zeigen, wie die Einheiten links und rechts der Zeichen aufeinander bezogen sind (Bredel 2020). An Romans Lesenotat haben wir die Beobachtung gemacht, dass seine Interpunktionskompetenz auch in diesem Bereich nicht zuverlässig ist, was besonders dort deutlich wird, wo er den Punkt überliest und deshalb zu einer syntaktischen Fehlkonstruktion gelangt (*zog sie heraus an den Haaren*), die er nicht korrigiert.

Rezeptive Interpunktionskompetenz

Das Beispiel zeigt, dass nicht nur das Setzen von Interpunktionszeichen, sondern zugleich das Erfassen und die regelgerechte Interpretation von Interpunktionszeichen eine wichtige Teilkompetenz darstellt. Wie Esslinger (2015) gezeigt hat, wird diese Fähigkeit in der Schule jedoch kaum gefördert. Wenn es dort um Interpunktion geht, dann um die Produktion – und dies häufig einseitig mit Bezug auf das Komma, das so schwer zu setzen zu sein scheint, dass es sich in der Didaktik einen Namen als „Kummerkapitel" (Eichler & Küttel 1993: 38) gemacht hat.

Wie eng die rezeptive Interpunktionskompetenz, also die Fähigkeit, Interpunktionszeichen beim Lesen zu nutzen, mit der Lesekompetenz zusammenhängt, hat Esslinger (2014) gezeigt. In einem Experiment ließ sie Achtklässler Sätze auswerten, bei denen nur eine Interpunktionsvariante korrekt war. Dabei untersuchte sie die Lesekompetenz bei Punkt-, Komma-, Doppelpunkt-

und Semikolonkonstruktionen. Zugrunde legte sie Satzpaare wie die folgenden (Esslinger 2014: 128 und 130):

> Heute hat der Hausmeister eine Besprechung mit dem Schulleiter.
> Um ungestört zu sein, soll der Hausmeister zwischen 11 und 13 Uhr nicht gerufen werden.
> Der Schulleiter hängt ein Schild auf.
>
> Welcher Text passt?
> Wir bitten, den Hausmeister zwischen 11 und 13 Uhr nicht zu rufen.
> Wir bitten den Hausmeister, zwischen 11 und 13 Uhr nicht zu rufen.

> Marc ist ein guter Torwart. Heute hält er jeden Ball.
> Sein Bruder steht am Spielfeldrand und ist so begeistert,
> dass er eine SMS an den Vater zu Hause schreibt.
>
> Welcher Text passt?
> Der Bruder schreibt: An Marc kommt heute keiner vorbei ...
> Der Bruder schreibt an Marc: Kommt heute keiner vorbei ...

Gute Leser/innen hatten einen sicheren Zugriff auf die jeweils korrekte Variante. Schwache Leser/innen konnten die Aufgaben entweder gar nicht oder erst auf den zweiten Blick lösen.

Roman wäre mit Aufgaben wie diesen noch überfordert. Gleichwohl bleibt es eine wichtige Anforderung an den Deutschunterricht, Schüler/innen eine sprachbewusste Verarbeitung von Interpunktionszeichen zu ermöglichen.

Allerdings ist die gesamte Interpunktionsdidaktik in der Schule bislang noch an der Arbeit mit den Dudenregeln ausgerichtet: Das zeigt sich nicht nur darin, dass ausschließlich die Produktionsrichtung thematisch wird (Wo setzt man ein Komma, einen Punkt ...?), sondern auch in einer methodischen Entscheidung: Statt der Ermittlung kommarelevanter Strukturen steht die Vermittlung von Normkenntnissen im Vordergrund, die in – den Dudenregeln ähnlichen – Merksatzformaten gelehrt werden. Die ausbleibenden Erfolge dieser Kommadidaktik, die in jeder Studie über die Kommafähigkeit von Schüler/innen bestätigt werden (Friedrich 1991, Melenk & Knapp 2001 und Pießnack & Schübel 2005), sollten jedoch Grund genug sein, eine Revision der herkömmlichen Konzepte anzustrengen.

Erste Ansatzpunkte liefern Gorschlüter (2001) für die Rezeption und Lindauer & Sutter (2005) und Lindauer (2015) für die Produktion des Kommas. Neue didaktische Konzepte zu anderen Interpunktionszeichen finden sich in Praxis Deutsch 254, Interpunktion. Eine gute Übersicht über innovative Konzepte der Kommadidaktik geben Esslinger & Noack (2020).

4.2.3 Textlesen

Probleme mit dem Satzlesen beeinträchtigen auch das Textlesen, bei dem gelesene Sätze zu Textteilen und dann zu ganzen Texten verknüpft werden müssen. Zwei zentrale Verfahren, um vom Einzelsatz zum Text zu gelangen, sind Kohäsions- und Kohärenzbildung.

Von Kohäsionsbildung (Rosebrock & Nix 2020 sprechen von lokaler Kohärenz) spricht man, wenn sprachliche Mittel textsemantisch ausgewertet werden. Dafür bietet der Text kohäsive Mittel an, mit denen linear aufeinanderfolgende Sätze zu textuellen Strukturen werden.

Von Kohärenzbildung spricht man, wenn einzelsatzübergreifende Konzepte der Textinterpretation zum Einsatz kommen. Dafür können konzeptuelle Wissensbestände (scripts und frames) genutzt werden oder auch bestimmte Texteigenschaften (Superstrukturen, Darstellungsstrategien).

Kohäsion – Pronomen und Konjunktionen

Zwei prominente kohäsive Mittel sind Pronomen (Pro) und Konjunktionen (Konj). Wer sie auswerten kann, gewinnt wichtige Anhaltspunkte über die textuell gegebenen Zusammenhänge:

Käpten Knitterbart war der Schrecken aller Meere. **Sein [Pron 1]** Schiff, der „Blutige Hering", schoss schneller als der Wind über die Wellen. Eines Tages überfiel Knitterbart wieder mal ein Schiff. **Aber [Konj 1]** das Schiff hätte **er [Pron 2]** besser vorbeifahren lassen sollen, **denn [Konj 2]** an Bord war ein kleines Mädchen namens Molly. Molly hatte Ferien **und [Konj 2]** war unterwegs zu **ihrer [Pron 3]** Oma.

Die Pronomen 1 und 3 stellen Zuordnungen sicher: Der „Blutige Hering" gehört zu Käpten Knitterbart; die Oma zu Molly. Ein einfacher Test, die Substitutionsprobe, bei der der kritische Ausdruck durch einen anderen, hier einen bestimmten Artikel, ausgetauscht wird, zeigt, dass nur Pronomen diese Zuordnungen erzeugen können:

Käpten Knitterbart war der Schrecken aller Meere. ~~**Sein**~~ **Das** Schiff, der „Blutige Hering“, schoss schneller als der Wind über die Wellen [...] Molly hatte Ferien und war unterwegs zu ~~**ihrer**~~ **(der)** Oma.

Weder das Schiff noch die Oma könnten nun eindeutig Käpten Knitterbart bzw. Molly zugeordnet werden.
Pronomen 2 hat die Funktion, Knitterbart als Textsubjekt weiterzuführen; die Einsetzung der Vollform hätte zwar keine Auswirkung auf die Bedeutung, wohl aber hätte sie einen stilistischen Effekt:

Eines Tages überfiel Knitterbart wieder mal ein Schiff. Aber das Schiff hätte Knitterbart besser vorbeifahren lassen sollen.

Bereits dieser skizzenhafte Einblick zeigt, dass die kleinen, eher unauffälligen Pronomen eine entscheidende Rolle bei der Vertextung spielen und dass umgekehrt die falsche oder fehlende Interpretation von pronominalen Ausdrücken das Leseverstehen erheblich einschränken kann.

Kohäsion in den Bildungsstandards

Wenn es um die Arbeit am Leseverstehen geht, wird die Aufmerksamkeit in der Schule jedoch nur selten auf die Pronomen gelenkt; treten Verstehensprobleme auf, werden diese häufig im Nichtverstehen einzelner lexikalischer Ausdrücke vermutet. So fehlt in praktisch keinem Schulbuch der Hinweis an die Schüler/innen, die Bedeutung nicht verstandener Wörter zu klären, nur selten finden wir Hinweise zur Bearbeitung von Pronomen.

Dabei legen es die Bildungsstandards (hier exemplarisch für den Hauptschulabschluss (2004)) nahe, dass die Schüler/innen bei der Analyse und Reflexion der Textbeschaffenheit „sprachliche Mittel zur Sicherung des Textzusammenhangs kennen und anwenden“ sollen (KMK 2004a: 16). Zu diesen Mitteln werden auch die Pronomen gezählt. Dass diese Teilkompetenz jedoch nicht im Lernbereich „Lesen“, sondern im Lernbereich „Sprache und Sprachgebrauch untersuchen“ untergebracht ist, ohne einen Hinweis auf den Zusammenhang mit dem Lesen zu geben, zeigt, dass die konzeptionelle Bearbeitung pronominaler Strukturen auch in den Bildungsstandards noch nicht an ihr Ende gekommen ist.

Dasselbe gilt auch für Konjunktionen, die die Bedeutungsrelation zwischen Teilsätzen festlegen und die in den Bildungsstandards in diesem Sinne ebenfalls als „Mittel zur Sicherung des Textzusammenhangs“ (s.o.) profiliert werden.

Im vorliegenden Beispieltext wird die Konjunktion *aber* (Konj 1) gewählt, um einen Gegensatz zum Ausdruck zu bringen. Sie verweist den Leser darauf, dass ein Widerspruch zwischen den von Knitterbart erwarteten Handlungsfolgen und den tatsächlich eintretenden Folgen zu erwarten ist. Führen wir auch hier die Substitutionsprobe durch:

Eines Tages überfiel Knitterbart wieder mal ein Schiff. ~~**Aber**~~ **Und** das Schiff hätte er besser vorbeifahren lassen sollen.

Dass ein Widerspruch zwischen der erwarteten Handlungsfolge und der tatsächlich eintretenden Folge erwartbar ist, muss nun vom Leser erschlossen werden. Die sprachliche Form weist ihm nicht mehr den Weg.

Denn (Konj 2) leitet eine Begründung ein, die dem Leser eine Vorausdeutung darüber erlaubt, worin der Erwartungsbruch besteht. Auch hier hilft die Substitutionsprobe, die Leistung von *denn* freizulegen:

Aber das Schiff hätte er besser vorbeifahren lassen sollen, ~~**denn**~~ **und** an Bord war ein kleines Mädchen namens Molly.

Und (Konj 3) hat die Funktion, die beiden Konjunkte (Molly hatte Ferien; Molly war unterwegs zu ihrer Oma) als zugleich geltend auszuweisen. Die Ersatzprobe zeigt auch hier die Leistung von *und*:

Molly hatte Ferien, ~~**und**~~ **aber** war unterwegs zu ihrer Oma.

Die hier vorgenommenen Substitutionsproben, mit denen wir die Leistung von Pronomen und Konjunktionen aufdecken konnten, sind nicht nur für die Linguistik interessant. Sie können auch im Unterricht durchgeführt werden, um die Aufmerksamkeit der Schüler und Schülerinnen auf Pronomen und Konjunktionen als „Mondamin“ von Texten zu richten.

Aufgabe 7

In *Der Sprachabschneider* von Hans-Joachim Schädlich lässt sich der Grundschüler Paul auf ein fatales Tauschgeschäft ein: Er gibt einem Herrn namens „Vielolog" Wortarten, der dafür Pauls Hausaufgaben macht. Als der Direktor – nach der ersten Wortübergabe – wissen will, ob Pauls Lehrer noch in der Klasse ist, sagt Paul: „Nein, Lehrer ist nicht Klasse."

a. Welche Wortarten hat der „Vielolog" schon bekommen?

b. Besorgen Sie sich den *Sprachabschneider* und überlegen Sie, mit welchem Ziel Sie den Text im Unterricht einsetzen könnten.

c. Vergleichen Sie die Strukturen der Äußerungen von Paul nach der ersten Wortübergabe mit den Formen des Kiezdeutsch (Wiese 2012). Welche Ähnlichkeiten stellen Sie fest?

Kohärenz – Scripts und Frames

Ein wichtiges Verfahren zur Herstellung von globaler Kohärenz ist die Abbildung von Erwartungen auf einen Text, die dadurch entstehen, dass bestimmte Wissensbestände, etwa über den normalen Verlauf der Dinge (Scripts) oder über typische Situationen und Situationsmerkmale (Frames), aktiviert werden. Solche inhaltlichen Schemata sichern das Textverständnis, helfen, Ambiguitäten aufzulösen oder Lücken zu füllen, die der Text lässt.

Das Script, das von „Mollys Rache" aufgerufen wird, sind Piratengeschichten, also Geschichten von Gesetzlosen; entsprechend roh sollte es zugehen: Schiffe werden überfallen, es wird mit unfairen Mitteln gekämpft, die Piraten gehen rücksichtslos auch miteinander um etc. Am Ende sollten die Guten gewinnen; und dies nicht deshalb, weil sie physisch stärker sind, sondern weil sie den Piraten moralisch oder intellektuell überlegen sind.

In dieses Script hinein fällt die Geschichte von Käpten Knitterbart; wer Piratengeschichten kennt, hat deshalb erhebliche Vorteile beim Lesen: Er kann die Handlungen der Protagonisten auf dem Hintergrund erwarteter Figurenprofile (das Knurren des Kapitäns, das Gebrüll der Piraten) deuten, Abläufe antizipieren (der Überfall, das Kidnapping von Molly) und textuelle Leerstellen mit scriptnahen Vorstellungen auffüllen.

Scriptbruch

Nun zeichnen sich anspruchsvolle literarische Texte häufig gerade durch Scriptbrüche aus. Wer sich auf sein Script verlässt, wird überrascht und muss seine Erwartungen überarbeiten. Der Scriptbruch in *Mollys Rache* besteht in der Wahl der Protagonisten: Die Gegenspielerin von Käpten Knitterbart ist kein knorriger Pirat, sondern „ein kleines Mädchen namens Molly". Der Reiz der Geschichte besteht darin, dass – erwartungswidrig – zwei ungleiche Partner aufeinandertreffen.

Um beides, die scripttreue und die scriptabweichende Interpretation zu leisten, benötigt der Leser das „Basisscript" zu Piratengeschichten. Und weil Scripts häufig kulturabhängig sind (Steffenson & Joag-Dev 1984), ist die Arbeit am Textverstehen auf der Basis von scriptgeleiteten Erwartungen insbesondere in kulturell heterogenen Klassen von außerordentlicher Bedeutung.

Aufgabe 8

Steffenson & Joag-Dev (1984) legten Amerikaner/innen und Inder/innen Briefe vor, in denen es um eine typisch indische und eine typisch amerikanische Hochzeit ging, und baten die Proband/innen um eine Nacherzählung. Der indische Brief enthielt den Satz: „Die Heirat (marriage) war nur einen Monat zuvor arrangiert worden." Ein amerikanischer Proband schrieb in seiner Nacherzählung: „Das Hochzeitsfest (wedding) war nur einen Monat vor der Heirat (marriage) arrangiert worden." Welches Script lag dem indischen Brief zugrunde und welches Script hat den amerikanischen Nacherzähler geleitet?

Frames sind mentale Repräsentationen von typischen Situationen und Situationsmerkmalen. So wissen wir, dass zu Schiffen auch Taue gehören oder dass es dort ein Deck gibt. Trifft also ein Leser/eine Leserin auf diese Ausdrücke, sind sie ebenso erwartungsgemäß wie die Bezeichnung von Freddy als „fies" als Teil des Frames Pirat oder der Bezeichnung von Knitterbart als „Schrecken aller Meere" und können auf der Basis ausgebildeter Frames nicht nur sicher interpretiert, sondern auch mit Vorstellungsbildern versorgt werden.

Framebruch

Jedoch macht auch hier der Framebruch den besonderen Reiz der Literatur aus: So entpuppt sich in *Mollys Rache* die Protagonistin, die, einem herkömmlichen Frame folgend, als Mädchen eingeführt wird, das in den Ferien seine Oma besucht, als willensstark, klug und selbstbewusst. Gerettet wird sie übrigens von der Piratin Wilde Berta, ihrer Mutter.

Kohärenz – Textwissen

Eine weitere Ressource, die Leser nutzen, sind formale Schemata (bei Rosebrock & Nix 2020 Superstrukturen und Darstellungsstrategien), die den Inhaltsschemata, also scripts und frames, gegenübergestellt werden (Carrell & Eisterhold 1988) und die beim Leser bestimmte Erwartungen an den Text auslösen:

Wer weiß, dass es sich bei *Mollys Rache* um eine Erzählung handelt, erwartet eine chronologische Ereignisabfolge mit Spannungsbogen, Höhepunkt und Auflösung. Außerdem erwartet er wenig oder keine fachsprachlichen Ausdrücke, eher Aktiv- als Passivstrukturen, das Präteritum, den Indikativ und im Bereich der Figurenrede direkte Redezüge. Wer meint, es handele sich um einen Bericht, stellt sich auf eine spannungsreduzierte Ereignisabfolge ein, auf Passivkonstruktionen, auf den Konjunktiv und die indirekte Rede.

Auch mit diesen Erwartungen kann die Literatur spielen: So wird die Chronologie häufig durchbrochen, etwa durch Rückblenden, in modernen Romanen wird häufig im Präsens statt im Präteritum erzählt (Avanessian & Hennig 2012), und auch die Figurenrede kann zwischen Direktheit und Indirektheit changieren, ebenso wie insgesamt die Möglichkeiten zur Variation der Erzählerrede und des Erzählerstandpunktes für eine vielfältige narrative Perspektivierung genutzt werden (Genette 2010, Martínez & Scheffel 2019). Das Spektrum reicht bis zum „unzuverlässigen Erzähler“ (Booth 1961).

Exkurs: Gattungen und Gattungswissen

Bisher haben wir den Zusammenhang von formalen Schemata und Leseerwartungen herausgestellt, um die Bedeutung von Textwissen bei der Kohärenzbildung zu verdeutlichen. Wir haben Leseerwartungen kontrastiert, die gegenüber einer Erzählung oder einem Bericht bestehen.

Aus literaturwissenschaftlicher Perspektive kann die Welt der Texte über ihre Zugehörigkeit zu Gattungen geordnet werden. Am gängigsten ist die Unterscheidung der drei Großgattungen Epik, Drama und Lyrik. Diese Großgattungen lassen sich differenzierter entfalten. So ist eine wichtige moderne Großgattung innerhalb der Epik der Roman. Zu diesem gehören weitere Untergattungen, etwa der Entwicklungs-, Abenteuer- oder

Fantasyroman. Die Kategorisierung von Gattungen erfolgt nicht nur auf der Basis formaler Kriterien und bildet einen eigenen Forschungsgegenstand (im Überblick Zymner 2010). Ein Wissen über die Besonderheit von Gattungen stellt als Gattungswissen eine wichtige Ressource beim literarischen Lesen dar und wird oft beiläufig über die Begegnung mit prototypischen Beispielen erworben. Wo Leser/innen Gattungssignale dekodieren können oder Gattungserwartungen aufgebaut haben, bestimmen diese die Rezeption mit: Wer ein Märchen erwartet, liest einen Text anders als derjenige, der eine Kriminalerzählung erwartet. Wer eine Abenteuergeschichte rund um eine Gruppe von Piraten erwartet, liest einen Text anders als derjenige, der eine realistische Kindererzählung erwartet. Häufig werden in literarischen Texten Gattungsgrenzen überschritten und Leseerwartungen gezielt unterlaufen. Eine besondere Anforderung im Leseprozess besteht darin, Wissensbestände im Bereich der Gattungen nicht schematisch, sondern flexibel einzusetzen (Pieper & Kämper-van den Boogaart 2008, siehe auch Kap. 6.1).

4.2.4 Das Verhältnis von Wort-, Satz- und Textlesen

Bottom-up/ top-down

Bis hierher haben wir das Verhältnis zwischen Wort-, Satz- und Textlesen recht strikt als Bottom-up-Verhältnis erfasst: Wir haben behauptet, dass die jeweils hierarchieniedrigeren Verfahren Voraussetzung zur Bewältigung der hierarchiehöheren Verfahren sind. Beispielsweise sei die sichere Wortlesekompetenz Voraussetzung für die Arbeit am Satz. Diese Sicht ist zwar im Grundsatz richtig; um den Leseprozess aber tatsächlich in seiner Komplexität zu erfassen, ist sie noch zu einseitig. Denn Leser und Leserinnen prägen auch auf der Basis bereits gelesener Teilsätze oder Sätze, auf der Basis von Textsorten- bzw. Gattungserwartungen, unter Rückgriff auf Scripts und Frames Erwartungsmuster aus, die auf die jeweils hierarchieniedrigeren Prozesse zurückwirken.

Bei der Frage der Interaktion zwischen den genannten Teilprozessen müssen wir deshalb von einem Wechselverhältnis von Bottom-up- und Top-down-Prozessen ausgehen; „efficient and effective reading requires both top-down and bottom-up strategies operating interactively“ (Carrell 1988: 4):

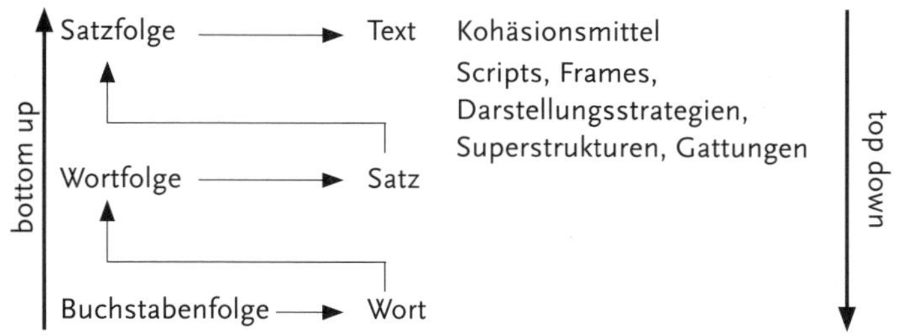

Abb. 22 | Bottom-up- und Top-down-Prozesse

Für den Leseerwerb hat diese Modellierung erhebliche Konsequenzen: Denn die Doppelbewegung zwischen Bottom-up- und Top-down-Prozessen kann nicht einseitig aufgehoben werden. Ein optimaler Leselehrgang arbeitet deshalb so, dass Bottom-up- und Top-down-Strategien miteinander verschränkt werden.

Bereits für Lesenovizen ist es deshalb wichtig, dass neben die Bottom-up-Erarbeitung der strukturbasierten Leseverfahren, also dem Aufbau der Wort- und Satzlesekompetenz, immer auch das Textlesen, zunächst in Form des Vorlesens und der darauffolgenden Anschlusskommunikation (Kap. 3.2) eine Rolle spielen muss. Je besser die Verschränkung zwischen der kognitiven, der subjektiven und der sozialen Ebene des Lesens gelingt, desto wahrscheinlicher ist es, dass Lernende ausgebaute und differenzierte Lesekompetenzen erwerben.

4.3 Digitale Texte lesen

Bis hierher ist die Auseinandersetzung mit dem Leseerwerb auf die Zielperspektive Textlesen ausgerichtet gewesen. Mit einer gewissen Selbstverständlichkeit hatten wir dabei Printtexte vor Augen. Da inzwischen das Lesen digitaler Texte einen breiten Raum einnimmt, und dies auch bei Schülerinnen und Schülern, soll zuletzt die Frage angesprochen werden, inwiefern diese Leseprozesse Spezifika aufweisen. Dabei nehmen wir an, dass digitales Lesen in didaktischer Perspektive vor allem dort relevant wird, wo Informationen zu bestimmten Sachverhalten erschlossen oder/und Positionen entwickelt werden sollen, also zum Beispiel bei der Vorbereitung von Referaten, Erörterungen und Studienarbeiten.

Anhand eines Fallbeispiels greifen wir zwei Aspekte heraus: Die Struktur digitaler Textangebote auf Webseiten sowie die Recherche im Netz. Das Beispiel ergibt sich aus einer Suchanfrage „digitales Lesen" (25.4.2021).

Die Seite der Stiftung Lesen – erster Treffer der angesprochenen Internetrecherche – zeigt typische Strukturelemente einer Internetseite. Diese kombinieren regelhaft Bild- und Textelemente, ggf. werden auch filmische Elemente oder Audiodateien eingebunden, über Hyperlinks sind Texte mit weiteren Texten verbunden. Ihre „Navigationsarchitektur" (z. B. Kuhn/Hagenhoff 2016) unterscheidet sich deutlich von der linearen Strukturierung typischer Printseiten, die zwar häufig auch Tabellen, Grafiken, Bilder und ähnliches einbinden, aber eine lineare Rezeption nahelegen.

Abb. 23 | Stiftung Lesen: Digitales Lesen. Auftaktseite

Die abgebildete Seite bietet in der linken Leiste eine Art Inhaltsverzeichnis des angewählten Bereichs, die oberen beiden Leisten bieten weitere Stichworte zu Themen der Seite. Während kommerzielle Seiten häufig noch Werbeanzeigen anbieten, die meist nicht in Verbindung mit den Inhalten der Seiten stehen, platziert die Stiftung Lesen rechts zwei Hinweise auf Auszeichnungen. Betrachtet man die Seite als Leseangebot, so wird deutlich, dass den Nutzern und Nutzerinnen kontinuierlich Entscheidungen abverlangt werden: Wo beginnt der Leser die Lektüre? Wo liest er weiter? Wovon kann er seine Entscheidungen abhängig machen? Die drei kurzen Texte im Mittelteil werden in einem verborgenen Bereich bzw. auf Unterseiten fortgeführt, sie erscheinen also kaum kontinuierlich. Zugleich illustrieren sie ein weiteres Charakteristikum beim Lesen digitaler Texte: Webseiten fordern zum polytextuellen Lesen heraus, also zum mehr oder weniger gleichzeitigen Verarbeiten mehrerer Texte, eine Anforderung, die inzwischen mit Blick auf das Aufgabenformat des materialgestützten Schreibens stark diskutiert wird (Feilke 2017; s. 5.2).

Die Textanfänge des Beispiels haben den Charakter der werbenden Anmoderation („Reisen Sie mit uns ...“; „Hier finden Sie ...“). Wie die optisch hervortretende Hauptüberschrift anzeigt, sollen die Seiten Hilfestellungen anbieten. Für welche Zielgruppen diese gedacht sind, lässt sich u.a. über das Foto, das ein Familienleben in mehreren Generationen inszeniert, sowie über das Qualitätssiegel rechts ermitteln, das in den Raum der Bildung verweist. Geübte Nutzer/innen mit dem entsprechenden Vorwissen werden solche Schlussfolgerungen auf der Basis der Bild-Text-Kombinationen ziehen. Die rechts angezeigten Auszeichnungen, die zeigen, dass die Angebote der Stiftung Lesen öffentliche Anerkennung erfahren, könnten sie als Zuverlässigkeitshinweis deuten. Während der obere Mitteltext bei Betätigung des Links lediglich aufklappt und erläutert, was auf den weiteren Seiten zu erwarten ist, führen die anderen beiden Links erkennbar auf weitere Texte, die teilweise aufgrund ihrer Länge mithilfe des Scrollens gelesen oder zumindest überflogen bzw. „gescannt“ werden müssen.

Ist das Ziel der Recherche eher auf differenzierte Informationen vor dem Hintergrund wissenschaftlicher Forschung denn auf „Standpunkte und Empfehlungen“ ausgerichtet, wählen Nutzer/innen möglicherweise eher das in der oberen Leiste platzierte Feld „Forschung“ an und sichten dort bereitgestellte Beiträge. Eventuell haben sie bereits geschlossen, dass der Schwerpunkt der Stiftung eher im Anwendungsbereich als in der Forschung liegt, und modifizieren ihre Erwartungen.

Noch deutlicher tritt die Bedeutung früher Auswahlentscheidungen beim Umgang mit der Trefferliste hervor. Die Funde der jeweiligen Suchmaschine werden mit Textfragmenten von wenigen Zeilen charakterisiert, die ad hoc ausgewertet werden müssen. Das Ergebnis zur Trefferzahl wird eher unauffällig oben auf der Seite platziert – im Fall des digitalen Lesens und der gewählten Suchmaschine, die auch das Nutzerprofil auswertet, liegt es bei 187 Millionen (!) Treffern. Unsere ersten fünf Treffer nach den Werbeanzeigen zeigt die folgende Abbildung:

https://www.stiftunglesen.de › leseempfehlungen › digit...

Digitales Lesen: Standpunkte und ... - Stiftung Lesen

Alles rund um Leseförderung mit digitalen Medien: Hintergrundinfos, Lesetipps, App-Tipps-Videos, ... **Digitales Lesen**: Standpunkte und Empfehlungen.

Du hast diese Seite 3 Mal aufgerufen. Letzter Besuch: 24.04.21

https://www.lesen.bayern.de › digital

#Digitales Lesen - #lesen.bayern

Erklärung: eine Annäherung an den Begriff: Was genau bezeichnet das **digitale Lesen** eigentlich, worin unterscheidet es sich vom nicht-**digitalen Lesen**?

https://www.wirlesen.org › lesen-sprache › lesen-medien

Digitales Lesen | wirlesen.org

Digitales Lesen. Die digitalen Veränderungen betreffen nicht nur die Produktion, sondern auch die Konsumation von Literatur. Entgegen kulturkonservativen ...

https://www.leseclubs.de › medialabs › digitales-lesen

Digitales Lesen - Leseclubs

Gerhard Falschlehner: **Digitales Lesen** – digitale Generation. Wie lesen junge Menschen im Internet? Der Webexperte Jakob Nielsen, der ...

https://alphaprof.de › 2020/01 › digitales-lesen-fluch-o...

Digitales Lesen: Fluch oder Segen? - alphaPROF

28.01.2020 — Welche Veränderungen ergeben sich durch digitale Medien beim Lesen und vielleicht schon beim Lesenlernen? **Digitales Lesen** Vor einem ...

Abb. 24 | Ergebnis einer Recherche zu „Digitales Lesen“. Erste Treffer

Die Treffer verweisen offensichtlich in den Bildungsbereich. Ob sie weiterführen, hängt nicht zuletzt vom jeweiligen Leseziel ab. Sind wir auf der Suche nach einer wissenschaftlichen Beschreibung digitaler Leseprozesse, probieren wir möglicherweise den zweiten Treffer, der eine grundsätzlichere Klärung verspricht, oder passen sofort unsere Suchanfrage an, um einen erkennbar wissenschaftlichen Diskursraum zu betreten: Bei der Domain www.lesen.bayern.de schließen wir auf ein eher allgemeinverständliches, auch an der Programmatik der Leseförderung orientiertes Angebot. Suchen wir aber nach einer Entscheidungshilfe zu der Frage, inwiefern und in welcher Weise das digitale Lesen Gegenstand des Deutschunterrichts sein sollte, könnten wir zunächst den ersten beiden Treffern nachgehen. Entscheidend ist mithin unser Leseziel und die Einschätzung der Suchmaschinenfunde vor diesem Hintergrund. Dabei spielt die Top-down-Steuerung über unser Vorwissen eine erhebliche Rolle. Des weiteren ist die parallele Verarbeitung mehrerer Texte charakteristisch, nicht zuletzt durch die weitere Verlinkung von Texten mit anderen Texten. Alle diese Texte werden auch in Bezug auf ihre Funktionen eingeschätzt (Unterstützung von Vermittler/innen bei der Entscheidungsfindung, Information der breiten Öffentlichkeit, Informationen zum wissenschaftlichen Erkenntnisstand ...). Für die Bewegung in und zwischen Texten hat sich die Metapher des Navigierens durchgesetzt.

Es dürfte deutlich geworden sein, dass die Zugänglichkeit digitaler Texte nicht zugleich bedeutet, umstandslos auf für die eigenen Anliegen ergiebige Informationen zugreifen zu können. Gerade bei der Arbeit mit digitalen Texten spielt eine klare Vorstellung des Leseziels als Steuerungsinstanz eine wichtige Rolle.

Dass die entsprechenden Lektüren für Schüler und Schülerinnen anspruchsvoll sind, belegt eine Auswertung zur PISA-Studie 2012. Hier waren Schüler/innen gefordert, eine zusätzliche Aufgabe in einer kontrollierten Netzumgebung zu lösen. Die Auswertung zeigt, dass diejenigen Schüler/innen, die insgesamt über hinreichend ausgeprägte Lesefähigkeiten verfügten, auch diese Aufgaben gut bearbeiten konnten. Diese Schüler/innen zeichneten sich darüber hinaus durch ein adaptives Leseverhalten aus: Ihre Bewegungen zwischen Texten passten sie ihrem Ziel immer wieder an (Hahnel et al. 2018).

So lässt sich mit Blick auf das Lesen digitaler Texte festhalten: Grundsätzlich fordern natürlich auch solche Leseprozesse die aktive Sinnkonstruktion durch die Verarbeitung der schriftsprachlichen Informationen. Spezifika lassen sich gleichwohl ausmachen. Entsprechend halten die Autoren und Autorinnen der aktuellen PISA-Studie fest: „Digitale Medien und Texte mit mehreren

Quellen erfordern keine qualitativ neue Lesekompetenz, aber eine Ausdifferenzierung und partielle Ergänzungen, etwa um neue Lesestrategien für das Navigieren in diesen Texten." (Becker-Mrotzek et al. 2019: 25).

Ist die Aufmerksamkeit für das Navigieren erst einmal geweckt, zeigt sich freilich auch, dass sich eine solche Lesestrategie in etwas anderer Form auch bei der parallelen Verarbeitung von Printtexten bewährten dürfte, wie sie das materialgestützte Schreiben erfordert.

4.4 Zusammenfassung

Am Anfang des Kapitels standen die Lesesozialisation und die literarische Sozialisation. Dabei wurde der Prozess des Erwerbs derjenigen Fähigkeiten, Einstellungen, Erwartungen und Interessen beschrieben, die die Teilhabe an der Schriftkultur ermöglichen. Leitend war die Einsicht, dass dieser Prozess durch die gesellschaftliche Umgebung mitbestimmt ist. Nicht nur personale Interaktionen – wie bei den kokonstruktiven Lernprozessen, die bereits in Kapitel 3 thematisch waren –, sondern auch Wechselverhältnisse zwischen unterschiedlichen Sozialisationsinstanzen und Bildungsnormen beeinflussen demnach den Erwerb schriftkultureller Fähigkeiten. Die vor allem in der Literaturdidaktik unter Zuhilfenahme soziologischer Modelle entwickelte Sicht auf das Lesen mündete in ein Verständnis von Lesefähigkeiten, das diese in einem umfassenderen Verständnis von Person verankert.

Häufig, so wurde gezeigt, wirken die verschiedenen Sozialisationsinstanzen nicht förderlich zusammen: Ungünstige familiale Bedingungen in Hinblick auf die Begegnung mit Schrift können auf ungünstige schulische Bedingungen treffen; in solchen Fällen ist der Zugang zur Schriftkultur erheblich erschwert. Wenn die Sozialisationsinstanzen hingegen günstig zusammenwirken, kann die Person in verschiedenen Kontexten Leseerfahrungen machen, die sie als lohnend erlebt und die zum Aufbau einer stabilen Lesemotivation beitragen; der Zugang zur Schriftkultur ist offen.

Im Anschluss an die Sozialisationsperspektive wurde die kognitive Dimension des Leseprozesses entfaltet. Dabei wurden die

Anforderungen des Wort-, Satz- und Textlesens einer linguistischen Analyse unterzogen. Anhand eines Fallbeispiels, des Lesenotats von Roman, wurde gezeigt, welche Informationen der Schrift für das Leseverstehen wie ausgewertet werden müssen. Bis in die Sekundarstufe I hinein erweist es sich dabei als notwendig, den Aufbau orthographischer und grammatischer Fähigkeiten zu stützen, damit die Schüler/innen Schlüsselinformationen wie die Interpunktion zur Identifikation von Sätzen, die Großschreibung zur Identifikation von Nominalgruppen oder die Rolle von Pronomen und Konjunktionen als Kohäsionsmittel auswerten können. Die Aktivierung unterschiedlicher Wissensbestände und Erwartungsmuster, etwa im Bereich des Textwissens, spielt dabei ebenfalls eine wichtige Rolle. Hier bieten literarische Leseerfahrungen wichtige Hilfen. Die sprachdidaktische Perspektive auf den Leseerwerb verdeutlicht so, dass der Aufbau der Wort- und Satzlesekompetenz mithilfe strukturbasierter Leseverfahren unterstützt werden kann. Zugleich kommt von Anfang an dem Textlesen, etwa in Form des Vorlesens, eine wichtige Funktion zu. Der Unterricht hat daher die Aufgabe, die unterschiedlichen Dimensionen des Lesenlernens und der Literaturbegegnung sinnvoll zu verschränken.

Schriftlichkeit – Schreiben | 5

Der zweite zentrale Bereich schriftsprachlicher Fähigkeiten, für den insbesondere der Deutschunterricht Verantwortung trägt, ist das Schreiben. Der Kompetenzbereich umfasst den Erwerb der Orthographie ebenso wie die Nutzung des Schreibens in vielfältigen Funktionen und das adressatengerechte Verfassen komplexerer Texte. Wir beginnen mit dem grundlegenden Bereich des orthographischen Schreibens und gehen dabei von einem launigen literarischen Beispiel aus, das neben einigen Einsichten in die Funktionsweise der Orthographie und Möglichkeiten ihrer Vermittlung auch die Lust am Spiel mit schriftsprachlichen Strukturen zeigt. Der Bereich des Textschreibens nimmt von einer zentralen Unterscheidung seinen Ausgang: In integrativer Perspektive sind textungebundene und textgebundene Textsorten zu differenzieren. Die textungebundenen Textsorten sind eine wichtige Domäne der Sprachdidaktik, die textgebundenen sind für die Literaturdidaktik zentral, zumal sie häufig an die Rezeption und Bearbeitung literarischer Texte „gebunden" sind.

Ausgehend von dieser Unterscheidung wird aufgezeigt, was eine literatur- und eine sprachdidaktische Textdidaktik vereint und trennt und wo die Potenziale einer integrativen Schreibdidaktik liegen.

5.1 Orthographisch schreiben

Arno Schmidt (1914–1979) ist dafür bekannt, dass er seine literarischen Experimente bis in die Wortschreibung hinein treibt. Die folgende Skizze, die er zur Vorbereitung einer Fernsehsendung zusammengestellt hat, gibt einen Einblick in die von ihm „Phonetismus" genannten literarästhetischen Strategien – und zugleich einen Einblick in die Struktur der Orthographie.

Schmidt selbst kommentiert seine Schreibexperimente so: „Darf ich aber auch betonen, dass es sich um keine Rechtschreibung handelt, aber auch keine Unrechtschreibung, der Phonetismus ist ja nie so weit getrieben, daß man die Worte nicht mehr erkennt."(Schmidt 2006: 15)

Eine genaue Analyse zeigt nun, dass Schmidt keineswegs regellos experimentiert. Er spielt mit der Orthographie des Deutschen (<Kultuhr>, <rumohren>/<Rumohr>, <Kann=Arien=Vogel>, <Kizzlijje>) und des Englischen (<Cream=hilled>; <Calton

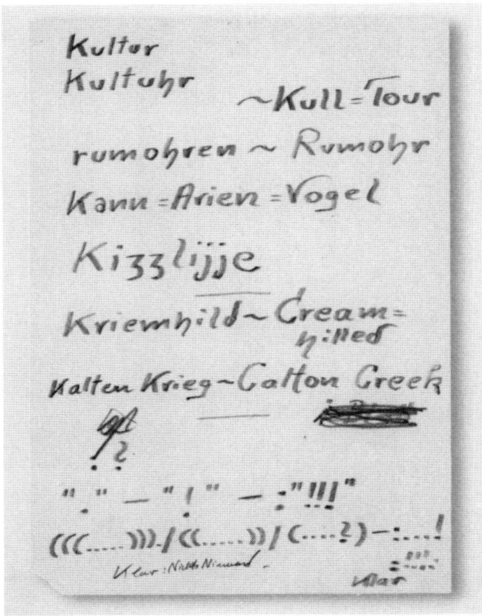

Abb. 25 | „Phonetismus" bei Arno Schmidt (Quelle: Archiv der Arno Schmidt Stiftung, Bargfeld)

Greek>); in einem Fall produziert er einen Mix aus Deutsch und Französisch (<Kull=Tour>).

Beim Spiel mit der deutschen Orthographie werden drei Verfahren sichtbar: 1. Die irreguläre Einsetzung von orthographischen Markierungen (Dehnungsmarkierung: <Kultu**hr**>, <rumo**h**ren>, Schärfungsmarkierung: <Ku**ll**=Tour>, <Ka**nn**=Arien=Vogel>), 2. Die irreguläre Separierung von Wörtern (<Kann= Arien=Vogel>, <Kull=Tour>), 3. Die Neutralisierung der Orthographie zugunsten einer lautnahen Schreibung (<Kizzlijje>). Nur in diesem letzten Fall ist wohl der Begriff des „Phonetismus" wirklich angebracht; hier liegt tatsächlich „Unrechtschreibung" vor. Die übrigen Beispiele sind eher das Resultat eines „Graphismus": Die Schreibungen folgen durchaus rechtschriftlichen Regeln; nur entstehen durch die orthographischen Markierungen andere Wörter als erwartet.

Am Fuß des Textes beginnt ein Spiel mit Interpunktionszeichen. Die Zeichenketten können als Handlungssequenz gelesen werden:

(((.....))) Tiefschlaf
((.....)) langsames Erwachen
(....?) fast Erwachtsein
–:...! überraschtes Umhersehen
:!!!. Erfassen der Situation

Den Witz all dieser Schreibungen erfasst freilich nur der, der weiß, wie die Schrift im Normalmodus funktioniert, etwa dass wir nicht schreiben, wie wir sprechen, dass das Dehnungs-h und die Doppelkonsonantenschreibung Stämme markieren, dass der Bindestrich lexikalische Wörter freilegt, dass Interpunktionszeichen nicht ikonische, sondern symbolische Zeichen sind etc. Dabei muss dieses Wissen nicht bewusst vorliegen; das unbewusste Verfügen über orthographische Strukturen stellt bei kompetenten Schreiber/innen sogar den Normalfall dar. Ins Bewusstsein gelangt es häufig erst in der Verfremdung. Insofern eignen sich literarästhetische Experimente wie die von Arno Schmidt neben dem lustvollen Spiel mit Formen besonders gut zur Aufdeckung normalerweise verdeckten Wissens.

Der geglückte Erwerb dieses Wissens kann in einer ersten Annäherung beschrieben werden als Prozess, in dem sich Lerner/innen die Strukturmerkmale der Schrift erschließen und so weit automatisieren, dass sie sicher und ohne bewusstes Zutun darüber verfügen. Dabei gilt: Je strukturierter und je reicher die Lernangebote sind, die die Kinder im Verlauf des Schriftspracherwerbs erhalten, desto besser gelingt ein störungsfreier Aufbau schriftsprachlicher Kompetenzen (im Überblick Schründer-Lenzen [3]2009).

Nimmt man die aktuell vorliegenden Fibeln als Basis für die Einschätzung des gegenwärtigen Anfangsunterrichts, ist dieser jedoch weit davon entfernt, die optimalen Lerngelegenheiten bereitzustellen. Denn statt einer strukturangemessenen Aufbereitung der Wortschreibung werden dort Buchstabenkonzepte und Wortbeispiele angeboten, die die Kinder zum „Phonetismus" verleiten, also dazu, Buchstaben als Lautrepräsentanten misszuverstehen und daher das aufzuschreiben, was sie hören, und nicht das, was gebraucht wird, um Wortstrukturen zu repräsentieren. Welche Konsequenzen das für das Lesen haben kann, haben wir in Kapitel 4.2 dargestellt.

Lautsprache und Orthographie

Um den Abstand zwischen der Lautsprache und der Orthographie, den zu erkennen nicht nur für das Lesen, sondern auch für das Schreiben von außerordentlicher Relevanz ist, hier noch einmal kenntlich zu machen, setzen wir an den Beispielen von Arno Schmidt an:

Schmidt schreibt <kizzlijje> für <kitzelige> und führt damit eine Schreibung vor, zu der man gelangt, wenn man „genau hinhört", wobei hier <kizlije> noch lautnäher gewesen wäre. Ein Vergleich zwischen dem regelgerecht geschriebenen <kitzelige> und dem lautnächsten Äquivalent <kizlije> deckt wesentliche Abweichungen zwischen gesprochenen und geschriebenen Wörtern auf:

Im regelgerecht geschriebenen Ausdruck <kitzelige> ist <tz> eine Schärfungsschreibung; sie sorgt dafür, dass der Vorgängervokal <i> als kurzer, ungespannter Vokal gelesen wird. Das <e>

in <kitzelige> ist der optische Marker für den Kern einer Reduktionssilbe. Im lautnächsten Äquivalent <kizlije> sind weder die Schärfungsschreibung noch das Reduktionssilben-e notiert – man kann sie nicht hören. Die Schreibung <j> ist die Folge der sog. Spirantisierung in der gesprochenen Sprache: Der Laut [g] (auslautverhärtet [k]) wird in manchen Umgebungen zu [ç] (wie in *ich*) oder zum Halbvokal [j] (wie in *Boje*). Kinder, deren Aussprachevariante diese Spirantisierung vorsieht und die genau hinhören, werden hier – wie Schmidt – den Buchstaben <j> notieren.

Aufgabe 1

[g] (auslautverhärtet [k]) nach den hinteren Vokalen [a], [u] und [o] wird bei der Spriantisierung zu [x] (wie in *ach*). So wird [tɑːk] zu [tax], [tsuːk] zu [tsʊx], [kataloːk] zu [kataloːx] etc. Lena (6;3) schreibt <Hantug> für <Handtuch>. Versuchen Sie zu erklären, wie sie auf die <g>-Schreibung kommt.

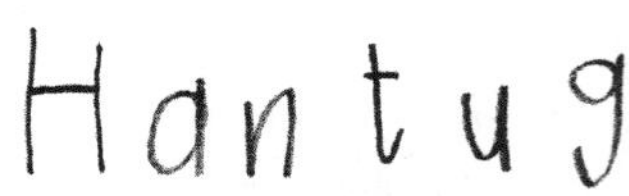

Abb. 26 | Kinderschreibung: Handtuch

Mit der Analyse des Ausdrucks <kizzlijje> für <kitzelige> haben wir Anhaltspunkte dafür gefunden, dass zwischen der Lautung von Wörtern und ihrer Verschriftung deutliche Unterschiede bestehen. Buchstaben sind nicht einfache Lautäquivalente, sondern markieren regelhaft Strukturen von und in Wörtern. Mit dem „Phonetismus" nimmt Schmidt genau diese Markierungsfunktionen aus seinen Schreibungen heraus.

Mit den irregulären Einfügungen orthographischer Markierungen („Graphismus") erhalten wir den umgekehrten Effekt. Die Markierungsfunktion von Buchstaben wird nicht durch ihr Fehlen, sondern durch ihr irreguläres Vorhandensein deutlich:

Schmidt schreibt <Kultuhr> statt <Kultur>, <rumohren> statt <rumoren>. Damit werden aus den bedeutungsindifferenten Wortresten <ur> von <Kultur> und <oren> von <rumoren> die bedeutungstragenden Ausdrücke <Uhr> und <Ohren>, was die gesamte Wortstruktur sowie den Wortakzent verändert: Die regelgerechte Silbifizierung von <Kultur> ist <Kul-tur>, <Kultuhr> dagegen muss wie <Kult-Uhr> getrennt werden. Das neu entstandene Wort ist eine Komposition, die mit zwei akzentuierten Silben zu lesen ist, während der Ausgangsausdruck einen Hauptakzent [tuɐ] und einen Nebenakzent [kʊl] trägt. Ganz ähnlich ist es bei <rumoren>/<rumohren>: Die Silbengrenze verschiebt sich; aus <ru-moren> wird <rum-ohren>, das entstandene Wortprodukt ist als Zusammensetzung mit zwei akzentuierten Silben zu lesen, [rʊm] und [ʔoː]; der Ausgangsausdruck trägt einen Hauptakzent auf [ʔoː].

Deutlicher als mit diesen Beispielen kann fast nicht gemacht werden, wie wenig mit einer Schrifttheorie gewonnen ist, in der Buchstaben kontextfrei als Lautäquivalente identifiziert werden und das Schreiben als Tätigkeit erfasst wird, bei dem die Hauptarbeit durch „genaues Hinhören" bereits getan wäre.

Dies belegt auch die irreguläre Schärfungsschreibung in den Schmidt-Beispielen: In der Schreibung <Kull=Tour> bleiben – im Gegensatz zu <Kultuhr> – die Silbengrenzen des Originalausdrucks <Kultur> erhalten. Die Doppelkonsonanten zeigen dem Leser nun aber, dass es sich um einen Wortstamm handelt – wenn er auch angesichts der Differenz zum Vertrauten etwas ratlos zurückbleibt: Das Wort <Kull> gibt es im Deutschen nicht. 1970 findet Schmidt eine neue Schreibung für *Kultur*. In „Zettels Traum" schreibt er <Cul=Tour>, mit frz. *cul = Arsch*.

In <Kann=Arien=Vogel> wird mit der Doppelkonsonantenschreibung der bedeutungstragende Wortstamm <Kann> erzeugt. Die Trennung zwischen <Kann> und <Arien> erzeugt zugleich ein weiteres Wort (Arien), das im Originalausdruck <Kanarienvogel> zwar als Buchstabenkette vorhanden ist, nicht aber als bedeutungstragende Einheit. Diese hervorzutreiben ist die Leistung des Bindestrichs, ein wirksames Mittel zur Freilegung von Wörtern in Wörtern: Wo immer er steht, müssen die Einheiten rechts und links von ihm als eigenständige Wörter interpretiert werden (Bredel 2020), bevor sie zu einem Gesamtausdruck verknüpft werden; und dies selbst dann, wenn man wie in <Kull-Tour> nicht weiß, was sie bedeuten.

Schriftspracherwerb als Systemerwerb

Der skizzenhafte Durchgang durch die Schreibspiele von Arno Schmidt hat dazu geführt, einige der Regularitäten der deutschen

Wortschreibung aufzudecken. Kinder, die den Schriftspracherwerb erfolgreich durchlaufen, entdecken diese und weitere Gesetzmäßigkeiten und organisieren so ihren Zugriff auf die Wortorthographie, auch wenn dies häufig nicht bewusst geschieht.

Selbstverständlich haben wir mit diesen eher illustrativen Beispielen noch keine Systematik der Orthographie und ihres Erwerbs gewonnen. Einen weiterführenden Einblick in die Wort- und Satzorthographie haben wir in Kapitel 4.2 in Exkursen gegeben. Umfassendere Beschreibungen der deutschen Orthographie haben Maas (1992), Eisenberg (2020a), Ossner (2010) und Fuhrhop & Peters (2013) vorgelegt. Der Orthographieerwerb und zielführende Lehr-/Lernangebote werden u.a. bei Hinney (1997), Röber (2009) und bei Bredel, Fuhrhop & Noack (2017) beschrieben.

Exkurs: Die Materialität des Schreibens. Schreiben mit der Hand und mit der Tastatur

Zur Schreibpraxis gehört auch die kompetente Nutzung von Schreibwerkzeugen. Aktuell stehen sich mindestens zwei Praktiken gegenüber: Das Handschreiben und das (digitale) Tastaturschreiben. Innerschulisch dominiert das Handschreiben, außerschulisch das Tastaturschreiben. An diese Zweiteilung schließen sich ganz praktische Fragen an: Sollte die Schule sich dem Alltag der Schüler und Schülerinnen annähern und die Tastatur als primäres Werkzeug in die Curricula aufnehmen? Sollte das Handschreiben dann gar nicht mehr gelehrt und gelernt werden? Oder sollte das Handschreiben weiter dominant sein und das Tastaturschreiben als eine Art Kür hinzutreten? Oder sollten beide, Hand- und Tastaturschreiben, in der Schule gelehrt und gelernt werden?

Um einer Beantwortung dieser Fragen näherzukommen, lohnt ein Blick in die Schreibforschung: Nach allem, was man weiß, gelingt der Erwerb des Schreibens mit der Hand besser als mit der Tastatur (James & Berninger 2019); nicht nur prägen sich Buchstaben schneller und besser ein (James 2010); die Bewegungsmuster, die beim Schreiben mit der Hand ausgeführt werden, legen Schreibspuren im graphomotorischen Gedächtnis an, die auch den Orthographieerwerb unterstützen (Steinig & Betzel 2016). Das Handschreiben scheint dem

Tastaturschreiben auch beim Anfertigen von Skizzen oder Kurznotizen überlegen zu sein. Demgegenüber ist das (digitale) Tastaturschreiben beim Schreiben von Texten dem Handschreiben überlegen. Das gilt vor allem für geübte Tastaturschreiber und -schreiberinnen (Christensen 2004). Es deutet alles darauf hin, dass beides, das Hand- und das Tastaturschreiben, differenziert nach Lernaltern und Schreibzielen, gebraucht wird. Und sicher ist, dass beides geübt werden muss (Diaz Meyer et al. 2017) und dass das Einüben des Handschreibens an die Händigkeit angepasst erfolgen muss (Sattler 2003).

Dass mit Fragen des Werkzeuggebrauchs aber nicht nur lerntheoretische Perspektiven verknüpft sind, sondern auch (bildungs)politische, zeigt ein Blick in die Geschichte des Handschreibens und der Schulausgangsschriften (vgl. weiterführend Bredel 2021):

Kinder, die zum Anfang des 20. Jahrhunderts eingeschult wurden, lernten das Schreiben in Kurrentschrift; dabei handelt es sich um eine sogenannte gebrochene Schrift, bei der die Buchstaben nach oben und unten spitz zulaufen, also wie gebrochen wirken. Die Kurrentschrift war eine Zielschrift, der sich die Kinder und Jugendlichen nach und nach annähern sollten. Auf die Ausprägung einer individuellen Handschrift kam es nicht an. Das änderte sich zum Beginn des 20. Jh.s: Ludwig Sütterlin hatte vom preußischen Ministerium den Auftrag erhalten, eine leichter lernbare Schrift zu entwickeln, die als Ausgangsschrift die Entwicklung einer persönlichen Handschrift gestatten sollte. Die 1911 eingeführte Sütterlinschrift, die wie die Kurrentschrift zur Schriftfamilie der gebrochenen Schriften zählt, wurde jedoch 1941 zusammen mit allen weiteren gebrochenen Schriften durch den berühmt gewordenen Normalschrifterlass der Nationalsozialisten verboten. Es handele sich, so die irrlichternde Begründung des Erlasses, bei den Buchstaben der gebrochenen Schriften um „Judenlettern“; der wahre Grund für die Abschaffung der gebrochenen Schriften war, dass die Nationalsozialisten Anordnungen und propagandistisches Material in besetzten Gebieten außerhalb Deutschlands verbreiten wollten – und überall außer in Deutschland waren Antiquaschriften in Gebrauch. Im Normalschrifterlass wird sowohl für Druckerzeugnisse als auch für das Handschreiben in der Schule die sog. Deutsche

Normalschrift angeordnet, die zur Schriftfamilie der Antiqua zählt und die auch in der Nachkriegszeit in beiden Teilen Deutschlands bestimmend blieb.

1953 entwarf der Iserlohner Schreibkreis die Lateinische Ausgangsschrift (LA), die von da ab als verbindliche Ausgangsschrift in den alten Bundesländern galt. Die LA sollte flüssige Handbewegungen begünstigen und zugleich die Entwicklung einer individuellen Handschrift gestatten.

1972 trat die Vereinfachte Ausgangsschrift (VA) hinzu. Sie war von Heinrich Grünewald eingeführt worden, der die unproblematische Ausführbarkeit der LA wegen der zu komplexen Großbuchstaben, der zahlreichen Deckstriche und Drehrichtungswechsel bei den Kleinbuchstaben in Zweifel gezogen hatte. Die VA ist eine Art von Stecksystem: Jeder Kleinbuchstabe beginnt und endet an derselben Stelle, so dass alle Kleinbuchstaben immer in derselben Weise zusammengefügt werden können. Damit werden flüssige Bewegungsmuster verhindert, weshalb die VA auch in der vergleichenden Forschung regelmäßig einen hinteren Rang einnimmt (Mahrhofer 2004; Mesch, Barkow & Wild 2019).

In der DDR hatte Renate Tost 1968 die Schulausgangsschrift (SAS) entworfen, die dort die Deutsche Normalschrift ablöste. Die SAS ist der Lateinischen Ausgangsschrift ähnlich, weist aber an die Druckschrift angelehnte Großbuchstaben auf. Sie gilt in der informierten Schreibforschung als Goldstandard.

Seit der Wiedervereinigung standen drei Ausgangsschriften (LA, VA, SAS) zur Verfügung, die von unterschiedlichen Bundesländern entweder erlaubt oder verboten waren; teilweise galten zwei der drei Schriften als erlaubt, manchmal nur eine, manchmal alle drei. Hinzu kommt, dass mit den beginnenden 1980er Jahren nicht mehr eine Ausgangsschrift, sondern die Druckschrift Erstschrift war. Bis heute wird die verbundene Ausgangsschrift (LA, VA oder SAS) nach der Einführung der Druckschrift gelernt (zu einer Kritik an diesem Verfahren vgl. Schulze Brüning & Clauss 2019).

2010 machte der Grundschulverband mit dem Entwurf der Grundschrift einen neuen Vorstoß. Die Grundschrift ist eine an Druckbuchstaben angenäherte Schrift, in der die Verbindungsmöglichkeiten mit Ligaturbögen angedeutet sind; wann wie genau verbunden wird, ist den Kindern überlassen.

Kritisiert wird die Grundschrift unter anderem, weil den Kindern kaum Muster für die Einübung und Sicherung eines routinisierten Bewegungsablaufs an die Hand gegeben werden. Der störungsfreie Aufbau einer flüssigen Handschrift werde damit erschwert.

Studien, die die Wirksamkeit der aktuell vier Ausgangsschriften in Bezug etwa auf motorische, kognitive, ästhetische, die Leserlichkeit betreffende Entwicklung ermitteln, liegen noch nicht in hinreichender Anzahl vor bzw. erbringen teilweise widersprüchliche Ergebnisse. Nach allem, was man weiß, scheint aber die SAS die besten Möglichkeiten zu bieten. Sie wird in der „Siegener Erklärung" (2019) als erste und einzige Ausgangsschrift gefordert.

Noch aber ist ganz unklar, wie sich die Schreibpraxis in den Schulen entwickeln wird. Das betrifft die Auswahl der Ausgangsschrift und das Einüben des Handschreibens; es betrifft aber auch die Rolle des Tastaturschreibens, das bislang kaum eine curriculare Bearbeitung erfahren hat; und es betrifft schließlich die Relation, in der Hand- und Tastaturschreiben zueinander stehen werden.

Kurrentschrift	Schreiben mit der Hand (bis 1911)
Sütterlinschrift	Schreiben mit der Hand (bis 1941)
Lateinische Ausgangsschrift	Schreiben mit der Hand (seit 1953)
Vereinfachte Ausgangsschrift	Schreiben mit der Hand (seit 1972)
Schulausgangsschrift	Schreiben mit der Hand (seit 1968)
Grundschrift	Schreiben mit der Hand (seit 2010)

5.2 Texte schreiben – Zu Texten schreiben

Die regelgerechte Wort- und Satzorthographie und der kompetente Werkzeuggebrauch sind wichtige Grundlagen für das Schreiben, sie reichen aber nicht aus.

knowledge telling – knowledge transforming

Bereiter & Scardamalia (1987) sprechen vom Unterschied zwischen knowledge telling und knowlegde transforming. Das knowledge telling entspricht einem reinen Niederschreiben von Gedanken, ohne dass dem Schreiber die Gesamtstruktur des Textes vor Augen stehen würde. Beim knowledge transforming werden Ideen in eine Textstruktur übersetzt.

Dabei stehen verschiedene Textmuster zur Verfügung, an denen sich der Schreiber orientieren kann. Die wichtigsten sind Erzählen, Beschreiben und Argumentieren. Beim Erzählen geht es um die Rekonstruktion von Ereignissen, beim Beschreiben um die Darstellung von Sachverhalten/Vorgängen, beim Argumentieren um die Bearbeitung eines Problems bzw. einer Fragestellung.

Textmuster und Textsorte

In der textlinguistischen und in der deutschdidaktischen Literatur werden die Begriffe Textmuster, Textart, Textsorte uneinheitlich und nicht immer trennscharf verwendet. Wir beziehen uns mit dem Begriff des Textmusters hier auf die Darstellung von Fix (2008): Er versteht darunter (in Anlehnung an Hayes & Flower 1980) „‚Grundbausteine' [...] schriftsprachlichen Handelns" (Fix 2008: 92). Diese Grundbausteine sind als abstrakte Rahmenschemata mental verfügbar und bestehen in den für das jeweilige Muster prototypischen Texteigenschaften, die beim Schreiben eines Textes aufgerufen werden (vgl. auch Heinemann 1990).

Die Rede von Textsorten ermöglicht weitere Unterscheidungen im Feld der Texte. Dem Textmuster Erzählen etwa korrespondieren die Erlebniserzählung, die Phantasieerzählung, die Nacherzählung etc. Typisch für viele Textsorten ist es, dass in ihnen verschiedene Textmuster komplexe Verbindungen eingehen. So umfassen Interpretationen in der Regel beschreibende und argumentierende Anteile, Reportagen erzählende und beschreibende.

Textsorte und Gattung

Auch in der Literaturwissenschaft dient der Begriff der Textsorte als Ordnungsbegriff, und zwar innerhalb der Gattungstheorie: Nach Fricke sind Textsorten über spezifische Merkmalsbündel bestimmt, die sprachliche, semantische und pragmatische Aspekte einschließen (Fricke 2010: 20). Die Rede von Textsorten ist mitunter mit der von Gattungen austauschbar (Kap. 4.2.3; einen engeren Zusammenhang zwischen Gattung und Textmuster stellt Birkle 2010 her, siehe Kap. 3.2.2).

Sowohl die Sprach- als auch die Literaturdidaktik weisen eine reiche Tradition zur Bearbeitung von Textmustern im Deutschunterricht auf (Ludwig 1988). Jedoch teilt sich hier das Feld.

Textungebundenes Schreiben

Die Sprachdidaktik ist traditionell überwiegend an textungebundenem Schreiben interessiert: Beim Erzählen stehen die Erlebnis- bzw. die Phantasieerzählung oder der Bericht im Zentrum, der ebenfalls zu den erzählenden Formen zu rechnen ist, weil mit ihm Ereignisse rekonstruiert werden; beim Beschreiben interessieren etwa die Gegenstandsbeschreibung oder das Versuchsprotokoll, beim Argumentieren die Erörterung.

Textgebundenes Schreiben

Die Literaturdidaktik thematisiert überwiegend das textgebundene Schreiben: Das Erzählen kommt als Nacherzählen in den Blick, das Beschreiben als Inhaltsangabe, das Argumentieren als Interpretation.

Eine idealtypische Zuordnung schulischer Textsorten bzw. Textformen zu den Textmustern nimmt die folgende Übersicht vor:

dominantes Textmuster	Erzählen	Beschreiben	Argumentieren
textungebundene Textsorte	Erlebnis- oder Phantasieerzählung	Bild-/Gegenstands-/ Personen-/Vorgangs-beschreibung	Erörterung
textgebundene Textsorte	Nacherzählung	Inhaltsangabe	Interpretation Texterörterung

Tab. 10 | Schulische Textsorten in Anlehnung an Fritzsche 1994: 47

Die verschiedenen Perspektivierungen der Sprach- und der Literaturdidaktik in Bezug auf das Schreiben, die Schreibanlässe und die bevorzugten Textmuster haben zur Herausbildung verschiedener Forschungstraditionen geführt.

Bei der Zusammenführung der Forschungslinien im Rahmen einer integrativen Deutschdidaktik werden nun nicht nur die jeweiligen Potenziale der sprach- und literaturdidaktischen Schwerpunktsetzungen deutlich; zugleich können auch „blinde Flecken“ aufgedeckt werden, die sich durch die verschiedenen Perspektivierungen auf der einen und der anderen Seite ergeben haben.

Im folgenden Kapitel wird zunächst das Feld des Textschreibens in seinen allgemeinen Dimensionen und entlang zentraler Orientierungen der Sprach- und Literaturdidaktik abgesteckt.

In einem zweiten Teil geht es darum, in welchem Verhältnis der Gegenstand, über den oder zu dem geschrieben wird, zum Schreiben steht. Es wird sich zeigen, dass die Literaturdidaktik hier differenzierte Konzepte der Reziprozität zwischen dem (literarischen) Gegenstand und seiner schreibenden Verarbeitung vorlegen kann.

Im dritten Teil werden Erwerbsperspektiven in den Blick genommen. Es werden in der Sprachdidaktik entwickelte Modelle fortschreitender Schreibkompetenzen skizziert, die in der Literaturdidaktik bislang fehlen.

Im vierten Teil wird am Beispiel der Inhaltsangabe und des Nacherzählens gezeigt, welche Probleme und welche Chancen mit diesen Textmustern in der schulischen Arbeit verbunden sind.

5.2.1 Orientierungen der Didaktik des Textschreibens

Das Textschreiben hat im Deutschunterricht traditionell einen bedeutenden Platz. Die Frage, an welchen Dimensionen des Textes sich allerdings ein Schreibcurriculum ausrichten kann und soll, wurde unterschiedlich beantwortet. In historischer und systematischer Perspektive lassen sich die vier Orientierungen Form, Leser, Subjekt und Schreibprozess unterscheiden, die im folgenden skizziert werden.

Formorientierung

Die Formorientierung beim Schreiben im Deutschunterricht lässt sich bis ins 19. Jahrhundert zurückverfolgen. Sie äußert sich im Vorrang von Stilvorgaben und Aufsatzformen, die als Richtlinie gelten, und hat bis heute insbesondere in Form von Textnormen Konjunktur. Problematisch ist dies, wenn sich die Textnormen verselbständigen, also nicht mehr dazu dienen, dem Schreiben einen sinnvollen und strukturierten Rahmen zu geben. Im Extremfall geht es dann nicht darum, dass etwas gedanklich entwickelt, erzählt oder dargestellt wird, sondern darum, ob etwas normgerecht verschriftet worden ist. Der Aspekt des ‚knowledge transforming' fehlt dann völlig. Und dass gerade die textgebundenen Formen auch Formen der Texterschließung sind (Abraham & Kepser 2009), bleibt außer Betracht. Am Beispiel der Inhaltsangabe illustriert, kann dies bedeuten, dass die Einhaltung der Textnormen, im Präsens zu schreiben und keine direkte Rede zu benutzen, unterrichtlich oder in Prüfungssituationen mehr Gewicht erhält als die adäquate Bearbeitung und Darstellung des Inhalts (s.u.).

Gebundener Aufsatz

Die Formorientierung spielte sowohl im Bereich der Volksschul- als auch im Bereich der gymnasialen Bildung des 19. Jahrhunderts eine bedeutende Rolle: Der Schreiberwerb sollte über die Reproduktion guter Vorbilder angeleitet werden. In diesen Bereich gehörten sowohl stilistische Übungen als auch der sogenannte Gebundene Aufsatz. Dabei verdeckte die Formorientierung auf dem Weg zu einer „normativen Aufsatzlehre" (Abraham 1996: 89) die Möglichkeiten des Schreibens zur Entwicklung und Artikulation des eigenen Denkens. Wie Abraham zeigt, stellten die schulischen Stilübungen des 19. Jahrhunderts eine Reduktion gegenüber der rhetorischen und poetischen Tradition der Stilistik dar: weg vom Schulen des Ausdrucks der Gedanken, hin zur normorientierten Darstellung (Abraham 1996). In dieser Linie liegt auch der sogenannte Gebundene Aufsatz: Wie der Name zum Ausdruck bringt, waren die Texte an Themen und Textformate gebunden. Ein wichtiges Ziel dabei war der Aufbau und die Stabilisierung von Textnormen.

Textnormen als Orientierungshilfe

Bis heute spielen im Deutschunterricht Aufsatzformen und ihre Textnormen eine bedeutende Rolle, wobei das Spektrum vielfältig ist. Die Starrheit der Aufsatznormen ist fachdidaktisch vielfach kritisiert worden (Fix 2008). Es besteht aber Einigkeit darin, dass Lernende beim Schreiben über „Baupläne" (Fix 2008: 106) verfügen können sollten, wenn sie vor Schreibaufgaben stehen, weil diese im Schreibprozess eine Stütze darstellen können. Die genannten schulischen Textsorten lassen sich sinnvoll auf solche Baupläne in Form von Textmustern beziehen (s.o.).

Unter der Perspektive der Formorientierung ist es von Bedeutung, dass sich Zusammenhänge zwischen Textmustern und Textsorten bzw. Gattungen auch in spezifischen Formulierungsmustern zeigen. So sind für das Erzählen im Märchen formelhafte Wendungen charakteristisch, die einzuüben zielführend sein kann (s.u. zur Nacherzählung). Und auch andere Textsorten sind über spezifische sprachliche Wendungen identifizierbar und gestaltbar (vgl. das Konzept der Textprozeduren von Feilke 2014). Dass die Formorientierung eine sinnvolle didaktische Funktion haben kann, spiegelt sich auch im Konzept der Textformen, das explizit für schulische Textsorten Verwendung findet und mit der Funktion des lernenden Schreibens verbunden wird: Die Doppelperspektive Form und Lerner korrigiert dann potentiell eine formalistische Verkürzung, die auf das bloße Erfüllen von Textnormen zielt (Pohl & Steinhoff 2010).

Leserorientierung

Allen Textmustern ist eine kommunikative Funktion eingeschrieben: Das Erzählen dient dazu, anderen ein erzählenswertes Ereignis nahezubringen, das Beschreiben dazu, etwas für andere nachvollziehbar darzustellen, und das Argumentieren dazu, gegenüber einer oder mehreren Personen eine Position zu begründen und zu überzeugen. Dass Texte auch und gerade in ihrer kommunikativen Funktion betrachtet werden sollten, wurde fachdidaktisch besonders seit den 70er Jahren des 20. Jahrhunderts betont.

Kommunikative Wende

Die sogenannte „kommunikative Wende" führte zu einer Aufsatzdidaktik, in der der Leser als zentrale Orientierungsgröße des Schreibens in den Blick rückt. Ein sprechender Titel aus dieser Zeit lautete: „Schulaufsätze – Texte für Leser" (Böttcher et al. 1973): Auch Schulaufsätze sollten demnach in erster Linie als Texte konzipiert und verstanden werden, die sich an Leser richten. Einige Didaktiker/innen gingen sogar so weit zu fordern, dass jeder von Schüler/innen geschriebene Aufsatz in eine reale Kommunikationssituation eingebettet sein müsse. Diese „Ernstfalldidaktik", mit der die Schreibprodukte aus dem schulischen Raum hinaus in die Gesellschaft Eingang finden sollten, wurde jedoch häufig nur zögerlich umgesetzt; zudem verengte sie den Blick auf berichtende, informierende und appellative Textsorten (z. B. Bericht, Protokoll, Stellungnahme, Leserbrief), die auch zur politisch-ideologischen Ausrichtung der 70er Jahre passten. Unter dem Stichwort „kommunikative Aufsatzdidaktik" ist diese Ausrichtung in die Geschichte der Fachdidaktik eingegangen (Fix 2008).

Erweiterung des Repertoires von Textsorten

Die Leserorientierung wurde seit dem Ende der 70er Jahre mit einer stärkeren Orientierung an den Schüler/innen verbunden (Sieber 2003). Die Frage nach der kommunikativen Funktion wird seitdem deutlicher mit Blick auf diese selbst gestellt. Aus der Verbindung dieser Perspektiven resultieren Schreibaufgaben, die (auch) adressatenbezogen gedacht und in der Weise situiert sind, dass sie an Erfahrungen und Lebenszusammenhänge von Schülerinnen und Schülern anschlussfähig sind (z. B. Bachmann & Becker-Mrotzek 2010). Für die Formen des Schreibens im Unterricht bedeutet dies eine Erweiterung des Repertoires von Textsorten um solche, die außerhalb der Schule – und insbesondere in der Lebenswelt von Schüler/innen – Verwendung finden. Unter dem Gesichtspunkt der Leserorientierung und der kommunikativen Funktion werden im Bereich des textungebundenen Schreibens dann zum Beispiel statt der bereits üblichen Gegenstandsbeschreibung Spielanleitungen zu selbst entwickelten Spielen geschrieben. Und im Bereich des Schreibens zur Literatur sind auch solche Textsorten vertreten, in denen literarische Texte beschrieben, interpretiert und bewertet werden, um Leser/innen eine Einschätzung zu vermitteln und die Auswahl des Lesestoffs zu erleichtern: Klappentexte, Kundenrezensionen, professionelle Buchkritiken.

Allerdings ist das „unterrichtliche Brauchtum“ (Ivo 1977) zäh: So lässt sich auch beobachten, dass die traditionelle Aufsatzdidaktik mit kommunikationsorientierten Arrangements spannungsvoll verbunden wird. Dies werden wir anhand der bis heute etablierten Inhaltsangabe noch zeigen (Kap. 5.2.4).

Subjektorientierung

Mit der stärkeren Hinwendung zu den Lernenden ist bereits eine Perspektivenverschiebung angesprochen, die wir unter dem Begriff der Subjektorientierung genauer betrachten: Dabei interessieren die Schüler/innen dezidiert als lernende Personen, deren subjektives Erleben und Erfahren ernst genommen und deren Persönlichkeitsentwicklung im Blick behalten werden sollte. Historisch gesehen, wird diese Perspektive mit der „subjektive[n] Wende“ der 80er Jahre verbunden (Fix 2008: 114).

Kognitive Wende

Dabei schwingt bereits eine Vorstellung von Lernen mit, die es als eigenaktiven Prozess begreift, wie es anschließend im Zusammenhang der sogenannten „kognitiven Wende“ zentral wird (s.u.). Zugleich können bestimmte Engführungen der Kommunikationsorientierung überwunden werden, ohne die Bedeutung einer kommunikativen Verankerung bzw. Situierung des Schreibens aufzugeben.

Kreatives Schreiben

Schreibdidaktisch lässt sich die Subjektorientierung bis in reformpädagogische Traditionen des frühen 20. Jahrhunderts zurückverfolgen, an die in den 80er Jahren neu angeschlossen wird: Das Schreiben wird als Medium subjektiven Ausdrucks betrachtet. Diese Dimension kann die kommunikative Funktion zurücktreten lassen. An die Stelle normierter Aufsatzformen, sachorientierter Textsorten und an der Kommunikation mit anderen orientierter Texte tritt das kreative Schreiben: Unter diesem Sammelbegriff, in den Elemente des reformpädagogischen freien Schreibens sowie des amerikanischen „creative writing" eingehen, lassen sich vielfältige Schreibaktivitäten bis zum experimentellen Schreiben fassen. Dem kreativen Schreiben wird oft persönlichkeitsbildendes Potenzial zugerechnet. Ästhetische Formen spielen eine bedeutende Rolle: Das poetische und literarische Schreiben soll Raum für die Expression bieten, die entsprechenden Formen können zum Mittel des Selbstausdrucks und der Entwicklung der Imagination werden (Spinner 2001). Auch die epistemische Funktion des Schreibens, also ein Schreiben zur Gewinnung von Erkenntnissen, wird mit dem kreativen Schreiben verfolgt. Eine Schlüsselrolle spielen in didaktischer Perspektive die Impulse, die die entsprechenden Schreibprozesse anregen sollen. Zu unterrichtlichen Arrangements im Bereich des kreativen, insbesondere des literarischen Schreibens, gehören auch Werkstätten mit professionellen Autor/innen, die den Kontakt zwischen Schule und literarischem Leben herstellen. Das kreative Schreiben unterscheidet sich deutlich von der kommunikativen Aufsatzdidaktik. Es lässt sich aber mit kommunikativen Situierungen verbinden, etwa indem die literarischen Produktionen von Schüler/innen in Büchern gebunden und in Lesungen präsentiert werden. Die Texte selbst stehen dabei nicht in einem praktischen Kommunikationszusammenhang mit klarem Adressatenbezug (wie bei einem Leserbrief, einer Spielanleitung oder einem Klappentext). Eine kommunikative Situierung literarischer Texte führt vielmehr in eine geteilte literar-ästhetische Praxis (siehe Kap. 3.2.1). Darüber hinaus kann das kreative Schreiben insbesondere im autobiografischen Sinn auch primär „personalselbstreflexiv" praktiziert werden (Fix 2008: 41).

Handlungs- und produktionsorientierte Literaturdidaktik

Im Bereich des Schreibens zur Literatur wird die Subjektorientierung besonders in der handlungs- und produktionsorientierten Literaturdidaktik zum Tragen gebracht. Hier unterscheiden sich die Ansätze nicht unerheblich, gemeinsam ist ihnen vor allem ihre Distanz zu Formen des Umgangs mit Literatur, die durch stark lenkende Analyse etwa im Unterrichtsgespräch geprägt sind (im Überblick Spinner 2011). Für den Bereich des Schreibens zur Literatur wird der Begriff „produktionsorientiert" verwendet, handlungsorientierte Formen sind etwa das szenische Spiel oder die Vertonung. Beim produktionsorientierten Umgang mit Literatur kommt der subjektiven Annäherung an den Text oft besondere Bedeutung zu. So wird vielfach Wert darauf gelegt, dass sich Lernende in die Welt des Textes imaginativ hineinversetzen können, etwa indem sie den Erzählfaden aufnehmen und weiterentwickeln oder indem sie Perspektiven verschiedener Figuren in fiktiven Tagebucheinträgen oder inneren Monologen entfalten. Über solche Verfahren soll die „Verstrickung“ (Kreft 1977: 379) gefördert und eine vertiefte Auseinandersetzung ermöglicht werden. Darüber hinaus zielt das produktionsorientierte Schreiben auf eine performative Annäherung an die literarische Gestaltung, etwa indem Stilphänomene nachgeahmt werden oder nach Mustern geschrieben wird. „Stilübungen“ in diesem Sinne können den Zugang zum literarischen Text auf mimetische Weise (also nachahmend) ebnen, ästhetische Strukturen vermitteln und so das literarische Lernen fördern (vgl. Stemmer-Rathenberg 2011 [2009]). Insofern unterscheiden sie sich von den formalistischen Etüden des 19. Jahrhunderts. Das Bewusstsein für Stilphänomene und die Ausdrucksgestalt literarischer Texte wird auch durch Arrangements geschult, die den literarischen Text verfremden, indem sie ihn parodieren, in eine andere Gattung transformieren usw. Ein solcher Umgang mit Literatur bewegt sich im literarischen oder quasi literarischen Modus, lässt sich also auch als „poetisch“ charakterisieren (vgl. Zabka 2007: 199). Er zielt auf die verstehende und interpretierende Annäherung an den literarischen Text, auf Einsicht in poetische Strukturen, und mitunter auch auf die Erweiterung eines poetischen Ausdrucksrepertoires.

Kommunikative Situierungen können durch unterschiedliche Formen der Veröffentlichung vorgenommen werden. Im Unterrichtsalltag dürften sie häufig nicht über die mündliche Präsentation hinausgehen. Ähnlich wie beim personal-selbstreflexiven kreativen Schreiben kann die Funktion außerdem vorwiegend die des lernenden oder epistemischen Schreibens sein.

Die Handlungs- und Produktionsorientierung ist unter anderem in den Einsichten der Rezeptionsästhetik begründet (z. B. Iser 1976), die die aktiv-konstruierende Rolle des Lesers herausgearbeitet hatte. Inzwischen wird der „Akt des Lesens“ (Iser 1976) oft genauer auf kognitive Aktivitäten bezogen, und auch die Arrangements im Bereich der produktionsorientierten Verfahren werden präziser auf „textverstehende Operationen“ (Grzesik 1990) abgestimmt. Hier begegnen sich also Subjektorientierung und kognitive Wende, die sich schreibdidaktisch in der Prozessorientierung niederschlägt.

Prozessorientierung

Die Prozessorientierung bezeichnet eine schreibdidaktische Neuausrichtung, die besonders seit den neunziger Jahren in die Deutschdidaktik Einzug hielt. Mit der sogenannten kognitiven Wende rückte die kognitive Dimension von Lernprozessen in den Mittelpunkt lerntheoretischer und (schreib-)didaktischer Überlegungen. Die Schreibprozessforschung ging wesentlich von der US-amerikanischen Kognitionspsychologie aus. Zentral war zunächst das Schreibprozessmodell von Hayes & Flower (1980), das bis heute in der Schreibdidaktik regelmäßig aufgegriffen und diskutiert wird. Inzwischen liegen revidierte Fassungen vor (1996 und 2012, im Überblick Hayes 2012).

Schreiben als Problemlösen

Im Zentrum der Prozessorientierung steht zunächst die Auffassung, wonach das Schreiben von Texten als Problemlöseprozess zu verstehen ist. Der noch zu schreibende Text steht dabei seinem Verfasser nicht klar vor Augen, sondern stellt „ein ungeklärtes Problem mit offener Lösung“ dar (Fix 2008: 36). Den Kontext des Problemlösens bilden nach Hayes & Flower (1980) das sogenannte Aufgabenumfeld einerseits (mit den Dimensionen Adressat, Schreibanlass und Thema) und das Langzeitgedächtnis des Schreibers mit seinen Wissensbeständen andererseits.

Planen – Formulieren – Überarbeiten

Bei der Lösung des Problems lassen sich drei strukturierende Prozesse unterscheiden: das Planen, das Formulieren und das Überarbeiten. Beim Planen werden Ideen entwickelt und es wird ein Schreibziel etabliert, beim Formulieren steht die Versprachlichung im Zentrum und beim Überarbeiten werden die Versprachlichungsprozesse erneut unter die Lupe genommen. Eine im Schreiber angesiedelte Monitor-Instanz überwacht die Tätigkeiten. Gegenwärtig wird die Rekursivität der drei Teilprozesse besonders betont: Sie laufen demnach nicht linear ab, sondern die Textentstehung ruft neue Planungs-, Formulierungs- und Überarbeitungsaktivitäten hervor, die sich gewissermaßen wechselseitig anregen. Gerade beim Schreiben am Computer gehen Formulieren und Überarbeiten geradezu ineinander auf. Damit ist bereits der Aspekt der Medialität angesprochen: Schreibprozesse gestalten sich je nach Schreibmedium unterschiedlich, was auch unter dem Gesichtspunkt der Schreibentwicklung zu berücksichtigen ist (Handschreiben, Tastaturschreiben). Diesen Aspekt hat Hayes in seiner Neumodellierung besonders stark hervorgehoben.

Gegenüber der Modellierung von Hayes & Flower wird inzwischen außerdem die Dimension der Schreibmotivation und -funktion deutlicher herausgearbeitet (so auch Hayes 2012): Die Gestaltung des Schreibprozesses hängt wesentlich auch davon ab, welche Funktion das Schreiben hat, wobei sowohl kommunikative als auch epistemische Funktionen in den Blick genommen werden. Je nach Funktion stellen sich Ansprüche an das Überarbeiten dann unterschiedlich dar: Beim Tagebuchschreiben, praktiziert vor allem zur Selbstklärung, spielt das Überarbeiten eine weniger große Rolle (ich selbst bin meine primäre Leserin) als bei einem informierenden Text, der für andere verständlich sein muss. Das Überarbeiten kann demnach nicht unabhängig von der Schreibfunktion modelliert werden.

Mit dem Hinweis auf Motivationen des Schreibens ist bereits angesprochen, dass die Prozessorientierung gegenüber Handlungskontexten und Funktionen nicht blind sein muss. Sie kann insofern an die Kommunikations- und die Subjektorientierung anschließen. Indem die Neuausrichtung den Blick stärker auf die Schreibprozesse richten hilft, wird der typische Fokus auf Texte und Textsorten um eine Facette erweitert, die gerade für das Schreiben im Deutschunterricht erhebliche Bedeutung hat. Statt den Schreibunterricht primär vom Produkt her zu denken, wird es möglich, die Schreibanforderungen stärker zu differenzieren und die Gestaltung von Teilprozessen auf dem Weg zum Ziel in den Blick zu nehmen. Dies kann bei der Modellierung einer so komplexen Tätigkeit wie dem Schreiben hilfreich sein und öffnet den Blick auch neu für Aspekte des Formulierens und der Textprozeduren, die im Abschnitt Formorientierung bereits angesprochen wurden.

5.2.2 Bezugsgegenstände beim Textschreiben

Die Verbindung von historischer und systematischer Perspektive hat gezeigt, dass der Bereich der Schreibdidaktik sehr verschiedene Stadien durchlaufen hat. Die Entwicklung schlägt sich in den Curricula nieder, die inzwischen selbstverständlich auf die Gestaltung des Schreibprozesses verweisen.

Nicht systematisch ausgearbeitet ist bisher das Verhältnis zwischen dem Schreiben von Texten und den Gegenständen, zu denen oder über die geschrieben wird.

Schreiben zu Ereignissen, Sachverhalten und Problemen – sprachdidaktische Perspektivierungen

In der Sprachdidaktik liegt das Hauptinteresse auf dem Schreiben und dem zu schreibenden Text selbst. Der Gegenstand, über den geschrieben wird (z. B. ein konkretes Erlebnis beim Erzählen, ein konkretes Bild, das beschrieben werden soll, ein konkretes Problem, das erörtert werden soll), gerät häufig aus dem Blick bzw. wird nur unter der Perspektive etwa der Altersangemessenheit, des motivationalen Gehalts oder seiner lernunterstützenden Struktur in den Blick genommen. So ist es auch zu erklären, dass etwa die Bildergeschichte nicht nur im Deutschunterricht, sondern auch in der sprachdidaktischen Forschung eine so prominente Rolle einnimmt: Die häufig kindgerechten Bilderfolgen scheinen für Primarstufenschüler altersgerecht, durch kindliche Protagonisten hinreichend anregend und durch die Vorgabe einer konkreten Ereignisfolge lernunterstützend zu sein. Die Bildergeschichte selbst bleibt unbearbeitet: Gefragt wird nicht danach, ob ein Kind sich schreibend dem Verstehen des Bildimpulses annähert; gefragt wird danach, ob es in der Lage ist, eine Bilderfolge in eine verbale Ereignisfolge zu übersetzen. In Kapitel 3 haben wir bereits gezeigt, vor welche Probleme diese Aufgabe die Kinder stellen kann.

Semiotik der Bildergeschichte

Unter der Perspektive der Relation zwischen der Rezeption einer Bildergeschichte und der Produktion einer verbalen Erzählung ergibt sich jedoch ein weiteres, in der Sprachdidaktik weitgehend unbearbeitetes Problem: Bildergeschichten sind selbst ästhetische Produkte. Bereits 1981 hat Kochheim die Differenz zwischen der Semiotik des Bildes und der Semiotik der Sprache mit Bezug auf die Bildergeschichte herausgearbeitet: „Die Bildergeschichte erzeugt ihre Fiktion in der unaufhebbaren simultanen Präsenz aller ikonischen Informationen einer Informationseinheit [...]. Die simultane Präsenz aller Informationen der Informationseinheit Bild zwingt [...] zu rigidester Komplexitätsarmut" (Kochheim 1981: 325f.). Der besondere Reiz einer Bildergeschichte besteht nach Kochheim darin, Erwartung und Erwartungsbruch, die prototypischen Komponenten der Narration, simultan wahrnehmbar zu machen, was zu einer Erfahrungsbeschleunigung führt, die sich in einem „flüchtigen Lächeln" (Kochheim 1981: 323) entlädt.

Semiotik der Erzählung

Die verbale Erzählung ist demgegenüber „konstitutiv komplex" (Kochheim 1981: 326); sie leuchtet aus, wo die Bildergeschichte nur skizziert; sie linearisiert und glättet Ereignisabfolgen, wo die Bildergeschichte mit Sprüngen arbeitet; sie stattet Figuren mit Intentionen und Gefühlen aus, wo die Bildergeschichte typisiert. Und sie nutzt ein anderes Zeichenrepertoire: Statt ikonischer Zeichen ist die sprachliche Erzählung auf symbolische Zeichen verwiesen.

Diese Verschiedenheiten, so Kochheim, führen dazu, dass „die Fabel [gemeint ist die verbale Erzählung, U.B., I.P.], die sich aus einer Bildergeschichte gewinnen lässt, zwangsläufig banal ist". (Ebd.)

Hinweis: Ikonische und symbolische Zeichen

Von ikonischen Zeichen spricht man in Semiotik und Linguistik, wenn der Zeichenkörper und die Zeichenbedeutung eine Ähnlichkeit aufweisen. Bilder sind, wenn sie Wirklichkeitsausschnitte repräsentieren, ikonisch. Bei Symbolen ist das Verhältnis zwischen Zeichenkörper und Zeichenbedeutung arbiträr, d.h. willkürlich oder zufällig. Sprachliche Zeichen sind deshalb bis auf vernachlässigenswerte Ausnahmen wie lautmalerische Ausdrücke Symbole.

Ikonische Zeichen können auf der Basis der mit ihnen gegebenen Ähnlichkeitsbeziehungen verstanden werden; das Verstehen symbolischer Zeichen beruht auf Konvention. (Zum Symbolbegriff in der Literaturwissenschaft s. Kurz 2009.)

Wegen der vielfach fehlenden Sensibilität für den Gegenstand, der nur den Anlass für das Schreiben eigener Texte liefern soll, läuft die sprachdidaktische und die schulische Tradition Gefahr, diesen Gegenstand selbst nur für eine „Quelle" der Textproduktion zu halten und so weder seine Eigenarten wahrzunehmen noch Schreibaufgaben zu entwickeln, die den Schüler/innen eine Erschließung des Gegenstandes selbst erlauben.

Wie hier am Beispiel des Erzählens von Bildergeschichten aufgezeigt wurde, werden so wertvolle Ressourcen in Bezug auf ein erschreibendes Verstehen des Gegenstandes verspielt. Dasselbe lässt sich aber auch für andere Schreibanlässe feststellen: In der sprachdidaktischen Tradition geht es etwa bei der Bildbeschreibung weniger darum zu ermitteln, ob sich die Schreibenden durch das Schreiben ein besseres Bildverständnis erarbeiten, sondern eher darum, welche Aspekte oder Dimensionen der Vertextung berücksichtigt wurden. Und die Frage, ob ein Schüler oder eine Schülerin ein Spiel besser verstehen lernt, wenn er/sie eine Spielanleitung verfasst, wird häufig gar nicht erst gestellt.

Medienblindheit der sprachdidaktischen Perspektive auf das Schreiben

Die aufgezeigte Leerstelle der sprachdidaktischen Perspektive kann zugespitzt als „Medienblindheit" beschrieben werden.

Bei einer aktuellen Entwicklung, dem materialgestützten Schreiben, bei dem die Schüler/innen sich unter Zuhilfenahme verschiedener Materialien (Texte, Tabellen, Bilder etc.) einen Sachverhalt erschließen oder/und eine Position erarbeiten sollen, wird allerdings zunehmend eine Erweiterung der Perspektive deutlich: Die Auseinandersetzung mit den in den jeweiligen Aufgabensettings bereitgestellten Materialien erhält inzwischen mehr Aufmerksamkeit. Dies gilt gerade für das bereits angesprochene polytextuelle Lesen (4.3). Vermehrt wird die didaktische Modellierung des vergleichenden Lesens und der Verarbeitung der mitunter heterogenen Materialien angemahnt und in die Entwicklungsarbeit einbezogen (Steinseifer 2018). Gerade in Bezug auf die Einbindung literarischer Texte erscheint eine entsprechend intensive Bearbeitung essenziell: Werden literarische Medien lediglich in steinbruchartige Verarbeitungsaktivitäten eingebunden, so werden die Ansprüche an einen verstehenden Umgang mit literarischen Texten geradezu karikiert. Insofern ist gerade in Hinblick auf diesen jungen Arbeitsbereich die interdisziplinäre Zusammenarbeit zwischen Literatur- und Sprachdidaktik ebenso geboten wie fruchtbar (s. Feilke/Lehnen/Rezat/Steinmetz 2018). Unter dem Gesichtspunkt des literarischen Lernens hat das Schreiben zur Literatur hier traditionell einen Platz. Anders gesagt: Wie eine konstitutive Einbeziehung des Gegenstandes, über den oder zu dem geschrieben wird, und damit eine Interaktion zwischen dem Gegenstand und dem Schreiben, die auch dazu führt, den Gegenstand selbst besser zu verstehen, didaktisch modelliert werden kann, wird gerade in der Literaturdidaktik entfaltet.

Schreiben zu Literatur – literaturdidaktische Perspektivierungen

Schreiben als Verfahren der Texterschließung

Beim Schreiben zur Literatur bezieht sich das Schreiben auf (zumeist schriftlich vorliegende) Texte. In besonderer Weise werden dabei Textrezeption und Textproduktion vermittelt, ja die Textproduktion kann sogar zum Textrezeptionsverfahren werden. Entsprechend betrachten Abraham & Kepser die textgebundenen Textsorten Nacherzählung, Inhaltsangabe und Interpretation unter den „Verfahren der Texterschließung" (Abraham & Kepser 2009: 220). Als Verfahren dient das Schreiben der Annäherung. Es setzt ein Textverständnis nicht voraus – gewissermaßen als ersten Schritt vor dem zweiten –, sondern ermöglicht ein dynamisches Wechselspiel von Rezeptions- und Produktionsprozess: Das Schreiben über Texte kann für das Textverstehen fruchtbar gemacht werden, wie umgekehrt das Textverstehen für das Schreiben über Texte förderlich ist.

Das Schreiben zu Texten richtet die Aufmerksamkeit so auch auf eine spezifische Funktion des Schreibens: Es ist oft nicht primär an andere gerichtet, sondern dient zunächst dem schreibenden Subjekt selbst. Es hat erkenntnisbildende Funktion und zielt dabei nicht zuletzt auf das Lernen mit und aus Texten. Dabei kommt dem literarischen Text eine eigene Dignität zu: Er ist mehr als ein Schreibanlass, und wo der Verdacht aufkommt, dass er nur zum Zweck des Einübens einer Kompetenz oder des Erprobens eines anregenden produktionsorientierten Verfahrens eingesetzt wird, reagiert die literaturdidaktische Diskussion sensibel (s. die Kontroverse um die Handlungs- und Produktionsorientierung, exemplarisch Kügler 1996, sowie die Debatte zum materialgestützten Schreiben, exemplarisch in Feilke et al. 2018). Wird über einen literarischen Text geschrieben, so geht es immer auch um die intensive Auseinandersetzung mit diesem spezifischen ästhetischen Gegenstand und das Erschließen seiner auch subjektiven Bedeutsamkeit. Charakteristisch für die Rezeption literarischer Texte ist dabei, dass verschiedene Lesarten möglich sind und am Text begründet werden können.

Das Schreiben zur Literatur kann daher nicht losgelöst vom je spezifischen Rezeptionsangebot literarischer Texte betrachtet werden. Entsprechend entwickelt Günter Waldmann vor dem Hintergrund eines strukturalistischen Textverständnisses produktionsorientierte Verfahren, die die spezifische Strukturiertheit des Literarischen zu erfassen helfen (Waldmann 2019, [1988]). Und

Elisabeth Paefgen tritt im Anschluss an die poststrukturalistischen Arbeiten Roland Barthes' für ein schreibendes textnahes Lesen ein, das das Formbewusstsein schult und „Arbeit an der literarischen Sprache" ist (Paefgen 1996: 320, Paefgen 2011). Auf die Vielfalt möglicher Verfahren, die über die textgebundenen Textsorten hinaus inzwischen etabliert sind, ist bereits hingewiesen worden. Unterschiede betreffen besonders die Balance zwischen einer Orientierung am Text und einer Orientierung am Subjekt. Es ist aber unstrittig, dass bei der Gestaltung von Schreibaufgaben der Gegenstandsbezug eine bedeutende Rolle spielt. Ein Beispiel dafür, wie der Bereich des Textverstehens im Bereich des Nacherzählens typischerweise modelliert wird, führen wir unten aus.

Lernerorientierte Textauswahl

Bei der Betrachtung der literaturdidaktischen Perspektive auf das Schreiben zu Texten zeigt sich indes auch die Komplexität, die mit dem angemessenen Einsatz des Schreibens wie anderer texterschließender Verfahren verbunden ist: Eine zentrale literaturdidaktische Aufgabe besteht darin, die Textverstehensanforderungen zu bestimmen, vor die ein Text die jeweiligen Lerner und Lernerinnen stellen kann. Mögliche Wege der Annäherung an den Text müssen auf diese Anforderungen abgestimmt werden.

Nun ist aber die Bestimmung der Textverstehensanforderungen im Grunde passgenau für jeden literarischen Text vorzunehmen, denn es gehört zum Charakter literarischer Texte, dass sie sich voneinander unterscheiden, Bekanntes variieren und ihre Leser/innen überraschen: „Texte geben sich als Individuen, nicht als Exemplare." (Szondi 1978: 274f.) Dies gilt schon für die sogenannten „einfachen Formen" (André Jolles 2006 [1930]): Sind bereits einige Grimm'sche Märchen vertraut, so kann doch jedes weitere vor durchaus neue Aufgaben stellen. Unter didaktischer Perspektive ist dabei zu berücksichtigen, dass die Textverstehensanforderungen auf die Verstehensmöglichkeiten von Lerner/innen, ihre Entwicklung und ihre literarischen Erfahrungen zu beziehen sind: Eine ironische Wendung stellt 12-Jährige vor andere Anforderungen als 15-Jährige. Erzähltechnisch avancierte Kinder- und Jugendromane werden von erfahrenen Leser/innen jüngerer Altersgruppen natürlich besser bewältigt als von Leser/innen gleichen Alters, die mit Perspektivenwechsel, inneren Monologen und dem Aufbrechen der Chronologie noch keine Erfahrungen haben.

Angesichts des je spezifischen Charakters literarischer Texte können Verfahren der Annäherung also nur bedingt verallgemeinert werden. Das konstruktive Wechselspiel von Textrezeption und Textproduktion, von dem oben die Rede war, ruht insofern auf sorgfältiger Modellierung auf.

Eine besondere Schwierigkeit kann in der Entwicklungsperspektive auch darin liegen, dass möglicherweise die Textproduktionsfähigkeiten noch hinter den Textrezeptionsfähigkeiten zurückbleiben, ein Lernertext also nur bedingt Aufschluss über das Verständnis des Textes gibt. Wie anspruchsvoll die Verbindung von Rezeption und Produktion unterrichtlich ist, zeigen wir unten am Beispiel der Inhaltsangabe.

Gerade eine literaturdidaktische Perspektive auf das Schreiben zu Texten und Medien zeigt jedenfalls, dass die Bezugsgegenstände beim Schreiben eigene Aufmerksamkeit verlangen. Nur dann, wenn sie als Dimensionen eigenen Rechts wahrgenommen und in die Modellierung einbezogen werden, kann das Schreiben zu Texten ein Schreiben sein, das erkenntnisbildend in Hinblick auf dasjenige ist, was in Texten und Medien den Lernenden bereits vorausgeht.

5.2.3 Entwicklung des Textschreibens

Entwicklungsmodell nach Bereiter

Den Auftakt zur Erforschung der Entwicklung des Textschreibens bildet das Entwicklungsmodell von Bereiter (1980). Der Autor geht davon aus, dass sich Schreiber/innen in unterschiedlichen Phasen des Schreiberwerbs an verschiedenen Dimensionen des Schreibens orientieren. Unterschieden werden der Schreibprozess, das Schreibprodukt und der Leser. Schreibnovizen starten mit der Orientierung am Schreibprozess; sie schreiben auf, was ihnen in den Sinn kommt. Diese Schreibstrategie nennt Bereiter assoziatives Schreiben. Ein Strategiewechsel tritt ein mit der Orientierung am Schreibprodukt: Im performativen Schreiben sind die Schreiber/innen am Schreibergebnis orientiert; es kommen neben der Konzentration auf einen konsistenten Textinhalt auch Schreibnormen in den Blick. Die Orientierung am Leser führt zum kommunikativen Schreiben. In der weiteren Entwicklung wird der Schreiber zu seinem eigenen Leser und ist in der Lage, sein Produkt selbst zu beurteilen (unified writing). Die höchste Form des Schreibens stellt Bereiter zufolge das epistemische

Schreiben dar; das Schreiben ist erneut am Prozess ausgerichtet; dieser Prozess ist nun aber nicht mehr assoziativ, sondern erkenntnisgenerierend organisiert.

Trotz der großen Überzeugungskraft dieses Modells bleiben einige Fragen ungeklärt:

Das erste, was auffällt, ist, dass das Schreiben in diesem Modell als holistische Handlung erscheint und wir nichts darüber erfahren, wie die Teilprozesse Planen, Formulieren und Überarbeiten und ihr Zusammenspiel erworben werden. In einer weiterführenden Arbeit haben Bereiter & Scardamalia (1987) hier wichtige Hinweise gegeben. Nicht nur der Gesamtprozess unterliegt einer spezifischen Entwicklungslogik, sondern jede einzelne Aktivität, das Planen, das Verfassen und das Überarbeiten, unterliegt erkennbaren Entwicklungsverläufen (vgl. auch Feilke 1993). Wir wissen mittlerweile aber auch, dass die Fähigkeit, Texte sinnvoll zu planen und zu überarbeiten, sich nicht von selbst ergibt; sie muss unterrichtlich angeleitet werden.

Damit kommen wir zu einer weiteren Kernfrage, die an das Modell von Bereiter gestellt werden muss und die für alle Schreibentwicklungsmodelle in ähnlicher Weise gilt:

Reifung oder Lernen?

Wie kommt es zu Entwicklungsfortschritten? Handelt es sich, etwa beim Übergang zu weiterführenden Phasen, um einen natürlichen Prozess, der sich ohne Einfluss von außen etwa in einem bestimmten Lebensalter ergibt? Wir hätten es dann mit einem Reifungsprozess zu tun. Oder entwickeln sich die Schreibfähigkeiten wesentlich durch Anregungen von außen? Wir hätten es dann mit einem Lernprozess zu tun. Befunde, die hier zuverlässig Auskunft geben könnten, liegen bislang kaum vor. Und ein möglicher Antwortraum kann erst eröffnet werden, wenn eine weitere wichtige Frage bearbeitet ist, die die Schreibentwicklungsforschung der vergangenen 30 Jahre beschäftigt hat:

Ist die Textproduktionsentwicklung abhängig oder unabhängig von den zu erwerbenden Textmustern? In dieser Frage stecken zwei Teilfragen:

1. Werden Erzählen, Beschreiben und Argumentieren in derselben Weise erworben?
2. Werden sie zur selben Zeit erworben?

Vertikale Verschiebung

Die zweite Teilfrage muss auf der Grundlage der bisherigen Forschung verneint werden. Es zeichnet sich, wie Feilke (1988) mit Bezug auf Piaget festhält, eine „vertikale Verschiebung“ (79) ab, d. h. je nach Textmuster startet die Entwicklung früher oder später und braucht mehr oder weniger lange, um sich zu entfalten: Das Erzählen ist nicht nur in der mündlichen, sondern auch in der schriftlichen Sprachentwicklung ein Textmuster, das recht früh erreichbar ist. Beschreiben und Argumentieren werden in späteren Lernjahren produktiv. Lehrpläne reagieren seit jeher auf dieses Wissen: In der Grundschule stehen die Erlebnis- und die Phantasieerzählung im Zentrum, in der weiterführenden Schule kommen die Beschreibung und die Argumentation hinzu. Analog steht im Bereich des Schreibens zur Literatur die Nacherzählung am Anfang, gefolgt von der beschreibenden Inhaltsangabe und der argumentierenden Interpretation.

Die erste Teilfrage, ob Erzählen, Beschreiben und Argumentieren in derselben Weise erworben werden, erhält auf der Basis der bisherigen Forschung eine vorsichtige Bestätigung: Die allgemeine Entwicklungslogik scheint sich in jedem der drei Großmuster auf ähnliche Weise abzubilden: Die Schüler/innen schreiten von einer primär subjektiven, unmittelbaren Perspektive (associative writing) über eine Konzentration auf den Sachverhalt (performative writing) hin zur Orientierung am Leser (kommunikatives Schreiben) und der Konzentration auf den Text (unified writing, epistemic writing) fort.

Horizontale Verschiebung

Jedoch zeichnen sich „horizontale Verschiebungen“ (Piaget 1979) ab: Die Fähigkeiten, die ein Kind an einem bestimmten Gegenstand oder Wirklichkeitsbereich in Bezug auf ein bestimmtes Textmuster bereits erprobt hat, lassen sich nicht umstandslos auf alle Gegenstände bzw. Wirklichkeitsbereiche übertragen: So wird etwa die Zimmerbeschreibung (Schneuwly & Rosat 1986, referiert nach Feilke 2006) früher und rascher ausgebaut als die Beschreibung abstrakterer, nicht in allen Dimensionen sichtbarer Sachverhalte (Becker-Mrotzek 1997b).

Und beim Erzählen erhalten wir einen auf den ersten Blick überraschenden Befund: Schriftliche Phantasieerzählungen von Grundschulkindern sind sowohl in Bezug auf die globale Textstruktur als auch in Bezug auf die lokalen Versprachlichungsstrategien stärker strukturiert als die schriftlichen Erlebniserzählungen, bei denen die Kinder teilweise sogar hinter ihre mündlichen

Erzählkompetenzen vor Schuleintritt zurückfallen. (Ohlhus & Quasthoff 2005)

Phantasie- und Erlebniserzählungen

Eine wichtige Erklärung für diese Differenz liegt Ohlhus & Quasthoff (2005) zufolge in den verschiedenen Situierungen von Phantasie- und Erlebniserzählungen: Der Ort der Phantasieerzählung ist die Schrift. Durch (Vor-)Leseerfahrungen erwerben Kinder sowohl sprachliche als auch textuelle Grundmuster, die sie beim Schreiben von Phantasiegeschichten aktivieren können. Die Erlebniserzählung ist demgegenüber genuin in der Mündlichkeit situiert. Sie entsteht wesentlich in der Interaktion (vgl. Kap. 3.1.1). Bei einer Übertragung der erworbenen mündlichen Erzählmuster in die monologisch strukturierte Schriftlichkeit kommt es sowohl auf der Ebene der globalen als auch auf der Ebene der lokalen Textgestaltung zu Problemen.

Wie die Autoren weiter herausgearbeitet haben, trägt auch die Art der schulischen Lernunterstützung beim Verfassen von Phantasiegeschichten zu den besseren Ergebnissen bei: Bei den Phantasieerzählungen arbeiten die Lehrkräfte mit den Kindern häufiger und intensiver an sprachlichen Problemen, bei Erlebniserzählungen stehen die zu erzählenden Ereignisse im Vordergrund.

Auf der Basis der Ergebnisse von Ohlhus & Quasthoff (2005) öffnet sich nun auch für die oben offen gebliebene Frage nach der Relation zwischen Reifung und Lernen ein zweifacher Antwortraum:

Zum einen zeichnet sich ab, dass eine lehrerseitige Unterstützung die Textproduktionsentwicklung voranbringen kann; dabei scheint die Arbeit an der Sprache ein stärkerer Entwicklungsmotor zu sein als die Arbeit an den Inhalten.

Zum anderen scheint das Lebensalter eine weniger wichtige Rolle zu spielen als die (literale) Vorerfahrung (vgl. hierzu auch Ossner 1996): Die rezeptive, literale Texterfahrung, hier die Erfahrung mit Phantasieerzählungen, wie sie die Kinder in Vorlesesituationen auf- und ausbauen, kann bei der Produktion analoger Versprachlichungsanforderungen offenbar produktiv genutzt werden.

Folgt man dieser Argumentation, ist die Textproduktionsentwicklung essenziell mit der Textrezeptionsentwicklung verwoben. Und auf den ersten Blick rückt die Didaktik damit in die Nähe des form- und vorbildorientierten Aufsatzunterrichts des 19. Jahrhunderts (s.o.). Denn es ginge dann beim Erwerb des Textschreibens überwiegend um das Schreiben nach Vorbildern. Wie jedoch bereits herausgearbeitet wurde, besteht hier die Gefahr, dass die Schüler/innen durch rigide Normvorgaben von der Entwicklung und Artikulation ihres eigenen Denkens abgeschnitten werden.

Entwicklungsblindheit der literaturdidaktischen Perspektive auf das Schreiben

Die Frage aber, wie genau sich eine konstruktive, das eigene Denken durch eine (re-)produktive Textmusternutzung voranbringende Interaktion zwischen Textrezeption und Textproduktion in der schulischen Lernentwicklung modellieren lässt, ist bis heute nicht hinreichend geklärt: Denn die literaturdidaktische Tradition hat sich bisher stärker auf die Texte konzentriert, die nacherzählt, deren Inhalte wiedergegeben oder die interpretiert werden sollen. Unter entwicklungsbezogenem Aspekt gerieten deshalb eher Fragen nach den Textrezeptionskompetenzen in den Blick. Die Entwicklung der schülerseitigen Textproduktionskompetenz beim Schreiben zur Literatur war bisher kein eigenes literaturdidaktisches Thema.

Die Auslotung des Wechselspiels zwischen Rezeptions- und Produktionskompetenzen stellt die Forschung allerdings vor hohe Anforderungen: Nicht zufällig wurden die bisher zur Verfügung stehenden, sprachdidaktischen Entwicklungsmodelle auf der Basis von Schülertexten entwickelt, bei denen die Rezeptionsanforderungen an die Gegenstände, über die geschrieben wird, überschaubar sind.

Beziehen sich Schreibhandlungen auf literarische Texte, so sind diese schwer kontrollierbare Moderatoren des Schreibprozesses. Wir hätten es mit sehr viel komplexeren Entwicklungsmodellen zu tun, denen die Doppelperspektive von Rezeptionskompetenz und Produktionskompetenz eingeschrieben wäre. Als wichtige Schnittstelle zwischen Rezeption und Produktion wäre die Form der Aufbereitung und Nutzung des literarischen Textes für die Versprachlichungsaufgabe in den Blick zu nehmen.

Orientiert man sich an der in der Sprachdidaktik ausgearbeiteten Entwicklungslogik, könnten am Beispiel des Beschreibens folgende Hypothesen am Anfang des Forschungsprozesses stehen:

dominante Rezeptionsperspektive	**erwartete Produktionsaktivitäten beim schriftlichen Beschreiben von literarischen Texten**
subjektive Textrezeption	**Textorganisation**: Rekonstruktion lokaler Ereignisse **Planung/Überarbeitung**: keine Planungs- und Überarbeitungsaktivitäten **Aufbereitung**: keine Aufbereitung des literarischen Textes für seine spätere Wiedergabe

dominante Rezeptionsperspektive	erwartete Produktionsaktivitäten beim schriftlichen Beschreiben von literarischen Texten
objektive Textrezeption	**Textorganisation**: Rekonstruktion der Handlungslogik **Planung/Überarbeitung**: evtl. Planungs- und Überarbeitungsaktivitäten (möglicherweise noch ohne Rückversicherungsaktivitäten – also nur am eigenen Text orientiert) **Aufbereitung**: Aufbereitung des literarischen Textes für seine spätere Wiedergabe (Arbeit an Inhalten: Zwischenüberschriften, Unterstreichungen ...)
sprachsensitive Textrezeption	**Textorganisation**: Metasprachliche Elemente/Schreiber wird als Moderator seines Textes greifbar **Planung/Überarbeitung**: Planungs- und Überarbeitungsaktivitäten mit Rekurs auf den literarischen Text (Rückversicherungsaktivitäten) **Aufbereitung**: Aufbereitung des literarischen Textes für seine spätere Wiedergabe (Arbeit am Inhalt und an der Sprache: Zwischenüberschriften, Unterstreichungen, Analyse einzelner sprachlicher Ausdrücke/Nachschlagen, Klärung von Metaphern, literarischer Stilfiguren, evtl. auch Klärung der Makrostruktur ...)
lesersensitive Textrezeption (Bewusste Wahrnehmung der eigenen Rolle als Leser)	**Textorganisation**: Leserorientierte Führung durch den eigenen Text wird erkennbar; evtl. werden auch Lese-/Verstehensschwierigkeiten, die der literarische Text erzeugt, angesprochen. **Planung/Überarbeitung**: Planungs- und Überarbeitungsaktivitäten mit Rekurs auf den literarischen Text sowie mit Rekurs auf die Textverständlichkeit **Aufbereitung**: Aufbereitung des literarischen Textes für seine spätere Wiedergabe (Arbeit an Inhalt, Sprache und der im lit. Text etablierten Leserrolle(n))

Tab. 11 | Hypothetischer Entwicklungsverlauf beim Verfassen einer Inhaltsangabe

Eine weitere Exploration dieser hypothetischen Skizze könnte zum Beispiel durch Fallstudien erfolgen, bei denen Schüler/innen der Sekundarstufe I und II Inhaltsangaben zum gleichen Text anfertigen. Gegenstand der Rekonstruktionen müsste dann der gesamte Schreibprozess von der ersten Annäherung an den literarischen Text bis zum Abfassen und zur Überarbeitung der Inhaltsangabe sein. Eine besondere Herausforderung bestände in der angemessenen Berücksichtigung des Faktors „Unterricht".

Dieser dürfte einen erheblichen Einfluss auf das Schreiben zur Literatur haben, vor allem auch deshalb, weil Schüler/innen außerhalb des Unterrichts kaum Anlässe haben dürften, über literarische Texte objektivierend zu schreiben.

5.2.4 Textgebundenes Schreiben

Nach der systematischen Entfaltung der Dimensionen des Textschreibens sollen nun zwei klassische Textsorten aus dem Bereich des textgebundenen Schreibens exemplarisch betrachtet werden. Beide lassen sich fachdidaktisch kritisch diskutieren, beide haben allerdings auch beträchtliches Potenzial im Hinblick auf den Erwerb literaler Rezeptions- und Produktionsfähigkeiten von Schüler/innen.

Die Nacherzählung

Die Nacherzählung, also die textgebundene Form der Erzählung, spielt vor allem in der Primar- und in der frühen Sekundarstufe I eine Rolle. Typischerweise werden dort insbesondere Märchen und Sagen nacherzählt. Die konkreten Modellierungen unterscheiden sich dahingehend, wie eng die Anlehnung an die Vorlage in Hinblick auf Inhalt, Stil und Erzählstruktur sein soll. Üblich sind neben sehr textgetreuen Nacherzählungen auch Bündelungen von Passagen oder Variationen in Hinblick auf die Erzählperspektive und andere Strukturmerkmale.

Trotz ihrer Verbreitung ist die Nacherzählung kein unstrittiger Teil des Kanons schulischer Aufsatzformen, was schon ein Blick in die Lehrpläne zeigt: In der Primarstufe und der frühen Sekundarstufe I angesiedelt, fehlt sie inzwischen z. B. im niedersächsischen Kerncurriculum für die Grundschule, und auch die prozessorientierte Reformulierung „nacherzählen“ findet sich dort nicht. Weniger unter Legitimationsdruck steht offenbar das mündliche Nacherzählen. In den Bildungsstandards der KMK für die Primarstufe finden sich Aufgabenbeispiele, die sich darauf beziehen.

Nacherzählungen im literarischen Leben

Fachdidaktisch haben Nacherzählungen vielerorts keine gute Presse: Martin Fix zufolge handelt es sich um „reine Formulierungs-Etüden ohne kommunikative Funktion“ (Fix 2008: 96, ähnlich Frentz 2012), eine Kritik, die in der Tradition der kommunikativen Wende (Kap. 5.2.1) steht. Allerdings finden sich im literarischen Leben durchaus Vorbilder für das schriftliche Nacherzählen: Erst vor wenigen Jahren legte die Büchner-Preisträgerin Felicitas Hoppe mit *Iwein Löwenritter* eine Nacherzählung des Ende des 12. Jh.s entstandenen mittelhochdeutschen Artusromans *Iwein* von Hartmann von Aue vor (Hoppe 2008) und unter dem Motto einer „Weltliteratur für Kinder“ werden regelmäßig kanonische Werke im Bilderbuchformat nacherzählt, Schillers *Wilhelm Tell* ebenso wie Shakespeares *Romeo und Julia* und Kellers *Kleider machen Leute* (s. die Reihe im Kindermann Verlag seit 1995). Klassisch sind die *Sagen des klassischen Altertums*, nacherzählt durch Gustav Schwab für Kinder und Jugendliche (vorgelegt 1838–1840). Solche Adaptionen sind durchaus funktional und u.a. darin begründet, dass Brücken geschlagen werden sollen: zwischen Epochen, zwischen Sprachen und zwischen klassischem Kanon und Kinderliteratur (zur Adaption in der Kinder- und Jugendliteratur siehe Lypp 2000: 51, vgl. Kap. 2.4). Alle Beispiele transformieren die Vorbilder: Sie kürzen und reformulieren, häufig beziehen sie Illustrationen ein. Die Nacherzählungen dienen der Vermittlung, sind adressatenorientiert auf ein zumeist kindliches oder jugendliches Publikum hin und haben einen eigenen ästhetischen Anspruch (vgl. Zabka 2010: 62).

Aufgabe 2

a. Lesen Sie den Beginn von Felicitas Hoppes *Iwein Löwenritter* und arbeiten Sie heraus, in welcher Weise hier zwischen Erzähler und kindlichen Leser/innen oder Hörer/innen vermittelt wird.

Im Immerwald

Kennt ihr die Geschichte von Iwein, der eines Tages aus lauter Langeweile auszog, um Abenteuer zu suchen, und sein Herz dabei gegen ein anderes tauschte und deshalb seinen Verstand verlor? Danach irrte er durch den Immerwald und musste gegen tausend Ungeheuer kämpfen, bis alles doch noch ein gutes Ende nahm.
Wie das kam, wollt ihr wissen? Dann hört mir gut zu, denn besser als ich erzählt die Geschichte euch keiner, ich war nämlich dabei. Die Geschichte ist übrigens ziemlich alt, mindestens tausend Jahre. Kann aber auch sein, sie ist erst gestern passiert, als ihr gerade unterwegs ins Bett wart, auf dem Weg in die Träume.
Ich liebe die Träume. Besonders nach einem gewonnenen Kampf oder nach einem guten Essen. Man liegt warm und satt im Halbschlaf und hört lange Geschichten, in denen die Zeit keine Rolle spielt. Um die Zeit habe ich mich sowieso nie gekümmert, wahrscheinlich ist sie nur eine Erfindung der Lehrer, und von Stundenplänen verstehe ich nichts.

> Also vergesst die Schule, und stellt euch stattdessen einen Wald vor, einen Wald wie im Märchen. Finster und voller Geräusche und voller unsichtbarer gefährlicher Tiere. Das ist der Wald von vor tausend Jahren, der Immerwald." (S. 9-10)
>
> b. Besorgen Sie sich eine (ggf. übersetzte) Ausgabe von Hartmann von Aues *Iwein* und lesen Sie den Prolog (Verse 1–30). Versuchen Sie das Verhältnis von Hartmanns Prolog und Hoppes Anfang zu beschreiben.

Die erwähnten Formen des Nacherzählens machen darauf aufmerksam, dass das Nacherzählen dazu dienen kann, andere mit Erzählungen bzw. Geschichten (neu) vertraut zu machen, eine Situation, die im schulischen Raum anschlussfähig ist. Dabei sollte die Nacherzählung wie andere Erzählungen auch ihre Leser/innen und Hörer/innen interessieren und unterhalten. Mindestens auf der Ebene des Plots wird dabei nicht in erster Linie Originalität erwartet, eher eine gewisse Treue zur Vorlage: Die Nacherzählungen verweisen schon im Titel explizit auf ihre Vorlagen, woraus Verbindlichkeit, mindestens aber die Erwartung des Wiedererkennens erwächst.

Nacherzählen als Texterschließung

Das Nacherzählen lässt sich also durchaus kommunikativ motivieren. Inwiefern kann das Schreiben einer Nacherzählung auch lernendes Schreiben in Hinblick auf die Textrezeption sein? In den Beispielen wird das Nacherzählen als eine Aktivität deutlich, die mit einer genauen Auseinandersetzung mit der Vorlage verbunden ist: Wer eine Geschichte nacherzählt, muss über ein gründliches Verständnis verfügen. Dieses Verständnis kann durch den Prozess des Nacherzählens mit seinen Phasen Planen, Formulieren, Überarbeiten entwickelt und befördert werden. In diesem Sinne ist das Nacherzählen Texterschließungsverfahren: In methodischen Arrangements werden entsprechend Planungsstrategien empfohlen, die dazu dienen, die Handlung, ihre raumzeitliche Situierung und den zentralen Konflikt zu erfassen, etwa mit Hilfe von Stichworten zu allen Handlungsschritten und -stufen und deren Visualisierung.

Auf dieser Grundlage kann die Nacherzählung niedergeschrieben werden, wobei die Formulierungsphase auch zeigt, ob bereits alle Elemente des Plots verfügbar sind oder ein erneuter Blick in die Textgrundlage nötig ist. Diese Kontrolle kann beim

Überarbeiten fortgesetzt werden. Der Darstellungsmodus bleibt erzählend.

Fragen wir nun spezifischer danach, wie das Nacherzählen zum literarischen Lernen beitragen kann, so tritt erneut das spezifische Wechselspiel von Textrezeption und Textproduktion in den Blick: Ein literarisch erzählender Text wird in einen anderen literarisch erzählenden Text ‚übersetzt' (vgl. Zabka 2010: 63). In diesem Transformationsprozess werden die Spezifika der literarischen Vorlage mitverarbeitet. Dies betrifft die „narrative Handlungslogik" (Spinner 2006) des jeweiligen Textes und die Gattungsspezifik ebenso wie die sprachliche Gestaltung. Das Transformieren kommt dabei ohne die Explikation der literarischen Spezifika aus: Zwar können beim Schreiben die Erzählstruktur und Spezifika der sprachlichen Gestaltung gezielt in den Blick genommen werden, eine explizite Auseinandersetzung und eine Versprachlichung von Untersuchungsergebnissen wäre in der erzählenden Textsorte aber sogar fehl am Platz: Die Nacherzählung eines Märchens kommt ohne die Erörterung von Handlungskomplikation und Auflösung aus. Vielmehr kann die schreibende Auseinandersetzung mit dem Ausgangstext im Modus der Nachahmung erfolgen. Dies gilt insbesondere dann, wenn die Nacherzählung stilistisch nah an der Vorlage orientiert wird.

Nacherzählen und Mustererwerb

In Kapitel 3.2.1 haben wir bereits darauf hingewiesen, dass über das Vorlesen ein Wissen über zentrale literarische Muster aufgebaut werden kann. Dieser Erwerb kann in kokonstruktiven Prozessen befördert werden und sich auch beiläufig vollziehen. Analog dazu, aber mit den Anforderungen des Schreibprozesses verbunden, dürfte auch das Nacherzählen zum Erwerb solcher Muster beitragen. Anders als bei freieren Erzählanlässen wird hier nicht das Erfinden und Fabulieren, sondern die Aneignung in der Performanz bzw. im Schreiben gefördert, der die volle Aufmerksamkeit gelten kann. Dies gilt insbesondere dann, wenn eventuelle Verstehenshürden im Umgang mit der Vorlage ausgeräumt sind bzw. der Text vertraut ist. Unter diesen Voraussetzungen können sich die Schreibenden darauf konzentrieren, die ihnen verfügbare Erzählung ansprechend darzubieten. Es gibt viele Indizien dafür, dass dies gerade für Lerner/innen, die noch nicht über ein ausgebautes Textmusterwissen verfügen, günstig ist: Hochstadt kann zeigen, dass es Kindern mit mehrsprachigem Hintergrund durch den gezielten Einsatz des Nacherzählens von

Märchen zunehmend besser gelingt, das narrative Präteritum einzusetzen (Hochstadt 2014). In Hinblick auf den Erwerb narrativer Muster ist dies von erheblicher Bedeutung, denn das Präteritum findet sich in allererster Linie im schriftlichen Erzählen. Es wird daher wesentlich über die Begegnung mit Literatur vermittelt.

In didaktischen Konzepten zur Stilimitation werden diese Überlegungen für das literarische Lernen in Primar- und Sekundarstufe fortgeführt und münden in vielfältige Arrangements (Spinner 2002, Stemmer-Rathenberg 2011 [2009]). Sie schließen – in neuer Ausrichtung – an die Stilübungen des 19. Jahrhunderts an (Abraham 1996) und lassen sich dem produktionsorientierten Umgang mit Literatur zuordnen. Auf sprachdidaktischer Seite sind sie an solche Konzepte anschlussfähig, die die Bedeutung des Erwerbs von Routineformeln (z. B. Ballis 2010) sowie Textroutinen und literalen Prozeduren (Feilke 2010) betonen.

Aufgabe 3

> Schreiben Sie eine Nacherzählung des Märchens *Die Sterntaler.*
> Untersuchen Sie Ihren Text – möglichst im Vergleich mit einer Nacherzählung einer Kommilitonin/eines Kommilitonen. Welche formelhaften Wendungen haben Sie benutzt? Vergleichen Sie Ihren Stil mit demjenigen der Grimm'schen Version.

Textauswahl für die Nacherzählung

Aus den bisherigen Ausführungen ergeben sich Folgerungen für die Auswahl und gegebenenfalls die didaktische Modellierung von literarischen Texten, die als Vorlagen für Nacherzählungen gerade im Primarbereich und in der frühen Sekundarstufe eingesetzt werden können: Das „unterrichtliche Brauchtum" (Ivo 1977), das sich im regelmäßigen Einsatz von Volksmärchen im Zusammenhang mit dem Nacherzählen zeigt, ist insofern angemessen, als die Texte häufig literarisch einfach im Sinne Maria Lypps sind, also einfachen poetischen Regeln folgen (Lypp 2012, siehe Kap. 6.1): Das Gattungsmuster ist in der Regel gut erkennbar, die Handlungsstruktur einlinig und deutlich, formelhafte Wendungen finden Verwendung und es wird klassisch im Präteritum erzählt. Der selbst stilbildende Charakter der Grimm'schen

Märchen (André Jolles bezeichnete deshalb das deutschsprachige Volksmärchen als „Gattung Grimm"; Jolles 2006 [1930]) eignet sich offensichtlich für ein nachahmendes Schreiben. Da das Märchen eher das Typische als das Individuelle erzählt, ist die Konzentration auf die narrative Struktur umso eher möglich. Dies gilt in abgeschwächter Form auch für andere Gattungen, die ebenfalls der (mündlich geprägten) Volksliteratur zugerechnet werden können, wie die Sage (z. B. die Geschichte des Rattenfängers von Hameln) und der Schwank (z. B. die Lügengeschichten Münchhausens).

Zugleich herrscht im Umgang mit diesen Gattungen und Texten traditionell eine legitimierte Unbefangenheit, was das Nacherzählen angeht: Als Gattungen, die im Mündlichen zu Hause sind bzw. als mündlich gelten, werden sie, von den formelhaften Wendungen abgesehen, als sprachlich nicht so festgelegt betrachtet wie Beispiele der autonomen Hochliteratur. Der freie Umgang mit ihnen wird insofern nicht als Verstoß gegen ihre literarische Eigenart gewertet.

Da im Unterricht nicht davon ausgegangen werden kann, dass diese Texte den Schüler/innen vertraut sind, muss stets ein vorausschauender Blick auf mögliche Verstehensschwierigkeiten geworfen werden. Diese können sich aus der Unvertrautheit mit dem Wortschatz, bestimmten sprachlichen Wendungen und auch syntaktischen Strukturen ergeben. Ist ein Text hingegen vertraut, werden Ressourcen frei, die auf die Produktion des schriftlichen Textes verwendet werden.

Der Schwierigkeitsgrad beim Verfertigen von Nacherzählungen lässt sich quasi beliebig dadurch steigern, dass komplexere Narrationen zugrunde gelegt werden. Die Rezeptionsanforderungen und -anreize wachsen, wenn wesentliche Aspekte der Erzählung erschlossen werden müssen, weil sie implizit sind, wenn die Handlung mehrsträngig wird, Perspektiven wechseln, die Chronologie nicht eingehalten wird. Solche Texte profitieren von entsprechenden literarischen Erfahrungen und Fähigkeiten (vgl. den Referenzrahmen LiFT-2, Pieper 2014, s. o. Kap. 2.4). Liegt eine Erzählung vor, die selbst nicht im narrativen Präteritum, sondern im Präsens verfasst ist, muss die Textnorm Präteritum, die üblicherweise für die Nacherzählung gilt, überprüft werden. Im Sinne der Nähe zur Vorlage und der Stilimitation wäre das Tempus der Vorlage zu wählen. Mit Blick auf die Beispiele von Nacherzählungen aus dem Bereich professionellen Erzählens lässt sich fragen, ob das Nacherzählen eine anregende Praxis und auch ein spannender Untersuchungsgegenstand für fortgeschrittenere Schüler/innen bis in die Sekundarstufe II sein könnte. Gegenstände könnten dann komplexer strukturierte literarische Klassiker wie *Tausendundeine Nacht* oder der schon erwähnte *Iwein* sein.

Aufgabe 4

Die folgende Abbildung zeigt eine sogenannte Handlungstreppe für das Märchen *Die Sterntaler*, die als Vorbereitung für eine Nacherzählung dienen soll.

a. Prüfen Sie, wie hier die Handlungsstruktur visualisiert wird. Welche interpretativen Entscheidungen gehen in die Darstellung ein?
b. Beurteilen Sie die Qualität dieser Darstellung als didaktisches Instrument.

Den Aufbau an einer Geschichte mithilfe einer Handlungstreppe skizzieren

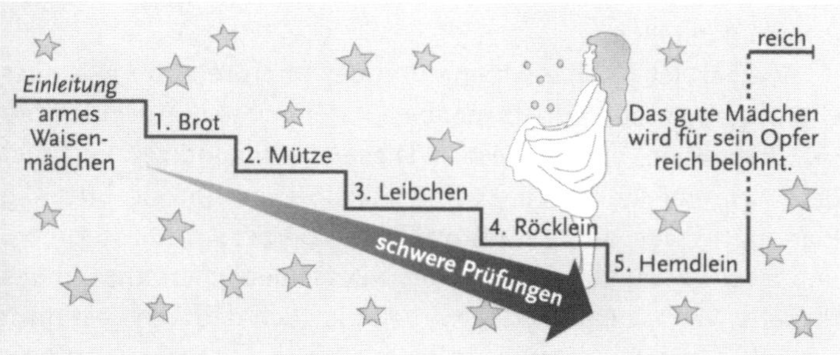

Abb. 27 | Die Handlungstreppe (Blickfeld Deutsch 1, Klasse 5, 2004: 101)

Die Inhaltsangabe

Die Inhaltsangabe ist eine textgebundene Textsorte, in der vor allem das Textmuster Beschreiben realisiert wird. Die Darstellung richtet sich dabei auf einen Text oder Film und erfolgt sachlich beschreibend. Zur Textsorte Inhaltsangabe gehört auch, dass einleitend das Thema des Textes formuliert wird, manchmal ist zum

Abschluss eine Stellungnahme gefordert. Gerade dann wird auch das Textmuster Argumentieren bedeutsam.

Curricular ist die Inhaltsangabe in der Sekundarstufe I ab Klasse 7/8 angesiedelt – nach der Nacherzählung und vor der Interpretation – und bleibt im Literaturunterricht bis zum Abitur relevant. Sie dient dazu, in knapper Form über Thema und Inhalt eines Textes oder Filmes zu informieren. In dieser Funktion ist sie später Teil des Interpretationsaufsatzes, wo sie der Interpretation vorangestellt wird (zur fachdidaktischen Diskussion s. Reinert 2012, Zabka 2019).

Die Inhaltsangabe im literarischen Leben

Die Inhaltsangabe ist indes nicht nur eine „schulische Textsorte“, sondern wie die Nacherzählung anschlussfähig an das literarische Leben. Außerhalb der Schule findet sie sich etwa im Schauspiel- oder Romanführer und im Literaturlexikon. In diesen Medien, die sich an ein literarisch interessiertes Publikum oder sogar Fachpublikum wenden, werden Zusammenfassungen der gesamten Handlung gegeben, häufig verbunden mit weiterführenden Informationen zur Publikations-, Aufführungs- und Rezeptionsgeschichte und auch zu Interpretationsansätzen. Ähnlich, aber weniger auf Vollständigkeit angelegt und mit stilistischem Anspruch, finden sich Inhaltsangaben in Buchkritiken, die die Leser/innen orientieren und Grundlagen für Bewertungen darstellen.

Inhaltsangabe und Texterschließung

Wie bei der Nacherzählung und der Interpretation gilt, dass eine angemessene Inhaltsangabe auf der genauen Auseinandersetzung mit der Vorlage basiert. Diese Auseinandersetzung geht dem Schreiben nicht nur voraus. Vielmehr kann sie über die Planung hinaus den gesamten Schreibprozess mitbestimmen, und zwar gerade dann, wenn die unterschiedlichen Phasen des Planens, Verfassens und Überarbeitens auch dadurch bestimmt sind, dass der Text immer wieder zur Hand genommen und genauer bearbeitet wird. Es lässt sich also von einem Wechselspiel von Textproduktion und Textrezeption sprechen. Das Schreiben einer Inhaltsangabe kann epistemisches oder lernendes Schreiben sein, indem es das Verstehen eines literarischen Textes befördert und Erkenntnisse generiert.

Bei der Textrezeption müssen folgende Aspekte Beachtung finden:

Wie bei der Nacherzählung ist eine Rekonstruktion der Handlungslogik und ihrer raumzeitlichen Situierung notwendig. Diese erfolgt nun aber in anderer Form, denn die knappe und sachlich-neutrale Darstellung des Wesentlichen setzt eine Abstraktionsleistung voraus. Darin sehen auch Schülerinnen und Schüler eine große Schwierigkeit (Fix & Melenk 2002). Die Nacherzählung kann im narrativen Modus verbleiben. Bei der Inhaltsangabe muss aber die Ebene der Darstellung erfasst werden, um sich von dieser lösen und in den beschreibenden Modus wechseln zu können. So müssen Informationen nicht nur gebündelt, sondern auch ermittelt werden, wenn sie nur indirekt vorliegen: Gerade literarische Texte stellen Handlungszusammenhänge und Motive der Figuren oftmals nicht explizit dar; vielmehr muss die Handlungslogik erst rekonstruiert werden: Wie folgt ein Ereignis auf ein anderes? Inwiefern ist ein Ereignis die Folge eines anderen? Inhalte müssen unter Umständen neu organisiert werden, z. B. in dem Fall, dass in der literarischen Vorlage nicht chronologisch erzählt wird. Auch müssen komplexe Schlussfolgerungen vollzogen werden. Dies gilt insbesondere für die geforderte Formulierung des Themas. Dabei fallen auch interpretative Entscheidungen an (Zabka 2019).

Interpretative Entscheidungen

Der Text muss also in Hinblick auf seine literarische Darstellung genau betrachtet werden, jedenfalls insoweit, als dies für die Rekonstruktion der Handlungslogik und des Themas notwendig ist. Die Untersuchung selbst wird in der Inhaltsangabe nicht dargelegt, sondern bildet die Grundlage der sachlichen und konzentrierten „Reformulierung" (Abraham 1994: 9) im Präsens. Damit ruht die Beschreibung, die in der Inhaltsangabe vollzogen wird, auf einer je nach Textvorlage mehr oder weniger anspruchsvollen Rezeptionsleistung auf.

Die Inhaltsangabe verlangt also ein genaues Verständnis des literarischen Textes und bietet insofern auch Anlass für die Ausbildung und Entwicklung derjenigen literarischen Rezeptionsfähigkeiten, die die Darstellung ermöglichen. Zugleich verleiht die Inhaltsangabe einem Textverständnis Ausdruck.

Allerdings bleiben die interpretativen Handlungen, die dabei vollzogen werden, in der Regel implizit. Diese Implizitheit lässt sich auch kritisch betrachten: Gerade die Inhaltsangabe setzt sich mitunter dem Vorwurf aus, einem objektivistischen Modell literarischen Verstehens Vorschub zu leisten, demzufolge man einem literarischen Medium eine eindeutige Bedeutung entnehmen und es von einem neutralen Standpunkt aus darstellen kann.

So bleibt das Subjekt des Textverstehens mit seiner individuell-ästhetischen Rezeption des literarischen Textes ebenso ausgeklammert wie mit seinen interpretativen Schlüssen. Diese erscheinen nicht als Ergebnis des Rezeptionsvorgangs, sondern als objektive Textbedeutung.

Zur Illustration des hier angesprochenen Problems, wie es besonders in der Schule auftritt, sei noch einmal auf die Abbildung 25 in Aufgabe 4 verwiesen und darauf, was bei der Bearbeitung der Aufgabe deutlich geworden sein sollte. Die unausgewiesenen interpretativen Entscheidungen sind durchaus gewaltig: Die Begegnungen der Protagonistin gelten als „schwere Prüfungen", ihre Gaben als „Opfer", die Lösung als „reiche Belohnung". Nichts von alledem ist im Grimm'schen Ausgangstext zu finden.

Je offener die Texte sind, desto problematischer wird die Forderung einer objektivierenden Darstellung. Häufig werden in der unterrichtlichen Praxis gerade der Mittelstufe Erzählungen eingesetzt, die auf knappem Raum pointiert erzählen und daher überschaubar sind. Hier fällt allerdings ein weiteres Zusammenfassen mitunter schwerer als bei weniger dichten Narrationen, die eine Handlung auch ausschweifender erzählen können, vor allem aber kann die verdichtete Darstellung selbst Schwierigkeiten bereiten (Zabka 2019, Menzel 1984).

Das Mittagessen im Hof

Ein typischer Gegenstand für die Inhaltsangabe ist bis heute die Kalendergeschichte *Das Mittagessen im Hof* von Johann Peter Hebel (1805). Sie findet sich in verschiedenen Lehrwerken und Unterrichtsmaterialien für die Mittelstufe und wird dabei unterschiedlich präsentiert, zum Teil auch sprachlich vereinfacht (z. B. in Wortstark 7/Busse & Hintz 2006 „nach Johann Peter Hebel"; in „Keine Angst vor dem Aufsatz!" [Allmann & Schlemminger-Fichtler 2005] durch Absätze gegliedert). Wir geben sie hier in einer dem Erstdruck entsprechenden Fassung wieder.

Johann Peter Hebel
Das Mittagessen im Hof

Man klagt häufig darüber, wie schwer und unmöglich es sei, mit manchen Menschen auszukommen. Das mag denn freilich auch wahr sein. Indessen sind viele von solchen Menschen nicht schlimm, sondern nur wunderlich, und wenn man sie nur immer recht kennete, inwendig und auswendig, und recht mit ihnen umzugehen wüßte, nie zu eigensinnig und nie zu nachgiebig, so wäre mancher wohl und leicht zur Besinnung zu bringen. Das ist doch einem Bedienten mit seinem Herrn gelungen. Dem konnte er manchmal gar nichts recht machen, und mußte vieles entgelten, woran er unschuldig war, wie es oft geht. So kam einmal der Herr sehr verdrießlich nach Hause, und setzte sich zum Mittagessen. Da war die Suppe zu heiß oder zu kalt, oder keines von beiden; aber genug, der Herr war verdrießlich. Er faßte daher die Schüssel mit dem, was darinnen war, und warf sie durch das offene Fenster in den Hof hinab. Was tat hierauf der Diener? Kurz besonnen warf er das Fleisch, welches er eben auf den Tisch stellen wollte, mir nichts, dir nichts, der Suppe nach, auch in den Hof hinab, dann das Brot, dann den Wein und endlich das Tischtuch mit allem, was noch darauf war. »Verwegener, was soll das sein?« fragte der Herr, und fuhr mit drohendem Zorn von dem Sessel auf. Aber der Bediente erwiderte ganz kalt und ruhig: »Verzeihen Sie mir, wenn ich Ihre Meinung nicht erraten habe. Ich glaubte nicht anders, als Sie wollten heute in dem Hofe speisen. Die Luft ist so heiter, der Himmel so blau, und sehen Sie nur, wie lieblich der Apfelbaum blüht, und wie fröhlich die Bienen ihren Mittag halten!« Diesmal die Suppe hinabgeworfen, und nimmer! Der Herr erkannte seinen Fehler, heiterte sich im Anblick des schönen Frühlingshimmels auf, lächelte heimlich über den schnellen Einfall seines Aufwärters, und dankte ihm im Herzen für die gute Lehre. (Hebel 2001: 44f.)

Wir haben bereits darauf hingewiesen, dass die Formulierung des Themas eine besondere Herausforderung darstellt. Sie wird hier dadurch erleichtert, dass der Text als lehrhafte Erzählung gerahmt ist, die etwas zeigen will: So wird zu Beginn darauf hingewiesen, dass man wunderliche Menschen zur Besinnung bringen könne, und am Schluss heißt es, der Herr sei „für die gute Lehre" dankbar gewesen. Dabei ist allerdings die sprachliche Form insbesondere durch Parenthesen („inwendig und auswendig"; „nie zu eigensinnig und nie zu nachgiebig") und einen veralteten Konjunktiv („kennete") potentiell unvertraut und schwierig.

Dass der Diener seinen Herrn belehrt, indem er die gesamte Mahlzeit in den Hof wirft, wird nur dann verständlich, wenn sein letzter Redebeitrag mit der vorgeblichen Bitte um Verzeihung als ironisch erfasst wird. Diese Einsicht fällt Schülerinnen und Schülern der frühen Sekundarstufe mitunter schwer, wie sich in einer Studie zur Inhaltsangabe von Reinert zeigt. Statt einer Strategie des Dieners wird dort vor allem ein Wutausbruch vermutet: „Der Kellner (gemeint ist der Diener) versteht das nicht und wird wütend und er schmeißt die anderen Lebensmittel heraus" (Reinert 2012: 539).

Aufgabe 5

a. Eine Lehrperson stellt den Schülerinnen und Schülern zunächst nur den ersten Teil der Kalendergeschichte zur Verfügung, endend mit „Was tat hierauf der Diener?", und erteilt den Schüler/innen den Auftrag, die Erzählung selbst schriftlich weiterzuführen. Inwiefern unterstützt diese Aufgabe die Lerner/innen dabei, die Ironie im Beitrag des Dieners zu erfassen?

b. In einer Publikation mit dem sprechenden Titel „Keine Angst vor dem Aufsatz!" bieten die Verfasser eine Musterinhaltsangabe an, die, so die Angabe, von einer Schülerin stammt. Der letzte Teil, der insbesondere die ironische Passage betrifft, lautet folgendermaßen:

„Zornig droht der Herr seinem Diener, der ihm aber in aller Ruhe antwortet, dass er angenommen habe, der Herr wolle wegen des schönen Wetters im Hof speisen. Der Hausherr beruhigt sich aufgrund dieser originellen Antwort schnell, sieht seinen Fehler ein und ist seinem Diener insgeheim sogar dankbar für diese Lehre." (Allmann & Schlemminger-Fichtler 2005: 53/54)

Erläutern Sie, wie die (möglicherweise fiktive) Schülerin das Problem löst.

Die Bearbeitung der Kalendergeschichte *Das Mittagessen im Hof* und das Schreiben einer Inhaltsangabe zu diesem Text ist also nicht ohne Anspruch: Der relativ kurze Text läuft auf eine Pointe hinaus, die für Schüler/innen nicht umstandslos transparent ist. Seine lehrhafte Klammer muss aufmerksam zur Kenntnis genommen werden, denn zunächst gilt die Aufmerksamkeit dem Plot. Zudem erschwert die kurze pointierte Darstellung, die der Textsorte Kalendergeschichte entspricht, eine weitere Verknappung.

Die bislang angesprochenen Schwierigkeitsmerkmale erreichen die Frage der Motivation und Situierung der Schreibaufgabe jedoch noch nicht. Dann wäre zunächst zu fragen: Inwiefern ist der Text für Schülerinnen und Schüler interessant und potentiell bedeutsam? Wie ließen sie sich für eine dichtere Auseinandersetzung mit dem Text gewinnen?

Kommunikative Motivierung der Inhaltsangabe

Wie Reinert in seiner Studie zeigen kann, suchen Lehrkräfte vielfach nach Möglichkeiten, die Arbeit mit der Inhaltsangabe in der Weise zu motivieren, dass sie Bezüge zum literarischen und kulturellen Leben herstellen. Dabei wird unter anderem eine Verbindung zwischen Inhaltsangaben, Klappentexten von Büchern und Programmhinweisen zu Filmen hergestellt. Diese in der Lebenswirklichkeit von Lerner/innen deutlich häufigeren Formen als die Inhaltsangaben in der eher fachspezifischen Kommunikation wollen nicht nur informieren, sondern meist auch für das Lesen oder Sehen interessieren. Im Sinne der Subjektorientierung sind sie insofern auch schreibdidaktisch aufschlussreiche Gegenstände.

Aufgabe 6

> In einer Einführungsstunde zur Inhaltsangabe in Klasse 7 einer Hauptschule wurde den Schüler/innen eine Folie mit drei kurzen Texten vorgelegt: zwei Programmhinweisen zu Filmen und einem Klappentext, auf den wir uns hier beschränken. Beschreiben Sie möglichst genau, wie dieser Text seinen Bezugstext, den Jugendroman *Das Tor zum Garten der Zambranos* von Gudrun Pausewang, präsentiert. Wie werden Figuren und Handlung vorgestellt? Worin bestehen Unterschiede zur sachlich-neutralen Beschreibung?
>
> „Erst ist Angelito verstört, dann ist es wie im Traum: Die reichen Zambranos nehmen ihn, den Betteljungen, zu sich – als Spielkameraden für ihren Sohn Gregorio. Lange Zeit geht das alles gut. Angelito erfüllt die Erwartungen seiner neuen Familie, auch in der Schule lernt er sehr schnell. Doch dann kommt Gregorio auf eine verrückte Idee: Er möchte das Leben kennen lernen, das Angelito früher geführt hat. In abgerissenen Kleidern machen die beiden einen Ausflug in die Welt der Bettelkinder.“ (aus Reinert 2012: 114).

Klappentexte

Gerade Klappentexte gehen häufig über das Vermitteln von Entscheidungshilfen (‚könnte mich interessieren‘) hinaus. Sie haben appellative Funktion, was für die sprachliche Realisierung der entsprechenden Texte Konsequenzen hat: Sie können reizvoll sein, daher auch narrativ angelegt werden und Emotionen auslösen oder Fragen aufwerfen. Sie bieten Inhalte in einer Auswahl an, die eher Erwartungen wecken und Spannung erzeugen sollen, als dass sie ein Ganzes präsentierten. Damit stehen solche Texte in Spannung zu zentralen Textnormen der Aufsatzform Inhaltsangabe, die auf eine zwar kurze, aber in Hinblick auf das zentrale Thema und die Handlungslogik vollständige Darstellung abzielt und die darüber hinaus sachlich-neutral ausfallen, also von allem absehen soll, was auf lebendige Vorstellungsbildung oder emotional bestimmte Rezeptionsweisen zielt (vgl. Zabka 2019: 72).

Wenn im Unterricht von lebensweltlich vertrauten Formen wie Programmhinweisen und Klappentexten ausgegangen wird, müsste die angesprochene Spannung reflektiert werden. Nun zeigt sich allerdings immer wieder, dass tradierte Textnormen der Aufsatzart im Unterricht eine dominante Rolle spielen (Reinert 2012, Fix & Melenk 2002).

Kommunikationsorientierung vs. Formorientierung

In seiner empirischen Untersuchung konnte Reinert zeigen, dass die Orientierung an der kommunikativen Funktion (einen Klappentext schreiben) und die Orientierung an den gängigen Textnormen im Sinne einer formorientierten Aufsatzdidaktik in Widersprüche führt. Diese sind besonders dann problematisch, wenn sie im Unterricht selbst nicht aufgelöst werden. Dies soll am Beispiel der bereits erwähnten Einführungsstunde (s. Aufgabe 6) verdeutlicht werden.

In einem Unterrichtsgespräch zu den drei über Folie präsentierten Ankündigungstexten werden diese früh als Inhaltsangaben gekennzeichnet. Die Schüler und Schülerinnen arbeiten heraus, was diese kennzeichnet. Sie entwickeln also induktiv eine Textsortenbestimmung. Dabei wird unter anderem geäußert, dass „das beste herausgenommen wird“ (so der Schüler Friedrich, Reinert 2012: 559). Auf die Frage danach, warum man eine Programmvorschau lese, verweist Pia darauf, dass man wissen wolle, „was so besonders“ an dem Film sei (ebd.: 560). Als die Lehrperson nach dem Zweck fragt, verweist Friedrich darauf, dass man etwas „attraktiv“ mache, und Tatjana stellt fragend in den Raum: „vielleicht Interesse?“ (ebd.: 561). Die Lehrperson evaluiert die Beiträge positiv. Zusammen mit den Schülern und Schülerinnen entwickelt sie begleitend das folgende Tafelbild (Abb. 28):

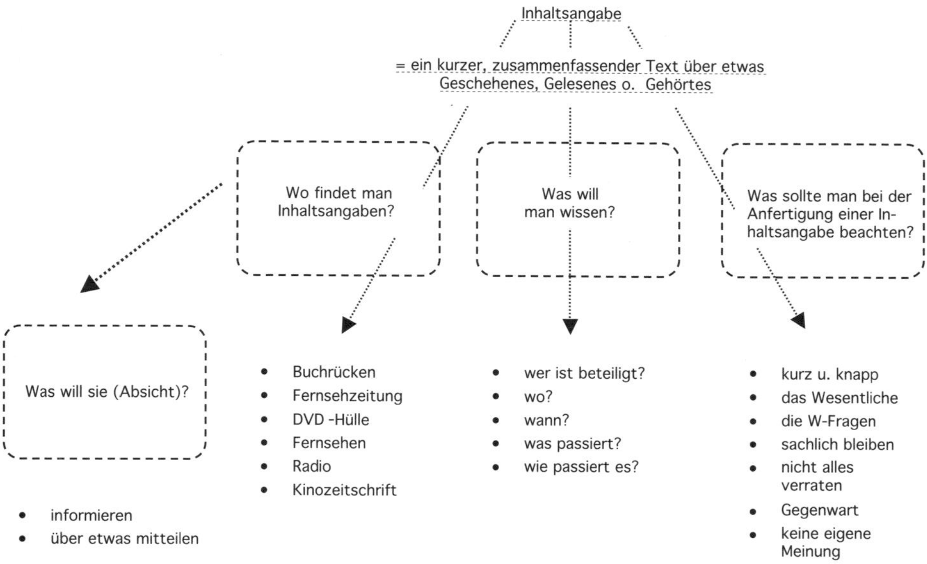

Abb. 28 | Tafelbild zur Inhaltsangabe (Reinert 2012: 117)

Wie Reinert herausarbeitet, wird die von den Schüler/innen herausgestellte appellative Funktion der Texte (attraktiv machen) im Tafelbild ausgeblendet. Im Bereich der Absicht wird lediglich die Informationsfunktion festgehalten. In der Spalte zur Frage, wo man Inhaltsangaben finde, werden ausschließlich solche Medien benannt, in denen mit (appellativen) Ankündigungstexten zu rechnen ist. Die Spalte „Was will man wissen?“ bietet eine Reihe sogenannter W-Fragen, wobei Fragen nach Kausalbeziehungen und zur Handlungslogik (wozu?, warum?) fehlen. In der rechten Spalte, die verknappte Schreibhinweise bietet, ist der Bezug zu den Textnormen am deutlichsten. Hier ist die Spannung zwischen der Forderung „sachlich bleiben“ und „nicht alles verraten“ augenfällig: Während letztere von den Schüler/innen eingebracht wird, geht erstere auf eine Setzung der Lehrperson zurück, die sie unter Rückgriff auf (unbestimmte) Kenntnisse zu anderen Aufsätzen einbringt: „Ich probier's mal anders, was ihr ja auch von anderen Aufsatzformen kennt (schreibt ‚sachlich bleiben‘ an die Tafel), ne?“ (Reinert 2012: 563). Der Widerspruch zwischen der impliziten Aufforderung, Spannung zu erzeugen oder mindestens aufrecht zu erhalten, und der sachlichen Darstellung bleibt ungelöst. Reinert fasst zusammen: „Während die Schüler also offenbar versuchen, die ‚Theorie' aus den Exempeln ‚abzuleiten', geht es dem Lehrer in der Erarbeitung um eine die Beispiele übersteigende bzw. andere Form der Inhaltsangabe. Brisant ist dies, da die Diskrepanz von den Akteuren nicht nur nicht überwunden, sondern vor allem zu keinem Zeitpunkt thematisiert wird." (Reinert 2012: 141)

Deutlich wird hier auch, dass die Brücke von lebensweltlich situierbaren Formen des Angebens von Inhalten, die zugleich werbenden Charakter haben, zur normativ geforderten Form der Inhaltsangabe nicht umstandslos geschlagen werden kann: Gerade die objektiv-distanzierte Darstellung, die diese verlangt, lässt sich mit Rücksicht auf die Ankündigungstexte nicht begründen.

Auf der Basis der Auseinandersetzung mit Unterricht zur Inhaltsangabe schlägt Reinert deshalb vor, die Inhaltsangabe offensiv als schulische Textform zu begreifen und ihr Profil zu schärfen (Reinert 2012: 485). Zu dieser Profilschärfung sollte es gehören, den Weg für die explizite Darstellung interpretativer Entscheidungen bei der Textbeschreibung zu öffnen und diese nicht durch eine objektiv-distanzierte Darstellung zu überdecken.

Aufgabe 7

Entwickeln Sie eine Alternative zu der Darstellung (s. Aufgabe 4) in der abgebildeten Handlungstreppe zu *Die Sterntaler*, wonach das Mädchen „schwere Prüfungen" durchlaufen hätte und für sein „Opfer reich belohnt" worden sei.

5.3 Zusammenfassung

Das Kapitel hat zunächst den grundlegenden Bereich des orthographischen Schreibens thematisiert. Es wurde deutlich, dass zum Orthographieerwerb das sichere und automatisierte Verfügen über die Strukturmerkmale der Schrift gehört. Die produktionsorientierten Anforderungen sind den rezeptiven Anforderungen, die in Kapitel 4.2 entwickelt worden sind, analog. Während sich die integrative Perspektive hier auf die potentielle Lust am Spiel mit schriftsprachlichen Strukturen beschränkte, wurde im folgenden Hauptteil zum Textschreiben deutlicher, welche disziplinären Beiträge die Sprach- und Literaturdidaktik im Bereich des Schreibens leisten können und worin das Potenzial einer stärkeren Integration liegt. Ausgehend von allgemeinen Dimensionen des Textschreibens wurde zunächst die Unterscheidung von Textmuster und Textsorten eingeführt. Bei der Zuordnung von Textsorten zu Textmustern wurde eine weitere Differenzierung vorgenommen, nämlich die Unterscheidung zwischen textgebundenen und textungebundenen Textsorten.

Im folgenden Schritt haben wir in systematischer Perspektive vier zentrale Orientierungen der Schreibdidaktik entfaltet: die Orientierung an der Form, dem Leser, dem Subjekt und dem Prozess, die in je unterschiedlicher Weise den Schreibunterricht mitbestimmt haben und bestimmen.

Die Betrachtung der Bezugsgegenstände beim Textschreiben förderte anschließend zu Tage, dass diese sprachdidaktisch oft unterbelichtet bleiben, während sie literaturdidaktisch eher fokussiert werden. Denn eine differenzierte Betrachtung textgebundener Textsorten muss die Reziprozität von Textrezeption und Textproduktion berücksichtigen.

Umgekehrt konnte die sprachdidaktische Schreibdidaktik über die Entwicklung des Textschreibens und der Schreibkompetenzen Auskunft geben, eine Dimension, die die Literaturdidaktik allenfalls implizit behandelt. Hier stellen sich reizvolle Forschungsfragen für eine integrative Bearbeitung des Feldes. Am Beispiel des Beschreibens literarischer Texte haben wir diese skizziert.

Im letzten Teil wurden zwei curriculare Klassiker, die Nacherzählung und die Inhaltsangabe, einer genaueren Betrachtung unterzogen und Anforderungen an eine mehrperspektivische didaktische Modellierung herausgearbeitet.

Sprach- und Literaturbetrachtung | 6

Wenn wir von Sprach- und Literaturbetrachtung sprechen, beziehen wir uns auf Aktivitäten, bei denen es um die Thematisierung von Sprache und Literatur geht. So können im Literaturunterricht etwa die Merkmale lyrischer Texte zum Thema werden, im Sprachunterricht zum Beispiel die Kasus des Deutschen.

Die Thematisierung sprachlicher Gegenstände ist in den Bildungsstandards für die Primarstufe, den Hauptschulabschluss und den Mittleren Schulabschluss unter dem Kompetenzbereich „Sprache und Sprachgebrauch untersuchen" eigens ausgewiesen (eine andere Unterteilung nehmen die Standards für die Allgemeine Hochschulreife vor; KMK 2012). Demgegenüber findet sich kein vergleichbarer Hinweis auf die Thematisierung von Literatur; innerhalb des Kompetenzbereichs „Lesen – mit Texten und Medien umgehen" allerdings findet man den Hinweis auf „Kenntnisse über Literatur" (KMK 2004b: 8). Nahegelegt ist mit dieser Zuordnung, dass Kenntnisse über Literatur Teil einer umfassenden Lese- und Medienkompetenz, Kenntnisse über Sprache jedoch abgelöst vom konkreten sprachlichen Handeln sind. Lerntheoretisch ist bislang weder die eine noch die andere Auffassung gedeckt. Insgesamt stellt die Frage, wie das Wissen über Sprache bzw. Literatur und der handelnde Umgang mit Sprache bzw. Literatur aufeinander bezogen sind, eines der größten Desiderate sowohl der Sprach- als auch der Literaturdidaktik dar.

Im folgenden werden wir wichtige Grundlinien der Bearbeitung dieses Fragenkomplexes skizzieren; zugleich werden wir den Fragehorizont auf die Relation zwischen Sprach- und Literaturbetrachtung ausweiten.

Dabei muss vorausgeschickt werden, dass der Begriff Sprachbetrachtung in der wissenschaftlichen Diskussion eingeführt ist (Bredel 2013), nicht aber der Begriff Literaturbetrachtung; er wird hier als Arbeitsbegriff verwendet, um die Parallelen zwischen der Thematisierung von Sprache und der Thematisierung von Literatur in methodischer, systematischer und auch in historischer Perspektive sichtbar zu machen.

6.1 Wissen und Können

Vermittlung von Faktenwissen

Die Thematisierung von Sprache und Literatur kann auf verschiedene Weisen geschehen. So können zum Beispiel die Kasus des

Deutschen formal bestimmt und begrifflich kategorisiert werden; im Ergebnis wissen die Schüler/innen dann, dass das Deutsche über ein Vier-Kasus-System verfügt, sie können Nominativ, Genitiv, Dativ und Akkusativ voneinander unterscheiden und den ermittelten Formen die korrekten Termini zuordnen. Die Lehrkraft hätte sich in diesem Fall dafür entschieden, Faktenwissen zu vermitteln.

Schulung von Können

Lehrkräfte können sich aber auch dafür entscheiden, die Schüler/innen für die Kasus des Deutschen im sprachlichen Handeln zu sensibilisieren. Dafür würden ihnen etwa Beispiele mit verschiedenen Kasusanforderungen verfügbar gemacht; durch die gerichtete, aber intuitiv bleibende Arbeit an Flexionsendungen (*ein Mann, ein**en** Mann, ein**em** Mann, ein**es** Mann**es***) etwa im Rahmen einer Einsetzübung würde den Schüler/innen das Kasussystem während des sprachlichen Handelns bewusst. Die Lehrkraft hätte in diesem Fall nicht Faktenwissen vermittelt, sondern das sprachliche Können geschult.

Exkurs: Wissensbegriffe und ihre Differenzierung

Die Unterscheidung von Wissen und Können wurde in der Philosophie von Gilbert Ryle (1969) thematisiert. In seinem Werk „Der Begriff des Geistes" differenziert er zwischen ‚knowing that' (Wissen) und ‚knowing how' (Können). Zur Veranschaulichung des ‚knowing how' nehmen wir das Beispiel des Fahrradfahrens: Wer es kann, kontrolliert nicht jede Einzelhandlung, es wäre sogar hinderlich, beim Vollzug die einzelnen Handlungen bewusst zu steuern. Und es braucht kein besonderes Wissen über Fahrräder und ihre Mechanik, um radfahren zu können.

Ein komplexeres Beispiel ist das Klavierspielen: Auch hier gilt, dass ein Könner nicht jede Einzelhandlung kontrolliert. Allerdings hat ein Könner im Rahmen seiner Ausbildung vielfältige musikalische Kenntnisse erworben, etwa zur Unterscheidung von geraden und ungeraden Takten oder zu Stilen in der Musikgeschichte, die sein Spielen und seine Interpretation prägen. Inwiefern und unter welchen Voraussetzungen Wissen in Können integriert wird bzw. werden kann, ist eine sprach- und literaturdidaktisch hochrelevante Frage, deren Beantwortung jedoch bislang aussteht.

Eine ähnliche Unterscheidung wie die zwischen ‚knowing that' und ‚knowing how' findet sich in der Kognitionspsychologie: Dort wird zwischen deklarativem und prozeduralem Wissen unterschieden.
Für das deklarative Faktenwissen gilt, dass es im Langzeitgedächtnis gespeichert ist und formuliert werden kann. Das prozedurale Wissen bezeichnet „kognitive Mechanismen, die Personen dazu in die Lage versetzen, komplexe kognitive und motorische Handlungen auszuführen, ohne dabei deren einzelne Bestandteile bewusst zu kontrollieren" (Jung 2012: 193). Gelegentlich wird das Feld noch weiter aufgefächert. Zu deklarativem und prozeduralem Wissen kommen dann etwa Problemlösungswissen und metakognitives Wissen hinzu (Mandl, Friedrich & Hron 1986), auf die wir im vorliegenden Kapitel nicht weiter eingehen. Einen Vorschlag der Übertragung dieses komplexen Wissensmodells auf die Deutschdidaktik hat Ossner (2006) vorgelegt.

Wie wichtig es sein kann, das sprachliche Können zu stärken, zeigt die folgende Passage aus dem Text der Fünftklässlerin Lana:

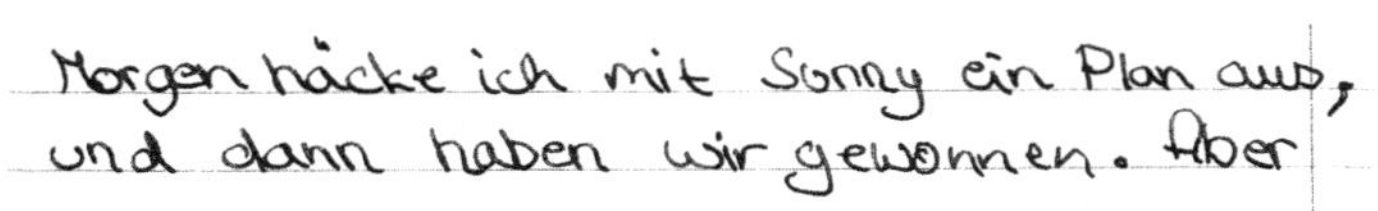

Abb. 29 | Kinderschreibung

Weil die Kasusendungen in der gesprochenen Sprache artikulatorisch nur wenig prominent sind, sind solche Markierungsfehler häufig zu beobachten. Faktenwissen über die Kasus des Deutschen kann Lana hier jedoch kaum angemessen stützen. Erforderlich ist vielmehr eine Form der Aufmerksamkeit, die während des schriftsprachlichen Handelns aktiv ist und die ihr dazu verhilft, die korrekte Kasusmarkierung zu wählen.

Es kann jedoch nicht ausgeschlossen werden, dass Kenntnisse über das Kasussystem dabei unterstützen können, die Wahrnehmung für potenziell auftretende Probleme zu schärfen. Ebenso dürfte unzweifelhaft sein, dass die Begriffskenntnis die Unterrichtskommunikation über solche Problemstellen unterstützt; Lehrkräfte und Schüler/innen müssen sich bei der Bearbeitung grammatischer Probleme sowie grammatischer Phänomene überhaupt auf eine gemeinsame Arbeitssprache, hier den Begriff Akkusativ, beziehen können.

Wissenskonzepte von Kindern über Kasus

Dabei reicht es jedoch nicht, über einzelne Termini zu verfügen. Wichtig ist vielmehr, dass die Lerner/innen auch ein entsprechendes Konzept darüber verfügbar haben, was unter Kasus und damit unter Nominativ, Genitiv, Dativ und Akkusativ überhaupt zu verstehen ist. Der folgende Ausschnitt von Kleinbub (2014: 141f.) zeigt eine Unterrichtssequenz aus einem vierten Schuljahr, in der es darum geht, den Kasus von *Buch* im Satz „Das ist das Buch" zu ermitteln (Abkürzungen: L (Lehrkraft), S (Schüler/in), L(Sn) (die Lehrkraft wendet sich an den Schüler/die Schülerin Nr. n); C (Kommentar)):

1	Tafel	Das ist das **Buch**.
2	L	Ich habe da ein Wort eingerahmt. (L deutet auf *Buch* an der Tafel.) Wer findet eine Frage, mit deren Hilfe wir den Fall herausbekommen? Der Fall, in dem dieses Wort *Buch* steht. Patrick.
3	S1	*Was liest Lippel?*
4	L(S1)	Ja. Bei der Frage was müssen wir immer noch ein zusätzliches Wort nennen. Weil einen Was-Fall kennen wir nicht. Kommst du darauf? Nenn uns noch einmal diese vier wichtigen Wörtchen! Gabriela.
5	S2	Wer-Fall, Wessen-Fall, Wem-Fall und Wen-Fall.
6	L(S2,3)	Ja. Mehmet.
7	S3	*Wessen Buch liest Lippel?*
8	L(S4)	Benjamin.
9	S4	Das ist ja sein Buch.
10	L	Ja, wir wollen, eh, wer sagt noch einmal genau, was wir wollen?
11	S1	Wir wollen, dass *das Buch* als Antwort kommt.
12	L(S1,2)	Richtig. Gabriela.
13	S2	*Wen liest Lippel?*
14	L	Mhm (überlegt). Ihr müsst den ganzen Satz lesen. In diesem Satz, in diesem Satz, steht dieses Wort und es wird nur dieser Satz untersucht. (L grenzt mit Armbewegungen den Satz an der Tafel ab.)
15	S4	*Was ist Lippel? Das Buch.*
16	L(S4)	Du bist auch nicht zufrieden?
17	S4	Mhm (nein).
18	L(S5)	Lukas.
19	S5	*Wen oder was liest Lippel?*

20	L(S4)	So, eh, noch einmal von vorne. Zunächst lesen wir einmal nur diesen Satz. (L zeigt Satz an der Tafel.) Benjamin, lies einmal diesen Satz laut vor!
21	S6	*Das ist das Buch.*
22	L	Und um dieses kleine Sätzchen geht es jetzt. Alle einmal zusammen:
23	Kl	*Das ist das Buch.*

Schüler/innen und Lehrkraft ringen erkennbar mit der Materie. Zwar benennt Gabriela die vier Kasus in der in der Grundschule eingeführten Form als Wer-Fall, Wessen-Fall, Wem-Fall und Wen-Fall; ob ihr oder ihren Mitschüler/innen aber klar ist, was ein „Fall" ist, darf durchaus bezweifelt werden: Der Versuch von Mehmet, die Frage „Wessen Buch liest Lippel?" als Lösungsvorschlag einzubringen, und der Rettungsversuch dieses Vorschlags durch Benjamin („Das ist ja sein Buch") zeigt, dass die Kinder die W-Fragen eher als Impuls nutzen, etwas über inhaltliche Zusammenhänge zu erfahren. Der Neustart der Bearbeitung des Unterrichtsgegenstandes durch Gabriela („Wir wollen, dass *das Buch* als Antwort kommt") zeigt zwar eine stärkere Formorientierung, als sie bei Mehmet und Benjamin sichtbar war; gleichwohl bleibt auch sie in der Operation, mit deren Hilfe Satzglieder ermittelt werden (Frageprobe), verhaftet. Eine begriffliche Klarheit über das Konzept der Kasus (vgl. Granzow-Emden 2002, Gornik & Weise 2009) liegt auch bei ihr nicht vor. In den weiteren Versuchen, zu einer Lösung zu gelangen, verlegen sich die Schüler/innen wegen der fehlenden Orientierung aufs Raten („Wen liest Lippel?" „Was ist Lippel? Das Buch." „Wen oder was liest Lippel?").

Die hier nur knapp analysierte Passage steht exemplarisch für die Not von Lehrer/innen und Schüler/innen bei der wissensorientierten Bearbeitung grammatischer Phänomene (vgl. dazu auch Boettcher 1999, Granzow-Emden 2002, Kleinbub 2014).

Hinzu kommt, dass die Frage, um die es geht, für die Viertklässler auch sachlich kaum zu bearbeiten ist: *das Buch* ist ein Prädikativ im (Gleichsetzungs-)Nominativ – ein echter Spezialfall des Systems, an dem erst angesetzt werden kann, wenn die Grundlagen gelegt sind.

Unabhängig also noch von der Frage, ob und wenn ja wie Wissen und Können aufeinander bezogen sind oder sein könnten, müssten die grammatischen Gegenstände den Schüler/innen konzeptionell verfügbar sein.

Aufgabe 1

Eine zielführende Erarbeitung des Kasusbegriffs haben am Beispiel der Unterscheidung zwischen Akkusativ und Dativ Gornik & Weise (2009) vorgelegt. Dort findet sich auch die folgende Arbeitsanregung:

Da ist doch ein Unterschied!
a. Sie warten auf der Treppe.
b. Sie warten auf dem Hof.
c. Sie warten auf den Bus.
d. Sie warten auf der Wiese.

1. Lies dir die Sätze durch.
2. Ein Satz ist anders als die anderen. Kreuze ihn an.
3. Erkläre, warum dieser Satz anders ist. Wenn du kannst, benutze dabei grammatische Fachbegriffe.

a. Lösen Sie die Aufgaben. Worin besteht der Unterschied zwischen dem Lernangebot der oben analysierten Unterrichtspassage und dem bei Gornik & Weise?

b. Die Definition von Kasus bei Wikipedia (zuletzt aufgerufen am 22.6.2021) lautet:
„Kasus [„kʰaːzʊs] (Pl.: Kasus mit langem u [„kʰaːzuːs]) (auch: der Fall) ist eine grammatische Kategorie der nominalen Wortarten." Klären Sie, was nominale Wortarten sind.

c. Die Grammatik von Peter Eisenberg (*Grundriss der deutschen Grammatik*) liegt in 2 Bänden vor: *Das Wort* und *Der Satz*, beide in fünfter Auflage 2020. Wo würden Sie nach der Kategorie Kasus suchen? Begründen Sie Ihre Annahme und überprüfen Sie sie.

Die Orientierung an Wissensbeständen zeigt sich in ganz ähnlicher Weise im Literaturunterricht:

Für eine Lehrkraft, die sich für den Aufbau von Kenntnissen über die Gattung Lyrik entscheidet, sind etwa Fachbegriffe wie Reim, Rhythmus, Strophe oder Vers von zentraler Bedeutung; sie werden begrifflich erschlossen und auf verschiedene lyrische Texte angewendet. Eichendorffs *Wünschelrute* wäre auf dieser Grundlage ein Gedicht mit einer Strophe und vier Versen; als Rhythmus würde der vierhebige Trochäus bestimmt, als Reimschema der Kreuzreim.

Wünschelrute

Schläft ein Lied in allen Dingen,
Die da träumen fort und fort,
Und die Welt hebt an zu singen,
Triffst du nur das Zauberwort.

Joseph von Eichendorff (1835)

Inwieweit mit einer solchen Bestimmung, die zunächst nicht auf das Sinnangebot des Textes gerichtet ist, ein Gedichtverständnis angebahnt oder aufgebaut werden kann, ist jedoch fraglich (kritisch etwa Knopf 2009).

Lautes Denken

Eine andere Möglichkeit, sich der *Wünschelrute* zu nähern, zeigt die Zehntklässlerin Nina im folgenden Protokollauszug. Sie hat ein Lautes Denken durchgeführt und während des Lesens nach Art des Selbstgesprächs alle Gedanken verbalisiert, die ihr durch den Kopf gingen:

„((leise vorlesend)) ‚schläft ein Lied in allen Dingen, die da träumen fort und fort' (6 Sek. Pause) hm. ‚Schläft ein Lied in allen Dingen, die da träumen fort und fort' (4 Sek. Pause); ((laut)) aber ein Lied schläft ja normalerweise nicht, ein Lied ist ja lebendig, man singt oder spielt Musik und schläft ja eigentlich nicht, aber schläft ein Lied in allen Dingen, ja dass vielleicht Dinge sind, – ähm, in denen sozusagen ein Lied enthalten ist und noch schläft dieses Lied, das ist noch nicht rausgekommen, aber es wird davon geträumt, dass sie vielleicht zum Leben, dass sie irgendwann halt auferstehen können [...]". (Eigenes Korpus)

Das Laute Denken, wie Nina es durchführt, steht hier für einen könnensorientierten Zugang: Die Schülerin entwickelt während des Lesens ein erstes Verständnis der Verse 1 und 2; sie macht sich die Verstehensbarrieren bewusst („ein Lied schläft ja normalerweise nicht") und bearbeitet sie. So macht sie sich das Irritationspotenzial der metaphorischen Rede vom schlafenden Lied zu Nutze, was ihr in Hinblick auf „träumen" in Vers 2 noch nicht gelingt.

Hinweis: Lautes Denken

Das Laute Denken ist ein Verfahren, das in der Leseforschung (Stark 2010) und Lesedidaktik (Rosebrock & Nix 2020) genutzt wird: Als Erhebungsmethode kann es prozessbegleitend eingesetzt werden, um Einsichten in den Leseprozess zu erhalten: Wer ‚laut denkt', artikuliert dann dasjenige, was ihm oder ihr während des Lesens durch den Kopf geht. Dafür werden Texte in Abschnitte gegliedert und nach und nach aufgedeckt. Das Verfahren bringt dabei eine Verzögerung des Leseprozesses mit sich. Häufig wird bei kompetenten (Laut-) Leser/innen deutlich, dass und wie sie ihren Leseprozess überwachen.

Lesedidaktisch kann das laute Denken gezielt eingesetzt werden, um als Lehrperson zu demonstrieren, welche Möglichkeiten man prozessbegleitend nutzen kann, um ein Textverständnis zu erreichen. So kann die Lehrperson den Umgang mit Lesestrategien in einer konkreten Rezeptionssituation illustrieren (Rosebrock & Nix 2020: Kap. 5.4.). Das Verfahren kann auch von Lernenden (individuell, in Tandems oder Kleingruppen) eingesetzt werden, um sich und ggf. Mitschüler/innen den Leseprozess bewusst zu machen.

Im Laute-Denken-Protokoll von Nina tauchen an keiner einzigen Stelle Begriffe aus dem Gattungsbereich Lyrik wie Strophe oder Vers auf. So ist nicht ausgemacht, inwieweit sie sich von ihren bisher angeeigneten Kenntnissen über Gedichte leiten lässt: Allein dass sie interpretatorische Spielräume auslotet, zeigt aber, dass sie den Text als Gedicht und nicht etwa als einen informierenden Sachtext wahrnimmt. Ihr Gattungskonzept ist also mit einem spezifischen Lesemodus verknüpft. Das erleichtert ihr auch die Identifikation der metaphorischen Rede (vgl. Pieper & Wieser 2012b).

Unabhängig davon, wie viel explizites Wissen eine verständige Lektüre erfordert, gilt aber auch hier wie schon für den Sprachunterricht: Für die Unterrichtskommunikation, also die Verständigung über literarische Texte, ist ein begriffliches Arbeitsinstrumentarium erforderlich, das auf Wissen, nicht auf Können basiert. Bei der Modellierung von Lernprozessen besteht, wie oben gesehen, eine Schwierigkeit darin, dass der sinnvolle Gebrauch des Arbeitsinstrumentariums an ein konzeptionelles Verständnis gebunden ist.

Dabei können die Wissenskonzepte von Kindern konstruktive Eigenleistungen darstellen, die nicht immer mit den in der jeweiligen Domäne geltenden übereinstimmen. Um dies zu zeigen, konfrontieren wir allgemein akzeptierte Eigenschaften zur Bestimmung der Gattung Lyrik mit Auffassungen von Kindern: Felix und Mareike (beide Klasse 4) wurden gefragt, was ein Gedicht ist und inwiefern Eichendorffs *Wünschelrute* und Ernst Jandls *ottos mops* zu ihrer Vorstellung passen (Varwig 2013, unveröffentlichtes Manuskript). Die beiden notieren:

Wissenskonzepte von Kindern über Lyrik

Felix:	Mareike:
„Es muss sich reimen.“ „Eigentlich kurz.“ „Kann gesungen werden“ „alte Sprache“	„Es muss sich reimen?“ „eine Lücke lassen“ „Zeilen freilassen, Komma setzen“ „Punkt erst am Ende setzen“
Im Interview meint Felix zu Ernst Jandls *ottos mops*: „Das ist doch kein Gedicht. (...) Das reimt sich auch nicht wirklich. (...) Also wenn schon, dann ist es eine Geschichte.“	Im Interview meint Mareike zu Eichendorffs *Wünschelrute*: „Also, wenn man redet, dann redet man halt, und wenn man ein Gedicht sagt, muss man das auch ein bisschen betonen (....) Man sieht sofort, dass es ein Gedicht ist.“ Und zu Ernst Jandls *ottos mops* führt sie aus: „Das ist ja eigentlich ein Zungenbrecher. Also es wäre eigentlich unlogisch, wenn es dann noch ein Gedicht sein könnte.“

Beide Kinder sind bei ihren Definitionsversuchen an der Form orientiert; Mareike bezieht sich bereits auf Eigenschaften wie Strophe (eine Lücke lassen) und Vers (Zeilen freilassen), ohne sie terminologisch zu bezeichnen. Für beide Kinder ist der Rhythmus von Bedeutung (Felix: „kann gesungen werden“, Mareike: „wenn man ein Gedicht sagt, muss man das auch ein bisschen betonen“). Auffällig ist weiter, dass beide Kinder mit ihren Abgrenzungsversuchen eine eindeutige Definition von Gedichten anstreben, die sich von verwandten Phänomenen, in diesem Fall von „Geschichte“ und „Zungenbrecher“, benennbar unterscheiden sollen.

Literaturwissenschaftliche Gattungsdiskussion

Die literaturwissenschaftliche Gattungsdiskussion hat hingegen ein weitgehend akzeptiertes Modell hervorgebracht, das einer Vielfalt lyrischer Texte gerecht werden kann. In diesem Sinne wird als zentral für die Zugehörigkeit zur Gattung Lyrik (= Gesamtheit der Gedichte) betrachtet, dass die Texte in Versen verfasst sind. Sie unterscheiden sich typographisch und rhythmisch von der Alltagssprache und sind (anders als das Versdrama) nicht für die szenische Aufführung bestimmt (Burdorf

2015). Diese notwendigen Merkmale werden von einer Reihe nicht notwendiger, aber häufiger Merkmale ergänzt. Dazu zählen weitere Abweichungen von der Alltagssprache etwa durch Reim, Metrum, Lautmalerei, Inversion; die relative Kürze; die Thematisierung von Dichtung selbst; die unmittelbare Ansprache der Lesenden; die einfache Redesituation; die Sangbarkeit; Mehrdeutigkeit und Bildlichkeit (vgl. Burdorf 2015: 20-21, Moennighoff 2010: 8-13).

Die Gattungskonzepte der Kinder erscheinen demgegenüber eher geschlossen: Beide benennen Merkmale, die aus literaturwissenschaftlicher Sicht nicht zwingend sind, gleichwohl Auffassungen von Gedichten traditionell prägen, insbesondere den Reim. Mareike scheint bereits zu ahnen, dass der Reim nicht zwingend ist. Dies wäre jedenfalls eine Erklärung für das Fragezeichen, das sie setzt. Sie steuert auch das zentrale Merkmal des Verses an und zeigt eine besonders deutliche Orientierung am Schriftbild: „Man sieht sofort, dass es ein Gedicht ist." Beide Kinder nehmen also die Überstrukturiertheit der Gattung wahr. Während das oben angeführte literaturwissenschaftliche Modell offen für Balladen und andere Geschichten in Versen ist und auch einen Zungenbrecher in Versen zuließe, streben die Kinder eine eindeutige Bestimmung an. Dass Gattungen dazu dienen können, Ordnung in die Welt der Texte zu bringen, haben sie demnach bereits gut verstanden. Die Ordnung wird aber fest und nicht flexibel gedacht. Ein differenzierteres Begriffsrepertoire zu erwerben (Vers, Strophe) und eine Flexibilisierung des Gattungsbegriffs wären auf konzeptioneller Ebene die nächsten Schritte.

Aufgabe 2

Unternehmen Sie einen Selbstversuch und zeichnen Sie diesen möglichst auf: Arbeiten Sie die folgenden beiden Texte laut denkend durch.
Decken Sie dabei den Text *Gewitter* zunächst ab. In der Übung decken Sie ihn dann satzweise auf und lesen Sie immer dann neuen Text, wenn Sie meinen, Ihre Gedanken geäußert zu haben. Führen Sie anschließend einen zweiten Durchgang mit Blick auf den ganzen Text durch.
Gehen Sie beim Gedicht analog vor. Decken Sie zunächst die ersten drei Verse auf, dann alle.

Welche Unterschiede stellen Sie im Vergleich Ihrer beiden Lektüren fest?
Überlegen Sie, wie Ihr Textsortenwissen Ihre Laut-Denken-Praxis beeinflusst.

Anm.: Die Übung kann sehr gut zu zweit durchgeführt werden. In diesem Fall sollten Sie zunächst festlegen, wer ‚laut denkt' und wer durch den Versuch führt und sich parallel zum Laut-Denken-Prozess Notizen macht. Bei der Auswertung können dann Selbst- und Fremdbeobachtungen verbunden werden.

Gewitter
Ein Gewitter ist eine meteorologische Erscheinung, die mit elektrischen Entladungen und Donner einhergeht.
Typisch für Gewitter sind Wolken mit einer großen vertikalen Ausdehnung (Cumulonimbus).
Gewitter treten vor allem im Sommer auf.
Aber auch in der kalten Jahreszeit sind Gewitter nichts Ungewöhnliches.
Voraussetzung für Gewitter ist eine potentiell instabile Schichtung.
Je höher die potentielle Instabilität ist, um so größer ist das Gewitterpotential.
Potentielle Instabilität bedeutet, dass zusätzliche Antriebe notwendig sind, um Instabilität zu erzeugen und Gewitter auszulösen.
Es gibt verschiedene Auslösefaktoren.
Thermische Auslöser sind die Sonneneinstrahlung (hauptsächlich im Sommer) oder eine relativ warme Wasseroberfläche (im Herbst und Winter).
Gewitter können auch durch Hebung an Gebirgen oder dynamische Hebung entstehen.
Liegt hohe potentielle Instabilität vor und wirken mehrere Auslösefaktoren gemeinsam, so ist mit schweren Gewittern zu rechnen.
[...]

Aus: https://www.dwd.de/DE/service/lexikon/begriffe/G/Gewitter.html (Absätze von uns hinzugefügt; U.B., I.P; zuletzt geprüft am 26.4.2021)

Wo der Himmel
Zickzack in die
Berge hängt da
Wohnt er ist aber
Niemand zuhause.

Aus: Kirsch, Sarah (2001): Schwanenliebe. Zeilen und Wunder. München, S. 115

Mit der Zweiteilung zwischen Wissen und Können werden bei weitem nicht alle Dimensionierungen des Wissensbegriffs und des Zusammenhangs zwischen Wissen und Handeln erschlossen (s.o., Exkurs Wissensbegriffe und ihre Differenzierung). Jedoch ermöglicht uns diese Unterscheidung, zu einer Weichenstellung vorzustoßen, die in beiden Disziplinen, der Sprach- und der Literaturdidaktik, in ähnlicher Weise vorgenommen wird und die in beiden Disziplinen gleichermaßen zentral ist: Es geht um die Frage, wie der Gegenstand (Sprache und Literatur) zum Lerngegenstand (gemacht) wird. Um zu verdeutlichen, was gemeint ist, stellen wir hier, die oben geführte Argumentation bündelnd, zunächst zwei Extrempositionen vor, die in Reinform wohl nirgends zu finden sind, der Tendenz nach aber schon:

Wissensorientiertes Modell: Ein Modell sprachlichen und/oder literarischen Lernens, bei dem es um die schülerseitige Aneignung von Wissensbeständen geht, sieht Sprache und Literatur als Gegenstand, dem die Lerner/innen gegenüberstehen und der ihnen damit weitgehend äußerlich ist. Wesentliches Ziel ist die Aufbereitung und Vermittlung von Wissen über Sprache und Literatur als Bildungsgut.

Könnensorientiertes Modell: Ein Modell sprachlichen und/oder literarischen Lernens, bei dem es um die schülerseitige Aneignung von Können geht, sieht Sprache und Literatur als Handlungspraxis, die den Lerner/innen Erfahrungsräume öffnet. Wesentliches Ziel ist der Auf- und Ausbau von sprachlicher und literarisch-ästhetischer Handlungsfähigkeit.

Ob der Deutschunterricht stärker wissens- oder könnensorientiert ausgerichtet sein soll, ist eine bildungspolitische Frage, die in verschiedenen historischen Epochen verschieden beantwortet wurde: Das 19. Jahrhundert steht tendenziell im Zeichen der Wissensorientierung, im 20. Jahrhundert gewinnen könnensorientierte Modelle an Bedeutung. Mit der Implementierung der Bildungsstandards im 21. Jahrhundert wurden sowohl das Wissen als auch das Können dem Kompetenzbegriff untergeordnet.

Exkurs: Der lange Arm des Lateinischen

Die wissensorientierte Tradition ist das Erbe einer Zeit, in der Latein als Lingua franca den europäischen Bildungsraum prägte: Bis ins 18. Jahrhundert hinein war Latein die zentrale schriftliche Verkehrssprache – und sie war die Bildungssprache der Schule. Um fremdsprachige lateinische Texte überhaupt verstehen zu können, benötigten die Schüler/innen eine systematische Unterweisung in lateinischer Wort- und Satzlehre; um sie beschreiben zu können, waren u.a. die Herkunft, die Gattungen und rhetorische Figuren zu erschließen.

Nach der Ablösung des Lateinischen durch die Nationalsprachen zu Beginn des 19. Jahrhunderts wurden die an den lateinischen Texten gefestigten Kategorien und Verfahren auf den nationalsprachlichen Unterricht übertragen. Das Deutsche wurde „wie ein anderes Latein“ (Hildebrand 1925 (1867)) gelehrt. Die wissensorientierten Beschreibungen der Sprache und der Literatur erfüllten zunächst die Funktion, die bis dahin noch nicht erfolgte Standardisierung des Deutschen als Bildungs- und Literatursprache voranzubringen und wurden dann in die Festigung einer zunehmend national ausgerichteten Kultur- und Sprachpolitik eingespannt; sie hatten deshalb überwiegend normativen Charakter.

Eines der Ergebnisse der Kultur- und Sprachpolitik des 19. Jahrhunderts ist die Festlegung der deutschen Einheitsschreibung in der 2. Orthographischen Konferenz von 1901; ein weiteres die Festlegung eines für die Schule verbindlichen nationalen Kanons literarischer Werke.

Nachdem die Standardisierung der Sprache und die Kanonisierung der Literatur weitgehend erreicht war, war den damit verbundenen Wissensbeständen ihr Gebrauchscharakter abhandengekommen. Sie wurden als reines Bildungsgut weitertransportiert, waren aber nicht mehr aus sich selbst heraus legitimiert. Die bildungspolitische Entscheidung, sich von dieser Tradition und damit zugleich von einem normorientierten Sprach- und Literaturunterricht zu lösen, fällt in die zweite Hälfte des 20. Jahrhunderts. Angestoßen durch die Aufarbeitung des Faschismus, wurde eine Neubewertung auch von Erziehungs- und Bildungsprozessen vorgenommen: Der Kanon geriet in den Ruch des Elitären, eine einseitige Beschäftigung mit ihm erschien als ein Beitrag zur Festschreibung von

Bildungsbenachteiligung (vgl. auch Kap. 2.4). Die Orthographie galt nun als „Herrschaftsinstrument" (Bauer 1974: 98). Methodisch wurde von einem überwiegend belehrenden Unterricht auf selbsttätiges Lernen umgestellt; entsprechend wurden auch für den Deutschunterricht könnensorientierte Verfahren der Sprach- und Literaturbetrachtung entwickelt. Für den Sprachunterricht ist exemplarisch die Grammatikwerkstatt (Eisenberg & Menzel 1995, Menzel 1999) zu nennen, für den Literaturunterricht der handlungs- und produktionsorientierte Unterricht (Spinner 2014).

Die an den PISA-Ergebnissen von 2001 ansetzende politische Diskussion führte zu einer weiteren Revision des Bildungssystems. Durch die Einführung der Kompetenzorientierung geriet die Unterscheidung zwischen Wissen und Können in den Hintergrund. Tragend wurde die Idee eines umfassenden Fähigkeitsbegriffs, in den volitionale und motivationale Aspekte sowie zentral das Problemlösen eingingen. Der Zusammenhang zwischen Wissen und Können einerseits und Kompetenzen andererseits ist bislang ungeklärt.

Was im Unterricht tatsächlich geschehen ist und geschieht, ist jedoch nicht nur abhängig von bildungspolitischen oder fachdidaktischen Konzeptionen, sondern wesentlich auch von Traditionen, die sich zu „unterrichtlichem Brauchtum" (Ivo 1977) verfestigen und den schulischen Alltag bestimmen. Zu diesem Brauchtum gehören auch bestimmte lehrerseitige Vorstellungen von Sprache und Literatur, die sich häufig weitgehend unberührt von konzeptionellen Entwicklungen weitertradieren. (Glinz 1983, Paul 2003, Wieser 2008)

Keine bildungspolitische, sondern eine empirische Frage ist, wie und ob Wissen und Können im Lernen zusammenwirken, um zu einer umfassenden sprachlichen bzw. literarisch-ästhetischen Handlungsfähigkeit zu gelangen. In der Diskussion der Beispiele von Lana und Nina haben wir oben bereits angedeutet, dass eine Antwort auf diese Frage nicht leicht zu geben ist.

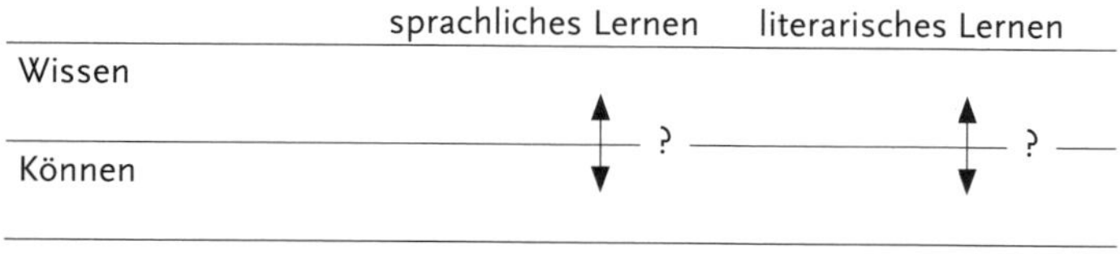

Abb. 30 | Das Verhältnis von Wissen und Können beim sprachlichen und literarischen Lernen

Die derzeit avanciertesten Ansatzpunkte für eine Bearbeitung des Verhältnisses zwischen Wissen und Können beim sprachlichen Lernen liegen mit Funke (2005b) vor. In der Literaturdidaktik ist der Diskussionsstand über den Zusammenhang zwischen Wissen und Können beim literarischen Lernen in Pieper & Wieser (2012a) und Möbius & Steinmetz (2016) dargestellt.

Integrative Perspektive

In einer integrativen Perspektive auf sprachliches und literarisches Lernen eröffnen sich jedoch zugleich neue Fragehorizonte: Denn ebenso ertragreich könnte es sein, neben den disziplininternen Schnittstellen die Schnittstellen zwischen den Disziplinen zu untersuchen:

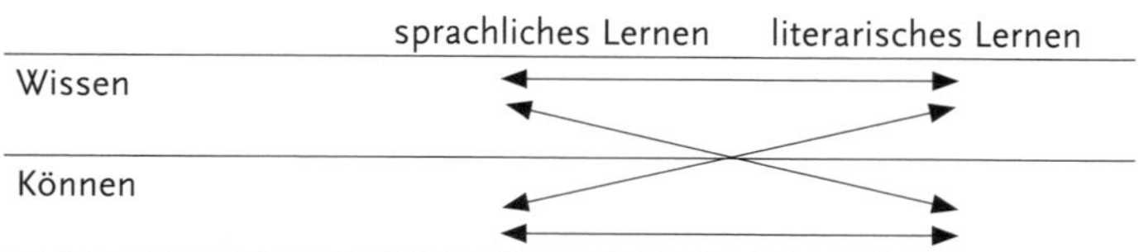

Abb. 31 | Das Verhältnis von Wissen und Können – integrative Perspektive

Poesie und Grammatik im Sprachspiel

In der Erstspracherwerbsforschung gibt es wichtige Hinweise darauf, dass sich präliterarische Erfahrungen positiv auf das sprachliche Können von Kindern auswirken: Gerade reim- und rhythmussensitive, strukturell also literaturnahe Spiele, die mit Kindern spracherwerbsbegleitend gespielt werden, ermöglichen einen nichtalltäglichen Zugang zur Sprache und die Möglichkeit, Sprache auch in ihrer formal-ästhetischen Dimension wahrzunehmen, ohne dass dabei Wissen aufgerufen würde oder auch nur aufgerufen werden könnte.

Hoppe, hoppe Reiter,
Wenn er fällt, dann schreit er.
Fällt er in den Graben,
Fressen ihn die Raben.

Durch solche Kniereiterverse etwa, die eine elementare, körperlich gestützte ästhetische Erfahrung erlauben, erfahren die Kinder ein selbstbezügliches Spiel mit der Sprache; Wiederholung und Variation prägen die vier Verse, der 3-hebige Trochäus ist regelmäßig, der Paarreim wiederholt sich und stellt einen engen Bezug zwischen dem Reiter und seinem Schreien sowie zwischen dem Sturz in den Graben und dem Fressen der Raben her. Kein Reimwort ist hier ohne Verlust austauschbar. Schwarz wie die Raben erscheint in diesem Reim auch der Graben. Im Umgang mit solchen Kinderversen können die Kinder die Strukturiertheit von Sprache und Literatur beiläufig erfahren und sich zu erschließen beginnen. Belke (2003: 80) spricht von der „Nähe von Poesie und Grammatik".

Einfachheit der Kinder- und Jugendliteratur

Dass Kinderliteratur insgesamt in besonderem Maße geeignet ist, solche Erfahrungen anzubahnen und zu stützen, hat Maria Lypp gezeigt, die den Begriff der Einfachheit in die Kinder- und Jugendliteraturtheorie eingebracht hat. „Einfach", so Lypp, „wird ein Text genannt, der durch eine begrenzte Zahl elementar-poetischer Mittel strukturiert ist und auf diesem Weg Themen und Gegenstände von hoher Komplexität in vereinfachter Form darbietet." (Lypp 2012: 93) So lässt sich im oben zitierten „einfachen" Kindervers bereits die symbolische Aufladung des Grabens durch die enge Beziehung zum Reimwort Raben zeigen: Der Graben wird zum Ort bedrohlicher Dunkelheit (rabenschwarz), aus dem der Reiter im Kniereiterspiel lustvoll gerettet werden kann (Lypp 2000: 70). Lypp zufolge zeichnet es gute (nicht jede) Kinderliteratur aus, Kindern die Begegnung mit Mitteln des Literarischen auf einfachem Niveau zu ermöglichen. Sie spricht von einer „immanenten Didaktik" der Kinderliteratur und betont so das Wirkungspotenzial der elementarpoetischen Strukturen, an das auch der Literaturunterricht anschließen sollte (Lypp 2012: 95).

Die Rolle des Sprachspiels für die Sprachentwicklung, aber auch für die Initiation einer elementaren literarischen Praxis hat aus sprachdidaktischer Perspektive Helga Andresen vielfach betont (vgl. Andresen 1993, Andresen 2002). Das Sprachspiel, so Andresen, lasse „sinnliche Lust an Sprache deutlich [werden], Lust an artikulatorischen, rhythmischen Bewegungen, an auditiven Wahrnehmungen" (Andresen 1993: 123). Nicht zuletzt stütze die durch das Sprachspiel frühkindlich aufgebaute Sprachwahrnehmung den Erwerb der Schriftsprache.

Die Bedeutung von sprachspielerischen, sprachliche und ästhetische Aufmerksamkeit fördernden Aktivitäten für Lerner mit Deutsch als zweiter Sprache (DaZ) wird vor allem von Gerlind Belke betont (vgl. Belke 2008, Belke 2018).

In ihrer Textsammlung dokumentiert sie auch lyrische Texte, die mit Kasus spielen, und an denen wir zeigen wollen, wie sich sprachliches und literarisches Lernen in Bezug auf die bereits angesprochenen Gegenstandsbereiche, Kasus und Lyrik, ergänzen können, konkret, wie Schüler/innen auf der Basis lyrischer Texte ihre Kasuswahrnehmung schärfen und zugleich ihre lyrische Intuition ausbauen können:

Verrat

früher oder später
verrät
der verräter
des verräters
dem verräter
den verräter
früher oder später

(Josef Reding 1974)

Evident ist, dass dieses Gedicht nur dann verstanden werden kann, wenn die Kasusformen identifiziert und die Kasusinformationen interpretiert werden können. Sie bieten die Grundlage für die Auswertung der Wiederholungs- und Variationsstruktur rund um den Verräter. Dabei muss zunächst die durch die Kasus markierte Rollenkonstellation aufgeschlossen werden, wobei es hier zunächst nicht darauf ankommt, die Begriffe Nominativ, Genitiv, Dativ und Akkusativ zu verwenden, sondern darauf, die Satzstruktur freizulegen:

	Der Verräter des Verräters		*dem Verräter*	*den Verräter*
Satzstruktur:	Jemand (wer?)	verrät	jemandem (wem?)	jemanden (wen?)

Auf der Basis der grammatischen Analyse ergeben sich inhaltliche Fragen für die Interpretation des Gedichts: Was wird eigentlich verraten? Heißt: Was haben die Verratenen getan? Wen hat der im Genitiv, im Dativ und im Akkusativ genannte Verräter verraten? Nur bei dem Verräter im Nominativ weiß man, wen er verraten hat (den Verräter im Genitiv). Wer genau ist derjenige, dem etwas verraten wird? Gibt es überhaupt jemanden, der kein Verräter ist?

Mit diesen, für lyrische Texte typischen und hier grammatisch erzeugten Leerstellen wird das Szenario einer durch und durch unzuverlässigen Welt – oder: das pathologische Vollbild einer sozialen Paranoia erzeugt. Dessen Unausweichlichkeit wird durch die rahmende Wiederholung von „früher oder später" (erster und letzter Vers) verstärkt. Von hier aus ließe sich nach konkretisierenden Interpretationshorizonten fragen. So wäre es möglich, das Gedicht als ein politisches Gedicht zu lesen, das Verfolgungserfahrungen in totalitären Verhältnissen thematisierte. Eine Recherche zum eher unbekannten lyrischen Werk Redings eröffnet auch eine christlich orientierte Lesart, die von der neutestamentlichen Überlieferung zum Verrat Jesu durch Judas ausginge.

Aufgabe 3

Wo der Himmel
Zickzack in die
Berge hängt da
Wohnt er ist aber
Niemand zuhause.

Das Gedicht von Sarah Kirsch legt eine Lesart von „Zickzack" als Akkusativobjekt nahe (der Himmel hängt etwas – nämlich „Zickzack" – in die Berge).
In einer zweiten Lesart ist „Zickzack" Prädikativ (der Himmel hängt in einer bestimmten Weise – nämlich „zickzack" – in die Berge).

a. Wie müsste der Gedichttext jeweils lauten, damit nur eine Lesart zutreffen kann?
b. Welche Wortart ist „Zickzack" im ersten, welche im zweiten Fall?
c. Prüfen Sie im Grimm'schen Wörterbuch, welche Wortartenzugehörigkeit dort am besten belegt ist.
d. Lesen Sie das Gedicht *Hälfte des Lebens* (1804) von Friedrich Hölderlin(zugänglich z. B. über die Seiten der Bibliotheca Augustana: https://www.hs-augsburg.de/~harsch/germanica/Chronologie/19Jh/Hoelderlin/hoe_0314.

html; zuletzt geprüft am 26.04.2021). Vergleichen Sie den Gebrauch des Verbs „hängen“ bei Kirsch und Hölderlin. Ziehen Sie auch die wortgeschichtlichen Erläuterungen von Ulrich Knoop (s.u.) heran.

Hälfte des Lebens

Mit gelben Birnen hänget
Und voll mit wilden Rosen
Das Land in den See,
Ihr holden Schwäne,
Und trunken von Küssen
Tunkt ihr das Haupt
Ins heilignüchterne Wasser.

Weh mir, wo nehm‘ ich, wenn
Es Winter ist, die Blumen, und wo
Den Sonnenschein
Und Schatten der Erde?
Die Mauern stehn
Sprachlos und kalt, im Winde
Klirren die Fahnen.

„Bei einem weiteren Wort hat man schließlich resigniert: „[...] hänget [...] Das Land in den See [...]“. (...) Eine Klärung ergibt sich aus dem Sprachgebrauch um 1800, wie er in den Wörterbüchern verzeichnet ist. Dort erhalten wir den Hinweis darauf, daß Hölderlin eine damals gängige, heute aber vergangene Bedeutung von ‘hängen’ gebraucht, nämlich ‘einen Abhang bilden’. Im Wörterbuch von Adelung heißt es dazu: „Eine Fläche hängt, wenn sie abhängig ist, sich unter den Horizont neigt“, und im Schwäbischen Wörterbuch wird die Bedeutung von „hängen“ ‘sich neigen, abwärts geneigt sein’ sogar für die Wendung „hangendes Land“ verzeichnet.“ (Knoop 2008: 49).

6.2 Die Verknüpfung von Sprach- und Literaturbetrachtung

Mit der Zusammenführung von sprachlich auffälligen und zugleich literarisch bedeutsamen Strukturen, wie sie in den Gedichten *Verrat* von Josef Reding, dem Gedicht *Wo der Himmel* von Sarah Kirsch und der *Hälfte des Lebens* von Friedrich Hölderlin zu finden sind, nähern wir uns dem Begriff „Integrative Deutschdidaktik“

bzw. „Integrativer Deutschunterricht", wie er herkömmlicherweise verwendet wird (Abraham 2001, Klotz 2011). Im Kern geht es darum, auf der Basis der Untersuchung von in einem Text gebrauchten sprachlichen Mitteln bestimmte literarische Effekte besser zu verstehen. Im Gelingensfall, so die Hoffnung, können dadurch beide, das Sprach- und das Literaturverständnis, geschärft werden. Mit der Bearbeitung des Gedichts *Verrat* haben wir eine solche Form des produktiven Zusammenwirkens skizziert.

Integrativer Deutschunterricht als Unterrichtsprinzip

Die Idee, Sprach- und Literaturunterricht in dieser Weise aneinander anschlussfähig zu machen, ist stärker von der Sprach- als von der Literaturdidaktik in die deutschdidaktische Diskussion eingespeist worden. Dies hat zu tun mit dem Legitimationsproblem des Grammatikunterrichts, das den Literaturunterricht nicht in derselben Weise trifft: 1950 stellte Konrad Gaiser die Frage „Wie viel Grammatik braucht der Mensch?" und bündelte damit das Unbehagen am herkömmlichen Grammatikunterricht, das in der Grammatikdidaktik über lange Zeit spürbar war und das auch unsere Frage nach der Relation zwischen Wissen und Können berührt. Denn bis dahin, also bis in die Mitte des vergangenen Jahrhunderts hinein, war – wie oben skizziert – die Thematisierung von Sprache überwiegend am Wissen ausgerichtet: Die Schüler/innen lernten nach dem Muster des Lateinunterrichts die Kategorien und Begriffe der deutschen Grammatik kennen, ohne dass klar war, wofür diese Kategorien und Begriffe zu gebrauchen waren. Der sog. integrative Deutschunterricht, also die Anschlussfähigkeit der Grammatik an das Verstehen von literarischen Texten, aber auch von Sachtexten, sollte die Dauerkrise des Grammatikunterrichts lösen.

Diese Entwicklung hat zunehmend dazu geführt, grammatische Themen ganz grundsätzlich auf der Basis von (literarischen) Texten zu bearbeiten; die integrative Bearbeitung sprachlicher Themen wurde zum Unterrichtsprinzip. Dies spiegelt sich in besonderer Weise in Lehrwerken wie *Deutschbuch*, *Tandem*, *Wortstark* oder *Blickfeld Deutsch*.

Probleme des integrativen Deutschunterrichts

Dabei wurde und wird jedoch nicht immer auf eine funktional sinnvolle Bezugnahme geachtet. Mit der Ritterburg aus Kapitel 1.1.1 (Abb. 1) haben wir bereits ein dysfunktionales Beispiel kennengelernt; dort wurde ein rechtschriftliches Phänomen (die v-Schreibung) in die thematische Umgebung von Rittern und Ritterburgen implementiert; mit der Folge, dass sich die Schüler/innen weder auf die Rechtschreibung noch auf Ritter konzentrieren konnten. Dass dieses Beispiel nicht isoliert steht, zeigt die Wiedergabe eines Ausschnittes aus einer Lehrwerksseite, die eine Integration von Sprach- und Literaturbetrachtung anstrebt (Abb. 32; Aleker et al. (2004): Blickfeld Deutsch 1, Klasse 5: 20).

Während die Aufgabe, ein Parallelgedicht („annas gans") zu verfassen, und die Anregung, sich anschließend darüber zu verständigen, wie eine maximale Ähnlichkeit zu *ottos mops* erreicht wurde, eine Annäherung an ein Verständnis der Bauform des lyrischen Ausgangstextes erlaubt, ist die Aufgabe, „die verwendeten Wörter den richtigen Wortarten zu[zuordnen]", ein Fremdkörper. Jandl arbeitet im Gedicht *ottos mops* nicht mit Wortartendifferenzen, sondern mit der Gleichheit von Vokalbuchstaben. Das Sprachspiel ist also auf einer ganz anderen Ebene als auf der der Wortarten zu lokalisieren. Insofern wird das Gedicht für eine gegenstandsferne Aufgabe funktionalisiert, die sich zudem kaum auf der Basis schulgrammatischen Wissens wird lösen lassen. Die Klassifikation von „soso" und „ogottogott" dürfte die Schüler/innen vor Probleme stellen.

<table>
<tr><td colspan="2">Für helle Köpfe:
Das Wortarten-Training</td></tr>
<tr><td>Ernst Jandl (1925–2000)
ottos mops

ottos mops trotzt
otto: fort mops fort
ottos mops hopst fort
otto: soso

otto holt koks
otto holt obst
otto horcht
otto: mops mops
otto hofft

ottos mops klopft
otto: komm mops komm
ottos mops kommt
ottos mops kotzt
otto: ogottogott</td><td>Spielt wie Ernst Jandl mit den Worten:
Verfasst ein Parallelgedicht zu „ottos mops", z. B. mit dem Titel „annas gans"
Beschreibt, worauf ihr geachtet habt, damit euer Gedicht „ottos mops" möglichst ähnlich ist.

Ernst Jandl ist ein Dichter, der in seinen Gedichten mit der Sprache spielt. Lest sein Gedicht zunächst laut. Besprecht, was euch an seinem Gedicht auffällt. Ordnet die verwendeten Wörter den richtigen Wortarten zu.</td></tr>
</table>

Abb. 32 | ottos mops im Lehrwerk Blickfeld Deutsch (eigene Darstellung)

Ein (grammatikdidaktisch sinnvoller) Auftrag an die Schüler/innen könnte darin bestehen, syntaktisch unvollständige Konstruktionen zu ergänzen (also etwa „otto sagt/befiehlt: geh fort mops geh fort“ oder „otto hofft, dass der mops zurückkommt“, „otto ruft: komm mops komm“); diese Ergänzungen würden nicht nur die Konstruktionsmechanismen des Gedichts – ex negativo – freilegen, sondern zugleich das vom Leser Mitgedachte, das auch ohne ausgesprochen zu sein die Interpretation steuert. Herausgearbeitet werden könnte damit auch die durch die Vokalgleichheit gewissermaßen strukturell erzwungene, dramenähnliche Textstruktur („otto: komm mops komm“ statt „otto ruft: komm mops komm“).

Die Bestimmung der Wortarten, wie sie von der Schulbuchseite intendiert ist, erscheint jedoch noch aus einem anderen Grund als Fremdkörper: Die Aufgabe, ein Parallelgedicht zu schreiben, kann es den Schüler/innen ermöglichen, sich die Struktur von *ottos mops* zu erschließen, indem sie zugleich ein eigenes Gedicht nach Jandls Muster schreiben. Insofern bietet sie einen könnensorientierten Zugang zu Gedicht und Gattung. Mit der Identifizierung und Klassifizierung der Wortarten wird hingegen Wissen aufgerufen. Wie Können und Wissen hier aneinander anschlussfähig gemacht werden können, bleibt ungeklärt.

Die über die Aufgaben angesprochenen Dimensionen der Sprach- und Literaturbetrachtung stehen also unvermittelt nebeneinander, die eigentlich intendierte integrative Verbindung wird verfehlt.

Aufgabe 4

Auf der Schulbuchseite zum Gedicht *ottos mops* ist in der ersten Aufgabe von „Worten“ die Rede („Spielt wie Ernst Jandl mit den Worten“), in der zweiten Aufgabe von „Wörtern“ („Ordnet die verwendeten Wörter den richtigen Wortarten zu“).
Machen Sie sich den Unterschied der beiden Pluralformen von „Wort“ klar und beziehen Sie Ihre Ergebnisse auf die beiden Aufgaben.

6.2.1 Differenzerfahrung als Motor von Betrachtungsaktivitäten

An welchen Stellen es sinnvoll ist oder sein kann, Sprach- und Literaturbetrachtung aufeinander zu beziehen, haben wir am Beispiel *Verrat* angedeutet. Wesentlich war hier, dass der lyrische Text sprachliche Auffälligkeiten zeigt und damit die Aufmerksamkeit des Lesers auf die Form lenkt. Dasselbe gilt für den Text *ottos mops*, der vielfältige, funktionale Sprachbetrachtungsaktivitäten gestattet, nur sind nicht alle gleichermaßen geeignet.

Generell aber bieten sich lyrische Texte für die Sprachbetrachtung in besonderer Weise an: Durch ihre oft artifizielle Sprache und ihre besondere Struktur sind Gedichte der Alltagssprache so weit entfremdet, dass sie die Differenz zwischen der Sprache als Instrument der Verständigung und der Sprache als Medium, das man betrachten kann, so deutlich markieren wie keine zweite Gattung.

Damit nähern wir uns dem Konzept der Differenzerfahrung, die als zentraler Anlass für Sprach- und Literaturbetrachtung gelten kann (vgl. auch Abraham 2001).

Hinweis: Differenzerfahrung und Lernen

Von Differenzerfahrung spricht man allgemein beim Auftreten von etwas, das erwartungswidrig ist. Es besteht dann eine Differenz zwischen der Normalitätserfahrung und einem Ereignis, das sich nicht in diese Normalitätserfahrung fügt. Die Wahrnehmung der Differenzerfahrung ist mit einer Perspektivverschiebung verbunden; so können zum Beispiel Dimensionen von Ereignissen in den Blick geraten, die zuvor für unbedeutend gehalten wurden oder der bewussten Wahrnehmung entzogen waren. Um Differenzerfahrungen zu bearbeiten, sind reflexive Anstrengungen, häufig auch neue Deutungsansätze erforderlich.

Das Konzept der Differenzerfahrung und ihrer Aufhebung spielt in der Lerntheorie von Jean Piaget (1896–1980) eine herausragende Rolle: Lernen entsteht Piaget zufolge bei dem Versuch, die eigenen Vorstellungen in ein Gleichgewicht zur Welterfahrung zu bringen (vgl. Piaget 1976).

Prinzip der Verfremdung

In der Sprachdidaktik hat Köller (1983) mit dem Prinzip der Verfremdung, das eingesetzt wird, um vertrauten sprachlichen Phänomenen durch ungewöhnliche Kontexte ihre Selbstverständlichkeit zu nehmen, das Konzept der Differenzerfahrung als wichtiges Prinzip des Grammatikunterrichts eingeführt.

Ein immer wieder zitiertes Beispiel in diesem Zusammenhang ist der von Köller konstruierte Dialog zwischen Herrn Alltäglich und Herrn Logomann, die verschiedene Auffassungen davon haben, wie das Präsens funktioniert:

> Gespräch im Zug
> Herr Alltäglich: Guten Tag, entschuldigen Sie, sitzt dort jemand am Fenster?
> Herr Logomann: Wollen Sie mich auf den Arm nehmen? Sie sehen doch, daß ich allein im Abteil bin.
> Herr Alltäglich: Ich will ja nur wissen, ob da jemand sitzt, der jetzt nicht da ist.
> Herr Logomann: Donnerwetter, gibt es das denn auch! Kann man sich zugleich an zwei verschiedenen Orten aufhalten?
> Herr Alltäglich: Natürlich nicht, ich möchte nur wissen, ob ich mich an das Fenster setzen darf.
> Herr Logomann: Aber natürlich können Sie sich dort hinsetzen.
> Herr Alltäglich: Das ist schön, denn dann sehe ich doch noch mehr von den Burgen am Rhein.
> Herr Logomann: Ich fürchte, darauf werden Sie noch etwas warten müssen, denn gerade fahren wir durch einen Tunnel.
> [...]
> Köller (1983 (1997): 83)

Im Unterricht kann dieser Dialog zum Anlass genommen werden, um über die Funktion des Präsens bzw. das Konzept von „Gegenwart" zu sprechen, das das Präsens konstituiert. Erst durch den Kontrast zwischen der engen Lesart von „Gegenwart", wie sie Herr Logomann vertritt, und der weiten Lesart von „Gegenwart", wie sie bei Herrn Alltäglich sichtbar wird, rückt diese Fragestellung überhaupt in den Horizont einer lohnenswerten Debatte.

Für eine Bearbeitung des Dativs wird in Bredel (2013) vorgeschlagen, die Kinder mit der Form „der Frau" zu konfrontieren. Ansetzend an dem erwartbaren Protest („es heißt *die Frau*"), der Ausdruck einer erlebten Differenzerfahrung der Lerner/innen ist, kann dann an Beispielen wie „Das Kind hilft der Frau" der Dativ in den Fokus der Aufmerksamkeit gerückt und weiterbearbeitet werden.

Literatur als Differenzerfahrung

In der Literaturdidaktik spielt das Konzept der Differenzerfahrung nicht erst dann eine Rolle, wenn die Schüler/innen mit bewusst verfremdeten Strukturen, die über den Gegenstand gelegt würden, konfrontiert werden: Denn literarische Texte markieren als „Zeichen zweiter Ordnung" (Lotman 1972) für sich genommen bereits eine Differenz zum alltäglichen Sprachgebrauch. Differenzerfahrungen sind für Literaturerfahrungen deshalb konstitutiv. Felix und Mareike konnten den Abstand zur Alltagssprache, der lyrischen Texten eingeschrieben ist, für den Aufbau ihres Konzepts von Gedichten nutzen. Demgegenüber konnten die Viertklässler/innen in der Unterrichtsstunde über die Kasus überhaupt keinen begrifflichen Zugriff auf den grammatischen Gegenstand gewinnen. Sie blickten gewissermaßen durch das Phänomen Kasus hindurch und nutzten die W-Fragen für andere Zwecke.

In der Literaturdidaktik hat Günter Waldmann die Differenzqualität des Literarischen zum Ausgangspunkt seiner produktionsorientierten Arbeitsvorschläge gemacht (Waldmann 2019 [1988]), in der Kinderliteraturwissenschaft betont Maria Lypp die Bedeutung der Verfremdung und macht diese an den bereits erwähnten elementarpoetischen Strukturen fest (Lypp 2000). Beide greifen auf den Literaturbegriff des Strukturalismus (Jurij M. Lotman, Roman Jakobson, s.u.) zurück.

Hinweis: Literaturbegriff

Die Frage, was Literatur ist und wie sie sich von Nicht-Literatur unterscheidet, ist historisch unterschiedlich beantwortet worden und bleibt Gegenstand literaturwissenschaftlicher Diskussionen (für einen besonders anregenden Zugriff s. Eagleton 2012). Strittig ist unter anderem, inwiefern es Merkmale des Literarischen gibt, die am Text selbst festgemacht werden können. Radikal konstruktivistische Positionen betonen, dass die Kennzeichnung eines Textes als Literatur auf der Basis von Konventionen erfolgt. Konventionen haben indes auch textseitige Aspekte, wenn etwa einer längeren Narration die Gattungsangabe „Roman" beigefügt oder ein Märchen mit „Es war einmal" begonnen wird und damit Fiktionssignale gesetzt werden. Die Deutschdidaktik nimmt meist eine andere Perspektive ein: Gefragt wird eher danach, was literarische Leseprozesse auszeichnet und unter welchen Voraussetzungen Leser/innen im allgemeinen und Lerner/innen im besonderen im Umgang mit Texten, die einem gesellschaftlichen Konsens entsprechend als literarisch gelten, handlungsfähig sind. Gerade unter der Perspektive des Literaturerwerbs interessieren dabei zunächst Texte, die deutlich als Literatur markiert sind und den Erwerb prototypischer Vorstellungen ermöglichen. Über ein zunehmend variables Textangebot lässt sich der Literaturbegriff sukzessive weiter ausdifferenzieren.

Zeichenfunktionen nach Jakobson

Wie gesehen, spielen im Sinne der „Elementarpoetik" Wiederholung und Variation sowie Symbolik eine bedeutende Rolle. Zur genaueren Beschreibung der Differenz von alltäglichem Sprachgebrauch und poetischer Sprache ist die Modellierung der poetischen Funktion, wie Roman Jakobson sie vornimmt, hilfreich. Jakobson geht von dem allgemeinen Modell des sprachlichen Zeichens aus, das Karl Bühler mit dem Organonmodell vorgelegt hat (Bühler 1934, Jakobson 1993 [1960]). Bühler hatte herausgearbeitet, dass das Zeichen im wesentlichen drei Funktionen vereint. (1) In Hinblick auf den Sender ist dies die Ausdrucksfunktion (bei Jakobson: emotive Funktion), (2) in Hinblick auf die Gegenstände und Sachverhalte die Darstellungsfunktion (bei Jakobson: referentiell) und (3) in Hinblick auf den Empfänger die Appellfunktion (bei Jakobson: konativ). Jakobson erweitert nun dieses Modell um drei weitere Funktionen: (4) die phatische Funktion, mit der er die Einstellung auf den Kontakt und die Sicherung der Verbindung bezeichnet (etwa: ‚Können Sie mich hören?', ‚Bist du noch dran?'), (5) die metasprachliche Funktion, die am Code orientiert ist (etwa: ‚Ich verstehe nicht, was du meinst.'). Die für unseren Zusammenhang wichtigste Funktion ist (6) die poetische Funktion, bei der „das Augenmerk auf die Spürbarkeit der Zeichen" gerichtet wird (Jakobson 1993: 92f.): Hier steht nicht die Mitteilungsfunktion von Sprache im Mittelpunkt, die Aufmerksamkeit wird vielmehr auf die Zeichen selbst – auf die Sprachlichkeit der Botschaft – gelenkt: „Die Einstellung auf die BOTSCHAFT als solche, die Ausrichtung auf die Botschaft um ihrer selbst willen, stellt die POETISCHE Funktion der Sprache dar." (Jakobson 1993: 92, Hervorhebung im Original) Jakobson führt die poetische Funktion auf einen spezifischen Umgang mit den sprachlichen Operationen Selektion und Kombination zurück. Zur Erläuterung kommen wir noch einmal auf Jandls *ottos mops* zurück und kontrastieren ihn mit einem fingierten Dialog:

Auf den Hund gekommen

Tina:	Ich bin ja nicht so für Möpse.
Sebastian:	Aber unser Mops ist voll süß, echt. Der Kleine leckt meinem Papa die Füße. Er wirbt um Sympathie.
Tina:	Och, wie goldig. Trotzdem. So ein Mops kotzt dir bei nächster Gelegenheit in die Ecke. Und außerdem ist er so kurzatmig und ächzt die ganze Zeit. Keine Kondition.
Sebastian:	Find ich nicht schlimm. Spart am Hundespaziergang.
Tina:	Und wie der sabbert!
Sebastian:	Na ja, das liegt doch alles daran, wie er gezüchtet ist. Aber du solltest ihn mal sehen, wenn er satt und zufrieden auf dem Sofa liegt. Total witzig! Wie ein hingegossener kleiner Herrscher. Seine Gnaden geruhen ganz eventuell ein ganz klein wenig zur Seite zu rücken.

Tina schmunzelt.

Selektion und Kombination

Wir erläutern zunächst das in der Alltagssprache vorherrschende Prinzip der Selektion und Kombination: Thema des Dialogs ist ein junger Mops, den Tina und Sebastian je verschieden wahrnehmen. Sie kombinieren das Substantiv *Mops* mit weiteren Wörtern, die semantisch folgerichtig sind: „unser Mops ist voll süß", „ein Mops kotzt". In ihrem Gespräch könnten sie für den Mops eine Reihe ähnlicher Wörter auswählen (Selektion), etwa einen Namen oder die Substantive *Köter*, *Welpe* oder *Hund*; auch die Verben könnten andere sein. Alternativ könnte Tinas erste Antwort zum Beispiel lauten: „Och, wie drollig. Trotzdem. So ein Welpe spuckt dir bei nächster Gelegenheit in die Ecke."

Diese einfache Möglichkeit der Auswahl von Alternativen auf der Basis von Äquivalenz ist für Sebastians letzten Redebeitrag nicht gegeben: „Wie ein hingegossener kleiner Herrscher. Seine Gnaden geruhen ganz eventuell ein ganz klein wenig zur Seite zu rücken." Hier ist die Komposition durch Alliterationen geprägt (‚g' und ‚h'), der Vergleich mit dem Herrscher und die Bezeichnung als „Seine Gnaden" sind nicht mehr beliebig austauschbar, sondern fest in die rhetorisch aufwendige Äußerung, die von Ähnlichkeitsbeziehungen auf der Ebene der Zusammensetzung Gebrauch macht, eingefügt. Hier wird die poetische Funktion im Sinne Jakobsons sichtbar: „*Die poetische Funktion projiziert das Prinzip der Äquivalenz von der Achse der Selektion auf die Achse der Kombination.*" (Jakobson 1993: 94 [Hervorhebung im Original]) Dass es sich um eine Äußerung im Alltagszusammenhang handelt, spricht nicht dagegen, sondern zeigt lediglich, dass sich die poetische Funktion nicht nur in Texten findet, die vordergründig der Literatur zugeordnet werden. Allerdings erwarten wir den entsprechenden Sprachgebrauch eher im literarischen Bereich – und erfahrene Leser/innen begegnen ihm dort aufmerksamer (Steen 1994). Auch im Alltag kann er allerdings Vergnügen bereiten (Tina schmunzelt).

Betrachten wir vor diesem Hintergrund noch einmal Jandls Gedicht *ottos mops*:

ottos mops

ottos mops trotzt
otto: fort mops fort
ottos mops hopst fort
otto: soso
...

Dass hier das Prinzip der Äquivalenz die gesamte Komposition prägt, ist sofort augenfällig: Es finden sich nur Wörter mit dem Vokalbuchstaben <o>, alle Verse beginnen anaphorisch mit ‚otto' oder ‚ottos'. Der Text weicht sicht- und hörbar von der Alltagssprache ab. Wie die Äußerungen von Felix und Mareike gezeigt haben, weicht er allerdings nicht nur von der Alltagssprache ab, sondern er unterscheidet sich auch deutlich von anderen Gedichten und entspricht nicht den Gattungserwartungen der Kinder. Insofern löst er – und hier gehen wir über Jakobsons Modell hinaus – potentiell auch Differenzerfahrungen mit Bezug zum literarischen Systems aus (vgl. Waldmann 2019 [1988]). Inwiefern die Differenzerfahrungen ausgewertet und für das literarische Verstehen fruchtbar gemacht werden können, ist eine Frage des verfügbaren literarischen Repertoires und damit auch der literarischen Sozialisation (vgl. Kap. 4.1).

Aus der Perspektive einer integrativen Sprach- und Literaturbetrachtung ist ein differenzerfahrungsorientierter Zugang in diesem Sinne aufschlussreich: Er ermöglicht es zum einen, Poetisches in der Sprache aufzuspüren und als Literatur- und Sprachbetrachtungsanlass zur Geltung zu bringen. Zum anderen schärft er die Aufmerksamkeit für literarische Texte, die Erfahrungen mit elementaren literarischen Strukturen in besonderer Weise ermöglichen und daher vielfältige Anlässe für das literarische Lernen bieten.

Hinweis: Differenzerfahrung und ästhetische Erfahrungen

Die Beispiele des Kniereiterverses (Hoppe, hoppe Reiter) und der Lautdichtung Ernst Jandls weisen darauf hin, dass die Differenzerfahrungen, die die Begegnung mit solchen Versen ermöglichen, mit ästhetischem Vergnügen verbunden sein können. Insofern spricht viel für einen engen Zusammenhang von Differenzerfahrungen und ästhetischen Erfahrungen. Ob allerdings ästhetische Erfahrungen grundsätzlich an Differenzerfahrungen gekoppelt sind, ist strittig und auch abhängig von der jeweiligen Konzeptionalisierung ästhetischer Erfahrung (im Überblick Brandstätter 2012).

Aufgabe 5

a. Inwiefern bietet das folgende Zeugma Anlässe für Differenzerfahrungen?
„Ich heiße nicht nur Heinz Erhard, sondern Sie auch herzlich willkommen."
b. Ein Transparent bei der *Mad & Disability Pride Parade*, einer Demonstration gegen Diskriminierung am 13.7.2013 in Berlin, trug die Aufschrift „Spasmus sein".
Worin besteht die Differenzerfahrung hier? Erläutern Sie das sprachspielerische Verfahren.

6.2.2 Sprache und Literatur – die Grenzen der Integration

Während uns jeder literarische Text auf seine Art neu begegnet, bleibt die Sprache immer die alte. Und während literarische Texte sich „als Individuen [geben], nicht als Exemplare" (Szondi 1978: 274f.), sind sprachliche Phänomene genau dort interessant, wo sie exemplarisch für eine Struktur stehen.

Dem Überraschenden und Individuellen der Literatur steht also das Vertraute und Allgemeine der Sprache gegenüber.

Die Ziele der Sprach- und die Ziele der Literaturbetrachtung sind deshalb verschieden:

Generalisierung und Individuierung

Die Sprachbetrachtung ist an Generalisierungen interessiert, die es erlauben, einzelne Ausdrücke als Exemplare einer Kategorie oder eines Musters wahrzunehmen. Eine ausschließlich an Einzelphänomenen ausgerichtete Sprachbetrachtung hat höchstens illustrativen Wert, kann aber nicht zu sprachsystematisch relevanten Erkenntnissen führen.

Bei der Literaturbetrachtung kommt es umgekehrt darauf an, den konkreten Text in seiner Besonderheit in den Blick zu nehmen; hier können frühzeitige Generalisierungen sogar dazu führen, vom Verstehen eines konkreten Textes abzulenken, wenn etwa eine Kurzgeschichte nur noch als Merkmalsträgerin der Gattung oder ein expressionistisches Gedicht nur als Beispiel für die Epoche betrachtet wird.

Damit sind neben den oben dargestellten Chancen zugleich die Grenzen des integrativen Potenzials von Sprach- und Literaturbetrachtungen markiert:

Wird die Literatur als Ausgangspunkt für die Sprachbetrachtung genutzt, leistet dies zunächst die wichtige Funktion der Verfremdung des Vertrauten und erzeugt Sprachaufmerksamkeit. Die am individuellen Einzelfall gewonnenen Erkenntnisse müssen jedoch in einer weiterführenden Generalisierung entindividualisiert werden, um als Exemplare für grammatische Strukturen oder Muster wahrgenommen werden zu können. Darüber hinaus muss die entsprechende sprachliche Struktur von ihrem ungewöhnlichen und überraschenden Gebrauch gelöst und auf Fälle des gewöhnlichen Sprachgebrauchs zurückgeführt werden, um zu einer tragfähigen Generalisierung zu gelangen.

Werden umgekehrt sprachliche Mittel eines literarischen Textes für die Literaturbetrachtung genutzt, muss ihre individuelle Verwendung wahrgenommen werden und gerade nicht ihr herkömmlicher Gebrauch. Das Betrachten von Sprache in literarischen Texten erfordert also eine Entgeneralisierung des sprachlichen Wissens, um die besondere Gebrauchsweise sprachlicher Zeichen im konkreten Text entdecken und interpretieren zu können. Während also bei der Sprachbetrachtung die Differenzerfahrung in einer Generalisierung aufgehoben wird, bleibt sie in der Literaturbetrachtung konstitutiv.

Weil das Spannungsverhältnis zwischen Innovation und Tradition sowie das zwischen Individuellem und Allgemeinem sich jedoch wie ein roter Faden durch alle Erkenntnistätigkeiten zieht, sind mit den aufgezeigten Differenzen zwischen Sprach- und Literaturbetrachtung nicht einfach Grenzen, sondern zugleich neue Potenziale verbunden. Eine integrative Sprach- und Literaturbetrachtung kann dieses Spannungsverhältnis in ein produktives Wechselspiel übersetzen, das die Wahrnehmung des Besonderen der Literatur vor dem Hintergrund des Allgemeinen der Sprache allererst ermöglicht wie umgekehrt die Wahrnehmung des Allgemeinen der Sprache vor dem Hintergrund des Besonderen der Literatur geschärft wird. In diesem Sinne ermöglichte der integrative Zugang ein Ausschreiten des sprachlichen und literarischen Möglichkeitsraums ebenso wie die Schärfung der entsprechenden sprachlichen und literarischen Sensitivität.

6.3 Zusammenfassung

Ausgangspunkt des Kapitels war die für den Literatur- und Sprachunterricht gleichermaßen relevante, zugleich aber weitgehend offene Frage, welche Rolle Kenntnisse in den jeweiligen Lernbereichen spielen und inwiefern sie zur Handlungsfähigkeit beitragen. Anschließend haben wir Grundlinien des Problemfeldes abgesteckt, indem wir die Unterscheidung von Wissen und Können eingeführt und sie auf zwei zentrale Arbeitsgebiete der Sprach- und Literaturbetrachtung bezogen haben, nämlich die Bereiche Grammatik (Kasus) und Gattung (Lyrik).

Als gemeinsames Problem des Sprach- und Literaturunterrichts wurde deutlich, dass ein rein wissensorientierter Zugang zu Kasus oder Lyrik nicht und vor allem nicht umstandslos zur Beherrschung der Kasus einerseits und zum Verständnis eines Gedichts andererseits führt. Gleichwohl ist es möglich, dass die entsprechenden Wissensbestände die Wahrnehmungsfähigkeit gegenüber den sprachlichen und literarischen Phänomenen schulen. Zugleich haben wissensbasierte Begrifflichkeiten Bedeutung für die Unterrichtskommunikation, indem sie die differenzierte Bearbeitung von Fragestellungen in den Feldern Sprach- und Literaturbetrachtung erleichtern. Dazu ist es allerdings notwendig, dass sich die Kenntnisse nicht in Terminologien erschöpfen, sondern auf der Aneignung von Konzepten basieren. An einem Unterrichtsbeispiel zur Kasusbestimmung und an der Befragung von zwei Kindern zu ihren Lyrikbegriffen haben wir herausgearbeitet, dass diese konzeptionelle Verfügbarkeit nicht in einfacher Weise gegeben bzw. zu gewinnen ist.

In didaktischer Perspektive schließt sich daher die Frage nach möglichen Unterrichtsmodellierungen an. Zur Pointierung haben wir ein wissensorientiertes und ein könnensorientiertes Modell unterschieden, deren je verschiedene Gewichtungen wir in einem historischen Exkurs zur Entwicklung des Deutschunterrichts skizziert haben.

Im Anschluss haben wir die Frage nach der Relation zwischen Wissen und Können auf die integrative Perspektive hin ausgeweitet: Anhand ausgewählter lyrischer Texte, die für die Bereiche Gattung und Kasus aufschlussreich waren, haben wir gezeigt, wie sprachliches und literarisches Lernen in beiden Bereichen so zusammengeführt werden können, dass das Zusammenspiel das Verständnis in beide Richtungen fördert. Als sinnvoller gemeinsamer Ausgangspunkt für Betrachtungsaktivitäten erwiesen sich Differenzerfahrungen. Von hier aus ließen sich auch die Grenzen der Integration deutlicher konturieren: Während die Sprachbetrachtung im Dienst des Allgemeinen, insbesondere in Hinblick auf die Entdeckung des Sprachsystems steht, steht die Literaturbetrachtung im Dienst des Besonderen, insbesondere der Auseinandersetzung mit dem ästhetischen Gegenstand, der in seiner Individualität erkundet werden sollte. Eine integrative Literatur- und Sprachbetrachtung kann aber die Wahrnehmungsfähigkeit auf eine breitere Basis stellen und im Wechselspiel der Perspektiven zu einer entwickelten sprachlichen und literarisch-ästhetischen Handlungspraxis beitragen.

Anhang

Literaturverzeichnis

Abraham, Ulf (1994): Lesarten – Schreibarten. Formen der Wiedergabe und Besprechung literarischer Texte. Stuttgart: Klett.

Abraham, Ulf (1996): StilGestalten: Geschichte und Systematik der Rede vom Stil in der Deutschdidaktik. Tübingen: Niemeyer.

Abraham, Ulf (2001): Den Blickwechsel üben. Grammatikunterricht und Literaturunterricht. In: Mitteilungen des Deutschen Germanistenverbandes 48 (1), S. 30–43.

Abraham, Ulf; Kepser, Matthis (2009): Literaturdidaktik Deutsch. Eine Einführung. 3. Aufl. Berlin: E. Schmidt.

Ahrenholz, Bernt (Hg.) (2010): Fachunterricht und Deutsch als Zweitsprache. 2. Aufl. Tübingen: Narr.

Ahrenholz, Bernt; Oomen-Welke, Ingeborg (Hg.) (2017): Deutsch als Zweitsprache. 4., vollständig überarbeitete und erweiterte Auflage. Baltmannsweiler: Schneider Verlag Hohengehren (Deutschunterricht in Theorie und Praxis, 9).

Ahrens-Drath, Regine; Bräuer, Christoph; Pieper, Irene; Wirthwein, Heike (2005): Lesekompetenz im Kontext – Lesesozialisation und schulische Praxis. Ein Fortbildungskonzept für Lehrkräfte. In: Literatur im Unterricht 6 (1), S. 65–82.

Aleker, Wolfgang; Blattert, Ulrike; Krebsbach, Kirsten (Hg.) (2004): Blickfeld Deutsch 1. Klasse 5. Paderborn: Schöningh Schulbuch.

Allmann, Volker; Schlemminger-Fichtler, Michael (2005): Keine Angst vor dem Aufsatz! Beispiele und Übungen zu allen wichtigen Aufsatzformen. Deutsch 5.–7. Klasse. Mit ausführlichem Lösungsteil zum Heraustrennen. München: Mentor-Verlag.

Andresen, Helga (1993): Sprachspiele als Fenster zu entstehender Sprachbewußtheit bei Kindern. In: Peter Eisenberg und Peter Klotz (Hg.): Sprache gebrauchen – Sprachwissen erwerben. Stuttgart: Klett, S. 119–133.

Andresen, Helga (2002): Interaktion, Sprache und Spiel. Zur Funktion des Rollenspiels für die Sprachentwicklung im Vorschulalter. Tübingen: Narr.

Assmann, Aleida (2004): Das kulturelle Gedächtnis an der Milleniumsschwelle. Krise und Zukunft der Bildung. Konstanz: UVK.

Assmann, Jan (2000): Das kulturelle Gedächtnis. Schrift, Erinnerung und politische Identität in frühen Hochkulturen. 3. Aufl. München: Beck.

Auer, Peter; Spiekermann, Helmut (2010): Die Variabilität der Sprache im Deutschunterricht. In: Volker Frederking (Hg.): Taschenbuch des

Deutschunterrichts. Band 1: Sprach- und Mediendidaktik. 9. Aufl. Baltmannsweiler: Schneider Verlag Hohengehren, S. 72–87.

Augst, Gerhard; Dehn, Mechthild (2013): Rechtschreibung und Rechtschreibunterricht: Können – Lehren – Lernen. Eine Einführung für Studierende und Lehrende aller Schulformen. 5., aktualisierte Auflage. Seelze: Kallmeyer/Klett.

Avanessian, Armen; Hennig, Anke (2012): Präsens. Poetik eines Tempus. Zürich: Diaphanes.

Bachmann, Thomas; Becker-Mrotzek, Michael (2010): Schreibaufgaben situieren und profilieren. In: Thorsten Pohl und Torsten Steinhoff (Hg.): Textformen als Lernformen. Duisburg: Gilles & Francke (Kölner Beiträge zur Sprachdidaktik Reihe A, 7), S. 191–209.

Ballis, Anja (2010): Schriftsprachliche Förderung von Jugendlichen mit Migrationshintergrund. Eine Studie über Schüler(innen) der Sekundarstufe I unter besonderer Berücksichtigung der Jahrgangsstufen 5 bis 7. Baltmannsweiler: Schneider Verlag Hohengehren.

Bauer, Gerhard (1974): einige grundsätze im kampf um die rechtschreibung. In: Wilhelm W. Hiestand (Hg.): Rechtschreibung: Müssen wir neu schreiben lernen? Weinheim: Beltz, S. 91–100.

Baumert, Jürgen (2002): Deutschland im internationalen Bildungsvergleich. In: Nelson Killius, Jürgen Kluge und Linda Reisch (Hg.): Die Zukunft der Bildung. Frankfurt am Main: Suhrkamp, S. 100–151.

Becker-Mrotzek, Michael (1997a): Mündliche Kommunikation in der Schule. In: Michael Becker-Mrotzek, Jürgen Hein, Helmut H. Koch, Markus Wendeler und Andreas Wittig (Hg.): Werkstattbuch Deutsch. Texte für das Studium des Faches. Münster: Lit, S. 331–344.

Becker-Mrotzek, Michael (1997b): Schreibentwicklung und Textproduktion. Der Erwerb der Schreibfertigkeit am Beispiel der Bedienungsanleitung. Opladen: Westdeutscher Verlag.

Becker-Mrotzek, Michael (Hg.) (2015): Mündliche Kommunikation und Gesprächsdidaktik. 3. Aufl. Baltmannsweiler: Schneider Verlag Hohengehren (Deutschunterricht in Theorie und Praxis, 3).

Becker-Mrotzek, Michael; Vogt, Rüdiger (2009): Unterrichtskommunikation. Linguistische Analysemethoden und Forschungsergebnisse. 2., bearbeitete und aktualisierte Auflage. Tübingen: Niemeyer.

Becker-Mrotzek, Michael; Lindauer, Thomas et al. (2019): Lesekompetenz heute. Eine Schlüsselkompetenz im Wandel. In: Kristina Reiss, Mirjam Weis, Eckard Klieme und Olaf Köller (Hg.): PISA 2018. Grundbildung im internationalen Vergleich. Münster, New York: Waxmann, 21–46.

Becker, Tabea (2015): Kinder lernen erzählen. Zur Entwicklung der narrativen Fähigkeiten von Kindern unter Berücksichtigung der Erzählform. 5. Aufl. Zugl.: Darmstadt, Techn. Univ., Diss., 2000. Baltmannsweiler: Schneider Verlag Hohengehren.

Belke, Gerlind (2008): Mehrsprachigkeit im Deutschunterricht. Sprachspiele, Spracherwerb und Sprachvermittlung. 4. Aufl. Baltmannsweiler: Schneider Verlag Hohengehren.

Belke, Gerlind (2018): Mit Sprache(n) spielen. Kinderreime, Gedichte und Geschichten für Kinder zum Mitmachen und Selbermachen. Textsammlung. 8. Aufl. Baltmannsweiler: Schneider Verlag Hohengehren.

Bereiter, Carl (1980): Development in Writing. In: Lee W. Gregg und Erwin R. Steinberg (Hg.): Cognitive processes in writing. Hillsdale, NJ: Erlbaum, S. 73–93.

Bereiter, Carl; Scardamalia, Marlene (1987): The psychology of written composition. Hillsdale, NJ: Erlbaum.

Bernfeld, Siegfried (1974): Die heutige Psychologie der Pubertät – Kritik ihrer Wissenschaftlichkeit (1927). In: Siegfried Bernfeld (Hg.): Antiautoritäre Erziehung und Psychoanalyse. Ausgewählte Schriften. Für die Taschenbuchausgabe neu eingerichtet. Ungekürzte Ausgabe. Frankfurt am Main: Ullstein, S. 5–63.

Bernius, Volker; Imhof, Margarete (Hg.) (2010): Zuhörkompetenz in Unterricht und Schule. Beiträge aus Wissenschaft und Praxis. Göttingen: Vandenhoeck & Ruprecht.

Bertschi-Kaufmann, Andrea; Pieper, Irene; Siebenhüner, Steffen; Böhme, Katrin; Fässler, Dominik (2018): Literarische Bildung in der aktuellen Praxis des Lese- und Literaturunterrichts auf der Sekundarstufe I. In: Daniel Scherf und Andrea Bertschi-Kaufmann (Hg.): Ästhetische Rezeptionsprozesse in didaktischer Perspektive. Weinheim, Basel: Juventa (Lesesozialisation und Medien), 132–148.

Bettelheim, Bruno (2008): Kinder brauchen Märchen. 28. Aufl. (1. Aufl. 1975). München: Dt. Taschenbuch-Verlag.

Birkle, Sonja (2010): Erwerb von Textmusterwissen durch Vorlesen? Eine empirische Studie in der Grundschule. In: Volker Bernius und Margarete Imhof (Hg.): Zuhörkompetenz in Unterricht und Schule. Beiträge aus Wissenschaft und Praxis. Göttingen: Vandenhoeck & Ruprecht, S. 150–162.

Bittner, Stefan (2006): Das Unterrichtsgespräch. Formen und Verfahren des dialogischen Lehrens und Lernens. Bad Heilbrunn: Klinkhardt.

Blumenberg, Hans (2011): Arbeit am Mythos. Frankfurt am Main: Suhrkamp.

Boettcher, Wolfgang (1999): Der Kampf mit dem Präpositionalobjekt. Grammatische Abenteuer in Schule und Hochschule. In: Albert Bremerich-Vos (Hg.): Zur Praxis des Grammatikunterrichts. Freiburg im Breisgau: Fillibach, S. 193–252.

Booth, Wayne C. (1961): The rhetoric of fiction. Chicago: University of Chicago Press.

Bos, Wilfried; Tarelli, Irmela; Bremerich-Vos, Albert; Schwippert, Kurt (Hg.) (2012): IGLU 2011. Lesekompetenzen von Grundschulkindern in Deutschland im internationalen Vergleich. Münster: Waxmann.

Böttcher, Wolfgang; Firges, Jean; Sitta, Horst; Tymister, Hans Josef (1973): Schulaufsätze – Texte für Leser. Düsseldorf: Schwann.

Boueke, Dietrich; Schülein, Frieder; Büscher, Hartmut; Terhorst, Evamaria; Wolf, Dagmar (1995): Wie Kinder erzählen. Untersuchungen zur Erzähltheorie und zur Entwicklung narrativer Fähigkeiten. München: Fink.

Bourdieu, Pierre; Seib, Günter (1993): Sozialer Sinn. Kritik der theoretischen Vernunft. Frankfurt am Main: Suhrkamp.

Brandstätter, Ulrike (2012): Ästhetische Erfahrung. In: Hildegard Bockhorst, Vanessa-Isabelle Reinwand und Wolfgang Zacharias (Hg.): Handbuch kulturelle Bildung. München: Kopaed, S. 174–179.

Bredel, Ursula (2000): Geschlechtsspezifisches Erzählen – von eigenen und fremden Stimmen. In: Herausgeberinnenkollektiv (Hg.): Frauen antizipieren Zukunft. Interdisziplinäre Beiträge zur Frauenforschung: Annäherungen. Köln: VUB Printmedia, S. 99–114.

Bredel, Ursula (2001): Ohne Worte. Zum Verhältnis von Grammatik und Textproduktion am Beispiel des Erzählens von Bildergeschichten. In: Didaktik Deutsch 5 (11), S. 4–21.

Bredel, Ursula (2009): Orthographie als System – Orthographieerwerb als Systemerwerb. In: Zeitschrift für Literaturwissenschaft und Linguistik 39 (153), S. 135–154.

Bredel, Ursula (2020): Interpunktion. 2., aktualisierte und erweiterte Auflage. Heidelberg: Winter.

Bredel, Ursula (2013): Sprachbetrachtung und Grammatikunterricht. 2., vollständig durchgesehene Auflage. Paderborn et al.: Schöningh.

Bredel, Ursula; Fuhrhop, Nanna; Noack, Christina (2017): Wie Kinder lesen und schreiben lernen. 2., überarbeitete Auflage. Tübingen: Francke.

Bredel, Ursula; Noack, Christina; Plag, Ingo (2013): Morphologie lesen. Stammkonstanzschreibung und Leseverstehen bei starken und schwachen Lesern. In: Carmen Scherer und Martin Neef (Hg.): Die Schnittstelle von Morphologie und geschriebener Sprache. Berlin et al.: de Gruyter, S. 211–249.

Bredel, Ursula; Reißig, Tilo (Hg.) (2015): Weiterführender Orthographieerwerb. 2., korrigierte Auflage. Baltmannsweiler: Schneider Verlag Hohengehren (Deutschunterricht in Theorie und Praxis, 5).

Bredel, Ursula (2021): Schreiben im Wandel. Vom Handschreiben zum Tastaturschreiben zum Diktieren? Ersch. in: Akademie für deutsche Sprache und Dichtung und Union der deutschen Akademien der Wissenschaften Akademien (Hg.): Die Sprache in den Schulen – Eine Sprache im Werden. Dritter Bericht zur Lage der deutschen Sprache. Berlin: Erich Schmidt Verlag.

Bruner, Jerome S. (1987): Wie das Kind sprechen lernt. Bern: Huber.

Buck, Siegfried (Hg.) (2005): Bausteine Lesebuch 4. Braunschweig: Diesterweg.

Büchner, Georg (2005): „Woyzeck". Marburger Ausgabe. Herausgegeben von Burghard Dedner. Darmstadt: Wissenschaftliche Buchgesellschaft (Sämtliche Werke und Schriften, 7.2).

Bühler, Charlotte (1958): Das Märchen und die Phantasie des Kindes. München: Johann Ambrosius Barth.

Bühler, Karl (1934): Sprachtheorie. Die Darstellungsfunktion der Sprache. Jena: Fischer.

Burdorf, Dieter (2015): Einführung in die Gedichtanalyse. 3., aktualisierte und erweiterte Ausgabe. Stuttgart: Metzler.

Buß, Angelika (2011): Kanonprobleme. In: Michael Kämper-van den Boogaart (Hg.): Deutsch-Didaktik. Leitfaden für die Sekundarstufe I und II. 4. Aufl. Berlin: Cornelsen, S. 153–162.

Busse, August; Hintz, Ingrid (Hg.) (2006): Wortstark 7. Braunschweig: Schroedel.

Carrell, Patricia L. (1988): Introduction: Interactive approaches to second language reading. In: Patricia L. Carrell, Joanne Devine und David E. Eskey (Hg.): Interactive approaches to second language reading. Cambridge, New York: Cambridge University Press (The Cambridge applied linguistics series), S. 1–7.

Carrell, Patricia L.; Eisterhold, Joan C. (1988): Schema theory and ESL reading pedagogy. In: Patricia L. Carrell, Joanne Devine und David E. Eskey (Hg.): Interactive approaches to second language reading. Cambridge, New York: Cambridge University Press (The Cambridge applied linguistics series), S. 73–100.

Charlton, Michael; Sutter, Tilmann (2007): Lese-Kommunikation. Mediensozialisation in Gesprächen über mehrdeutige Texte. Bielefeld: transcript.

Christensen, Carol (2004): Relationship between orthographic-motor integration and computer use of the production of creative and well-structured written text. In: British Journal of Educational Psychology 74/4, 555–564.

DESI-Konsortium (Hg.) (2008): Unterricht und Kompetenzerwerb in Deutsch und Englisch: Ergebnisse der DESI-Studie. Weinheim: Beltz.

Detering, Heinrich (2008): Deutschlandradio; Sendung vom 19.8.2008, Online verfügbar unter: http://www.dradio.de/dkultur/sendungen/literatur/821824/, zuletzt geprüft am 11.04.2021.

Deutsches PISA-Konsortium (2001): PISA 2000. Basiskompetenzen von Schülerinnen und Schülern im internationalen Vergleich. Opladen: Leske + Budrich.

Diaz Meyer, Marianela; Schneider, Manuela; Marquardt, Christian; Knopf, Julia; Luptowicz, Corinna (2017): Schreibmotorische Forderung bei Erstklässlern: Ergebnisse einer Interventionsstudie. In: Didaktik Deutsch 22/43, 33–56.

Dürscheid, Christa (2011): Zweifeln als Chance? Zweifeln als Problem? Sprachliche Zweifelsfälle im Deutschunterricht. In: Klaus-Michael Köpcke und Arne Ziegler (Hg.): Grammatik – Lehren, Lernen, Verstehen. Zugänge zur Grammatik des Gegenwartsdeutschen. Berlin et al.: de Gruyter, S. 155–173.

Eagleton, Terry (2012): Einführung in die Literaturtheorie. 5. Aufl. Stuttgart: Metzler.

Eggers, Michael; Hamann, Christof (Hg.) (2018): Komparatistik und Didaktik. Bielefeld: Aisthesis.

Eggert, Hartmut; Garbe, Christine (2003): Literarische Sozialisation. 2. Aufl. Stuttgart: Metzler.

Eggert, Susanne; Wagner, Ulrike: Grundlagen zur Medienerziehung in der Familie. Studie. Expertise. 2016, 43 S. – (MoFam – Mobile Medien in der Familie I) – URN: urn:nbn:de:0111-pedocs-165609

Ehlich, Konrad (1983): Alltägliches Erzählen. In: Willy Sanders und Klaus Wegenast (Hg.): Erzählen für Kinder – Erzählen von Gott. Begegnung zwischen Sprachwissenschaft und Theologie. Stuttgart: Kohlhammer, S. 128–150.

Ehlich, Konrad (Hg.) (1984): Erzählen in der Schule. Tübingen: Narr.

Ehlich, Konrad (1987): *so* – Überlegungen zum Verhältnis sprachlicher Formen und sprachlichen Handelns, allgemein und an einem widerspenstigen Beispiel. In: Inger Rosengren (Hg.): Sprache und Pragmatik. Lunder Symposium 1986. Stockholm: Almqvist & Wiksell, S. 279–298.

Ehlich, Konrad (2015): Unterrichtskommunikation. In: Michael Becker-Mrotzek (Hg.): Mündliche Kommunikation und Gesprächsdidaktik.

3. Aufl. Baltmannsweiler: Schneider Verlag Hohengehren (Deutschunterricht in Theorie und Praxis, 3), S. 327–348.

Ehlich, Konrad; Rehbein, Jochen (1986): Muster und Institution. Untersuchungen zur schulischen Kommunikation. Tübingen: Narr.

Eichler, Wolfgang; Küttel, Hartmut (1993): Eigenaktivität, Nachdenken und Experiment – zur inneren Regelbildung im Erwerb der Zeichensetzung. In: Diskussion Deutsch 24 (129), S. 35–44.

Eisenberg, Peter (2020a): Grundriss der deutschen Grammatik. Das Wort. Band 1. Unter Mitarbeit von Nanna Fuhrhop. 5., aktualisierte und überarbeitete Auflage. Stuttgart: Metzler.

Eisenberg, Peter (2020b): Grundriss der deutschen Grammatik. Der Satz. Band 2. Unter Mitarbeit von Rolf Schöneich 5., aktualisierte und überarbeitete Auflage. Stuttgart: Metzler.

Eisenberg, Peter; Menzel, Wolfgang (1995): Grammatik-Werkstatt. In: Praxis Deutsch 22 (129), S. 14–23.

Esslinger, Gesine (2015): Konzepte des Interpunktionserwerbs. In: Ursula Bredel und Tilo Reißig (Hg.): Weiterführender Orthographieerwerb. 2., korrigierte Auflage. Baltmannsweiler: Schneider Verlag Hohengehren (Deutschunterricht in Theorie und Praxis, 5), S. 318–339.

Esslinger, Gesine (2014): Rezeptive Interpunktionskompetenz. Eine empirische Untersuchung zur Verarbeitung syntaktischer Interpunktionszeichen beim Lesen. Baltmannsweiler: Schneider Verlag Hohengehren.

Esslinger, Gesine; Noack, Christina (2020): Das Komma und seine Didaktik. SLLD Bd. 1.

Ewers, Hans-Heino (2000): Literatur für Kinder und Jugendliche. Eine Einführung in grundlegende Aspekte des Handlungs- und Symbolsystems Kinder- und Jugendliteratur: mit einer Auswahlbibliographie Kinder und Jugendliteraturwissenschaft. München: Fink.

Feilke, Helmuth (1988): Ordnung und Unordnung in argumentativen Texten. Zur Entwicklung der Fähigkeit, Texte zu strukturieren. In: Der Deutschunterricht 40 (3), S. 65–81.

Feilke, Helmuth (1993): Schreibentwicklungsforschung. Ein kurzer Überblick unter besonderer Berücksichtigung der Entwicklung prozeßorientierter Schreibfähigkeiten. In: Diskussion Deutsch 24 (129), S. 17–34.

Feilke, Helmuth (2006): Entwicklung schriftlich-konzeptualer Fähigkeiten. In: Ursula Bredel, Hartmut Günther, Peter Klotz, Jakob Ossner und Gesa Siebert-Ott (Hg.): Didaktik der deutschen Sprache. Ein Handbuch. Band 1. 2., durchgesehene Auflage. Paderborn et al.: Schöningh, S. 178–192.

Feilke, Helmuth (2010): „Aller guten Dinge sind drei" – Überlegungen zu Textroutinen & literalen Prozeduren. In: Iris Bons, Thomas Gloning und Dennis Kaltwasser (Hg.): Fest-Platte für Gerd Fritz. Gießen. Online verfügbar unter: http://www.festschrift-gerd-fritz.de/files/feilke_2010_literale-prozeduren-und-textroutinen.pdf, zuletzt geprüft am 19.7.2015.

Feilke, Helmuth (2012): Bildungssprachliche Kompetenzen – fördern und entwickeln. In: Praxis Deutsch 39 (233), S. 4–13.

Feilke, Helmuth (2014): Argumente für eine Didaktik der Textprozeduren. In: Thomas Bachmann und Helmuth Feilke (Hg.): Werkzeuge des Schreibens. Beiträge zu einer Didaktik der Textprozeduren. Stuttgart: Fillibach bei Klett, S. 11–34.

Feilke, Helmuth; Pohl, Thorsten (Hg.) (2020): Schriftlicher Sprachgebrauch – Texte verfassen. 2. Aufl. Baltmannsweiler: Schneider Verlag Hohengehren (Deutschunterricht in Theorie und Praxis, 4).

Feilke, Helmuth (2017): Eine neue Aufgabe für das Fach Deutsch. Zusammenhänge herstellen – materialgestützt schreiben. In: Didaktik Deutsch 43, 4–11.

Feilke, Helmuth; Lehnen, Katrin; Rezat, Sara; Steinmetz, Michael (Hg.) (2018): Materialgestütztes Schreiben. Stuttgart: Fillibach bei Klett.

Fienemann, Jutta (2002): Erzählen in zwei Sprachen. Diskursanalytische Untersuchungen von Erzählungen auf Deutsch und Französisch. Münster: Waxmann.

Fienemann, Jutta; Kügelgen, Rainer von (2003): Formen mündlicher Kommunikation in Lehr- und Lernprozessen. In: Ursula Bredel, Hartmut Günther, Peter Klotz, Jakob Ossner und Gesa Siebert-Ott (Hg.): Didaktik der deutschen Sprache. Ein Handbuch. Band 1. Paderborn et al.: Schöningh, S. 133–147.

Fix, Martin (2008): Texte schreiben. Schreibprozesse im Deutschunterricht. 2. Aufl. Paderborn et al.: Schöningh.

Fix, Martin; Melenk, Hartmut (2002): Schreiben zu Texten – Schreiben zu Bildimpulsen. Das Ludwigsburger Aufsatzkorpus ; mit 2300 Schülertexten, Befragungsdaten und Bewertungen auf CD-ROM. 2. Aufl. Baltmannsweiler: Schneider Verlag Hohengehren.

Flader, Dieter; Hurrelmann, Bettina (1984): Erzählen im Klassenzimmer. Eine empirische Studie zum ‚freien' Erzählen im Unterricht. In: Konrad Ehlich (Hg.): Erzählen in der Schule. Tübingen: Narr, S. 223–249.

Fleming, Mike (2007): The Literary Canon: Implications for the teaching of language as subject. In: Irene Pieper, Laila Aase, Mike Fleming und Florentina Samihaian (Hg.): Text, literature and „Bildung". Straßburg: Council of Europe, S. 31–38.

Frederking, Volker; Krommer, Axel; Möbius, Thomas (Hg.) (2016): Digitale Medien im Deutschunterricht. 2. Aufl. Baltmannsweiler: Schneider Verlag Hohengehren (Deutschunterricht in Theorie und Praxis, 8).

Frederking, Volker; Römhild, Tanja (2016): Symmediale Texte. Symmediales literarisches Lernen. In: Anja Pompe (Hg.): Literarisches Lernen im Anfangsunterricht. Theoretische Reflexionen, empirische Befunde, unterrichtspraktische Entwürfe. 3. Aufl. Baltmannsweiler: Schneider Verlag Hohengehren, S. 73–86.

Frentz, Hartmut (2012): Nacherzählen. In: Heinz-Jürgen Kliewer und Inge Pohl (Hg.): Lexikon Deutschdidaktik. Band 2. 2. Aufl. Baltmannsweiler: Schneider Verlag Hohengehren, S. 549–550.

Fricke, Harald (2010): Invarianz und Variabilität von Gattungen. In: Rüdiger Zymner (Hg.): Handbuch Gattungstheorie. Stuttgart: Metzler, S. 19–21.

Friedlander, Käte (1941): Über Kinderbücher und ihre Funktion in Latenz und Vorpubertät. In: Internationale Zeitschrift für Psychoanalyse und Imago 26 (3/4), S. 232–251.

Friedrich, Bodo (1991): Rechtschreibreform – Wem soll eigentlich geholfen werden? In: Osnabrücker Beiträge zur Sprachtheorie 44, S. 81–95.

Fritzsche, Joachim (1994): Zur Didaktik und Methodik des Deutschunterrichts. Band 2. Schriftliches Schreiben. Stuttgart: Klett.

Fuhrhop, Nanna (2020): Orthografie. 5,. aktualisierte Auflage. Heidelberg: Winter.

Fuhrhop, Nanna; Peters, Jörg (2013): Einführung in die Phonologie und Graphematik. Stuttgart: Metzler.

Fuhrmann, Helmut (1993): „Die Furie des Verschwindens“. Literaturunterricht und Literaturtradition. Würzburg: Königshausen & Neumann.

Funke, Cornelia (2005a): „Mollys Rache“. In: Siegfried Buck (Hg.): Bausteine Lesebuch 4. Braunschweig: Diesterweg, S. 32–33.

Funke, Reinold (2005b): Sprachliches im Blickfeld des Wissens. Grammatische Kenntnisse von Schülerinnen und Schülern. Tübingen: Niemeyer.

Funke, Reinold; Sieger, Jasmin (2009): Die Nutzung von orthographischen Hinweisen auf syntaktische Strukturen und ihre Bedeutung für das Leseverstehen. In: Didaktik Deutsch 16 (26), S. 31–53.

Gaiser, Konrad (1950): „Wieviel Grammatik braucht der Mensch“. In: Hans Gerd Rötzer (Hg.) (1973): Zur Didaktik der deutschen Grammatik. Darmstadt, S. 1–15.

Garbe, Christine (2007): Lesen – Sozialisation – Geschlecht. Geschlechterdifferenzierende Leseforschung und -förderung. In: Andrea Bertschi-Kaufmann (Hg.): Lesekompetenz – Leseleistung – Leseförderung.

Grundlagen, Modelle und Materialien. Seelze: Kallmeyer/Klett, S. 66–82.

Garbe, Christine; Holle, Karl; Jesch, Tatjana (2010): Texte lesen. Lesekompetenz – Textverstehen – Lesedidaktik – Lesesozialisation. 2. Aufl. Paderborn et al.: Schöningh.

Garbe, Christine; Holle, Karl; Salisch, Maria von (2006): Entwicklung und Curriculum: Grundlagen einer Sequenzierung von Lehr-/Lernzielen im Bereich des (literarischen) Lesens. In: Norbert Groeben und Bettina Hurrelmann (Hg.): Empirische Unterrichtsforschung in der Literatur- und Lesedidaktik. Ein Weiterbildungsprogramm. Weinheim: Juventa, S. 115–154.

Garbe, Christine; Philipp, Maik; Ohlsen, Nele (2009): Lesesozialisation. Ein Arbeitsbuch für Lehramtsstudierende. Paderborn et al.: Schöningh.

Gattermaier, Klaus (2008): Literaturunterricht und Lesesozialisation. Eine empirische Untersuchung zum Lese- und Medienverhalten von Schülern und zur lesesozialisatorischen Wirkung ihrer Deutschlehrer. Zugl.: Regensburg, Univ., Diss., 2003. 2. Aufl. Regensburg: Ed. Vulpes.

Genette, Gérard (2010): Die Erzählung. 3. Aufl. München: Fink.

Geulen, Dieter; Hurrelmann, Klaus (1980): Zur Programmatik einer umfassenden Sozialisationstheorie. In: Klaus Hurrelmann und Dieter Ulich (Hg.): Handbuch der Sozialisationsforschung. Weinheim: Beltz, S. 51–67.

Glinz, Hans (1983): Die Sprachtheorie in und hinter den Lehrern und die Entwicklung der Sprachfähigkeiten der Schüler. In: Rainer Wimmer (Hg.): Sprachtheorie. Der Sprachbegriff in Wissenschaft und Alltag. Jahrbuch 1986 des Instituts für deutsche Sprache. Düsseldorf: Schwann, S. 206–236.

Glöckel, Hans (2003): Vom Unterricht. Lehrbuch der allgemeinen Didaktik. 4. Aufl. Bad Heilbrunn: Klinkhardt.

Goelitzer, Susanne (2008): Wozu Literatur lesen? Der Beitrag des Literaturunterrichts zur literarischen Sozialisation von Hauptschülerinnen und Hauptschülern. Habilitationsschrift PH Heidelberg. Online verfügbar unter opus.ph-heidelberg.de/frontdoor/index/index/docId/24, zuletzt geprüft am 19.7.2015.

Gogolin, Ingrid; Michel, Ute (2010): Kooperation und Vernetzung – eine Dimension „Durchgängiger Sprachbildung". In: Diskurs Kindheits- und Jugendforschung 5 (4), S. 373–384.

Gornik, Hildegard (Hg.) (2015): Sprachreflexion und Grammatikunterricht. 2., korrigierte Auflage. Baltmannsweiler: Schneider Verlag Hohengehren (Deutschunterricht in Theorie und Praxis, 6).

Gornik, Hildegard; Weise, Anja (2009): „Da steckt immer ‚wem' drin, wer was kriegt." Den Begriff Objekt entwickeln. In: Praxis Deutsch 36 (214), S. 18–25.

Gorschlüter, Sabine (2001): Wir bitten die Zuschauer nicht zu fotografieren. Experimente mit dem Komma beim Verfassen von Kriminalgeschichten. In: Praxis Deutsch 28 (170), S. 44–46.

Graf, Werner (1999): Lektürebiographie. Unterhaltende Information und informierende Unterhaltung. In: Norbert Groeben (Hg.): Lesesozialisation in der Mediengesellschaft. Ein Schwerpunktprogramm. Tübingen: Niemeyer, S. 89–101.

Graf, Werner (2012): Literarische Sozialisation. In: Klaus-Michael Bogdal (Hg.): Grundzüge der Literaturdidaktik. 6. Aufl. München: Dt. Taschenbuch-Verlag, S. 49–60.

Graf, Werner (2004): Der Sinn des Lesens. Modi der literarischen Rezeptionskompetenz. Münster: Lit.

Graf, Werner (2007): Lesegenese in Kindheit und Jugend. Einführung in die literarische Sozialisation. Baltmannsweiler: Schneider Verlag Hohengehren.

Grammis. Grammatik in Fragen und Antworten. Online verfügbar unter http://hypermedia.ids-mannheim.de/call/public/fragen.ansicht, zuletzt geprüft am 19.7.2015.

Granzow-Emden, Matthias (2002): Zeigen und Nennen. Sprachwissenschaftliche Impulse zur Revision der Schulgrammatik am Beispiel der „Nominalgruppe". Tübingen: Stauffenburg.

Grimm, Jacob; Grimm, Wilhelm (1837): Kinder- und Hausmärchen. 3. Aufl. Göttingen: Dieterich.

Groeben, Norbert (2004): (Lese-)Sozialisation als Ko-Konstruktion. Methodisch-methodologische Problem-(Lösungs-)Perspektiven. In: Norbert Groeben und Bettina Hurrelmann (Hg.): Lesesozialisation in der Mediengesellschaft. Ein Forschungsüberblick. Weinheim: Juventa, S. 145–168.

Groeben, Norbert; Hurrelmann, Bettina (Hg.) (2004): Lesesozialisation in der Mediengesellschaft. Ein Forschungsüberblick. Weinheim: Juventa.

Groeben, Norbert; Schroeder, Sascha (2004): Versuch einer Synopse: Sozialisationsinstanzen – Ko-Konstruktion. In: Norbert Groeben und Bettina Hurrelmann (Hg.): Lesesozialisation in der Mediengesellschaft. Ein Forschungsüberblick. Weinheim: Juventa, S. 306–348.

Grotlüschen, Anke; Riekmann, Wibke (Hg.) (2012): Funktionaler Analphabetismus in Deutschland. Ergebnisse der ersten leo.-Level-One-Studie. Münster: Waxmann.

Grzesik, Jürgen (1990): Textverstehen lernen und lehren. Geistige Operationen im Prozeß des Textverstehens und typische Methoden für die Schulung zum kompetenten Leser. Stuttgart: Klett.

Günther, Hartmut; Nünke, Ellen (2005): Warum das Kleine groß geschrieben wird, wie man das lernt und wie man das lehrt. Düsseldorf: Gilles & Francke (Kölner Beiträge zur Sprachdidaktik 1). Online verfügbar unter http://www.koebes.uni-koeln.de/guenther_nuenke.pdf, zuletzt geprüft am 19.7.2015.

Habermas, Jürgen (1977): Umgangssprache, Wissenschaftssprache, Bildungssprache. In: Jahrbuch der Max-Planck-Gesellschaft zur Förderung der Wissenschaften, S. 36–51.

Hahn, Ulla (2001): Das verborgene Wort. Stuttgart, München: DVA.

Hahnel, Carolin; Goldhammer, Frank; Kröhne, Ulf; Naumann, Johannes (2018): The role of reading skills in the evaluation of online information gathered from search engine enironments. In: Computers in Human Behavior 78, 223–234.

Härle, Gerhard; Steinbrenner, Marcus (Hg.) (2004): Kein endgültiges Wort. Beiträge zur Neuentdeckung des Gesprächs im Literaturunterricht. Baltmannsweiler: Schneider Verlag Hohengehren.

Haueis, Eduard (2010): Sprachdidaktische Konzeptionen. In: Volker Frederking (Hg.): Taschenbuch des Deutschunterrichts. Band 1: Sprach- und Mediendidaktik. 9. Aufl. Baltmannsweiler: Schneider Verlag Hohengehren, S. 277–286.

Hausendorf, Heiko; Quasthoff, Uta (2005): Sprachentwicklung und Interaktion. Eine linguistische Studie zum Erwerb von Erzählfähigkeiten. Radolfzell: Verlag für Gesprächsforschung. Online verfügbar unter http://www.verlag-gespraechsforschung.de/2005/pdf/spracherwerb.pdf, zuletzt geprüft am 19.7.2015.

Hayes, John R. (2012): Modeling and Remodeling Writing. In: Written Communication 29 (3), S. 369–388.

Hayes, John R.; Flower, Linda S. (1980): Identifying the organization of the writing process. In: Lee W. Gregg und Erwin R. Steinberg (Hg.): Cognitive processes in writing. Hillsdale, NJ: Erlbaum, S. 3–30.

Hebel, Johann Peter (2001): Die Kalendergeschichten. Sämtliche Erzählungen aus dem Rheinländischen Hausfreund. Herausgegeben von Harald Zils und Hannelore Schlaffer. München: Dt. Taschenbuch-Verlag.

Heinemann, Wolfgang (1990): Textsorten/Textmuster – ein Problemaufriss. In: Roger Mackeldey (Hg.): Textsorten, Textmuster in der Sprech- und Schriftkommunikation. Festschrift zum 65. Geburtstag von Wolfgang Heinemann. Leipzig: Univ. (Wissenschaftliche

Beiträge der Universität Leipzig : Reihe Sprachwissenschaft), S. 8–16.

Heinzel, Friederike (2003): Zwischen Kindheit und Schule – Kreisgespräche als Zwischenraum. In: Zeitschrift für qualitative Bildungs-, Beratungs- und Sozialforschung 4 (1), S. 105–122.

Helms, Dietrich; Phleps, Thomas (2008): No Time for Losers. Charts, Listen und andere Kanonisierungen in der populären Musik. Bielefeld: transcript.

Helsper, Werner (2003): Ungewissheit im Lehrerhandeln als Aufgabe der Lehrerbildung. In: Werner Helsper, Reinhard Hörster und Jochen Kade (Hg.): Ungewissheit. Pädagogische Felder im Modernisierungsprozess. Weilerswist: Velbrück Wiss., S. 142–161.

Heydebrand, Renate von; Winko, Simone (1996): Einführung in die Wertung von Literatur. Systematik – Geschichte – Legitimation. Paderborn et al.: Schöningh.

HILDE (Hildesheimer Videos zur Fachdidaktik). Online verfügbar unter http://www.uni-hildesheim.de/forschung/forschungsschwerpunkte/fachdidaktik/hildeonline/, zuletzt geprüft am 19.7.2015.

Hildebrand, Rudolf (1925 (1867)): Vom deutschen Sprachunterricht in der Schule – und von deutscher Erziehung und Bildung überhaupt. 17. Aufl. Leipzig: Klinkhardt. z.u.d.T.: Vom deutschen Sprachunterricht in der Schule und von etlichem ganz Anderen, das doch damit zusammenhängt, 1867, in: Pädagogische Vorträge und Abhandlungen in zwanglosen Heften. Herausgegeben von W. Werner. Drittes Heft des ersten Bandes, Leipzig: Klinkhardt.

Hinney, Gabriele (1997): Neubestimmung von Lerninhalten für den Rechtschreibunterricht. Ein fachdidaktischer Beitrag zur Schriftaneignung als Problemlöseprozess. Frankfurt am Main et al.: Lang.

Hochstadt, Christiane (2014): Förderung der Musterverfügbarkeit im Sprachunterricht am Beispiel des Präteritums. Ein rezeptionsorientierter Zugang über das Nacherzählen. In: Ursula Bredel und Claudia Schmellentin (Hg.): Welche Grammatik braucht der Grammatikunterricht? Baltmannsweiler: Schneider Verlag Hohengehren, S. 23–46.

Hoffmann, Ludger (2008): Über *ja*. In: Deutsche Sprache 36 (3), S. 193–219.

Hoffmann, Lena (2018): Crossover. Mehrfachadressierung als Sprache intermedialer Popularität. In: Jahrbuch der GKJF. Beiträge aus Geschichte und Theorie, 137–150.

Honnef-Becker, Irmgard (Hg.) (2007): Dialoge zwischen den Kulturen. Interkulturelle Literatur und ihre Didaktik. Baltmannsweiler: Schneider Verlag Hohengehren.

Hoppe, Felicitas (2008): Iwein Löwenritter. Nach einem Roman von Hartmann von Aue. Unter Mitarbeit von Michael Sowa. Frankfurt am Main: S. Fischer.

Hurrelmann, Bettina (2012): Kinder- und Jugendliteratur im Unterricht. In: Klaus-Michael Bogdal (Hg.): Grundzüge der Literaturdidaktik. 6. Aufl. München: Dt. Taschenbuch-Verlag, S. 134–146.

Hurrelmann, Bettina (2002b): Prototypische Merkmale von Lesekompetenz. In: Norbert Groeben und Bettina Hurrelmann (Hg.): Lesekompetenz. Bedingungen, Dimensionen, Funktionen. Weinheim: Juventa, S. 275–286.

Hurrelmann, Bettina (2004): Bildungsnormen als Sozialisationsinstanz. In: Norbert Groeben und Bettina Hurrelmann (Hg.): Lesesozialisation in der Mediengesellschaft. Ein Forschungsüberblick. Weinheim: Juventa, S. 280–305.

Hurrelmann, Bettina; Becker, Susanne; Nickel-Bacon, Irmgard (2006): Lesekindheiten. Familie und Lesesozialisation im historischen Wandel. Weinheim: Juventa.

Hurrelmann, Bettina; Hammer, Michael; Nieß, Ferdinand (1993): Leseklima in der Familie. Gütersloh: Bertelsmann.

Hußmann, Anke; Wendt, Heike; Bos, Wilfried; Bremerich-Vos, Albert et al. (2017): IGLU 2016. Lesekompetenzen von Grundschulkindern in Deutschland im internationalen Vergleich. Münster, New York: Waxmann.

Iser, Wolfgang (1976): Der Akt des Lesens. Theorie ästhetischer Wirkung. München: Fink.

Ivo, Hubert (1977): Zur Wissenschaftlichkeit der Didaktik der deutschen Sprache und Literatur. Frankfurt am Main: Diesterweg.

Ivo, Hubert (1996): Bedingungen der Aneignung und Vermittlung von Lesen und Schreiben. In: Hartmut Günther und Otto Ludwig (Hg.): Schrift und Schriftlichkeit. Ein interdisziplinäres Handbuch internationaler Forschung. Berlin et al.: de Gruyter, S. 1129–1141.

Jakobson, Roman (1993) [1960]: Linguistik und Poetik. In: Roman Jakobson (Hg.): Ausgewählte Aufsätze 1921–1971. Herausgegeben von E. Holenstein und T. Schubert. Frankfurt am Main: Suhrkamp, S. 83–121.

James, Karin H. (2010) Sensori-motor experience leads to changes in visual processing in the developing brain. In: Developmental Science, 13/2, 279–288.

James, Karin H. & Berninger, Virginia W. (2019): Brain research shows why handwriting should be taught in the computer age. In: Learning Difficulties Australia 51/1, 25–30.

JIM-Studie (2013). Online verfügbar unter http://www.mpfs.de/index.php?id=624, zuletzt geprüft am 19.7.2015.

Jolles, André (2006): Einfache Formen. Tübingen: Niemeyer.
Jung, Eva-Maria (2012): Gewusst wie? Eine Analyse praktischen Wissens. Zugl.: Bochum, Univ., Diss., 2009. Berlin et al.: de Gruyter.
Kämper-van den Boogaart, Michael; Spinner, Kaspar H. (Hg.) (2019): Lese- und Literaturunterricht. 3., stark überarbeitete Auflage. Baltmannsweiler: Schneider Verlag Hohengehren (Deutschunterricht in Theorie und Praxis, 11/1).
Kämper-van den Boogaart, Michael; Pieper, Irene (2008): Literarisches Lesen. In: Didaktik Deutsch Sonderheft, S. 46–65.
Keim, Inken (2007): Die „türkischen Powergirls". Lebenswelt und kommunikativer Stil einer Migrantinnengruppe in Mannheim. Tübingen: Narr.
Kelleter, Frank (2010): Populärkultur und Kanonisierung: Wie(so) erinnern wir uns an Tony Soprano? In: Matthias Freise und Claudia Stockinger (Hg.): Wertung und Kanon. Heidelberg: Winter, S. 55–76.
Keupp, Heiner (2008): Identitätskonstruktionen. Das Patchwork der Identitäten in der Spätmoderne. 4. Aufl. Reinbek bei Hamburg: Rowohlt.
Kinderärzte im Netz (2018): Pädiatrische Empfehlungen für Eltern zum achtsamen Mediengebrauch. https://www.kinderaerzte-im-netz.de/fileadmin/pdf/Empfehlungen_zum_Bildschirmmediengebrauch/180323_Flyer-Bildschirmmedien_23_03_2018-ohneSchnittmarken.pdf, zuletzt geprüft am 26.04.2021.
Klann-Delius, Gisela (2005): Erzählen in der kindlichen Entwicklung. In: Petra Wieler (Hg.): Narratives Lernen in medialen und anderen Kontexten. Freiburg im Breisgau: Fillibach, S. 13–27.
Kleinbub, Iris (2014): Grammatik unterrichten. Professionsorientierung in der Lehrerbildung. In: Ursula Bredel und Claudia Schmellentin (Hg.): Welche Grammatik braucht der Grammatikunterricht? Baltmannsweiler: Schneider Verlag Hohengehren, S. 135–159.
Klieme, Eckhard; Artelt, Cordula; Hartig, Johannes; Jude, Nina; Köller, Olaf; Prenzel, Manfred et al. (2010): PISA 2009. Bilanz nach einem Jahrzehnt. Online verfügbar unter http://nbn-resolving.de/urn:nbn:de:0111-opus-35265.
Klieme, Eckhard; Avenarius, Hermann; Blum, Werner; Döbrich, Peter; Gruber, Hans; Prenzel, Manfred et al. (2003): Zur Entwicklung nationaler Bildungsstandards. Eine Expertise. Berlin: Bundesministerium für Bildung und Forschung (Bildungsreform, 1).
Klotz, Peter (2011): Integrativer Deutschunterricht. In: Michael Kämper-van den Boogaart (Hg.): Deutsch-Didaktik. Leitfaden für die Sekundarstufe I und II. 4. Aufl. Berlin: Cornelsen, S. 58–85.

KMK (2004a): Sekretariat der Ständigen Konferenz der Kultusminister der Länder in der Bundesrepublik Deutschland (Hg.): Bildungsstandards im Fach Deutsch für den Hauptschulabschluss Beschluss vom 15.10.2004. Neuwied: Luchterhand.

KMK (2004b): Sekretariat der Ständigen Konferenz der Kultusminister der Länder in der Bundesrepublik Deutschland (Hg.): Bildungsstandards im Fach Deutsch für den Mittleren Schulabschluss. Beschluss vom 04.12.2003. Neuwied: Luchterhand.

KMK (2005): Sekretariat der Ständigen Konferenz der Kultusminister der Länder in der Bundesrepublik Deutschland (Hg.): Bildungsstandards im Fach Deutsch für den Primarbereich. Beschluss vom 15.10.2004. Neuwied: Luchterhand.

Kniffka, Gabriele; Siebert-Ott, Gesa (2012): Deutsch als Zweitsprache. Lehren und Lernen. 3., aktualisierte Auflage. Paderborn et al.: Schöningh.

Knoop, Ulrich (2008): „Hälfte des Lebens“: Wortgeschichtliche Erläuterungen zu Hölderlins Gedicht. In: Hölderlin: Sprache und Raum. Herausgegeben von Valérie Lawitschka. Tübingen: Hölderlinturm 2008, 46–73

Knopf, Julia (2009): Literaturbegegnung in der Schule. Eine kritisch-empirische Studie zu literarisch-ästhetischen Rezeptionsweisen in Kindergarten, Grundschule und Gymnasium. Zugl.: Bayreuth, Univ., Diss., 2008. München: Iudicium.

Kochheim, Wilfried (1981): Adamson oder Die Sprachlosigkeit der Bildergeschichte. In: Diskussion Deutsch 8 (12), S. 320–346.

Koch, Peter; Oesterreicher, Wulf (1985): Sprache der Nähe – Sprache der Distanz. Mündlichkeit und Schriftlichkeit im Spannungsfeld von Sprachtheorie und Sprachgeschichte. In: Romanistisches Jahrbuch 36, S. 15–43.

Kokemohr, Rainer (1989): Textuelle Unbestimmtheit als Modalisierungsferment von Deutungsschemata. In: Rainer Kokemohr und Winfried Marotzki (Hg.): Biographien in komplexen Situationen. Studentenbiographien. Frankfurt am Main et al.: Lang, S. 281–323.

Köller, Wilhelm (1983): Funktionaler Grammatikunterricht. Tempus, Genus, Modus: Wozu wurde das erfunden? Hannover: Schroedel. 4. überarbeitete Auflage Schneider Verlag Hohengehren 1997.

Korte, Hermann (2012): Historische Kanonforschung und Verfahren der Textauswahl. In: Klaus-Michael Bogdal (Hg.): Grundzüge der Literaturdidaktik. 6. Aufl. München: Dt. Taschenbuch-Verlag, S. 61–77.

Koschorke, Albrecht (2017): Wahrheit und Erfindung. Grundzüge einer allgemeinen Erzähltheorie. 4. Aufl. Frankfurt am Main: S. Fischer.

Kreft, Jürgen (1977): Grundprobleme der Literaturdidaktik. Eine Fachdidaktik im Konzept sozialer und individueller Entwicklung und Geschichte. Heidelberg: Quelle und Meyer.

Kress, Gunther; van Leeuwen, Theo (2010): Multimodal discourse. The modes and media of contemporary communication. [Nachdr.]. London: Hodder Education.

Kruse, Iris (2012): Gut vorlesen. Textpotenziale entfalten. In: Anja Pompe (Hg.): Literarisches Lernen im Anfangsunterricht. Theoretische Reflexionen, empirische Befunde, unterrichtspraktische Entwürfe. Baltmannsweiler: Schneider Verlag Hohengehren, S. 102–121.

Kügelgen, Rainer von (2015): Die Frage im Lehr-Lern-Diskurs: Geschichte einer Funktionalisierung – Perspektiven einer Überwindung. In: Michael Becker-Mrotzek (Hg.): Mündliche Kommunikation und Gesprächsdidaktik. 3. Auflage. Baltmannsweiler: Schneider Verlag Hohengehren (Deutschunterricht in Theorie und Praxis, 3), S. 349–377.

Kügler, Hans (1996): Die bevormundete Literatur. Zur Entwicklung und Kritik der Literaturdidaktik. In: Jürgen Belgrad und Hartmut Melenk (Hg.): Literarisches Verstehen – Literarisches Schreiben. Positionen und Modelle zur Literaturdidaktik. Baltmannsweiler: Schneider Verlag Hohengehren, S. 10–24.

Kuhn, Axel; Hagenhoff, Svenja (2015): Digitale Lesemedien. In: Ursula Rautenberg und Ute Schneider (Hg.): Lesen. Ein interdisziplinäres Handbuch. München: de Gruyter, 361–380.

Kümmerling-Meibauer, Bettina (2003): Kinderliteratur, Kanonbildung und literarische Wertung. Stuttgart: Metzler.

Kurz, Gerhard (2009): Metapher, Allegorie, Symbol. 6. Aufl. Göttingen: Vandenhoeck & Ruprecht.

Labov, William; Waletzky, Joshua (1973): Erzählanalyse: Mündliche Versionen persönlicher Erfahrung. In: Jens Ihwe (Hg.): Literaturwissenschaft und Linguistik. Eine Auswahl Texte zur Theorie der Literaturwissenschaft. Frankfurt am Main: Athenäum-Fischer-Taschenbuch-Verlag, S. 78–126.

Lazarsfeld, Paul F. (Hg.) (1931): Jugend und Beruf. Kritik und Materialien von P.F. Lazarsfeld. Jena: Fischer.

Lindauer, Thomas (2015): Das Komma zwischen Verbgruppen setzen. In: Ursula Bredel und Tilo Reißig (Hg.): Weiterführender Orthographieerwerb. 2., korrigierte Auflage. Baltmannsweiler: Schneider Verlag Hohengehren (Deutschunterricht in Theorie und Praxis, 5), S. 601–609.

Lindauer, Thomas; Sutter, Elisabeth (2005): Könige, Königreiche und Kommaregeln. Eine praxistaugliche Vereinfachung des Zugangs zur Kommasetzung. In: Praxis Deutsch 32 (191), S. 28–35.

Lotman, Jurij M. (1972): Die Struktur literarischer Texte. München: Fink.

Ludwig, Otto (1988): Der Schulaufsatz. Seine Geschichte in Deutschland. Berlin et al.: de Gruyter.

Lypp, Maria (2000): Vom Kasper zum König. Studien zur Kinderliteratur. Frankfurt am Main et al.: Lang.

Lypp, Maria (2012): Artikel „Einfachheit". In: Heinz-Jürgen Kliewer und Inge Pohl (Hg.): Lexikon Deutschdidaktik. Band 1. 2. Aufl. Baltmannsweiler: Schneider Verlag Hohengehren, S. 93–95.

Maas, Utz (1992): Grundzüge der deutschen Orthographie. Tübingen: Niemeyer.

Mahrhofer, Christina (2004): Schreibenlernen mit graphomotorisch vereinfachten Schreibvorgaben. Bad Heilbrunn: Klinkhardt.

Mandl, Heinz; Friedrich, Helmut F.; Hron, Aemilian (1986): Psychologie des Wissenserwerbs. In: Bernd Weidenmann, Andreas Krapp, Manfred Hofer, Heinz Mandl und G.L. Huber (Hg.): Pädagogische Psychologie. München: Urban & Schwarzenberg, S. 143–218.

Martínez, Matías; Scheffel, Michael (2019): Einführung in die Erzähltheorie. 11., überarbeitete und aktualisierte Auflage. München: Beck.

Mehan, Hugh (1979): Learning Lessons. Social Organization in the Classroom. Havard University Press.

Meier, Carolin (2020): Leseförderung mit Antolin – Anlage und Ergebnisse einer empirischen Studie. In: Christian Dawidowski, Anna Rebecca Hoffmann, Angelika Ruth Stolle und Jennifer Witte (Hg.): Schulische Literaturvermittlungsprozesse im Fokus empirischer Forschung. Frankfurt am Main: Peter Lang (Beiträge zur Literatur- und Mediendidaktik 43), 13–30.

Melenk, Hartmut; Knapp, Werner (2001): Inhaltsangabe – Kommasetzung. Schriftsprachliche Leistungen in Klasse 8. Baltmannsweiler: Schneider Verlag Hohengehren.

Menzel, Wolfgang (1984): Schreiben über Texte. Ein Kapitel zum Aufsatzunterricht. In: Praxis Deutsch 11 (65), S. 13–22.

Menzel, Wolfgang (1999): Grammatikwerkstatt: Theorie und Praxis eines prozessorientierten Grammatikunterrichts für die Primar- und Sekundarstufe. Seelze: Friedrich.

Merklinger, Daniela (2011): Frühe Zugänge zu Schriftlichkeit. Eine explorative Studie zum Diktieren. Freiburg im Breisgau: Fillibach.

Mesch, Birgit (2014): „Spatium oder nicht?" – Ist das hier die Frage? Zum Umgang mit Schreibvarianz. In: Ursula Bredel und Claudia Schmellentin (Hg.): Welche Grammatik braucht der Grammatikunterricht? Baltmannsweiler: Schneider Verlag Hohengehren, S. 47–68.

Mesch, Birgit; Barkow, Ingrid; Wild, Steffen (2019): Effekte der Handschrift auf die Leserlichkeit und Schreibkompetenz – Ein empirischer Vergleich zwischen Grundschrift, LA und VA. Ludwigsburg: Pädagogische Hochschulbibliothek, https://phbl-opus.phlb.de/frontdoor/index/index/year/2019/docId/619.

Meyer, Hilbert (1980): Leitfaden zur Unterrichtsvorbereitung. Berlin: Scriptor.

Ministerium für Kultus, Jugend und Sport Baden-Württemberg (2004): Bildungsstandards für Deutsch. Grundschule – Klassen 2, 4. Online verfügbar unter https://www.bildungsplaene-bw.de/site/bildungsplan/get/documents_E-1204433591/lsbw/Bildungsplaene/Bildungsplaene-2004/Bildungsstandards/Grundschule_Bildungsplan_Gesamt.pdf, zuletzt geprüft am 28.6.2021.

Möbius, Thomas; Steinmetz, Michael (Hg.) (2016): Wissen und literarisches Lernen. Grundlegende theoretische und didaktische Aspekte. Frankfurt a. M. et al.: Lang (Positionen der Deutschdidaktik 4).

Moennighoff, Burkhard (2010): Grundkurs Lyrik. Stuttgart: Klett.

Morek, Miriam (2012): Kinder erklären. Interaktionen in Familie und Unterricht im Vergleich. Tübingen: Stauffenburg.

Muratovic, Bettina (2014): Vorlesen digital. Interaktionsstrukturierung beim Vorlesen gedruckter und digitaler Bilderbücher. Berlin et al.: de Gruyter.

Nelson, Katherine (1993): Ereignisse, Narrationen, Gedächtnis: Was entwickelt sich? In: Hilarion G. Petzold (Hg.): Frühe Schädigungen – späte Folgen? 2. Aufl. Paderborn: Junfermann, S. 64–108.

O'Sullivan, Emer (2000): Klassiker und Kanon. Versuch einer Differenzierung nach Funktionszusammenhängen. In: JuLit 26 (3), S. 16–27.

Ohlhus, Sören; Quasthoff, Uta (2005): Genredifferenzen beim mündlichen und schriftlichen Erzählen im Grundschulalter. In: Petra Wieler (Hg.): Narratives Lernen in medialen und anderen Kontexten. Freiburg im Breisgau: Fillibach, S. 49–68.

Ossner, Jakob (1993): Praktische Wissenschaft. In: Albert Bremerich-Vos (Hg.): Handlungsfeld Deutschunterricht im Kontext: Festschrift für Hubert Ivo. Frankfurt am Main: Diesterweg, S. 186–199.

Ossner, Jakob (1996): Gibt es Entwicklungsstufen beim Aufsatzschreiben? In: Helmuth Feilke und Paul R. Portmann (Hg.): Schreiben im Umbruch. Schreibforschung und schulisches Schreiben. Stuttgart: Klett, S. 74–85.

Ossner, Jakob (2006): Kompetenzen und Kompetenzmodelle im Deutschunterricht. In: Didaktik Deutsch 12 (21), S. 5–19.

Ossner, Jakob (2010): Orthographie. System und Didaktik. Paderborn et al.: Schöningh.

Paefgen, Elisabeth Katharina (1996): Schreiben und Lesen. Ästhetisches Arbeiten und literarisches Lernen. Opladen: Westdeutscher Verlag.

Paefgen, Elisabeth Katharina (2011): Textnahes Lesen und Rezeptionsdidaktik. In: Michael Kämper-van den Boogaart (Hg.): Deutsch-Didaktik. Leitfaden für die Sekundarstufe I und II. 4. Aufl. Berlin: Cornelsen, S. 199–215.

Paul, Ingwer (2006): Subjektive Sprachtheorien von Lehrenden und Lernenden. In: Ursula Bredel, Hartmut Günther, Peter Klotz und Jakob Ossner (Hg.): Didaktik der deutschen Sprache. Ein Handbuch. Band 2. 2., durchgesehene Auflage. Paderborn et al.: Schöningh, S. 650–657.

Paul, Ingwer (2010): Strukturelle Probleme der Unterrichtskommunikation. In: Matthias Trautmann und Julia Sacher (Hg.): Unterrichtsentwicklung durch Videofeedback. Besser kommunizieren lernen. Göttingen: Vandenhoeck & Ruprecht, S. 167–184.

Peterson, Carole; McCabe, Allyssa (1991): Linking Children's Connective Use and Narrative Macrostructure. In: Allyssa McCabe und Carole Peterson (Hg.): Developing narrative structure. Hillsdale, NJ: Erlbaum, S. 29–54.

Piaget, Jean (1976): Die Äquilibration der kognitiven Strukturen. Stuttgart: Klett.

Piaget, Jean (1979): Probleme der Entwicklungspsychologie. Kleine Schriften. Aus dem Französischen von Georgia d'Inlau-Merkens. 2. Aufl. Frankfurt am Main: Syndikat.

Pieper, Irene (2019): Lese- und literarische Sozialisation. In: Michael Kämper-van den Boogaart und Kaspar H. Spinner (Hg.): Lese- und Literaturunterricht. 3., stark überarbeitete Auflage. Baltmannsweiler: Schneider Verlag Hohengehren (Deutschunterricht in Theorie und Praxis, Band 11/1), S. 89–149.

Pieper, Irene (2011): Lese- und literarische Sozialisation in schriftfernen Lebenswelten. Zur literaturbezogenen Kommunikation in der Hauptschule. In: Hansjacob Schneider (Hg.): Wenn Schriftaneignung (trotzdem) gelingt. Literale Sozialisation und Sinnerfahrung. Weinheim: Juventa, S. 82–106.

Pieper, Irene (2014): Den Schüler vor Augen, den Anspruch im Sinn: Der internationale Referenzrahmen LIFT-2 zu Progression und Textauswahl für den Literaturunterricht der Sekundarstufen. In: Volker Federking, Axel Meier und Christel Krommer (Hg.): Taschenbuch des Deutschunterrichts. Band 3.: Aktuelle Fragen der Deutschdidaktik. Baltmannsweiler: Schneider Verlag Hohengehren, S. 586–609.

Pieper, Irene; Rosebrock, Cornelia; Wirthwein, Heike; Volz, Steffen (2004): Lesesozialisation in schriftfernen Lebenswelten. Lektüre und Mediengebrauch von HauptschülerInnen. Weinheim: Juventa.

Pieper, Irene; Wieser, Dorothee (Hg.) (2012a): Fachliches Wissen und literarisches Verstehen. Frankfurt am Main et al.: Lang.

Pieper, Irene; Wieser, Dorothee (2012b): Metaphernverstehen im Umgang mit lyrischen Texten: Zur Bestimmung von Interpretationsoperationen bei Schülerinnen und Schülern der Sekundarstufe I. In: Irene Pieper und Dorothee Wieser (Hg.): Fachliches Wissen und literarisches Verstehen. Frankfurt am Main et al.: Lang, S. 171–192.

Pieper, Irene (2016): Literarische Gespräche im Literaturunterricht: Das Vorlesegespräch. In: Hanna Roose und Elisabeth Schwarz (Hg.): „Da muss ich dann auch alles machen, was er sagt." – Kindertheologie und Unterricht. Stuttgart: Calwer (Jahrbuch Kindertheologie 15), 75–93.

Pießnack, Christian; Schübel, Adelbert (2005): Untersuchungen zur orthographischen Kompetenz von Abiturientinnen und Abiturienten im Land Brandenburg. In: LLF-Berichte 20, S. 50–72.

Pohl, Thorsten; Steinhoff, Torsten (2010): Textformen als Lernformen. In: Thorsten Pohl und Torsten Steinhoff (Hg.): Textformen als Lernformen. Duisburg: Gilles & Francke (Kölner Beiträge zur Sprachdidaktik Reihe A, 7), S. 5–26.

Reber, Karin; Schönauer-Schneider, Wilma (2013): Mehr als nur erklären, fragen und entwickeln. Wie man Lehrersprache „gestalten" kann. In: Pädagogik 65 (7–8), S. 12–15.

Referenzrahmen LiFT-2. Online verfügbar unter: http://de.literaryframework.eu, zuletzt geprüft am 19.7.2015.

Reichen, Jürgen (1981): Lesen durch Schreiben. Zur didaktischen Konzeption eines neuen Leselehrganges. In: schweizer schule 18.

Reinert, Johannes (2012): Die Inhaltsangabe im Deutschunterricht. Eine Video- und Interviewstudie zum Umgang mit einer viel diskutierten Textform. Hildesheim: Universitätsbibliothek Hildesheim.

Reinmann, Gabi; Mandl, Heinz (2006): Unterrichten und Lernumgebungen gestalten. In: Andreas Krapp und Bernd Weidenmann (Hg.): Pädagogische Psychologie. 5. Aufl. Weinheim: Beltz, S. 613–658.

Reiss, Kristina; Weis, Mirjam; Klieme, Eckhard; Köller, Olaf (Hg.) (2019): PISA 2018. Grundbildung im internationalen Vergleich. Münster, New York: Waxmann.

Retelsdorf, Jan; Möller, Jens (2008): Entwicklungen von Lesekompetenz und Lesemotivation: Schereneffekte in der Sekundarstufe? In: Zeitschrift für Entwicklungspsychologie und Pädagogische Psychologie 40 (4), S. 179–188.

Richter, Karin; Plath, Monika (2012): Lesemotivation in der Grundschule. Empirische Befunde und Modelle für den Unterricht. 3. Aufl. Weinheim: Juventa.

Riekmann, Carola (2010): Leseförderung in sechsten Hauptschulklassen. Baltmannsweiler: Schneider Verlag Hohengehren.

Röber, Christa (2009): Die Leistungen der Kinder beim Lesen- und Schreibenlernen. Grundlagen der Silbenanalytischen Methode. Ein Arbeitsbuch mit Übungsaufgaben. Baltmannsweiler: Schneider Verlag Hohengehren.

Röber, Christa; Olfert, Helene (Hg.) (2015): Schriftsprach- und Orthographieerwerb: Erstlesen, Erstschreiben. Baltmannsweiler: Schneider Verlag Hohengehren (Deutschunttericht in Theorie und Praxis, 2).

Röber-Siekmeyer, Christa (1999): Ein anderer Weg zur Groß- und Kleinschreibung. Stuttgart: Klett.

Rosebrock, Cornelia (2011): Lesesozialisation und Leseförderung. In: Michael Kämper-van den Boogaart (Hg.): Deutsch-Didaktik. Leitfaden für die Sekundarstufe I und II. 4. Aufl. Berlin: Cornelsen, S. 163–183.

Rosebrock, Cornelia; Nix, Daniel (2020): Grundlagen der Lesedidaktik und der systematischen schulischen Leseförderung. 9., aktualisierte Auflage. Baltmannsweiler: Schneider Verlag Hohengehren.

Rosebrock, Cornelia; Nix, Daniel; Rieckmann, Carola; Gold, Andreas (2010): Förderung der Leseflüssigkeit bei leseschwachen Zwölfjährigen. In: Didaktik Deutsch 16 (28), S. 33–58.

Ryle, Gilbert (1969): Der Begriff des Geistes. übers. von Kurt Baier. Stuttgart: Reclam.

Sattler, Johanna Barbara (2003): Linkshändigkeit. In: Ursula Bredel, Hartmut Günther, Peter Klotz, Jakob Ossner und Gesa Siebert-Ott (Hg.): Didaktik der deutschen Sprache. Band 1. Paderborn: Schöningh utb, 329–340.

Schlobinski, Peter (1984): Berlinisch für Berliner und alle, die es werden wollen. Berlin: Arani.

Schmidt, Arno (2006): Lesungen, Interviews, Umfragen. Bargfelder Ausgabe. Supplemente. Band 2. Frankfurt am Main: Edition der Arno-Schmidt-Stiftung im Suhrkamp-Verlag.

Schründer-Lenzen, Agi (2009): Schriftspracherwerb und Unterricht. Bausteine professionellen Handlungswissens. 3. Aufl. Wiesbaden: VS Verlag für Sozialwissenschaften.

Schüler, Lisa; Lehnen, Katrin (2014): Anbahnung wissenschaftlicher Schreib- und Textkompetenz in der Oberstufe. Textkonzeption und -komposition bei materialgestützten Schreibaufgaben. In: Thomas Bachmann und Helmuth Feilke (Hg.): Werkzeuge des Schreibens. Beiträge zu einer Didaktik der Textprozeduren. Stuttgart: Fillibach bei Klett, S. 223–246.

Schulz, Lisa (2012): Der Erzählkreis. Förderung der Erzählkompetenz in der Grundschule. Online verfügbar unter http://www.linse.uni-due.de, zuletzt geprüft am 19.7.2015.

Schulze, Gerhard (2005 [1992]): Die Erlebnisgesellschaft. Kultursoziologie der Gegenwart. 2. Aufl. Frankfurt am Main: Campus.

Schulze Brüning, Maria-Anna; Clauss, Stephan (2019): Wer nicht schreibt, bleibt dumm. Warum unsere Kinder ohne Handschrift das Denken verlernen. München: Piper.

Schütze, Fritz (1983): Biographieforschung und narratives Interview. In: Neue Praxis 13 (3), S. 283–293.

Senatsverwaltung für Bildung, Jugend und Sport (Hg.) (2002): Bärenstark. Berliner Sprachstandserhebung und Materialien zur Sprachförderung für Kinder in der Schuleingangsphase. Berlin.

SevenOne Media: Mediennutzung 2012. Online verfügbar unter http://www.spiegel.de/panorama/gesellschaft/medienkonsum-steigt-auf-neue-rekordhoehe-a-877354.html, zuletzt geprüft am 19.7.2015.

Siebenhüner, Steffen; Depner, Simone; Fässler, Dominik; Kernen, Nora; Bertschi-Kaufmann, Andrea; Böhme, Katrin; Pieper, Irene (2019): Unterrichtstextauswahl und schülerseitige Leseinteressen in der Sekundarstufe I: Ergebnisse aus der binationalen Studie TAMoLi. In: Didaktik Deutsch 47, 44–64.

Sieber, Peter (2003): Sprachförderung – mit PISA in anderem Licht? In: Didaktik Deutsch 9 (15), S. 4–17.

Siegener Erklärung (2019): Jedes Kind muss eine verbundene Handschrift lernen! Siegener Erklärung zur Schrift in der Schule – von Wolfgang Steinig, Katrin Eisfeld, Viola Oehme und Maria-Anna Schulze Brüning. https://www.handschrift-schreibschrift.de, zuletzt geprüft am 26.04.2021.

Snow, Catherine E. (1990): Building Memories: The Ontogeny of Autobiography. In: Dante Cicchetti und Marjorie Beeghly (Hg.): The Self in Transition: Infancy to Childhood. Chicago: Chicago Press, S. 213–242.

Sommer-Stumpenhorst, Norbert (2007): Mitsprechen einüben. Online verfügbar unter http://www.rechtschreib-werkstatt.de/rsl/me/abschr/html/body_me-ab-mitsprechen.html, zuletzt geprüft Juni 2021.

Spinner, Kaspar H. (2007): Verkannte Interkulturalität – das Beispiel Tausendundeine Nacht. In: Irmgard Honnef-Becker (Hg.): Dialoge zwischen den Kulturen. Interkulturelle Literatur und ihre Didaktik. Baltmannsweiler: Schneider Verlag Hohengehren, S. 145–155.

Spinner, Kaspar H. (2001): Kreativer Deutschunterricht. Identität – Imagination – Kognition. Seelze: Kallmeyer/Klett.

Spinner, Kaspar H. (2002): Stilimitationen als Weg zum literarischen Verstehen und kreativen Schreiben. In: Hartmut Kugler (Hg.): www.germanistik.2001.de. Vorträge des Erlanger Germanistentags 2001. Band 1. Bielefeld: Aisthesis Verlag, S. 119–128.

Spinner, Kaspar H. (2004): Gesprächseinlagen beim Vorlesen. In: Gerhard Härle und Marcus Steinbrenner (Hg.): Kein endgültiges Wort. Beiträge zur Neuentdeckung des Gesprächs im Literaturunterricht. Baltmannsweiler: Schneider Verlag Hohengehren, S. 291–308.

Spinner, Kaspar H. (2005): Höreraktivierung beim Vorlesen und Erzählstruktur. In: Petra Wieler (Hg.): Narratives Lernen in medialen und anderen Kontexten. Freiburg im Breisgau: Fillibach, S. 153–166.

Spinner, Kaspar H. (2006): Literarisches Lernen. In: Praxis Deutsch 33 (200), S. 6–16.

Spinner, Kaspar H. (2010): Methoden des Literaturunterrichts. In: Michael Kämper-van den Boogaart und Kaspar H. Spinner (Hg.): Lese- und Literaturunterricht. Band 11/1. Baltmannsweiler: Schneider Verlag Hohengehren (Deutschunterricht in Theorie und Praxis, 11/1), S. 190–242.

Spinner, Kaspar H. (2011): Handlungs- und produktionsorientierte Verfahren im Literaturunterricht. In: Michael Kämper-van den Boogaart (Hg.): Deutsch-Didaktik. Leitfaden für die Sekundarstufe I und II. 4. Aufl. Berlin: Cornelsen, S. 184–198.

Stark, Tobias (2010): Lautes Denken in der Leseprozessforschung. Kritischer Bericht über eine Erhebungsmethode. In: Didaktik Deutsch 16 (29), S. 58–83.

Steen, Gerard (1994): Understanding metaphor in literature. An empirical approach. London: Longman.

Steinig, Wolfgang; Betzel, Dirk (2016): Schriftbild und Orthographie. In: Birgit Mesch und Christina Noack (Hg.): System, Norm und Gebrauch – drei Seiten derselben Medaille? Orthographische Kompetenz und Performanz im Spannungsfeld zwischen System, Norm und Empirie. Baltmannsweiler: Schneider, 229–245.

Steffenson, Margaret S.; Joag-Dev, Chitra (1984): Cultural knowledge and reading. In: J. Charles Alderson und A. H. Urquhart (Hg.): Reading in a foreign language. London: Longman, S. 49–64.

Stemmer-Rathenberg, Anke (2011 [2009]): Zur Nachahmung empfohlen! Imiatives Schreiben zu Prosatexten. Baltmannsweiler: Schneider Verlag Hohengehren. Dissertation online verfügbar unter: urn:nbn:de:bvb:384-opus-14904, zuletzt geprüft am 19.7.2015.

Stiftung Lesen (2019): Vorlesen mit Apps in der Grundschule. https://www.lesenmit.app/tipps-fuer-fachkraefte#anchor-tipps-zum-vor-lesen-mit-apps, zuletzt geprüft am 23.04.2021.

Sting, Stephan (1998): Schrift, Bildung und Selbst. Eine pädagogische Geschichte der Schriftlichkeit. Weinheim: Deutscher Studien Verlag.

Sutter, Tilmann (2009): Interaktionistischer Konstruktivismus. Zur Systemtheorie der Sozialisation. Wiesbaden: VS Verlag für Sozialwissenschaften.

Szondi, Peter (1978): Über philologische Erkenntnis. In: Peter Szondi (Hg.): Schriften. Frankfurt am Main: Suhrkamp, S. 263–286.

Unruh, Thomas; Petersen, Susanne (2011): Guter Unterricht. Handwerkszeug für Unterrichtsprofis. Buxtehude: AOL Verlag.

Valtin, Renate (1996): Die Welt mit den Augen der Kinder betrachten. Der Beitrag der Entwicklungstheorie Piagets zur Grundschulpädagogik. Berlin : Humboldt Universität 1996, 25.01.1993. Online verfügbar unter http://www.pedocs.de/volltexte/2010/1410/pdf/Antrittsvorlesung_die_Welt_mit_den_Augen_der_KinderD.pdf, zuletzt geprüft am 19.07.2015.

Varwig, Jana (2013): Unveröffentlichtes Manuskript einer Seminararbeit. Hildesheim.

Vogt, Rüdiger (2013): Kommunikation im Unterricht. In: Hans-Werner Huneke (Hg.): Sprach- und Mediendidaktik. Taschenbuch des Deutschunterrichts Band 1. 2., neubearbeitete und erweiterte Auflage. Baltmannsweiler: Schneider Verlag Hohengehren, S. 126–140.

Vygotskij, Lev S. (2002; russ. 1934): Denken und Sprechen. Psychologische Untersuchungen. Herausgegeben von J. Lompscher und G. Rückriem. Weinheim et al.: Beltz.

Waldmann, Günter (2019): Produktiver Umgang mit Lyrik. Eine systematische Einführung in die Lyrik, ihre produktive Erfahrung und ihr Schreiben. Für Schule (Primar- und Sekundarstufe) und Hochschule sowie zum Selbststudium. 16. Aufl. (1. Aufl. 1988). Baltmannsweiler: Schneider Verlag Hohengehren.

Wampfler, Philippe; Krommer, Axel (2019): Lesen im digitalen Zeitalter. In: Seminar 3, 73–84.

Weinhold, Swantje (2000): Text als Herausforderung. Zur Textkompetenz am Schulanfang. Mit 296 Schülertexten aus Klasse 1. Freiburg im Breisgau: Fillibach.

Weinkauff, Gina; Glasenapp, Gabriele von (2010): Kinder- und Jugendliteratur. Paderborn et al.: Schöningh.

Wernet, Andreas (2006): Hermeneutik – Kasuistik – Fallverstehen. Eine Einführung. Stuttgart: Kohlhammer.

Wieler, Petra (1997): Vorlesen in der Familie. Fallstudien zur literarisch-kulturellen Sozialisation von Vierjährigen. Weinheim: Juventa.

Wieler, Petra (2004): Gespräche mit Grundschulkindern über Kinderbücher und andere Medien. In: Gerhard Härle und Marcus Steinbrenner (Hg.): Kein endgültiges Wort. Beiträge zur Neuentdeckung des Gesprächs im Literaturunterricht. Baltmannsweiler: Schneider Verlag Hohengehren, S. 265–290.

Wieler, Petra; Brandt, Birgit; Naujok, Natascha; Petzold, Janina; Hoffmann, Jeanette (2008): Medienrezeption und Narration: Gespräche und Erzählungen zur Medienrezeption von Grundschulkindern. Freiburg im Breisgau: Fillibach.

Wiese, Heike (2012): Kiezdeutsch. Ein neuer Dialekt entsteht. München: Beck.

Wieser, Dorothee (2008): Literaturunterricht aus Sicht der Lehrenden. Eine qualitative Interviewstudie. Wiesbaden: VS Verlag für Sozialwissenschaften.

Winko, Simone (2012): Literatur-Kanon als invisible hand-Phänomen. In: Marja Rauch und Achim Geisenhanslüke (Hg.): Texte zur Theorie und Didaktik der Literaturgeschichte. Stuttgart: Reclam, S. 222–242.

Wintersteiner, Werner (2006): Transkulturelle literarische Bildung. Die „Poetik der Verschiedenheit" in der literaturdidaktischen Praxis. Innsbruck: Studienverlag.

Zabka, Thomas (2015): Konversation oder Interpretation? Überlegungen zum Gespräch im Literaturunterricht. In: Leseräume 2/2015 (http://leseräume.de/wp-content/uploads/2015/10/lr-2015-1-zabka.pdf).

Zabka, Thomas (2007): Diskursive und poetische Aufgaben zur Texterschließung. In: Heiner Willenberg (Hg.): Kompetenzhandbuch für den Deutschunterricht. Auf der empirischen Basis des DESI-Projekts. Baltmannsweiler: Schneider Verlag Hohengehren, S. 199–209.

Zabka, Thomas (2019): Texte über Texte als Formate schriftlicher Leistungsprüfung: Nacherzählung, Inhaltsangabe, Analyse, Interpretation und benachbarte Aufgaben. In: Michael Kämper-van den Boogaart und Kaspar H. Spinner (Hg.): Lese- und Literaturunterricht. 3., stark überarbeitete Auflage. Baltmannsweiler: Schneider Verlag Hohengehren (Deutschunterricht in Theorie und Praxis, 11/3), S. 63–92.

Zimmer, Ilonka (2008): Uhland im Kanon. Studien zur Praxis literarischer Kanonisierung im 19. und 20. Jahrhundert, Frankfurt am Main et al.: Lang.

Zymner, Rüdiger (Hg.) (2010): Handbuch Gattungstheorie. Stuttgart: Metzler.

Register

T

U

V

W

Z